MAXIME DU CAMP
DE L'ACADÉMIE FRANÇAISE

LES CONVULSIONS

DE PARIS

> Nous allons voir des scènes auprès desquelles les passées n'ont été que des verdures et des pastourilles.
> CARDINAL DE RETZ.

CINQUIÈME ÉDITION

TOME PREMIER

LES PRISONS PENDANT LA COMMUNE

PARIS
LIBRAIRIE HACHETTE ET Cie
79, BOULEVARD SAINT-GERMAIN, 79

LES CONVULSIONS

DE PARIS

Le Cacheux
B 12   R 91
n° 2580

LES CONVULSIONS DE PARIS

4 volumes in-16, à 3 fr. 50

TOME DEUXIÈME
ÉPISODES DE LA COMMUNE

TOME TROISIÈME
LES SAUVETAGES PENDANT LA COMMUNE

TOME QUATRIÈME
LA COMMUNE A L'HOTEL DE VILLE

407. — Imprimerie A. Lahure, rue de Fleurus, 9, à Paris.

MAXIME DU CAMP

DE L'ACADÉMIE FRANÇAISE

LES CONVULSIONS

DE PARIS

> Nous allons voir des scènes auprès desquelles les passées n'ont été que des verdures et des pastourilles.
>
> CARDINAL DE RETZ

CINQUIÈME ÉDITION

TOME PREMIER

LES PRISONS PENDANT LA COMMUNE

PARIS
LIBRAIRIE HACHETTE ET Cie
79, BOULEVARD SAINT-GERMAIN, 79

1881

Droits de propriété et de traduction réservés

PRÉFACE

> La violence n'a qu'un cours borné, au lieu que la vérité subsiste éternellement.
> PASCAL.

En publiant cette nouvelle édition de mes études sur quelques faits relatifs à la Commune de 1871, je crois devoir expliquer aux lecteurs pourquoi je n'ai point fait un travail d'ensemble, et pourquoi j'ai procédé par épisodes, ou, pour mieux dire, par monographies. Je n'ai jamais eu l'intention d'écrire une histoire complète de la Commune, par la raison que les documents m'ont fait défaut. Si je m'en étais rapporté aux journaux du temps, aux livres que l'on s'est hâté de publier après la victoire de la légalité, je me serais exposé à commettre bien des erreurs; car, dans le premier moment d'effarement et d'indignation, on a accueilli sans critique ni contrôle les récits les moins vraisemblables et des fables extravagantes. Les écrivains qui aujourd'hui parlent de la Commune avec indulgence, ne se sont fait faute alors de répéter, sans scrupule, les bruits souvent calomnieux que la foule propageait avec crédulité. J'ai dû négliger cette source de renseignements, car ceux que j'y aurais puisés ne présentaient que peu de garantie. J'ai voulu, autant que cela m'a été possible, ne me servir que de pièces dont l'authenticité ne paraissait pas discutable, et c'est pourquoi j'ai dû limiter mon récit aux seuls épisodes que j'étais en mesure de raconter d'après des preuves justificatives et suffisantes. En un mot, j'ai cherché à mettre en lumière les documents que j'avais entre les mains ; ils pourront n'être pas inutiles à une histoire future de la Commune ; mais cette histoire, je ne pouvais l'écrire, car les éléments n'en sont point encore réunis.

Je n'ai rien su, je n'ai rien pu savoir des séances à huis clos du Comité central, de la Commune, du Comité de salut public ; je ne sais rien de la délégation à la guerre ; les instructions secrètes remises aux délégués qui furent envoyés vers la province pour la soulever, me sont mal connues ; les relations mystérieuses qui ont existé directement entre plusieurs personnages de la Commune et M. Thiers restent pour moi dans une demi-obscurité ; les opérations militaires de la fédération m'échappent, peut-être à cause de leur incohérence même ; j'ignore ce qui s'est passé au ministère de l'intérieur, au ministère des finances, au ministère des travaux publics, où l'on besogna beaucoup ; sur l'octroi, sur l'assistance publique, sur les hôpitaux qui alors furent si intéressants, sur les difficultés du ravitaillement qui parfois furent considérables, sur certains incendies, je n'ai que des notes incomplètes, curieuses à plus d'un titre, mais sans valeur déterminante pour l'histoire. La destruction de l'Hôtel de Ville, celle de la Préfecture de police, celle du Palais de Justice, ont anéanti une prodigieuse quantité de documents, car la Commune fut très écrivassière. Les endroits où trônait le gouvernement de la Commune, où se vautraient les délégués à la sûreté générale, où gîtait Raoul Rigault avec ses substituts, étaient à étudier en détail et à décrire par le menu : c'était là une tâche bien tentante, mais à laquelle il a fallu renoncer; la preuve matérielle manque, le feu a tout détruit; quant aux témoins qui jadis furent si bavards, ils sont devenus muets aujourd'hui, et la plupart ont trouvé prudent d'avoir perdu la mémoire. Dans trop de cas, j'en aurais été réduit à procéder par induction, méthode toujours faillible et souvent périlleuse. J'ai donc résolument écarté de mon récit une masse de faits qu'il ne m'a pas été donné d'approfondir dans des conditions de sécurité satisfaisante. La plupart de ces faits seront connus plus tard, et permettront de faire une véritable histoire de la Commune, œuvre émouvante et de haute portée que j'ai dû renoncer à entreprendre, car il ne m'eût pas été possible de la mener à bonne fin.

Le grand dépôt des documents inédits pour servir à l'histoire de la Commune n'est point ouvert; j'ai vainement frappé à sa porte, qui, je crois, restera longtemps fermée. Je parle des greffes des conseils de guerre : il y a là environ cinquante mille dossiers qui ne sont encore que des instruments judiciaires, mais qui deviendront un jour des documents historiques d'une incomparable valeur; tout est là : rapports, dépositions, enquêtes, correspondances, pièces olographes; c'est une mine inépuisable; on n'aura qu'à y fouiller pour en faire sortir la vérité sur les moindres détails de chaque évènement. Là aussi on trouvera les projets que les stratèges de la Commune ont accumulés au ministère de la guerre, et que, sur l'ordre de M. Thiers, une commission a classés, catalogués et placés à l'abri des investigations actuelles de l'histoire. Les greffes de la justice militaire, les greffes de la justice criminelle sont clos; lorsque l'heure sera venue de les ouvrir, on verra apparaître une histoire anecdotique et morale de la Commune que l'on ne peut écrire aujourd'hui. Il convient seulement à cette heure d'utiliser les documents qui ont échappé aux incendies, qui n'ont pas été enfouis dans les cartons de la justice, et qui sont restés là où la Commune les avait expédiés : dans les prisons, au palais du Louvre, à la Banque, au ministère de la marine et ailleurs ; c'est ce que j'ai essayé de faire, sans me dissimuler les lacunes auxquelles un pareil travail était condamné.

Ce travail offre en outre un inconvénient qu'un écrivain plus habile que moi aurait évité, mais auquel je n'ai pas su échapper. J'ai souvent, dans ces diverses monographies, côtoyé des sujets dont j'avais déjà parlé, car ils se développaient parallèlement aux évènements que je racontais et les avaient sérieusement influencés. Prenant l'histoire d'une administration au début de l'insurrection et la conduisant jusqu'à la fin de celle-ci, j'ai dû, pour rester clair et aussi complet que possible, revenir sur des incidents qui avaient précédemment trouvé place dans mon récit. C'est là un grave défaut de composition, je le reconnais; j'ai été entraîné à des répétitions, à des redites plus apparentes peut-être que réelles, mais qui cependant doivent fatiguer le lecteur; mon excuse est dans un besoin d'exactitude poussé parfois jusqu'à la minutie; à ce besoin j'ai tout sacrifié, même l'ordonnance de l'ouvrage entier.

Il est un fait que j'ai volontairement négligé : c'est le fait du 18 mars, que j'ai eu à indiquer, mais que je n'ai pas cru devoir raconter avec les développements qu'il pourrait comporter. On m'a reproché d'avoir gardé le silence à cet égard : j'ai donc à m'expliquer. Des témoins se sont offerts, les documents abondent, et je crois que toute lumière peut être faite; mais si le 18 mars est un point de départ, ce qui n'est pas douteux, le point de départ de la Commune, il est avant tout une conséquence : il est la réalisation des projets formés, la mise en œuvre des doctrines professées dans les sociétés secrètes depuis plus de quarante ans : projets et doctrines connus, que les hommes du gouvernement de la Défense nationale ont eu la nonchalance de ne pas combattre, et qui se sont cristallisés dans la fédération de la garde nationale. Au 18 mars, on a saisi une occasion propice que le gouvernement offrit maladroitement lui-même, et que sans cela on était résolu à faire naître bientôt sous n'importe quel prétexte. L'histoire du 18 mars devrait donc être un ouvrage spécial, racontant les origines, remontant aux causes lointaines, dévoilant le mystère des sociétés révolutionnaires sous le règne de Louis-Philippe, sous la seconde république, sous le second Empire, et démontrant que la capitulation de Paris n'a été qu'un prétexte dont on s'est servi pour faire réussir les tentatives qui avaient échoué plus d'une fois, depuis l'attentat de Fieschi (juillet 1835) jusqu'au 22 janvier 1871. Les projets et les doctrines étaient étroitement liés dans la cervelle des saccageurs de société ; le 18 mars vit l'accomplissement des projets ; la Commune fut l'application des doctrines ; je me suis borné à expliquer, par le récit des faits, comment celles-ci avaient été mises en pratique.

Ces faits ne sont point appréciés aujourd'hui de la même façon par tout le monde ; on dirait qu'en vieillissant ils ont changé d'aspect, et que les flammes du pétrole sont devenues des flammes de Bengale. Les hommes que n'entraîne aucune passion politique, qui pour satisfaire leur ambition n'ont besoin de s'appuyer ni sur les foules aveugles, ni sur les foules criminelles, n'ont point eu à modifier leur opinion ; pour eux, comme pour tout individu épris de justice et aimant la liberté, la Commune reste un forfait exécrable. On peut en amnistier les auteurs et les rendre à leurs droits politiques, l'acte en lui-même demeure justiciable de l'histoire et de la morale, qui ne l'amnistieront jamais. La Commune nous apparaît aujourd'hui telle que nous l'avons contemplée à la lueur des incendies allumés par elle : un accès d'envie furieuse et d'épilepsie sociale. Ceux qui menèrent le branle de cette destruction n'eurent même pas la franchise de leurs instincts ; ils furent hypocrites. Sous prétexte de défendre la république que nul n'attaquait, ils assassinèrent, le 18 mars, le vieux républicain Clément Thomas ; sous prétexte de donner une leçon de patriotisme à nos généraux et à l'Assemblée nationale, ils tentèrent, le 29 mai, de livrer le fort de Vincennes aux Allemands victorieux ; toute la Commune est contenue entre ces deux dates et entre ces deux faits ; l'intervalle n'est rempli que de crimes. « Il n'est point de pouvoir qu'on ne puisse accuser, a dit Charles Nodier ; il n'est point de révolte qu'on ne puisse défendre ; » s'il avait été le témoin de la Commune, il n'aurait point ainsi parlé, car dans cette révolte il n'y eut rien qui ne fût condamnable. La présence de l'ennemi sur notre sol bouleversé par les défaites la rendait sacrilège ; la façon dont elle fut conduite la rend grotesque ; les crimes au milieu desquels elle s'effondra, l'ont rendue odieuse. Les gens qui la dirigeaient ont été d'une si intense nullité que, malgré le sang et le pétrole versés, il est impossible de les prendre au sérieux. Lorsque l'on étudie leur histoire, il faut se rappeler leurs forfaits, pour ne pas éclater de rire.

Cette opinion, dont la sévérité n'a rien d'excessif lorsque l'on se souvient des actes qui l'ont fait naître, n'est plus de mise aujourd'hui. La Commune a trouvé des protecteurs et des apologistes. Les torts sont du côté de la légalité, du côté de Versailles, comme l'on dit ; le droit est devenu criminel, la révolte est devenue sacrée. L'assassinat des généraux sur les buttes

Montmartre, le massacre des otages, l'incendie de Paris, ne sont plus que des peccadilles, à moins que ce ne soient des œuvres monarchistes et cléricales. Que pouvaient donc faire ces pauvres révolutionnaires de la fédération, du Comité central, de la Commune, sinon se défendre contre la France, la France tout entière, qui ne voulait pas leur permettre de faire sauter l'édifice social? C'est la vieille histoire du loup qui accuse le berger; étrange façon de travestir la réalité : c'est l'incendiaire qui crie : au feu! c'est l'assassin qui crie : au meurtre! Cela n'est pas grave et cela passera; rien ne prévaut contre la vérité; les passions et les scélérats peuvent l'obscurcir; mais ce n'est que pour peu de temps : elle reparaît bientôt dans son énergique nudité, et il lui suffit d'un regard pour dissiper les mensonges.

On a beau inventer des légendes, les propager, les mettre en prose et en vers; on a beau parler de la grande bataille du Père-Lachaise, des 40 000 exécutions sommaires, de l'héroïsme des communards, de la férocité de nos soldats : tout cela tombe, tout cela tombera devant l'étude des faits; les auteurs de ces erreurs volontaires en seront pour leurs frais d'imagination et d'elles-mêmes ces fables rentreront dans l'oubli. Elles ont cependant actuellement une influence qui doit être signalée : elles ont fait croire aux révoltés de 1871 qu'ils avaient été les chevaliers et les apôtres d'une cause méconnue. En vérité, ils ont été les chevaliers de la débauche et les apôtres de l'absinthe; mais ils ne le croient guère et ils s'enorgueillissent. Sont-ils des coupables repentis, comme on devrait se le figurer? Non pas, ce sont de glorieux vaincus. Ils racontent la Commune comme un soldat raconte ses campagnes; ils ne portent plus les galons qui leur étaient chers, mais ils ont conservé les titres dont ils s'étaient affublés pendant ces jours de désolation, et dans les juges qui les ont condamnés ils ne voient que « des soudards ivres d'eau-de-vie et de sang ». Il faut sourire, cela ne vaut pas plus.

Quelques-uns, pour mieux prouver qu'ils n'ont point été des assassins, menacent d'assassiner les historiens; d'autres ont poussé la bouffonnerie jusqu'à demander une réparation par les armes à ceux qui ont raconté leurs forfaits, feignant ainsi d'oublier, — oubliant peut-être, — qu'entre les honnêtes gens et eux il y a un fleuve de sang et de pétrole que l'on ne peut franchir. L'amnistie enlève les conséquences juridiques et politiques du crime, mais n'en efface pas les conséquences morales. En 1763, Malesherbes entérinant des lettres de grâce disait à des coupables : « Retirez-vous; la peine vous est remise, mais le crime vous reste! »

Ils ont parfois des fanfaronnades singulières. Dans le buffet d'une gare étrangère, j'ai entendu un homme se vanter d'avoir été un des assassins de l'archevêque; il entrait avec complaisance dans les détails, et, malgré son état de demi-ivresse, parlait avec un tel accent de sincérité qu'une femme qui l'écoutait s'éloigna en pleurant. Or je sais que cet homme a réussi à quitter Paris le 22 mai, et qu'il était à Nancy le 24, dans la soirée, au moment où Genton, Sicard, Mégy, Vérig et les autres assassinaient les otages dans le chemin de ronde de la Grande-Roquette; j'ajouterai que cet homme, quoique lieutenant-colonel au service de la révolte, avait été, pendant la Commune, en relations suivies et rémunérées avec un des agents d'Ernest Picard, alors ministre de l'intérieur. Ce fait s'est reproduit souvent; dans le huis clos des cabarets et des tavernes, entre quelques bouteilles, plus d'un contumax s'est attribué des crimes qu'il n'a pas commis. Ce n'est que de la gloriole : les vieux juges savent qu'il y en a parmi les scélérats plus que partout ailleurs.

Cette recrudescence dans l'hyperbole est due, en grande partie, aux défenseurs de la révolte, — défenseurs quand même, — qui font semblant de croire que les flammes des incendies sont les lueurs d'une aurore. La plupart sans doute combattraient la Commune, si elle tentait de continuer pratiquement l'œuvre interrompue par l'intervention de l'armée française ; mais ils croient qu'il est de leur intérêt politique de glorifier les actes les plus coupables qui furent jamais, et ils s'y évertuent. A ces protecteurs de l'illégalité, à ces souteneurs de la revendication par la violence, les études que je viens de terminer n'ont pas eu le don de plaire. Antisthène s'entendant louer, un jour, par de méchantes gens, dit : « J'ai peur d'avoir commis quelque mauvaise action ; » je n'ai point eu à me défendre contre une pareille crainte et j'ai reconnu, tout de suite, que ce n'était point une mauvaise action de parler de la Commune comme il convient d'en parler. Il n'est injure, médisance et calomnie que l'on n'ait inventées à mon adresse [1]. Cela m'a paru bien peu important, et je n'en ai tenu compte. J'ai trop voyagé dans les pays d'Orient pour n'en point connaître les proverbes ; je me suis rappelé la parole turque : « Si tu t'arrêtes à jeter des pierres aux chiens qui aboient contre toi, tu n'arriveras jamais au but de ton voyage. » J'ai laissé aboyer, et j'ai continué ma route. Et puis,

---

[1] Quelques-unes de ces injures sont assez plaisantes et dénotent un peu plus que de l'ignorance. On m'a appelé valet de bourreau et M. de Satory, essayant ainsi de faire croire que c'était à la suite de révélations faites par moi que certains coupables avaient été exécutés. Or le premier chapitre de ce livre a paru en mai 1877, et le dernier arrêt comportant sentence et exécution capitales, pour faits relatifs à la Commune, est du 18 novembre 1872 (Herpin-Lacroix). Tous les reproches qui m'ont été adressés sont de cette sincérité. Je n'ai pas besoin de dire que jamais je n'ai répondu à une seule des attaques dont j'ai été l'objet.

lorsque l'on se souvient du traitement qui a été infligé à des archevêques et à des présidents de chambre de la Cour de Cassation, lorsque l'on voit comment nos généraux sont vilipendés, ce serait se montrer bien susceptible que d'être, non pas blessé, mais atteint par quelques extraits du cathéchisme poissard ; on éprouve même une certaine satisfaction à ne pas se sentir indigne de la colère de ceux qui se font les champions des massacreurs et des incendiaires. La seule réponse à faire était de ne point répondre et de poursuivre le travail entrepris.

Parmi les reproches qui m'ont été adressés, il en est un que l'on a répété à satiété. On m'a dit que je piétinais sur des cadavres ; seulement on a négligé de m'apprendre sur lesquels : de sorte que je reste dans le doute et que je ne sais pas encore, à l'heure qu'il est, si j'ai piétiné sur Chaudey ou sur Rigault, sur Genton ou sur Mgr Darboy, sur Vérig ou sur le président Bonjean, sur Sérizier ou sur le P. Cotrault, sur Boin dit Bobêche ou sur le P. Captier, sur Georges Veysset ou sur Théophile Ferré, sur Bénot ou sur Olivaint, sur Caubert ou sur Dalivoust, sur Jecker ou sur François, sur Préau de Vedel ou sur Pacotte, sur Lagrange ou sur Clément Thomas, sur Herpin-Lacroix ou sur le général Lecomte. En attendant que l'on veuille bien m'éclairer à ce sujet, et me dire si j'ai piétiné sur les victimes ou sur les bourreaux, je crois pouvoir affirmer que je n'ai piétiné ni sur Mégy, ni sur Félix Pyat, ni sur Gabriel Ranvier, ni sur Eudes, ni sur tant d'autres qui traitaient de capitulards nos soldats écrasés par des forces supérieures, qui reprochaient à nos officiers de n'avoir pas su se faire tuer, qui poussaient au crime le troupeau de la fédération, qui resteront à jamais rouges du sang qu'ils ont fait verser, mais qui n'ont eu le courage que de se sauver et d'aller attendre hors de nos frontières le moment de venir achever leur besogne. Non, sur le cadavre de ceux-là je n'ai point piétiné.

Par une étrange aberration, on m'a aussi reproché d'attaquer la forme actuelle du gouvernement et, en parlant de la Commune, de porter préjudice à la république. Cela m'eût rempli de surprise, si je n'avais su, dès longtemps, que l'esprit de parti modifie la valeur des mots selon les besoins de la polémique quotidienne. Ceux qui ont soutenu cette thèse insensée n'ont pas compris que la Commune fut précisément l'inverse de la république et que la violation du pouvoir par une bande d'incapables furieux, l'absence de toute garantie pour la liberté et la vie des citoyens, le service insurrectionnel obligatoire, la suppression du culte dans les églises, le despotisme le plus abject imposé à la population, étaient le contraire d'un ordre de choses qui pose en principe l'équitable répartition des droits et des devoirs. Les républicains qui s'ingénient à être les avocats de la Commune ressemblent aux cuisiniers qui préparent leurs ragoûts dans des casseroles mal étamées : ils empoisonnent les autres, et s'empoisonnent eux-mêmes.

Plus tard, lorsque l'on verra dans son ensemble toute cette Commune dont je n'ai pu que découvrir quelques coins, on reconnaîtra que la politique n'y fut pour rien. Ceux qui l'inventèrent, l'imposèrent à Paris et ne reculèrent devant aucun forfait pour la prolonger, se disaient républicains : ce n'étaient que des ambitieux amoureux d'eux-mêmes et ivres de pouvoir. Si un despote leur eût offert la puissance, la fortune et des titres, eussent-ils refusé ? J'en doute. En voyant la persécution qu'ils se hâtent d'exercer, dès qu'ils sont les maîtres, contre ceux qui ne s'inclinent pas devant leur usurpation, en comptant les crimes qu'ils ont commis avant de disparaître, je me suis rappelé cette lettre fameuse : « Je viens de faire tomber deux cents têtes à Lyon ; je me promets d'en faire tomber autant tous les jours ? les larmes de la joie et de la vertu inondent mes paupières sous l'effort d'une sainte sensibilité. » Le « sans-culotte » qui écrivait ceci devait plus tard être duc d'Otrante, exécuter les œuvres secrètes de l'Empire et protéger la seconde restauration, dont il fut le ministre. Les vices et l'ambition de Fouché étaient à l'Hôtel de Ville pendant la Commune ; mais j'y cherche son intelligence, et je ne la trouve pas.

On ne leur a pas laissé le loisir de prouver que pour le plus grand nombre la raideur des opinions n'était que la brutalité des convoitises ; ils restent des hommes violents, obtus, dont la logomachie ne trompera personne. Ce n'étaient que des malfaiteurs, qui ont invoqué des prétextes parce qu'ils n'avaient point de bonne raison à donner : les assassins ont dit qu'ils frappaient les ennemis du peuple, et ils ont tué les plus honnêtes gens du pays ; les voleurs ont dit qu'ils reprenaient le bien de la nation, et ils ont pillé les caisses publiques, démeublé les hôtels particuliers, dévalisé les caisses municipales ; les incendiaires ont dit qu'ils élevaient des obstacles contre l'armée monarchique, et ils ont mis le feu partout ; seuls les ivrognes ont été de bonne foi : ils ont dit qu'ils avaient soif, et ils ont défoncé les tonneaux. Les uns et les autres ont obéi aux impulsions de leur perversité ; mais la question politique était le dernier de leurs soucis. Cette vérité ressortira avec évidence de l'étude des documents, lorsque ceux-ci seront livrés à l'histoire.

On s'étonnera aussi de reconnaître que, pendant un règne de deux mois, ces hommes, qu'ils appartiennent au Comité central ou à la Commune, ne peuvent faire que le mal, et qu'il n'est pas une seule de leurs actions qui ne soit mauvaise. Cela est naturel : lorsque la cause est criminelle, les effets sont funestes. C'est à la Commune que l'on peut, plus qu'à toute autre tyrannie, appliquer la belle pensée d'Ernest Renan : « Il est un comble de méchanceté dans le gouvernement qui ne permet pas au bien de vivre, même sous sa forme la plus résignée. » Ce fut le cas de la Commune ; non seulement elle fit le mal, mais elle ne put tolérer le bien, car celui-ci était contraire à son essence. En vain quelques-uns de ces législateurs improvisés luttèrent pour empêcher la révolte de glisser sur la pente où elle devait être entraînée ; ils ne furent point écoutés, et on se disposait à les traiter en ennemis publics, lorsque nos têtes de colonnes franchirent les fortifications de Paris.

Ai-je été trop sévère en parlant de cette époque ? Je ne le crois pas ; toute violence me fait horreur, qu'elle vienne de César ou qu'elle vienne de Brutus, et la Commune n'a été qu'une explosion de violence, explosion d'autant plus douloureuse à supporter, d'autant plus impie, qu'elle se produisait à un moment où le plus simple patriotisme commandait le recueillement, le retour sur soi-même, l'effort individuel au profit de la communauté, la soumission aux lois et le respect de sa propre dignité en présence de l'ennemi. Si l'indignation que j'ai ressentie alors s'est apaisée, elle a été ravivée par l'attitude provocante que les contumax ont affectée, par les projets de revanche qu'ils ont formulés, par les accusations iniques qu'ils ont portées contre la France, qui avait été réduite à les combattre et à les vaincre pour ne pas périr. Ils frelatent si résolument leur histoire, qu'il m'a paru convenable de dire ce que j'en savais, afin de lui rendre les médiocres et criminelles proportions dans lesquelles elle se meut.

Ceux qui m'accuseraient de manquer d'indulgence pour les hommes de la Commune n'ont qu'à voir ce qu'ils font aujourd'hui, ce qu'ils demandent, ce qu'ils exigent, ce qu'ils prêchent et comment ils pratiquent cet apaisement que l'on avait promis en leur nom. Ils se montrent tels qu'ils ont été, tels qu'ils seront, injurieux, insatiables, violents, orgueilleux de leurs crimes. Entre leurs mains, la liberté ne peut être qu'un instrument d'oppression et leur république ressemble à une échelle double : d'un côté, les sectaires montent en brandissant le pistolet d'honneur offert en récompense au forfait d'un des leurs; de l'autre, la religion, la gloire militaire, l'impeccable magistrature, descendent en emportant les restes des martyrs massacrés au milieu de la ville incendiée. Si les mauvais jours évoqués par des vœux impies venaient à renaître, ils ne pourraient durer; ils s'abrégeraient par leur insanité même, et tout peuple qui s'abaisserait à les supporter longtemps entrerait, pour n'en plus sortir, dans la période de la décadence définitive.

Du 18 mars au 28 mai, je suis resté à Paris, attentif aux faits dont j'étais le témoin, me mêlant aux hommes, regardant les choses et prenant des notes; un goût inné pour la recherche des documents originaux m'a poussé à réunir de nombreuses pièces authentiques; des collections très importantes d'autographes m'ont été ouvertes, des correspondances écrites alors au jour le jour m'ont été confiées, des journaux intimes rédigés par des hommes considérables ont été mis à ma disposition, de grandes administrations m'ont ouvert leurs archives[1]. Appuyé sur de tels

---

[1] Plusieurs amnistiés ont bien voulu me céder des pièces originales, rédiger des rapports ou me fournir des renseignements qui m'ont été utiles; c'est un devoir pour moi de les remercier publi-

éléments, j'ai pu écrire quelques fragments d'une histoire de la Commune et leur donner — je le crois du moins — un degré d'exactitude qui mérite d'inspirer confiance aux lecteurs. Je n'ai pas besoin de dire que si, dans ces récits et dans les détails multiples qu'ils comportent, il s'est glissé des erreurs, ces erreurs sont involontaires; nul esprit de parti ne m'a guidé, car je n'appartiens à aucune faction politique; l'étiquette gouvernementale m'est indifférente, pourvu que le gouvernement assure à chacun la sécurité à laquelle donne droit le payement de l'impôt; je n'ai recherché que la vérité, j'ai tout mis en œuvre pour la découvrir et la faire connaître.

Cette vérité cependant je suis loin de l'avoir dite tout entière : souvent je l'ai cachée par respect pour le lecteur, par respect pour moi-même; il y a des actes de débauche, de bestialité qu'il faut taire. En outre, je me suis attaché, autant que possible, à ne parler que des incidents qui s'étaient déroulés devant la justice du pays et qui, par conséquent, avaient été éclairés de façon à être en pleine lumière. Plus d'une fois, pour ne pas appeler l'attention sur des hommes qui avaient échappé à l'action des lois, je n'ai pas hésité à ne pas dire ce que je savais; je citerai, entre autres, deux exemples : j'aurais pu désigner avec certitude tous les assassins de Jecker ; je n'en ai nommé que trois ; les autres n'ayant point été poursuivis pour ce fait, j'ai dû ne point prononcer leur nom. Dans le récit du massacre des dominicains d'Arcueil j'ai fait ressortir le rôle joué par Serizier et par Boin : j'ai gardé le silence sur le principal coupable, parce que la justice ne lui a pas demandé compte de son crime. Cette

quement. Tous les documents qui m'ont servi à faire ce livre, et qui forment une masse considérable, sont classés, annotés, mis en sûreté. Ils seront déposés là où il convient, et publiés s'il y a lieu.

réserve, je l'ai toujours observée; elle n'a point satisfait les communards. Pour leur plaire, il faudrait démontrer que Mgr Darboy a assassiné Vérig et que Chaudey a fusillé Rigault. Cette histoire à l'envers n'est point mon fait et je laisse volontiers le soin de l'écrire à ceux que leurs passions ont aveuglés.

Plaise à Dieu que le récit de cette lugubre aventure en épargne le retour à la ville incomparable et terrible dont j'ai essayé de raconter la vie normale et les convulsions! plaise à Dieu, comme dit le chœur dans les *Euménides* d'Eschyle, « que jamais, au sein de notre cité, la discorde, insatiable de crimes, ne fasse entendre ses clameurs, que jamais la poussière ne soit abreuvée, ne soit rougie du sang des citoyens, que l'intérêt de l'État domine dans tous les cœurs, que l'un pour l'autre les hommes soient pleins d'amour! » Puissent ceux qui viendront après nous vivre loin des malheurs qui nous ont accablés! Puisse le vaisseau symbolique de Paris, échappé déjà à tant d'orages, ne pas faire mentir sa vieille devise : ***Fluctuat nec mergitur!*** Qu'il vogue avec bon vent de fortune, et que jamais il n'ait à lutter contre les tempêtes déchaînées par l'alcoolisme, l'ignorance et l'envie.

M. D.

Janvier 1881.

LES PRISONS

PENDANT LA COMMUNE

CHAPITRE PREMIER

LES FORCES DE L'INSURRECTION

I. — LA GARDE NATIONALE.

Avant-propos. — Une citation de Proudhon. — Sources historiques. — Autorités multiples, absence d'autorité. — La citadelle de la révolution. — Deux armées. — Les patriotes terribles. — Le 31 octobre. — Diversions révolutionnaires au profit de l'Allemagne. — Le plébiscite du gouvernement de la Défense nationale. — Défaillance gouvernementale. — On n'utilise aucune des forces parisiennes contre l'ennemi. — Défiance entre les généraux et la garde nationale. — Hostilité systématique de la population. — Ivrognerie et fainéantise. — Vive la paix ! — Mortalité. — Le combat de Buzenval livré pour faire accepter la capitulation. — Le 22 janvier. — L'armistice. — 28 000 officiers de garde nationale. — Émigration. — M. de Bismarck offre de faire désarmer la garde nationale. — Refus de M. Jules Favre. — Le général Trochu propose de réorganiser la garde nationale, le gouvernement repousse la proposition. — Irritation générale. — La Vendée laïque et radicale. — Ce qui a le moins souffert pendant le siège, c'est le prolétariat. — Héroïsme de la petite bourgeoisie. — Les fous et les singes. — Une citation de M. Alphonse Daudet.

Le 8 février 1858, Proudhon écrivait familièrement à un de ses amis : « Nous finirons par une extermination réciproque ; il y a bientôt dix ans que j'ai prophétisé le mardi gras révolutionnaire ; or il faut que les prédictions s'accomplissent, disait Nostradamus. » Cette prédiction en effet a été accomplie ; nous avons subi la tyrannie de la Commune, nous avons vu l'extermination à l'œuvre dans les rues de Paris incendié ; c'est là un acte néfaste que n'oublieront jamais ceux qui ont eu la douleur d'en être les témoins, et que l'histoire aura bien de la peine à comprendre. Le massacre, le feu porté sur nos monuments, furent le dernier effort de ce gouvernement à la fois sinistre et grotesque qui siégea à l'Hôtel de Ville après la journée du 18 mars ; ce fut la fin, mais, pour être moins effroyable, tout ce qui avait précédé ne laissa pas d'être puérilement illégal et cruel.

Dès le début, le premier acte de ces « novateurs », qui prétendaient créer la société modèle, fut un retour aux plus détestables pratiques de l'ancien régime, à ces violences arbitraires qui furent une des causes déterminantes de la Révolution française. Aussitôt qu'ils se sont emparés du pouvoir, les maisons pénitentiaires deviennent des prisons d'État : maison de dépôt, maison de prévention, maison de détention, dépôt de condamnés, correction paternelle ; qu'importe ? C'est la Bastille et le For-l'Évêque ; ni mandat d'amener, ni mandat d'arrêt : des lettres de cachet ; un seul mode de gouverner, l'incarcération. Aussi l'histoire des prisons est-elle l'épisode le plus important de l'histoire de la Commune. Mais, avant de pénétrer de plain-pied dans notre sujet et de rappeler les actes commis, du 18 mars au 28 mai, dans chacune de nos prisons urbaines, il est indispensable d'expliquer sommairement quelques-unes des causes immédiates de la Commune, et d'indiquer quels sont les hommes qui, agissant en vertu d'une tradition réprouvée par la conscience publique, condamnée par l'expérience, stigmatisée par l'histoire, se sont attribué la mission d'être les pourvoyeurs des maisons pénitentiaires et les fauteurs des massacres dont elles ont été ensanglantées.

Pendant la période d'investissement, Paris manqua d'autorité : état de siège, état de guerre, vains mots, nul effet. Le pouvoir militaire, le pouvoir politique, le pouvoir administratif, se combattaient, se neutralisaient et produisaient une incohérence sans nom. On obéissait à tout le monde, au gouverneur, aux ministres, aux maires, aux chefs de corps, aux commandants de la garde nationale, aux présidents des comités et des clubs; ces autorités multiples détruisaient l'autorité; en résumé, on n'obéissait à personne. Bien souvent, trop souvent, l'on a comparé les États à un navire. On peut accepter ce lieu commun et dire que, si on laisse aux matelots toute licence pour la manœuvre, le vaisseau ne tardera pas à sombrer avec les passagers et l'équipage. Les députés de Paris, — tous nés en province à l'exception de MM. Picard et Rochefort, — qui recherchèrent la responsabilité de sauver la France après la journée du 4 septembre, ne surent faire ni la paix, ni la guerre; ils ne surent ni utiliser les forces qu'ils avaient en mains, ni mettre obstacle aux insurrections que chacun prévoyait. Ils connaissaient cependant la nature du double danger qui menaçait Paris et eux-mêmes.

D'une part, ils avaient à combattre les hommes dont l'Empire avait souvent déjoué les projets révolutionnaires; de l'autre, il fallait discipliner et employer aux œuvres patriotiques une population en armes qui eût été un précieux secours contre l'ennemi, si l'on s'était sérieusement occupé de l'arracher à l'influence des meneurs de qui elle recevait le mot d'ordre. Or ce mot d'ordre, le gouvernement de la Défense nationale ne l'ignorait pas : il avait déjà été prononcé aux plus mauvaises heures de notre histoire. Le 31 mai 1793, au moment où la Gironde et la Montagne se saisissent corps à corps, Barrère demande qu'une partie de la garde nationale de Paris soit envoyée aux frontières. Robespierre n'y consent pas : « Les patriotes parisiens ont mieux à faire ; ils ont à défendre la citadelle de la révolution et les citoyens intègres et purs qui conduisent le char révolutionnaire. » L'écho des clubs, des corps de garde, des cabarets, a répété souvent cette parole pendant la durée du siège ; on n'y a été que trop fidèle. On avait envoyé cent bataillons à l'affaire de Buzenval ; une vingtaine prirent part à l'action, les autres surent y échapper en se dissimulant ; quelques-uns de ceux-ci se battirent avec énergie, au temps de la Commune, contre les troupes françaises.

Dès le mois de septembre, le gouvernement ne dut conserver aucun doute à l'égard de certains bataillons, les plus nombreux malheureusement, de cette garde nationale qui n'avait point assez de railleries contre nos soldats prisonniers. Le 19, un bataillon de mobiles de Paris destitue ses chefs, après avoir refusé de leur obéir, évacue le Mont-Valérien qu'il était chargé de garder, et revient à la débandade au moment où la tête des colonnes allemandes apparaît à Rueil. Pour obvier à de tels inconvénients, exiger de chacun le service que le pays était en droit d'imposer, pour former ces récalcitrants à la discipline, pour faire des soldats avec ces hommes, une armée avec cette foule, on n'imagina rien de mieux que de laisser nommer les officiers à l'élection. « Les gardes mobiles ont tout intérêt, disait naïvement M. Jules Favre, à choisir parmi eux les plus braves et les plus capables. » Dès lors, dans la même ville, vivant côte à côte, s'inspirant de passions opposées, il y eut deux armées en présence, deux sœurs ennemies qui se haïssaient cordialement : l'une qui sollicitait d'être menée contre les troupes de la Prusse, l'autre qui se réservait pour une insurrection espérée. Tout le monde parlait à cette garde nationale; on la grisait d'éloges, on l'enivrait de grands mots, et Dieu sait ce qu'on lui disait. « Soyez terribles, ô patriotes! s'écriait Victor Hugo; arrêtez-vous seulement, quand vous passerez près d'une chaumière, pour baiser au front un petit enfant endormi! » Et cela trois jours après que ces « patriotes terribles » avaient abandonné le Mont-Valérien.

Nulle volonté énergique, nulle intelligence, pendant ces mauvais jours ; Paris, séparé de la France, s'attendait d'heure en heure à être délivré par la province[1]. Deci delà on enlevait quelques ballons, mais il n'en revenait jamais, et cette ville, où d'habitude affluent tous les bruits de l'univers, environnée maintenant de silence extérieur, s'étourdissait aux rumeurs de ses propres illusions. La nouvelle de la capitulation de Metz, apprise aux avant-postes par un chef d'ambulance pendant une suspension d'armes destinée à favoriser l'enlèvement des morts, racontée par lui à deux personnages naturellement insurrectionnels et transmise à un journaliste habituellement furibond, amena le 31 octobre : journée honteuse qui prolongea inutilement la guerre pendant trois mois et permit aux Allemands de reconnaître avec certitude le mal dont Paris était rongé. Il est à remarquer que pendant cette guerre, toutes les fois que l'ennemi nous fait une blessure, le parti révolutionnaire nous en fait une autre. Cela commence le 17 août, lorsque l'on apprend l'en-

---

[1] Ce qui n'empêchait pas le général Trochu de dire, le 27 octobre : « Ce n'est pas la France qui sauvera Paris, c'est Paris qui sauvera la France. » (*Rapport de M. Chaper sur les procès-verbaux des séances du gouvernement de la Défense nationale*, p. 50.)

trée des Allemands à Nancy; on se rappelle l'affaire de la Villette : Blanqui avait imaginé le complot, Granger avait fourni les fonds, et Eudes, — le futur général Eudes, — avait mené sa bande à l'assassinat de quelques pompiers. Ce fait avait paru odieux ; le 31 octobre ne le fut pas moins. La population du reste n'y prit aucune part; ce fut un essai de révolution de palais, à la mode turque ou byzantine.

Le dénoûment en fut ridicule. M. Ernest Picard s'esquiva spirituellement, alla chercher la garde et fit arrêter les énergumènes qui se promenaient sur les tables sans parvenir à émettre une idée, par la bonne raison qu'ils n'en avaient pas. M. le général Ducrot a dit à l'Assemblée nationale, dans la séance du 28 février 1871 : « Je ne perdrai jamais le souvenir des diversions horribles que les hommes de désordre sont venus apporter à la défense nationale, et je me sens bondir le cœur d'indignation à la pensée qu'au 31 octobre il m'a fallu quitter les Prussiens pour venir à l'Hôtel de Ville, et, chose misérable à noter, pas un des chefs de ce parti, si disposés à l'insulte et à l'étalage du patriotisme, ne s'est exposé devant l'ennemi. » A la suite de cette échauffourée, les hommes du gouvernement de la Défense nationale, qui, sans exception, avaient combattu le dernier plébiscite de l'empire, firent appel à la population parisienne et en obtinrent un vote de confiance, en vertu duquel ils conservèrent le pouvoir. Ceci prouve que dans la vie politique on est parfois contraint de recourir aux mesures que l'on avait condamnées, à moins que l'on n'ait du génie; mais le génie est une maladie rare, et jusqu'à présent peu contagieuse.

La majorité considérable et sincère qui s'était décidée à soutenir le gouvernement et à lui donner le droit, au lieu du fait en raison duquel il avait existé jusqu'alors, lui apportait, du moins pour la durée de la guerre, une force très imposante. La population, loyalement consultée et répondant loyalement, venait de dire son *in manus ;* elle remettait, sans restriction, son sort entre les mains de ceux qui auraient dû la diriger depuis deux mois. Les hommes du gouvernement, éclairés par l'expérience qu'ils eurent le loisir de faire à l'Hôtel de Ville pendant la soirée du 31 octobre, vont-ils tenter un effort sérieux ? Garrottés sur leur fauteuil, serrés de près, ils avaient vu parader devant eux les irréconciliables de toute légalité, les amoureux de guerre civile greffée sur la guerre étrangère, les commandants de bataillon, futurs chefs de la Commune ; ils avaient regardé le danger en face, et n'y avaient échappé que par miracle. Ont-ils compris enfin qu'il faut agir, sous peine de mort, et vont-ils chercher à condenser les forces vives de ce groupe de deux millions d'habitants qui vient de se donner à eux ? Savent-ils, comme dit Ernest Renan, que « le premier devoir d'une communauté est de tenir en bride ses éléments absurdes ? » Nullement ; tout reste dans le même état ; il n'y a que l'hiver qui s'approche, la famine qui s'accentue, l'espoir qui s'éloigne. Les bataillons insurgés ne sont point désarmés, les bataillons douteux ne sont point épurés, les bataillons dévoués ne sont point utilisés. A cette heure, il existait dans la garde nationale de Paris plus de 100 000 hommes aptes à faire un service excellent et à bien combattre, si l'on eût pris soin de leur donner une ébauche d'éducation militaire qui leur faisait défaut ; cet appoint nous était indispensable pour les tentatives de décembre et de janvier. Faute de l'avoir préparé, afin d'en pouvoir user au moment opportun, Paris désespéré est rentré dans ses murs et a fini par se dévorer lui-même.

La défiance entre les généraux et la garde nationale était excessive; on doit se hâter de le dire, pour expliquer ce phénomène de toute une population en armes dont on ne parvint pas à faire une armée. La garde nationale était très irritée — et les meneurs avaient soin d'entretenir son irritation — contre l'élément exclusivement militaire, auquel elle attribuait d'une façon absolue les désastres dont nous avions été frappés dans l'Alsace et dans les Ardennes. Elle n'avait donc aucune propension à se soumettre aux ordres qu'elle en pouvait recevoir; elle se tenait systématiquement en défense contre leur capacité[1] et même contre leur patriotisme; chez chacun des généraux elle soupçonnait quelque arrière-pensée politique, et ne se souciait pas de s'associer à des projets qui du reste n'existaient que dans son imagination. Les hommes des bataillons de Paris qui échappaient à ces préoccupations, ceux qui, faisant abnégation de tout esprit de parti, ne considéraient que l'intérêt du pays, ceux qui croyaient que l'expérience militaire est indispensable pour commander des armées et même des régiments, étaient rares et appartenaient à une catégorie de monde dont la place n'est ni dans la rue, ni au cabaret. Ceux-là étaient sans action sur les foules, car ils ne s'y mêlaient guère; sans influence sur les bataillons dont ils faisaient partie, car ils obéissaient et ne discutaient pas.

Les généraux, les officiers supérieurs, qui auraient pu discipliner la garde nationale et en faire un bon élément de résistance, n'avaient en elle aucune confiance. Ils en redoutaient le contact avec leurs soldats

[1] La défiance contre l'armée régulière était telle, que dans la séance du 13 septembre, au conseil du gouvernement, M. Étienne Arago demande la construction de barricades, pour lesquelles il faut rompre avec toutes les routines du génie militaire.

et étaient persuadés qu'elle ne ferait au feu qu'une médiocre figure. Il faut dire le mot, tout pénible qu'il soit : ils la méprisaient. Dans les 350 000 hommes dont elle se composait, ils ne voyaient que 350 000 non-valeurs qui seraient exposées à un échec certain, si on les engageait sérieusement. Ils étaient, du reste, persuadés qu'elle refuserait de se battre contre l'Allemand, parce qu'elle se gardait intacte pour la guerre civile. Ceci ressort des dépositions recueillies par la commission d'enquête ; tout ce qui a été dit à ce sujet peut se résumer par cette phrase : « J'ai entendu dire souvent : Si on s'était servi pendant le siège de ces bataillons qui se battent si bien pendant l'insurrection, que de choses on aurait pu faire! C'est une erreur ; ces bataillons ne se seraient pas battus, ils n'ont aucune espèce de patriotisme. Ils se sont battus, parce qu'ils s'imaginaient qu'ils pourraient être les maîtres et ne plus travailler ; mais, quant à se battre par patriotisme, ils refusaient, ils en étaient incapables[1] ! » Ce qui s'est passé semble ne pas contredire cette opinion ; mais cette opinion était préconçue chez les chefs militaires, et il est regrettable que nul effort énergique, au besoin désespéré, n'ait été même ébauché pour employer au salut commun les forces qui ont si activement travaillé à la perte commune.

Le gouvernement de la Défense nationale ne sut donc tirer aucun parti de la victoire qu'il venait de remporter à l'aide du plébiscite provoqué par lui. La population l'avait en quelque sorte acclamé, mais avec une réserve à laquelle on ne s'attendait pas et qui se révéla lors de l'élection des maires, dont le plus grand nombre fut choisi parmi les opposants systé-

---

[1] *Enquête parlementaire sur le 18 mars*, t. II, déposition des témoins; déposition de M. Ossude.

matiques. La masse parisienne s'était tenue éloignée de l'invasion de l'Hôtel de Ville, mais elle n'en paraissait pas plus sage, car le 11 novembre on constate, en conseil des ministres, que cinq arrondissements sur vingt ont seuls consenti à recevoir des gardiens de la paix chargés de veiller à la sécurité publique.

La garde nationale, déjà fort ébranlée par le service illusoire auquel on la soumettait, se désagrégeait sous l'influence de l'oisiveté et de l'ivrognerie. Chaque jour, outre la ration de l'armée, 50 000 litres de vin sont transportés aux fortifications. Le chômage a vidé les ateliers ; nul travail pour l'ouvrier, nulle rémunération ; quel que soit son âge, il coiffe le képi, il revêt la capote, on l'arme d'un fusil, il reçoit sa paye régulière, une indemnité pour sa femme, une indemnité pour ses enfants. Il s'habitue à la fainéantise, aux longues stations à la cantine ; il obtient facilement des distributions de vivres et de boissons ; pour tuer le temps, il cause politique avec les fortes têtes de la compagnie ; on lui parle de l'exploitation de l'ouvrier par le patron, de la tyrannie du capital, de l'oppression exercée sur le peuple par les classes dirigeantes ; chaque cabaret est un club, chaque corps de garde est une « parlotte », et quand on est fatigué d'avoir théoriquement renouvelé la face du monde, on va faire une partie de bouchon, que l'on commence seulement lorsque les enjeux s'élèvent à la somme de cent francs. A ce métier, les meilleurs se perdent, et bien des braves gens s'y sont perdus.

Lorsque devant ces postes, qui sentaient le vin comme un tonneau défoncé, les soldats et les gardes mobiles passaient pour se rendre à la bataille, on leur criait : « Bon courage ! Revenez vainqueurs ; vous savez, du reste, si ça ne va pas, nous sommes là ! » Ils étaient là en effet, mais ils y restaient ; si bien que les gardes mobiles et les soldats, fatigués d'être toujours menés au feu, de ne jamais voir à leurs côtés ceux qui les exhortaient à bien faire, rentrèrent plusieurs fois dans Paris ou voulurent y entrer en criant : « Vive la paix! »

Le gouvernement s'émut, et l'on décida que la garde nationale, parmi laquelle se trouvaient presque tous les amateurs de sortie en masse et de guerre à outrance, serait mise face à face avec l'armée allemande. En somme, on était à bout de voie : les vivres étaient presque épuisés ; MM. Picard et Jules Favre adjuraient leurs collègues de ne point laisser la population parisienne sentir trop durement les étreintes de la faim ; la mortalité par fait de maladies augmentait dans des proportions excessives (8238 décès en novembre ; en décembre, 12 885). La nécessité de la paix, d'une paix très prochaine et rapide, s'imposait à toutes les consciences ; mais nul n'osait en prendre l'initiative, car l'on redoutait ce que le conseil du gouvernement appelait « la rue », c'est-à-dire la garde nationale. On résolut alors de lui infuser des idées pacifiques, en la jetant au péril. Le général Trochu dit, dans la séance du 10 janvier 1871 : « Si, dans une grande bataille livrée sous Paris, 20 000 ou 25 000 hommes restaient sur le terrain, Paris capitulerait. » On se récria ; il reprit : « La garde nationale ne consentira à la paix que si elle perd 10 000 hommes. » Un général répliqua : « Il n'est point facile de faire tuer 10 000 gardes nationaux. » Clément Thomas, interrogé, répondit : « Il y a beaucoup de charlatanisme dans cet étalage de courage de la garde nationale ; déjà, depuis qu'elle sait qu'on va l'employer, son enthousiasme a beaucoup baissé ; il ne faut donc pas se faire d'illusion de ce côté. » Ce fut ainsi que l'on prépara le combat de Buzenval ; la garde nationale ne compta ni 25 000 morts, ni 20 000, ni 10 000, ni même 1000 morts ; mais elle perdit Henri Regnault et Gustave Lambert : ce deuil aurait dû être épargné à la France.

Le 22 janvier, quelques futurs membres de la Commune, sous prétexte de reprendre les hostilités et de ne signer la paix qu'à Berlin, tentèrent un coup de force pour s'emparer de l'Hôtel de Ville ; ce fut une échauffourée dont les quartiers voisins eurent à peine connaissance[1]. Paris l'ignora ; au premier coup de fusil, les insurgés se débandèrent, laissant peu de chose sur la place. Cette journée eut des résultats lointains qui n'éclatèrent qu'aux dernières heures de la Commune. Le bataillon qui attaqua l'Hôtel de Ville fut le 101e, des environs de la barrière d'Italie ; il avait pour commandant un corroyeur nommé Jean-Baptiste Sérizier. Arrêté en flagrant délit d'insurrection et de violation des lois, il allait être jugé par une cour martiale rapidement formée, lorsqu'il fut relâché sur l'intervention d'un des membres du gouvernement. Sa mort eût épargné plus d'une victime, car ce fut lui qui fit tuer les dominicains d'Arcueil et incendier les Gobelins.

L'armistice fut signé ; on sait au prix de quels sacrifices. A ce moment, la garde nationale de Paris comptait 28 000 officiers. Dès que les portes de Paris furent ouvertes, l'émigration commença : émigration

---

[1] Au moment où l'on essayait ce coup de main, Blanqui et Albert Regnard étaient au café de la Garde nationale, situé à l'angle de la place de l'Hôtel-de-Ville ; Delescluze, Arthur Arnould, Cournet, Edmond Levraud étaient rue de Rivoli, chez Lefèvre-Roncier ; Ledru-Rollin, qu'on y attendait, ne vint pas ; Razoua, avec quelques gardes nationaux de Montmartre, se tenait sur la place même. (Voir *Histoire populaire et parlementaire de la Commune*, par Arthur Arnould. Bruxelles, 3 vol. 1878.)

justifiée, mais qui n'en eut pas moins une influence détestable sur les évènements dont on était menacé. On était las d'avoir été enfermé, d'avoir vécu en dehors du monde pendant plus de cinq mois ; on avait hâte d'aller retrouver les siens que l'on avait éloignés au moment du péril, on voulait sortir de cette ville tumultueuse où les clairons sonnaient à toute heure ; on croyait le danger passé, on s'était sacrifié au devoir, sans profit pour la cause que l'on avait défendue ; on voulait aller savoir pourquoi « l'égoïste province », ainsi que disait le président Bonjean, n'était pas venue sauver sa capitale. Aussi tous ceux qui pouvaient partir laissèrent la ville abandonnée sans contre-poids, livrée à elle-même, c'est-à-dire à des éléments de colère, de désespoir et de désordre. Le colonel Montagut évalue à 100 000 le nombre des gardes nationaux dévoués à l'ordre qui, après l'armistice, allèrent rejoindre leur famille dans les départements. Quant l'heure de la résistance fut venue, on les chercha vainement ; ils n'étaient point de retour.

Lorsque M. Jules Favre débattait les conditions de l'armistice avec M. de Bismarck, celui-ci fit une proposition qui prouve à quel point il était renseigné sur l'état moral de Paris. Depuis cette époque, nous avons appris que chaque matin, vers cinq heures, le chancelier du futur empire d'Allemagne recevait, à son domicile de Versailles, un exemplaire des journaux qui étaient mis en vente à Paris entre sept et huit heures. Il avait pu ainsi, indépendamment des relations d'un ordre spécial qu'il avait eu l'habileté de se ménager, savoir à quoi s'en tenir sur les projets et les rêves de la population parisienne. Animé d'un bon sentiment ou de la crainte de voir les préliminaires de la paix repoussés par la garde nationale de Paris, il offrit à M. Jules Favre de désarmer celle-ci. « Je donnerai, dit-il, un morceau de pain pour toute arme entière ou brisée que l'on m'apportera ; ce moyen est facile et d'un succès certain. » M. Jules Favre rejeta cette proposition ; il affirma le patriotisme et l'abnégation de Paris. Depuis, répétant un mot de Danton, il en a demandé pardon à Dieu et aux hommes. Il a eu tort ; la condition dictée par le vainqueur n'était pas acceptable ; mais, sans arriver à cette nécessité, on peut regretter que l'on n'ait pas pris un moyen terme.

Le 25 janvier, le général Trochu déplorait que l'on n'eût point exigé que la garde nationale fût dissoute et réorganisée, de manière à en « éliminer les éléments perturbateurs ; car il n'y a pas de gouvernement possible avec cette garde nationale armée ». C'était bien pensé. Pourquoi n'a-t-on pas essayé cette réorganisation, qui, si elle n'eût pas complètement évité le mal, l'eût du moins atténué ? Parce que le conseil du gouvernement de la Défense nationale repoussa à l'unanimité « ce regret et cette appréciation ». Cette appréciation était cependant juste, on ne le vit que trop plus tard, et la mesure proposée était fort modérée. Mais le gouvernement sentait qu'il n'y avait qu'un maître, et que ce maître était cette garde nationale, précieusement ménagée pour une éventualité redoutée, et qui se disposait à combattre contre tout venant afin de conserver ses armes, ses privilèges et sa solde.

A l'annonce de l'armistice, — qui était en réalité une capitulation, puisque nous livrions tous les forts sous Paris, — la garde nationale fut exaspérée ; les commandants qui s'étaient le moins battus furent ceux qui poussèrent les plus hauts cris ; il y eut des scènes pénibles chez le général Clément Thomas, et les reproches qu'il adressa à certains tranche-montagnes de cabaret ne furent pas sans influence sur la mort qui lui fut infligée le 18 mars. Les gens les plus paisibles subirent aussi un choc douloureux, et l'irritation fut vive dans tous les cœurs contre le gouvernement de la Défense nationale. Le président Bonjean a exprimé l'opinion du plus grand nombre, lorsqu'il écrivait, à la date du 27 janvier : « Cette misérable fin d'un siège où la population de Paris a montré tant de courage et tant d'abnégation n'est due qu'à la criminelle incurie des incapables qui ont pris en main la direction de nos affaires. »

La garde nationale, elle, criait simplement à la trahison. On l'avait tant flattée, tant flagornée depuis cinq mois, elle avait reçu en plein visage tant de coups d'encensoir intéressés, qu'elle avait fini par se croire héroïque, et qu'elle ne comprenait pas que sa seule présence en deçà du mur d'enceinte n'ait pas mis en fuite les armées allemandes qui campaient au delà. A cette heure, vouloir continuer la guerre était une folie. C'était en octobre, en novembre, en décembre même, qu'il eût fallu tenter le grand effort ; mais maintenant il était trop tard, et tout était bien fini. Dans des conciliabules secrets où péroraient les prochains maîtres de Paris, Flourens, Théophile Ferré, Raoul Rigault et quelques révolutionnaires en sous-ordre, tels que Duval, Mouton, Pindy, on parlait de faire « la trouée » et de se jeter dans le Bocage, afin d'y recommencer une Vendée laïque et radicale. Cela n'était pas sérieux et n'avait d'autre but que de tenir en haleine le mécontentement public. Les inventeurs de ces projets savaient bien que l'on s'était laissé, maladroitement pour ne dire plus, acculer dans une impasse et que l'on n'en pouvait sortir que par la porte d'une paix onéreuse ; mais néanmoins ils s'en allaient criant : « Gardons nos armes ! » qu'on ne leur demandait pas, et promettaient toute victoire à des gens qui n'avaient pas envie de se battre. Ils insistaient sur l'héroïsme, — c'était le mot consacré, — déployé par la garde nationale et sur tant de souffrances vainement endurées.

Ici, il faut intervenir, avoir le courage de dire la vérité et faire à chacun le lot qui lui appartient. Oui, la population de Paris a été héroïque ; oui, elle a supporté avec abnégation la faim, le froid et les misères qui en découlent ; oui, elle a accepté tous les sacrifices, subi tous les amoindrissements de la vie, dans la croyance que notre pays parviendrait à conjurer le sort dont il a été accablé ; mais il est criminel de faire honneur de ces douleurs et de ces vertus à la seule classe ouvrière, car c'est incontestablement celle qui a le moins pâti. Régulièrement payé comme garde national, l'ouvrier a toujours eu « le sou de poche », qui lui manque parfois dans l'existence de l'atelier ; il recevait, nous l'avons déjà dit, indemnité pour sa femme, indemnité pour ses enfants ; l'État ou les cantines de quartier lui distribuaient des vivres suffisants ; jamais il n'a bu plus de vin, jamais plus d'eau-de-vie que pendant cette époque de privation.

La solde était fournie avec ponctualité par le ministère des finances, et, en la répartissant, l'on n'y regardait pas de trop près. Il y eut plus d'un garde national qui appartenait à deux ou trois bataillons ; tous étaient mariés et il était rare qu'ils n'eussent qu'un enfant. « La solde était quelque chose de fantastique, dit un témoin[1]. Il y avait des capitaines

---

[1] *Enquête*, etc., t. II, déposition, p. 469. — J'ai sous les yeux les comptes d'un des arrondissements de Paris : du 27 septembre 1870 au 10 mars 1871, 6 086 267 fr. 25 c. sont payés à la garde nationale. Sur cette somme la part des femmes est, du 27 septembre au 31 décembre 1870, de 210,501 fr., et du 1er janvier au 10 mars 1871, de 573 816 fr. 75 c. ; on voit la progression. La solde quotidienne fournie par cet arrondissement est donc de 56 664 fr. 25 c. Aussitôt qu'un contrôle quelconque est établi à la suite de l'arrêté ministériel du 20 février 1871 (V. *Pièces justificatives*, n° 1), la diminution est sen-

qui se faisaient des rentes en touchant la solde de 1500 hommes quand ils en avaient à peine 800 ; il y en a qui ont dû faire fortune. » Ceci est strictement vrai. Ce qui a souffert pendant le siège, souffert sans se plaindre, c'est le petit rentier, le mince employé, c'est l'ouvrier ou le contre-maître, empêché par une infirmité physique de faire acte de présence au poste, c'est le vieux domestique congédié, c'est l'institutrice sans salaire, la veuve ou la fille pauvre ; c'est la demi petite bourgeoisie en un mot, qui, ne pouvant acheter ni vin, ni viande, ni bois, ni charbon, mourait de froid et d'anémie. Ceux-là, oui, ils ont été héroïques, et jamais la France n'aura pour eux assez de gratitude, car c'est dans l'espoir qu'elle ne serait pas amoindrie qu'ils ont supporté leur passion.

Pendant le siège, l'Américain Burnside, qui, en nous regardant, oubliait trop volontiers la guerre de sécession, avait dit à M. de Bismarck : « Paris est une maison de fous habitée par des singes ! » Il n'eut pas raison et manquait à la vérité. Il ne parlait, et à coup sûr ne pouvait parler que de ce qu'il avait aperçu dans les carrefours et sur les places publiques ; là, certainement, il avait vu des braillards avinés chanter *la Marseillaise*, et exiger pour les autres un effort militaire auquel ils ne se seraient pas associés ; mais s'il eût entr'ouvert les maisons et poussé les portes, il eût reconnu à l'œuvre le vrai peuple de Paris, celui qui fait sa gloire, celui qui est son honneur ; il l'eût vu résigné, laborieux, prêt à tout endurer pour sauver sa ville, ne demandant qu'à mourir pour la racheter, et

---

sible : 59 650 francs par jour en février ; 51 960 en mars. La dépense totale des gardes nationales de la Seine s'élève, pour 1870-1871, à 120 627 901 fr. 38 c. ; c'est cher pour les services qu'elle a rendus. (COUR DES COMPTES, *Rapport au président de la République sur l'exercice de* 1870, p. 117.)

s'étonnant que son bon vouloir, son intrépidité contre le sort contraire, son désir de braver la mort, soient restés stériles. Ceux-ci, lorsque l'acte de capitulation fut signé, pleurèrent sur la patrie mutilée, sur tant d'illusions, sur tant de dévouement inutile; les autres, — les fous et les singes, — ceux qui, après avoir été des gardes nationaux immobilisés, allaient bientôt devenir des fédérés d'avant-postes, ceux-là regrettèrent les loisirs du corps de garde, les libations et les causeries socialistes, où l'on s'indignait à la pensée que l'obélisque, tout posé, revient à quatre francs la livre [1].

Un homme d'un grand talent, qui fut partout alors où il y eut danger à courir, M. Alphonse Daudet, a donné, dans le style vif et familier qui lui est propre, une impression tellement juste, qu'il convient de la citer : « Et dire que pour certaines gens ces cinq mois de tristesse énervante auront été un évènement, une fête perpétuelle, depuis les baladeurs de faubourg, qui gagnent leur 45 sous par jour à ne rien faire, jusqu'aux majors à sept galons, entrepreneurs de barricades en chambre, ambulanciers de Camache, tout reluisants de bon jus de viande, francs-tireurs fantaisistes et n'appelant plus les garçons qu'à coups de sifflet d'omnibus, commandants de la garde nationale logés avec leurs dames dans des appartements réquisitionnés, tous les accapareurs, tous les exploiteurs, les voleurs de chiens, les chasseurs de chats, les marchands de pieds de cheval, d'albumine, de gélatine, les éleveurs de pigeons, les propriétaires de vaches laitières, et ceux qui ont des billets chez l'huissier, et ceux qui n'aiment pas payer leur terme, pour tout ce monde-là, la fin du siège est une désolation peu patriotique. Paris ouvert, il va falloir rentrer dans le rang, travailler, regarder

---

[1] Proudhon, *Correspondance*, t. Ier, p. 120.

la vie en face, rendre les galons, les appartements, rentrer au chenil, — et c'est dur ! » — Oui, c'est dur, et si dur en vérité, que cela est pour beaucoup dans la Commune.

II. — LE COMITÉ CENTRAL.

La France et Paris ne se reconnaissent plus. — Les ruraux. — Les prétentions de Paris. — Conflit entre Paris et l'Assemblée nationale. — Antipatriotisme des révolutionnaires. — Les comités de vigilance. — Indécision. — Les soldats vaguant dans les rues. — L'internationale intervient. — Fédération des bataillons. — Apparition du Comité central. — Le prétexte de la fédération de la garde nationale est la volonté de s'opposer à l'entrée de l'armée allemande dans Paris. — Tentatives des chefs de la Commune pour établir des relations avec les généraux allemands. — Manifestations sur la place de la Bastille. — Le meurtre de Vincenzini. — Les Peaux-Rouges. — 25 000 repris de justice. — Entrée des Allemands dans Paris. — Les bataillons fédérés ne bougent pas. — L'Assemblée décide qu'elle siégera à Versailles. — La loi des échéances. — Les maladresses de l'Assemblée nationale fortifient l'action du Comité central. — Suppression de la solde des gardes nationaux. — Souvenir de février 1848. — Il fallait racheter les armes. — Révolte ouverte. — Les forteresses populaires. — Les canons. — MM. Thiers et Saint-Marc Girardin. — On se résout à agir. — Le 18 mars. — Assassinats. — M. Thiers ordonne la retraite sur Versailles et l'évacuation des forts. — Paris est abandonné à l'émeute. — L'action et la stratégie du Comité central. — La fusillade de la place Vendôme. — La guerre fraternelle. — L'ivresse furieuse. — Compétitions de pouvoir. — Les comités. — Violences et mensonges. — La prose de Félix Pyat. — Dénombrement. — L'armée de la Commune.

La France et Paris avaient été si longtemps séparés que, lorsqu'ils se retrouvèrent, ils ne se reconnurent plus. Paris ne pardonnait pas à la province de n'être pas venue le délivrer ; la province ne pardonnait pas à Paris ses révolutions et l'état de surexcitation où il paraissait se complaire. Pendant que la province, épuisée par l'ennemi, aspirait à un repos qui lui permettrait de panser ses blessures, Paris, comme une sorte de Cirque Olympique, retentissait plus que jamais du bruit des armes et des appels belliqueux. Aussi, dès que l'Assemblée nationale, élue « dans un jour de malheur », fut réunie à Bordeaux, l'antagonisme éclata; Paris fut plein de défiance pour l'Assemblée, qui le lui rendait bien. L'opinion du Paris révolutionnaire fut exprimée, à la première séance parlementaire, lorsque Gaston Crémieux s'écria : « Assemblée de ruraux, honte de la France ! » Paris, fier de son titre de capitale, de ses gloires, de son renom, de sa richesse, a toujours eu la prétention de diriger les destinées de la France ; il se considère comme souverain et se trouve déchu lorsqu'il ne peut exercer la souveraineté. L'Assemblée, libre expression de la volonté nationale, représentait légalement l'autorité et n'était point disposée à partager celle-ci avec la ville usurpatrice. On pouvait être certain d'avance que la majorité parlementaire ne tiendrait aucun compte de l'état morbide de Paris ; qu'elle voudrait être obéie, comme c'était son droit ; qu'elle frapperait fort, sans trop s'inquiéter de frapper juste, et qu'elle ne reculerait pas devant telles mesures qui pourraient amener un conflit.

Ce conflit était attendu avec impatience par les chefs d'insurrection restés à Paris ou accourus de province pour utiliser, au profit de leurs rêveries, la plus nombreuse force armée que jamais minorité factieuse ait eue à ses ordres. Dès la chute de l'Empire, cette minorité avait essayé de s'emparer de la garde nationale pour la faire servir à ses projets. A ces gens la guerre n'avait paru qu'un prétexte à violation du pouvoir. « Juillet 1870, dit M. Lissagaray [1], surprit le parti révolutionnaire dans sa période chaotique, empêtré des fruits secs de la bourgeoisie, de conspirailleurs et de vieilles goules romantiques [2]. » La révo-

---

[1] *Histoire de la Commune.* Bruxelles, 1876, p. 17.
[2] A propos du 4 septembre, M. Arthur Arnould dit (*loc. cit.*) : « Depuis six semaines, le parti républicain socialiste attendait, espé-

lution du 4 septembre n'épura guère ce personnel, mais y adjoignit les orateurs des réunions publiques et les affiliés de la société sans patrie, de l'*Internationale*. Peu de jours après l'installation du gouvernement de la Défense nationale, l'action d'une sorte de gouvernement occulte se faisait sentir dans Paris ; de prétendus conseils de famille, faisant rôle de comités de vigilance, entravaient les ordres de l'autorité, dirigeaient les élections des officiers, cherchaient à dominer dans les secteurs et formaient le groupe d'où le Comité central devait sortir en février 1871. Ce pouvoir habilement dissimulé, mais déjà très fort, ne tendait à rien moins qu'à se substituer au pouvoir accepté ; celui-ci s'avisa, un peu tard, qu'il était le maître, qu'il ne devait pas se laisser systématiquement contrecarrer, et, par décret du 10 décembre 1870, il prononça la dissolution « des comités de délégués établis dans les compagnies et bataillons de la garde nationale », et rétablit les anciens conseils de famille. Sans se disperser, les groupes s'abstinrent d'une ingérence trop directe et attendirent l'occasion de reprendre l'œuvre qu'ils poursuivaient ; cette occasion naquit de la force même des choses, après la capitulation de Paris.

Les hostilités étaient suspendues, tous nos forts se trouvaient en puissance de l'ennemi, les préliminaires de la paix n'avaient point encore été ratifiés ; on se trouvait entre un gouvernement qui n'était plus et un gouvernement qui n'était pas encore ; les administrations, ne sachant trop à qui obéir, n'osaient prendre

---

rait un mouvement. Nous faisions tous nos efforts pour le provoquer ; mais la population, tenue en bride par les députés de la gauche qui se plaçaient comme un tampon entre le peuple et l'Empire, énervée par vingt années de despotisme et de corruption savante, semblait avoir perdu la foi dans ses propres forces et jusqu'au sentiment de sa toute-puissance. »

parti dans aucune circonstance ; la désagrégation était générale et l'indécision permanente.

La ville était lamentable à voir : fantassins, cavaliers démontés, marins, francs-tireurs de toute nuance, volontaires de toute couleur, gardes nationaux, gardes mobiles, vaguaient par les rues, les mains dans les poches, le fusil en bandoulière, démoralisés par l'ivresse, la défaite et l'inaction. D'après les conventions imposées par l'Allemagne, quelques milliers d'hommes appartenant aux troupes régulières avaient été autorisés à conserver leurs armes ; ceux-là on les choyait ; un mot d'ordre promptement répandu parmi les gardes nationaux de Belleville, de Montmartre, de l'avenue d'Italie, avait fait comprendre qu'il fallait jouer au camarade avec eux, se les rendre favorables, parce que plus tard on aurait peut-être à lutter contre eux, et qu'il était prudent de les attirer à soi. On les menait au cabaret, dans les bons endroits ; on déblatérait contre leurs généraux, on leur expliquait qu'ils avaient été trahis, et, entre deux verres d'absinthe, on leur disait : « N'est-ce pas que vous ne tirerez pas sur vos frères? » Ils répondaient : « Jamais ! » A la journée du 18 mars, ils ont tenu parole.

Ce fut dans les premiers jours de février 1871 que l'Internationale, soufflée par Blanqui, jugea le moment opportun pour réunir en un seul faisceau les forces éparses de la garde nationale ; elle allait ainsi se créer une armée qu'elle emploierait à une œuvre perverse, mieux qu'on ne l'avait employée à la défense du pays. On imagina de fédérer entre eux les bataillons qui encombraient le pavé de Paris et de leur laisser ainsi une sorte d'initiative particulière, tout en les soumettant aux ordres d'une autorité centrale. Une réunion préparatoire, tenue le 15 février, fit connaître le but que l'on visait et posa les assises de la future association. Les statuts sont adoptés le 24 février ; 114 bataillons avaient adhéré et s'étaient engagés à ne reconnaître d'autre autorité que celle du Comité central, qui dès cette heure est constitué, et devient dans Paris une puissance contre laquelle nul n'est plus en mesure de lutter. Une résolution, qui fut votée séance tenante à l'unanimité, prouve à quels subterfuges on avait recours pour égarer des hommes plus surexcités que malfaisants. On fit appel à leur patriotisme, on leur demanda un dernier, un suprême sacrifice pour l'honneur du pays ; ils s'offrirent par acclamation, sans même se douter que leurs chefs cachaient une arrière-pensée et les trompaient.

On sait qu'en vertu d'un article de la capitulation, l'armée allemande avait le droit d'occuper quelques quartiers de Paris, entre l'époque de la réunion de l'Assemblée nationale à Bordeaux et l'acceptation par celle-ci des préliminaires de la paix, comportant la cession de l'Alsace, celle d'une partie de la Lorraine et le payement d'une indemnité de guerre de cinq milliards. C'est sur ce fait que les rêveurs de république universelle, sans se soucier des amputations que le pays subissait, sans rougir de se révolter en présence de l'ennemi, c'est sur ce fait que le Comité central machina son stratagème. La fédération de la garde nationale et tous les malheurs qu'elle a produits ont eu pour acte de naissance cette motion proposée à la réunion générale du 24 février : « Les délégués soumettront à leurs cercles respectifs de compagnie la résolution suivante : Au premier signal de l'entrée des Prussiens dans Paris, tous les gardes nationaux s'engagent à se rendre immédiatement, en armes, à leur lieu ordinaire de réunion, pour se porter ensuite contre l'ennemi envahisseur. » Adopté à l'unanimité.

C'est là un sujet qu'il convient d'épuiser par anticipation. Que la Commune soit issue du Comité central et de la fédération de la garde nationale, que les mêmes instincts, les mêmes ambitions aient fait agir ces hommes avant comme après le 18 mars, nul n'en peut douter; il n'est pas un de leurs actes qui ne l'affirme. Eh bien! le premier soin des membres de la Commune, lorsqu'ils prirent la place laissée vide par les hommes du gouvernement régulier, fut d'essayer de se mettre en communication avec les chefs de l'armée allemande; le général Fabrice et le général von der Thann pourraient en dire long à cet égard.

Paschal Grousset, délégué aux relations extérieures, envoie Vinot, colonel d'état-major résidant à l'École Militaire, porter au général allemand l'assurance que la Commune fait la guerre à « Versailles » et non point à l'Allemagne; plus tard il écrit à Bergeret une lettre ainsi conçue : « Mon cher Bergeret, je vous prie, donnez un certain apparat à la démarche que nous faisons auprès du commandant en chef du 5ᵉ corps d'armée prussien. Il s'agit de savoir officiellement à quelle date les Allemands évacueront les forts de la rive droite, pour ne pas les laisser prendre aux Versaillais. C'est par un officier d'état-major, envoyé en *parlementaire* et suivi au moins d'une ordonnance, que la dépêche doit être remise. Salut et égalité. » Le général Von der Thann reçut en effet cette dépêche et dit simplement qu'il n'avait, sur cette question, de réponse à faire qu'au gouvernement siégeant à Versailles. Ce n'est pas tout; lorsque, le 1ᵉʳ mai 1871, Rossel fut nommé délégué à la guerre, il se hâta de faire toute tentative pour entrer en relations avec les Allemands, afin de leur acheter les chevaux réquisitionnés par eux et dont il avait besoin pour improviser quelque cavalerie; cependant on se rappelle que, devant le conseil de guerre qui le jugea, Rossel disait : « C'est l'horreur que m'inspirent les capitulations et la haine que j'ai vouée à l'Allemagne qui m'ont jeté dans l'insurrection, dès le 19 mars. » Il serait facile de multiplier ces exemples; ceux-ci suffisent à démontrer que la lutte projetée contre les vainqueurs pénétrant dans Paris était un prétexte destiné à couvrir des projets d'une autre nature. C'est aussi à l'abri du même subterfuge, c'est pour empêcher les Prussiens de s'emparer des canons de la garde nationale, que le Comité central se saisit des pièces d'artillerie, les fit hisser à Belleville, à Montmartre, refusa de les restituer à l'État longtemps après l'évacuation de Paris par les Allemands, et engagea ainsi une lutte qui ne se termina que le 28 mai.

Le Comité central intervient officiellement pour la première fois dans la nuit du 26 au 27 février en transmettant des ordres, qui furent exécutés, aux officiers de la garde nationale de service au VIe secteur; mais il n'avait pas attendu si longtemps pour faire preuve de force et affirmer son action. C'est lui qui, par ses délégués, organisa les manifestations qui défilaient sur les boulevards, se rassemblaient place de la Bastille et circulaient en chantant autour de la colonne de Juillet. Là les gardes nationaux et les soldats débandés fraternisaient, échangeaient des bouquets d'immortelles et saluaient de leurs acclamations le drapeau rouge qu'un marin avait fiché dans la main du génie de la liberté.

Un fait qui paraîtrait impossible chez une nation civilisée, si l'on ne savait que les religions, les philosophies et la morale sont impuissantes à tuer complètement la bestialité qui subsiste dans l'homme, vint démontrer tout à coup aux moins clairvoyants à quels périls Paris allait être exposé. Le 26 février, la foule s'entassait sur la place de la Bastille. Un ancien inspecteur de police, nommé Vincenzini, fut reconnu et désigné; insulté, frappé au visage, il prit la fuite et parvint à se réfugier dans un débit de tabac de la rue Saint-Antoine; il en fut arraché par des soldats réguliers appartenant aux 21ᵉ et 23ᵉ bataillons de chasseurs à pied, bataillons formés pendant le siège à l'aide d'éléments militaires fort douteux ramassés dans Paris. Vincenzini fut traîné jusqu'au poste, où l'officier le fit mettre en lieu sûr et ordonna de fermer les grilles. La foule se rua sur le poste, dont le chef tint bon et refusa d'abandonner son prisonnier. Celui-ci fut héroïque ; il dit au chef du poste : « Vous vous feriez massacrer inutilement vous et vos hommes, » et, ouvrant lui-même la grille, il se livra à la populace.

Pendant deux heures, il fut promené autour du piédestal de la colonne, et si cruellement frappé qu'il fut bientôt méconnaissable. On essaya de le pendre, et l'on n'y parvint pas. On lui lia les pieds et les mains, et on le jeta à l'eau. C'était un homme énergique ; « il fallait, a dit un témoin, qu'il eût la force et le courage d'un lion pour être encore capable d'un effort après tout ce qu'on lui avait fait souffrir. » Il réussit à se dégager de ses liens et nagea pour gagner la Seine, car il avait été précipité dans le canal. Courant sur les deux berges, la foule l'accablait de pierres et de briques prises dans un bateau amarré au quai; le pilote d'un bateau-mouche lui lança une bouée qu'il ne put atteindre; il était affaibli et ne réussit pas à saisir les pieux de l'estacade; il était près du bord, un homme lui ouvrit la tête d'un coup de gaffe, un autre lui jeta une brique en plein visage ; le malheureux n'avait plus que des gestes inconscients, il flottait plutôt qu'il ne nageait; poussé par le courant, il s'enfonça sous les barques garées à la pointe de l'île Saint-Louis et ne reparut plus.

On lui avait arraché sa redingote, dans la poche de

laquelle on trouva un portefeuille que l'on visita curieusement. On lut des comptes de dépenses et cette pensée qu'il avait sans doute copiée dans quelque livre de morale religieuse : « Fuyez l'impie, car son haleine tue, mais ne le haïssez pas, car qui sait si déjà Dieu n'a point changé son cœur ? » — On raconte que M. de Bismarck, causant avec un journaliste américain, dit : « Les Français sont des Peaux-Rouges. » A quoi faisait-il allusion? A la mort des généraux Lecomte et Clément Thomas, aux incendies de Paris, au massacre des otages ou au supplice de Vincenzini[1]?

Une population capable de commettre ou même de supporter un tel crime est bien près de n'avoir plus la direction de son libre arbitre et a besoin d'être mise en tutelle ; mais les tuteurs n'étaient pas là. Impuissants ou terrifiés, ils laissaient la garde nationale maîtresse de Paris, à la disposition des ambitieux interlopes qui l'exploitaient et qui n'ignoraient pas qu'elle contenait plus de 25 000 repris de justice : c'est le chiffre indiqué à la commission d'enquête par M. Cresson, préfet de police pendant le siège. Le mercredi 1er mars, quelques corps de troupes allemandes s'installèrent dans le quartier des Champs-Élysées. L'Assemblée nationale, siégeant à Bordeaux, s'était hâtée de voter les préliminaires de la paix; les Allemands quittèrent Paris le 2 mars.

Pendant les vingt-quatre heures que dura cette occu-

---

[1] A propos de cet assassinat, M. Arthur Arnould (*loc. cit.*) dit : « Ce ne furent pas là des actes de violence, mais des actes de justice, qui prouvaient que les citoyens avaient reconquis le sentiment de leur force et de leur droit. » Voici dans quels termes le journal *l'Avant-garde* rendit compte du meurtre de Vincenzini : « Place de la Bastille, il y a eu une émotion qui, paraît-il, a eu de sérieuses conséquences. M. Thiers devrait savoir qu'il n'a pas le droit de surexciter une population affolée de douleur, en se servant contre elle des mouchards de l'Empire. »

pation, qui ne fut qu'une mince satisfaction d'amour-propre, la fédération de la garde nationale et le Comité central ne donnèrent point signe de vie et n'inquiétèrent en rien « l'envahisseur », auquel on était résolu, huit jours auparavant, de livrer un combat à mort. Le tour était joué ; l'armée sociale était réunie, les canons gardés par elle étaient en lieu sûr, et l'on ne pensait même plus à la motion que le 24 février on avait adoptée à l'unanimité. On se contenta de saccager un café où des soldats allemands avaient bu et de brûler sur la place de l'Étoile le fumier laissé par leurs chevaux, ce qui fut puéril, aussi puéril que le coup de pistolet tiré sur l'Arc de Triomphe par un officier prussien.

L'Assemblée nationale n'était point satisfaite ; elle estimait que la capitale de la France se livrait, sous les yeux de l'Allemagne victorieuse, à des exercices peu compatibles avec la dignité d'un grand peuple. Elle eût voulu agir avec vigueur et remettre de l'ordre dans cette ruche envahie par les frelons ; mais elle n'avait à sa disposition aucune force sérieuse, et il était dangereux d'engager une lutte dont le résultat paraissait incertain. Ce n'est pas que les motions les plus vives n'eussent leur raison d'être ; mais lorsque l'on disait : Il faut prendre le taureau par les cornes et arrêter tous les membres du Comité central, on ne faisait que donner un conseil, sans fournir les moyens de le mettre à exécution.

La fédération de la garde nationale espérait bien que l'Assemblée viendrait siéger à Paris, ce qui eût permis de la jeter promptement à la Seine ; mais l'Assemblée, se rappelant certaines dates présentes à toutes les mémoires, décida, le 10 mars, qu'elle se réunirait à Versailles. La déception fut grande dans la tribu révolutionnaire ; comme toujours, on cria à la trahison et l'on colporta un nouveau mot d'ordre : l'Assemblée est monarchiste, elle veut étrangler la république et proclamer un roi. Il n'y eut pas un fédéré qui n'acceptât cela et ne se préparât à la lutte. Le même jour, l'Assemblée adopta une loi maladroite qui prouve à quel point elle ignorait les souffrances du commerce parisien, ou combien elle était résolue à n'en point tenir compte. Une série de décrets avait prorogé l'échéance des billets de commerce; l'Assemblée voulut que les billets échus le 13 novembre fussent exigibles le 13 mars. C'était mettre les petits négociants, si nombreux à Paris, dans l'impossibilité de faire honneur à leur signature, et c'était en outre indisposer des gens influents dans leur quartier, dévoués à la tranquillité dont ils ont besoin, et prêts à combattre pour le maintien de l'ordre. Ce décret, dont le résultat économique le plus clair se note par un nombre prodigieux de protêts signifiés du 13 au 17 mars, vint en aide au Comité central; s'il ne lui donna pas de partisans, il diminua du moins le nombre de ses adversaires, lorsque l'on battit le rappel dans la matinée du 18 mars.

On avait adopté déjà une autre décision non moins périlleuse : un décret du 16 février supprimait la solde à tous les gardes nationaux qui, pour la conserver, n'en feraient pas la demande avec pièces à l'appui. C'était trancher brusquement une délicate question, c'était dédaigner les leçons de notre histoire contemporaine, et oublier que la suppression subite de la paye des ateliers nationaux en 1848 nous avait valu l'insurrection de Juin. Après la guerre, en février, en mars 1871, la population de Paris était fort malheureuse; nul travail régulier, peu d'ateliers ouverts, et des habitudes de paresse auxquelles il était difficile de renoncer du jour au lendemain. Il eût été sage, il eût été patriotique de faire un sacrifice d'argent, de continuer la solde pendant deux mois encore et de ne pas promettre la misère à des gens qui croyaient sincèrement s'être dévoués au salut du pays. C'eût été fort onéreux pour le trésor public ; mais en regard de ce que la Commune a coûté, c'eût été une louable économie. Du 18 mars au 22 mai, combien n'avons-nous pas entendu d'hommes, auxquels nous reprochions de servir cette mauvaise cause, nous répondre : « Vous avez raison ; mais il faut vivre, et j'ai ma solde ! »

Le désarmement de la garde nationale n'était qu'une question d'argent. En 1848, après la révolution de Février, les blanquistes inondèrent Paris d'affiches : « Citoyens, conservez vos armes ; la réaction relève la tête, vous aurez bientôt à vous en servir contre elle. » Ces armes étaient nombreuses ; on avait pillé les casernes et désarmé les troupes. Le gouvernement provisoire fit preuve d'esprit : il promit cinq francs par fusil, deux francs par sabre, un franc par baïonnette que l'on rapporterait aux mairies ; huit jours après, les dépôts avaient plus d'armes qu'on ne leur en avait enlevé, car beaucoup de gardes nationaux besogneux avaient restitué les fusils que le capitaine d'armement leur avait remis pour faire leur service.

Nul doute qu'en mars 1871 la population parisienne n'eût d'abord regimbé ; elle eût certainement prêté l'oreille aux ordres du Comité central ; mais peu à peu, la pénurie aidant, bien des fusils seraient rentrés, et des canons aussi. Le 19 mars, dans la soirée, nous avons vu acheter une mitrailleuse gardée par des fédérés ; pas trop cher : 75 francs ! Quelques milliers d'énergumènes se seraient refusés à toute transaction et auraient voulu « vaincre ou mourir » ; on les aurait vaincus avec plus de facilité et moins d'incendies. Le département de la Seine avait fourni 21 000 mobiles qui ne furent pas toujours des soldats exemplaires ; le camp de Châlons et les avant-postes sous Paris en surent quelque chose. Le 7 mars, on leur mit dix francs dans la main, et on les congédia ; ils burent les dix francs et se réunirent aux fédérés.

Par le meurtre de Vincenzini, on voyait clairement que l'on se trouvait en présence d'une population capable de tout ; par certains faits de révolte ouverte, on pouvait comprendre que les officiers de la garde nationale ne reconnaissaient plus qu'un seul pouvoir : celui qui émanait d'eux-mêmes. Un jeune homme de vingt et un ans, nommé Lucien Henry, un peu modèle, un peu ouvrier fabricant de mannequins pour les artistes, un peu peintre, tout à fait déserteur, grand orateur des clubs du quartier Montparnasse pendant le siège, fut élu, le 11 mars 1871, chef de la légion du XIVe arrondissement. Chargé de faire de la propagande révolutionnaire dans son quartier, il s'installa en permanence dans un poste qu'il établit chaussée du Maine, n° 91. Là, entouré de ses officiers et de ses gardes, ne relevant que du Comité central, il refusa de se soumettre à toute autorité constituée. Le commissaire de police, le maire, interviennent directement et vainement auprès de lui ; à toutes les observations qu'on lui adresse, il répond : « J'ai la force pour moi, et j'en userai. » Il fait afficher des placards dans lesquels il demande, au nom du peuple, que la souveraineté de la garde nationale soit maintenue dans toute son intégrité.

Un mandat d'arrestation est enfin lancé contre lui le 17 mars ; c'était bien tard. Lucien Henry ne s'en soucia guère ; il fut quitte pour doubler ses gardes et ne sortir qu'entouré d'une escorte. Le lendemain, il préside à la construction des barricades, qu'il arme de canons, et fait incarcérer les commissaires de police de son arrondissement. Cet Henry fut « le général Henry ». Son premier acte d'ingérence dans la direction des affaires publiques est à noter ; le 30 mars, il a publié l'ordre que voici : — Faire arrêter tous les trains se dirigeant vers Paris, Ouest-Ceinture ; mettre un homme énergique avec un poste, jour et nuit : cet homme devra *avoir une poutre* pour monter la garde ; à l'arrivée de chaque train, il devra faire dérailler, s'il ne s'arrête pas. — La phrase est peu grammaticale, mais elle fut comprise, et l'on se conforma à l'ordre qu'elle contenait.

Le fait d'un chef de corps élu volontairement réfractaire et n'obéissant qu'aux injonctions d'un pouvoir occulte ne fut point isolé, et l'on pourrait citer un grand nombre d'actes semblables qui se produisirent sur tous les points de Paris depuis la formation du Comité central. C'était une preuve que bien du temps déjà avait été perdu, qu'il n'en fallait plus perdre et que l'heure était venue d'entrer en négociations ou en lutte contre un parti révolté qui se fortifiait de jour en jour. En effet, sans compter diverses places d'armes établies et bien gardées dans Paris, les quartiers élevés de Belleville et la butte Montmartre, pourvus de canons et de munitions, étaient à cette heure de véritables forteresses. La partie administrative du gouvernement semblait pleine de quiétude et regardait ces préparatifs de défense ou d'attaque comme un enfantillage sans gravité. Le secrétaire général d'un ministère disait en souriant : « Leur artillerie n'est composée que de lunettes, car leurs canons n'ont pas de percuteur. — Mais, lui répondit-on, le premier serrurier venu pourra leur en faire. — Bah ! répliqua-t-il, ils n'y penseront pas. » Ils y pensèrent, et la population de Paris commençait à s'inquiéter d'un état de choses qui entretenait l'agitation, prolongeait le chômage, et menaçait d'aboutir à la guerre civile.

Le Comité central ne s'endormait pas ; il était décidé

à livrer bataille, car il sentait bien qu'il avait en main des forces inespérées. Ces forces, il les augmentait sans relâche; il attirait à lui les soldats isolés appartenant aux corps francs qui avaient battu l'estrade en province pendant la guerre; il se recrutait ainsi d'un grand nombre d'hommes dénués de préjugés, pour qui le temps des troubles est un temps de prédilection. Cependant quelques journaux demandaient, non sans raison, pourquoi l'on ne cherchait pas à rétablir l'ordre menacé. Comme en France on excelle à la rhétorique, on appelait la butte Montmartre « le mont Aventin de l'émeute ». Ce souvenir du *De viris* n'éclaircissait pas la situation, qui semblait devenir de plus en plus sombre.

Les journaux révolutionnaires soutenaient un thème dont l'absurdité ne les choquait pas : « Les canons, ayant été payés à l'aide de cotisations recueillies parmi la population parisienne, appartiennent en droit à celle-ci; » argumentation qui équivalait à dire que le matériel de l'État appartient à la population, parce que le matériel de l'État est payé par la population. Des articles violents étaient échangés de part et d'autre dans les journaux; des députés harcelaient le gouvernement et le suppliaient d'en finir, coûte que coûte. Les fédérés ricanaient en disant : « On veut nos canons; eh bien! qu'on vienne les prendre ! »

On raconte que, vers cette époque, M. Saint-Marc Girardin, sollicité par plusieurs de ses collègues de l'Assemblée nationale, fit une démarche auprès de son vieil ami M. Thiers, alors chef du gouvernement, afin d'obtenir quelques éclaircissements sur la conduite que le ministère comptait tenir dans cette circonstance. En sortant de la conférence, qui fut assez longue, M. Saint-Marc Girardin aurait dit à ses amis : « J'ai vu M. Thiers; il ne sait pas ce qu'il veut, mais il le veut énergiquement. » Nous ignorons si cette parole a été prononcée, mais elle peint au vif l'espèce d'irritabilité indécise dont les esprits les meilleurs étaient alors atteints. Tout le monde sentait que l'heure de l'action était proche, et nul ne savait quelle action il convenait d'engager.

Enfin, après des atermoiements dont l'avenir pénètrera peut-être le mystère, on se décida à agir. Dans la soirée du 17 mars, les chefs de corps furent réunis au Louvre, chez le général Vinoy, gouverneur de Paris, et ils reçurent communication des opérations militaires qu'ils devaient diriger dans la matinée du lendemain. On connaît cette aventure dont le résultat dépassa toutes les craintes des conservateurs et toutes les espérances des révolutionnaires : engagement de troupes ; retard dans l'envoi des attelages ; premier succès immédiatement suivi de la débandade des soldats, noyés au milieu d'un flot de population que l'on n'avait pas su maintenir à distance ; assassinat du général Lecomte et de Clément Thomas, massacrés à Montmartre, rue des Rosiers, dans une maison où le comité de vigilance du XVIIIe arrondissement, fondé le 4 mars [1], avait souvent tenu séance.

A midi, nul espoir ne subsistait ; la journée était perdue. M. Thiers se rappelant que le feld-maréchal Windischgrætz avait repris Vienne de haute lutte en 1848, après en avoir été chassé, fit transmettre ordre à toutes les administrations d'avoir à se rallier à Versailles, où le siège du gouvernement allait s'établir en permanence. Lui-même s'y rendit après avoir prescrit l'évacuation des forts du sud et la concentration à Versailles de la brigade Daudel, ce qui impliquait l'abandon du Mont-Valérien. Cet ordre verbal fut répété et écrit par lui au moment où il allait traverser le pont de Sèvres. La retraite administrative fut rapide ; le soir,

[1] Ce comité avait déclaré qu'il défendrait *ses* canons contre tous ceux, quels qu'ils fussent, qui tenteraient de s'en emparer.

tous les services, privés de leurs chefs, étaient désorganisés; Paris, sans police, sans armée, sans gouvernement, était livré aux émeutiers.

Si M. Thiers fut surpris de sa défaite, le Comité central ne fut pas moins étonné de sa victoire; plus d'un vainqueur l'a dit : « Nous ne savions que faire et nous étions fort embarrassés[1]. » C'était cependant le Comité central qui avait mené la journée. N'ayant rien prévu des évènements qui le prenaient à l'improviste, il se réunit dans une salle d'école, rue Basfroi, n° 11, et l'on avisa aux mesures propres à neutraliser la tentative du gouvernement, qui livrait bataille pour reprendre des canons dont il n'aurait jamais dû se dessaisir. Bergeret, envoyé à Montmartre, Varlin à Batignolles, devaient faire leur jonction, marcher sur la place Vendôme et s'y barricader, après s'être emparés des états-majors; Faltot, passant derrière l'École Militaire et les Invalides, avait pour mission d'occuper les ministères de la rive gauche, l'hôtel des télégraphes, et de donner la main à Varlin et à Bergeret par le Carrousel ou par la place de la Concorde, de façon à commander la rue de Rivoli; Duval, posté au Panthéon, avait à prendre possession de la Préfecture de police, tout en laissant un détachement au parvis Notre-Dame, de façon à favoriser le mouvement de Pindy sur l'Hôtel de Ville, qu'Eudes aurait attaqué après avoir pris la caserne Napoléon, pendant que Brunel s'y serait présenté par la rue Saint-Martin.

Ce plan réussit, non pas parce qu'il était habilement

---

[1] Jourde a dit : « Le Comité ne se serait jamais douté que nous puissions avoir Paris en si peu de temps; le soir nous étions à nous demander ce qu'il fallait faire; nous ne voulions pas nous emparer de l'Hôtel de Ville; nous voulions faire des barricades; nous avons été très embarrassés de notre autorité. » (*Enquête parlementaire sur le 18 mars*, déposition de M. Ossude.)

combiné, mais parce que Paris, dégarni de troupes, abandonné de ses autorités légales, ne put opposer aucune résistance. Les fédérés, tout victorieux qu'ils fussent, marchèrent avec prudence ; ils n'occupèrent l'Hôtel de Ville, la Préfecture de police, leur principal objectif, qu'assez tard dans la soirée, lorsque les chefs de service et la majeure partie des employés s'étaient déjà retirés. Il faut croire que la retraite avait été très précipitée, car un jeune officier d'état-major, resté à Paris, ne put trouver personne, le soir du 18 mars, au ministère de la guerre pour recevoir le mot d'ordre ; un garçon de bureau, qui par hasard le savait, put le lui transmettre. Paris, déserté par le gouvernement de la France, appartenait au sans-culottisme ; « or, a dit Proudhon, le sans-culottisme est la dépression de la société. »

Dans la dernière quinzaine de février, au moment où l'on s'épuisait en manifestations tapageuses, un moraliste avait dit : « Ce peuple est malade d'une bataille rentrée ; il faudra qu'elle sorte. » En effet, elle allait sortir. La lutte fut terrible ; on eût pu se croire revenu aux plus mauvais jours des guerres de religion ; on cherchait moins à se vaincre qu'à s'exterminer. Vincenzini noyé, les généraux Lecomte et Clément Thomas assassinés, disaient assez à quoi l'on pouvait s'attendre. Toute prévision fut dépassée.

Quelques gardes nationaux, respectant la légalité et ayant pitié de la France, des hommes paisibles, redoutant les malheurs dont Paris allait être accablé, voulurent faire un acte suprême de conciliation et arrêter l'effusion du sang qu'ils prévoyaient. Sans armes, précédés d'un drapeau tricolore, ils se dirigèrent, par la rue de la Paix, vers la place Vendôme, occupée par les 80e, 176e et 215e bataillons, armée de canons et commandée par un certain général du Bisson, immédiatement placé sous les ordres de Bergeret. La manifestation était absolument pacifique; elle criait : « Vive la paix! vive l'ordre! vive l'Assemblée! » Elle fut accueillie par une fusillade à bout portant : treize morts et de nombreux blessés apprenaient à la partie saine de la population parisienne que tout espoir de modération était à jamais brisé. Le Comité central décréta que les assassins de la place Vendôme avaient bien mérité de la patrie, et le gouvernement réfugié à Versailles, l'Assemblée nationale, tous les honnêtes gens, furent désespérés en comprenant dans quelle voie on allait être obligé de marcher.

Paris, sûr de vaincre, Versailles, voulant affirmer sa ferme volonté de reconquérir la capitale de la France, avaient hâte d'en venir aux mains. Le 2 avril, des fédérés et des troupes de ligne se trouvèrent face à face dans l'avenue de Courbevoie. Avant d'ouvrir le feu on voulut encore, malgré tant de déceptions, essayer de ramener les insurgés à la sagesse et au respect des lois. M. Pasquier, chirurgien en chef de l'armée, revêtu de son uniforme, portant la croix de Genève au bras et au képi, s'avance en parlementaire; il est immédiatement tué. Dès lors la guerre fut sans merci. Le 3 avril, la Commune veut marcher sur Versailles et faire cette fameuse opération dont le lieutenant de marine Lullier, un de ses généraux, a dit : « Au point de vue politique, cette sortie était insensée; au point de vue militaire, elle était au-dessous de toute critique. » A Châtillon, le général Duval est pris et fusillé sur place; Flourens, dont les troupes étaient en débandade, se réfugie chez un aubergiste près du pont de Chatou; il est découvert et reconnu au moment où il changeait de costume; un capitaine de gendarmerie lui fend la tête d'un coup de sabre. L'armée régulière se conformait aux exemples que les fédérés lui avaient donnés. De part et d'autre, ce fut une guerre fraternelle : *Et solita fratribus odia*, a dit Tacite.

On allait voir ce que peut faire un peuple sans mesure et sans instruction, lorsqu'il est livré à lui-même et qu'il se laisse dominer par ses propres instincts. L'intérêt de ceux qui avaient saisi la direction de ses destinées était de le surexciter, de l'amener à ce paroxysme inconscient où l'homme redevient la bête féroce naturelle. Comme le combat devait être à outrance, on exaspéra les combattants jusqu'au délire; on ne leur ménagea rien, ni les mensonges, ni les menaces, ni les flagorneries, ni l'argent, ni l'eau-de-vie. Pendant deux mois Paris fut en proie à l'ivresse furieuse. Ce que le Comité central avait fait secrètement, la Commune le faisait en quelque sorte avec la sérénité que donne la satisfaction du devoir accompli. Pendant que la tourbe se ruait à des batailles auxquelles elle finissait par prendre goût, ses deux maîtres se disputaient et cherchaient à s'arracher le pouvoir.

Des élections avaient été ouvertes; une apparence de légalité consacrait la Commune, qui avait cru prendre la place du Comité central. Celui-ci s'était solennellement engagé à se retirer lorsque « le peuple souverain aurait parlé ». Le peuple souverain parla, — il eût mieux fait de se taire, — et le Comité central n'abdiqua ni ses prétentions, ni la direction occulte qu'il aimait à exercer, spécialement sur les choses de la guerre. Le conflit fut permanent; on essayait de le dissimuler, il n'en éclatait pas moins. Pour mettre tout le monde d'accord sous une égale oppression, on revint, le 1er mai, à cette vieillerie du Comité de salut public. Cela n'arrangea pas les choses: comité de salut public, comité d'artillerie, comité des barricades, comité des subsistances, comité d'approvisionnements militaires, comité de sûreté générale, comité central, comité de toute nuance et comité de toute défroque, se jalousaient, se haïssaient, et allaient commencer à « s'épurer », lorsque la France rentra à Paris.

Ces dissentiments eurent le bon résultat de rendre la défense incohérente, mais ne descendirent jamais jusqu'aux fédérés, qui s'en souciaient peu et ne se préoccupaient guère que de l'abondance des distributions de vivres. « Pour une grande partie du peuple, la révolution n'est qu'un opéra. » Ce mot de Marat nous est souvent revenu à la mémoire, lorsque nous regardions les évolutions des troupes de la Commune. Le spectacle que Paris offrait alors était désespérant. En haut, des vaniteux, arrivés aux accidents tertiaires de l'envie purulente; en bas, des êtres violents prêts à tous les méfaits; au milieu le troupeau des moutons de Panurge, êtres indécis, mobiles, sans résistance contre les passions qui les harcèlent, sans propension au mal, sans attrait vers le bien, obéissant machinalement et ne comprenant rien aux évènements dont ils sont enveloppés, sinon qu'ils ont une bonne paye, beaucoup de vin et trop d'eau-de-vie.

Les actes les moins justifiables ne soulevaient pas les consciences et trouvaient même des approbateurs. Le 19 avril, on afficha cette sanie sur les murailles de Montmartre : « Attendu que les prêtres sont des bandits et que les églises sont des repaires où ils ont assassiné moralement les masses en courbant la France sous la griffe infâme des Bonaparte, Favre et Trochu, le délégué civil des Carrières près l'ex-préfecture de police ordonne que l'église Saint-Pierre-Montmartre soit fermée et décrète l'arrestation des prêtres et ignorantins. *Signé* : LE MOUSSU. » Si la population restait indifférente à ces brutalités, elle acceptait avec confiance, et sans raisonner, toutes les sornettes qu'on lui débitait. Pour l'entretenir dans la haine de Versailles et des Versaillais, comme l'on disait alors, il n'est bourdes surprenantes qu'on ne lui ait fait avaler. L'armée, que l'on combattait aux avant-postes, était composée de sergents de ville, renforcée par les chouans de Charrette et de Cathelineau, marchant sous un drapeau blanc, aux cris de *vive Henri V !* Les séminaristes et les frères de la doctrine chrétienne s'étaient enrôlés, après avoir fait vœu de rétablir le droit de jambage ; les paysans, ralliés sans exception au système communal de Paris, recevaient à coups de fourche les soldats qui se rendaient aux ordres des assassins de Versailles ; les marins avaient exterminé deux régiments de ligne à coups de hache. Pendant que l'on trompait ainsi les badauds fédérés, on ne savait qu'imaginer pour flatter leur orgueil. Félix Pyat écrivait sans rire dans le *Vengeur* que le Paris de la Commune était « l'Éphèse du progrès, la Mecque de la liberté, la Rome de l'humanité ». Cet encens grossier, ces cancans de portières pénétraient les esprits incultes, s'y gravaient, mettaient les haines en ébullition et ne furent pas sans exercer d'influence sur l'emportement et la durée de la lutte.

Cette lutte, nous n'avons pas à la raconter ici ; cependant nous devons dire, pour en expliquer la longueur, de quels éléments de résistance l'insurrection disposait après sa victoire du 18 mars, éléments considérables qui lui permirent de soutenir deux mois de combats et la bataille des sept jours dans Paris. Son artillerie était forte de 1047 pièces, représentées par vingt-sept types différents, ce qui la neutralisa parfois en produisant des confusions dans la distribution des munitions. Défalcation faite des pièces utilisées aux postes avancés, aux forts et au mur d'enceinte, 726 furent employées dans les rues lorsque les troupes régulières eurent enfin pénétré dans Paris. La cavalerie était nulle et ne compta jamais plus de 449 chevaux; en revanche l'infanterie était très nombreuse. Vingt légions, composées de 254 bataillons, se divisaient en portion active et en portion sédentaire; la première mettait en mouvement 5649 officiers et 76 081 soldats; la seconde formait un effectif de 106 909 hommes commandés par 4284 officiers, ce qui produit un total dépassant 191 000 hommes, d'où il convient de déduire une trentaine de mille individus qui surent toujours échapper au service. En résumé, la Commune eut une armée de 140 000 à 150 000 combattants, qu'elle dirigea tant à l'extérieur qu'à l'intérieur de Paris [1].

A cette masse on doit ajouter vingt-huit corps francs, libres d'allure, agissant selon la fantaisie du moment et n'obéissant à personne. Leur contingent variable s'élevait, vers le milieu du mois de mai, au chiffre de 10 820 partisans, guidés par 310 officiers. Il y eut là des gens de toute provenance et de toute catégorie, qui choisissaient les dénominations les plus extraordinaires : turcos de la Commune, éclaireurs de Bergeret, enfants de Paris, enfants du Père Duchêne, enfants perdus, lascars, tirailleurs de la Marseillaise, volontaires de la colonne de Juillet et vengeurs de Flourens, que le peuple appelait — ô foule ingrate! — les vengeurs de *Florence*.

[1] D'après un renseignement que l'on peut croire exact, les arsenaux, lors du désarmement de Paris, à la fin de mai 1871, auraient reçu 285 000 fusils Chassepot, 190 000 fusils dits à tabatière, et 14 000 carabines Enfield : donc près de *cinq cent mille* armes à feu et à répétition. Je ne donne ce chiffre qu'avec réserve, car toutes les armes à feu ayant été, par mesure de prudence, immédiatement expédiées en province, il est très difficile d'en connaître le nombre positif.

III. — LES HÉBERTISTES.

« Quand je serai roi ! » — Arbitraire. — Les sectaires. — Un arrêté de Charles Riel. — Mise en liberté des criminels. — Divers ordres d'écrou. — Privé de nourriture. — Erreur. — Raoul Rigault. — Le jugement par les impairs. — Raoul Rigault policier. — « Bonsoir, Rigault ! » — « Je ne vous ferai pas grâce. » — La rue Ilya-Michel. — « Artilleur en chambre. » — Raoul Rigault à la Préfecture de police. — Procureur général de la Commune. — Intempérance. — Note de restaurateur. — Comptabilité. — Décoration projetée. — Théophile Ferré. — « Inconvénient d'une petite taille et des ridicules. » — Les origines de Ferré. — Exécuteur des hautes œuvres de la Commune. — Sa fuite, son arrestation, sa mort. — Hurler avec les loups. — Raoul Rigault et Théophile Ferré mènent le branle des cruautés de la Commune.

Au lendemain d'une insurrection victorieuse, toujours faite au nom de la liberté, nul ne se dit : « Je suis libre, » mais chacun dit : « Je suis le maître. » Il y a longtemps que Lamennais a énoncé cette vérité, lorsque, dans ses *Pensées*, il écrivait en 1841 : « Nul ne veut obéir et tous veulent commander. Demandez au républicain son secret : son secret est le pouvoir, le triomphe de son opinion et de son intérêt ; il se dit : Quand je serai roi ! c'est là sa république. » Les gens de la Commune ont à cet égard dépassé toute limite ; chacun s'était emparé d'une portion de l'autorité brisée entre les mains du gouvernement légal, et, sous prétexte de se montrer révolutionnaire, agissait selon sa propre fantaisie. Cette part d'autorité n'était employée qu'à des actes arbitraires, à des arrestations, dont le plus souvent les motifs échappent à toute perspicacité. Cela éclate avec évidence lorsque l'on parcourt le registre d'écrou du *Dépôt près la préfecture de police*. Il y a émulation parmi ces maîtres ; chacun veut signer son papier, appliquer son cachet et faire acte de dictateur,

On reste surpris à voir la quantité et même la qualité des personnages qui s'arrogent le droit de supprimer la liberté individuelle. Aucun des membres du Comité central, aucun des membres de la Commune ne se faisait faute de parafer des lettres de cachet ; les délégués au ministère, le commandant de la place de Paris, les commandants militaires de chaque arrondissement, le procureur de la Commune et ses substituts, les employés de la préfecture de police, les juges d'instruction (pris dans les ateliers de menuiserie, comme Genton ; sur les bancs du collège, comme du Barral), les commissaires de police et les officiers de paix ne demeuraient pas en reste pour ces œuvres de prévarication. En outre, chaque arrondissement avait un comité administratif, distribué en comités de surveillance qui nommaient des délégués ; délégués, comité de surveillance, comité administratif, libellaient à l'envi des ordres d'incarcération. Ce n'est pas tout : la division de Paris en secteurs subsistait ; les chefs élus de la garde nationale en étaient les maîtres ; non seulement ils faisaient emprisonner qui bon leur semblait dans la maison disciplinaire attribuée à chaque secteur, mais ils dirigeaient les gens arrêtés sur telle prison qu'il leur plaisait de désigner. A quelques-uns de ces chefs de légion, il n'était pas prudent de résister ; Sérizier a terrifié, pendant la durée de la Commune, la zone parisienne qui correspondait à la base du neuvième secteur ; il dominait de la sorte sur la prison de la Santé, et ce n'est pas sa faute si les otages en sont sortis vivants.

La brutalité des ordres est inexplicable. Charles Riel, chef du bureau des passeports à la préfecture de police, prend, le 17 avril, un arrêté qui est un spécimen des aberrations de cette époque : « Nous, délégué civil, agissant en vertu des pouvoirs qui nous sont confiés : attendu que la loi défend de sortir de Paris à tout individu de dix-neuf à quarante ans... Ordonnons : Tous les chefs de postes devront mettre à la disposition de nos sous-délégués toutes les forces disponibles des postes, sur un simple avis des sous-délégués... Tout individu qui voudra résister sera au besoin passé par les armes, séance tenante [1]. » Si l'on était sévère, — on vient de voir à quel excès, — pour les honnêtes gens qui fuyaient devant la nécessité de servir la Commune, on était d'une indulgence maternelle pour les malfaiteurs. — Jean-Marie Ollivier est condamné, par jugement correctionnel du 8 janvier 1871, à six mois de prison pour vol et outrage aux agents de la force publique; l'avènement de la Commune le trouve à la prison de Sainte-Pélagie; il en sort d'après l'ordre textuel que voici : « Ordre de lever l'écroue du nommé le Ollivier Jean Marie condané pour avoir vollé du bois de chauffage sur les boulevards, chose pour moi insinifiante. Le commandant de place : Révol. Ordre de mettre en liberté : E. Duval (sans date). » La mise en liberté arbitraire des détenus criminels est un fait qui se reproduisit souvent pendant la Commune; nous aurons à le signaler.

On sait que tout mandat d'arrestation doit contenir le motif d'icelle : c'est une garantie pour le détenu et une responsabilité pour l'agent de l'autorité qui ordonne l'incarcération. Sous la Commune, on a changé tout cela. Les mots *sans motifs* reviennent constamment sur les ordres d'écrou; parfois les motifs sont dérisoires : « Suspect, — soupçonné d'être bedeau, — affaires politiques, — a lacéré les affiches, — allait

---

[1] Voir *Pièces justificatives*, n° 2. Je dis ici une fois pour toutes que je ne cite pas une pièce dont je n'aie la minute originale sous les yeux; mon travail est exclusivement fait sur documents holographes.

ramasser les blessés (Michel Allard, 4 avril), — a lâché les eaux de la Vanne pour noyer les gardes nationaux (Dufaux, chef égoutier), — intelligence avec Versailles. » Sibert, Nicolas, 3 avril, « venait de Tarbes et allait à Sèvres, où il demeure. » — Ganche, 4 avril, « pour avoir dit que la garde nationale battait en retraite. » — Lemoire, Arthur, « pour n'avoir pas payé son tailleur, qui ne lui a pas livré ses effets. » — Moléon, 5 avril, « curé de Saint-Séverin. » Hédeline, Alphonse, « pour avoir cousu des papiers dans le dos du gilet du neveu de M. le curé ci-dessus. » — Chrétien (Louis), 6 avril, « laissé partir son fusil par imprudence, blessé personne. »

Cette litanie d'insanités pourrait être indéfiniment continuée. Au président Bonjean, qui se plaignait d'avoir été arrêté, Raoul Rigault répondit : « Nous ne faisons pas de la justice, nous faisons de la révolution. » Eh non ! pas même ! on était inepte et méchant, voilà tout. Ce que nous venons de citer ne serait que bouffon, si les gens incarcérés en vertu de pareils ordres n'avaient cruellement souffert ; mais voici qui est odieux : « Cabinet du préfet de police ; Paris, le 3 avril 1871. Citoyen directeur (du Dépôt), veuillez mettre au secret et ne pas donner de nourriture audit détenu Lacarrière, Jean-Louis, mégissier, avant qu'il eût fait des aveux. Pour le commissaire spécial, l'officier de paix : Félix Henry. » — La Commune s'est toujours distinguée par un mépris hautain pour l'orthographe, la grammaire et la légalité ; les pièces manuscrites échappées aux incendies en sont la preuve.

Il se commettait parfois d'étranges erreurs, et, à ce sujet, nous prions le lecteur de nous permettre de lui parler d'un fait personnel qui vient à l'appui de notre assertion. Nous possédons une pièce ainsi conçue : « Ordre du Comité de salut public de conduire à Mazas le sieur Maxime Du Camp. Signé : G. Ranvier ; Ferd. Gambon ; et plus bas : Ordre au directeur du Dépôt de recevoir le citoyen Ducamp, arrêté par ordre du Comité de salut public ; signé : A. Regnard. » Le tout agrémenté de trois timbres, dont deux rouges et un bleu[1]. Au lieu de mettre la main sur l'individu désigné, on s'empara, au coin de la rue de Rivoli et de la place de l'Hôtel-de-Ville, d'un membre du Comité central, nommé Alphonse Ducamp, dont l'existence avait jusqu'alors été ignorée de son homonyme et qui fut écroué au Dépôt de la préfecture de police, où Th. Ferré vint lui annoncer qu'il serait fusillé le lendemain. L'approche de l'armée française permit à ce malheureux de s'évader. Nous avons pu signaler cette erreur, dont la preuve est entre nos mains ; mais combien d'autres, qui peut-être ont eu un dénoûment irréparable, sont et resteront inconnues !

Ainsi que nous l'avons dit, chacun, jouant au dictateur, semblait tenir à honneur de remplir les geôles ; mais, entre tous, deux hommes, qu'il faut faire connaître, ont joué les premiers rôles dans cette tragi-comédie. Tous deux, sans autre énergie que celle qui résulte d'une absence radicale de moralité, sans autre instruction que celle que l'on ramasse dans les brasseries et les cabarets, ont été les metteurs en œuvre des illégalités de la Commune. L'un est Raoul Rigault, l'autre est Théophile Ferré : deux jeunes gens de vingt-cinq ans environ, qui firent le mal par amour du mal.

Raoul Rigault était un lourd garçon, débraillé, de chevelure et de barbe incultes, solide des épaules, bas sur jambes, myope, l'œil ferme, le nez impudent, la bouche sensuelle, assez épris de bon vin, parlant,

---

[1] Voir le fac-simile aux *Pièces justificatives*, n° 3.

criant, gesticulant, se bourrant le nez de tabac, étonnant les novices par sa faconde, presque célèbre dans le quartier des Écoles et très apprécié des filles de bas étage. Demi-étudiant, demi-journaliste, sans courage au travail, sans talent d'écrivain, répétant comme vérités acquises les niaiseries ramassées dans l'*Ami du peuple* et dans le *Père Duchêne*, il passait pour fort parce qu'il était grossier, pour énergique parce qu'il était cruel, pour intelligent parce qu'il était hâbleur. Quelques condamnations « obtenues » vers la fin de l'Empire, pour des articles publiés dans une de ces petites feuilles éphémères que l'on appelait alors les journaux « de la rive gauche », lui permirent d'être un peu « martyr » et de rêver vengeance, au nom de ses principes outragés par « les sicaires de la tyrannie ».

Il était le promoteur des minces émeutes du quartier latin, des troubles d'amphithéâtre, racolait des turbulents, et, menaçant du doigt ceux qui refusaient de le suivre, il leur disait : « Toi ! j'aurai ta tête. » Il avait inventé un nouveau mode de justice, qu'il appelait « le jugement par les *impairs* » : les pères eussent été jugés par leurs fils, les gendarmes par les détenus, les officiers par les soldats, les magistrats par les condamnés ; la guillotine lui paraissait lente et arriérée, il la remplaçait par une batterie électrique qui pouvait facilement tuer cinq cents réactionnaires en une minute. On riait de ces boutades, on croyait à trop de jeunesse qui s'épanchait en violences de langage ; ce petit homme charnu racontait tout haut ses rêves ; il a su les réaliser [1].

Il était le chef d'un groupe peu nombreux qui ne reconnaissait qu'un maître, celui qu'on appelait familièrement le vieux, c'est-à-dire Blanqui. Or Blanqui

[1] Le père de Raoul Rigault s'est suicidé, à Paris, le 12 mai 1878.

savait à quoi s'en tenir sur Rigault et disait de lui : « Comme homme, ce n'est qu'un gamin ; mais c'est un policier de premier ordre. » Le fait était vrai. Raoul Rigault avait l'intuition de la police, et il est certain que s'il eût vécu, il eût cédé à sa passion dominante et serait devenu agent secret, semblable aux braconniers qui se font gardes-chasse. Il avait fait une étude particulière des inspecteurs de la Préfecture; il connaissait ceux des mœurs, ceux de la sûreté, ceux des garnis, ceux des brigades de recherche ; il redoutait surtout ceux du contrôle dirigé par M. Marseille et excellait à déjouer ceux de Lagrange, qui était chargé du service politique de la Préfecture de police. Sa grande joie était de suivre ceux-ci, de les « filer », de lier conversation avec eux, de les conduire dans quelque brasserie du quartier et de les griser.

Il ne pouvait suffire seul aux exigences de sa propre police, il façonnait des élèves et commandait une sorte de brigade volante qui bien souvent a contrebattu la police régulière. Sa principale préoccupation était de faire connaître à ses acolytes les agents secrets qu'ils avaient à redouter; pour cela, il fallait les leur montrer ; aussi allait-il souvent, escorté de deux amis en formation, rôder entre onze heures du soir et une heure du matin aux environs de la Préfecture, dévisageant les passants et désignant à ses élèves ceux qu'il savait appartenir à la police. Une nuit de clair de lune qu'il se promenait avec deux néophytes sur le quai des Orfèvres, il vit venir Lagrange; celui-ci reconnut Rigault, sans même avoir l'air de le regarder, continua sa route et se dirigea vers la rue de Jérusalem. Rigault, que Blanqui jugeait bien et qui était véritablement « un gamin », ne put s'empêcher de faire une plaisanterie; il réunit ses deux mains en porte-voix autour de sa bouche et cria : « Bonjour, Lagrange ! » Celui-ci pivota sur ses talons, vint droit à Rigault placé entre ses deux amis, et, feignant de le reconnaître tout à coup, il lui dit: « Ah! c'est toi! Je suis content de te voir; le patron est furieux; dépêche-toi d'envoyer ton rapport, sans cela tu n'auras pas de gratification ce mois-ci. » Puis il fit volte-face et s'éloigna. Au bout de quelques pas, il se retourna, et le spectacle qu'il vit eut de quoi le faire sourire. Rigault, renversé sur le trottoir, était roué de coups par ses deux élèves, qui le prenaient sérieusement pour un mouchard. Lagrange alors lui cria de sa plus forte voix : « Bonsoir, Rigault! » et pénétra dans la Préfecture.

Si l'on s'abusa sur son compte, il faut lui rendre cette justice qu'il ne tenta de tromper personne; il se découvrait tout entier et montrait orgueilleusement l'eczéma de haine qui le brûlait. Il dédaignait les subterfuges familiers aux ambitieux; il ne parlait ni d'égalité ni de liberté, encore moins de fraternité; il disait : « Quand nous serons les maîtres... quand nous serons au pouvoir! » Dans un des procès politiques où il fut compromis, M. Le Pelletier, avocat impérial, — qu'il appela tout le temps l'accusateur public, — le recommandait, à cause de son extrême jeunesse, à l'indulgence de la sixième chambre; Raoul Rigault l'interrompit : « Je repousse votre indulgence, car lorsque j'aurai le pouvoir, je ne vous ferai pas grâce. » Il méprisait Robespierre, qu'il appelait « un parlotteur »; il trouvait Saint-Just sans « énergie » et Couthon « une vieille béquille ».

Dans toute la Révolution française il n'admirait que deux hommes : Hébert et Marat, un escroc et un fou. Il aspirait à les égaler : il les surpassa. La vue d'une soutane ou d'une église le mettait en fureur; lui aussi il eût volontiers « étranglé le dernier des prêtres avec les boyaux du dernier des rois »; jamais il ne prononçait le mot *saint* ni le mot *sainte;* il disait : la rue « Hya-Michel » pour la rue Saint-Hyacinthe-Saint-Michel. Ces puérilités amusaient et lui faisaient parfois un vocabulaire difficile à comprendre, mais qui lui valait un renom d'originalité dont il se montrait fier, car il était vaniteux comme un geai. On ne sait trop de quelles ressources il vivait; d'assez méchants bruits ont couru à cet égard dans le quartier latin, mais rien dans les documents que nous avons eus à notre disposition ne semble les justifier.

Après le 4 septembre, il put saisir son rêve et entrer à la Préfecture de police; un peu plus tard M. Edmond Adam l'installa au service politique, précisément à la place que Lagrange avait occupée. Il était là, beaucoup moins pour aider le gouvernement de la Défense nationale que pour profiter de toute occasion propice à le renverser. Il était dans le complot du 31 octobre, fut nommé préfet de police par Blanqui, et se préparait à prendre possession, lorsque le mouvement avorta. Il fut forcé de donner sa démission; mais il ne quitta pas son poste sans emporter des documents qui plus tard ne lui furent pas inutiles, entre autres le livre d'adresses de tous les employés de la Préfecture. Il revint à la vie privée et se contenta de pérorer dans les brasseries, au lieu de se joindre à nos débris d'armée qui luttaient contre l'ennemi aux avant-postes. Il était officier d'artillerie, comme tous les révolutionnaires, dont le rêve est d'avoir des canons pour faciliter l'application de leurs théories; lorsqu'on lui reprochait son inaction, il répondait négligemment : « Je suis artilleur en chambre. » Ce n'est pas que cet homme fût lâche, il sut bien mourir; mais, ainsi que tous ses congénères, il se réservait pour le grand jour des revendications sociales, c'est-à-dire pour le jour où il pourrait s'emparer du pouvoir.

Pour lui, comme pour tant d'autres, ce jour vint le 18 mars. Duval, s'étant saisi de la Préfecture de police abandonnée, en était le commandant militaire; Raoul Rigault lui fut adjoint comme délégué civil, dès le 27 mars, par le Comité central; mais il n'avait pas attendu sa nomination officielle, et il s'était, de sa propre autorité, installé le 20. Le 26 il est élu membre de la Commune, dans le VIII° arrondissement, par 2175 voix sur 17 825 électeurs inscrits; le 30 il est nommé membre de la sûreté générale; le 25 avril il donne sa démission de délégué à la Préfecture de police, à la suite d'une scène assez vive au conseil de la Commune. Vésinier, Pillot, Rastoul, proposaient l'adoption de la motion suivante : « La Commune décrète, au nom du droit et de l'humanité, l'abolition du secret. » Raoul Rigault combattit le projet; on lui dit : « Le secret est immoral; » il répondit : « Qu'est-ce que cela me fait, si j'en ai besoin? La guerre aussi est immorale, et cependant nous la faisons. »

Il se retira; mais, ressuscitant pour lui une des fonctions de la Révolution française, il se fit nommer procureur de la Commune, le 27 avril, et devint de la sorte le chef hiérarchique de son remplaçant, qui fut Cournet. Rigault, après-avoir quitté les appartements de l'ancien préfet de police, s'installa au parquet du procureur général près la Cour de cassation, toujours vêtu en commandant de fédérés, et d'une tenue un peu moins débraillée depuis qu'il était « le maître ». Dans certains cas, il présidait lui-même aux recherches qu'il avait prescrites; sur dix-sept perquisitions qui furent faites, pendant la Commune, au domicile de M. Zangiacomi, il en dirigea trois lui-même.

Les hommes de la Commune qui ont traversé la Préfecture de police ne se distinguaient ni par la sobriété, ni par la tempérance. Le général Duval, Raoul Rigault,

Cournet, mangeaient copieusement, buvaient de même, se faisaient donner des sérénades pendant les repas du soir et oubliaient la sueur du peuple. Les comptes du restaurateur Martin, qui fournissait leur table, sont intéressants à étudier. Le 21 avril 1871, il est payé et donne entre les mains du citoyen Replan, caissier principal, reçu de la somme de dix mille huit cent cinquante-deux francs pour solde de nourriture jusqu'au 22 avril; moyenne de 228 fr. 51 c. par jour, qui équivaut à une dépense annuelle de 83 406 francs. Suit le détail, où l'on peut lire : « Table de M. le préfet, 7541 francs. » Il en fut ainsi jusqu'à la fin.

Quelques chiffres expliqueront ces dépenses excessives : — 25 mars, déjeuner du général (Duval), 15 couverts : 74 bouteilles de vin de Beaune; — 18 avril, déjeuner du préfet, 13 couverts : 48 bouteilles de mâcon, 2 bouteilles de « cognac »; — 1er mai, déjeuner du préfet, 10 couverts : 49 bouteilles de mâcon, 3 bouteilles de « cognac »; — 7 mai, pour la musique, 27 bouteilles de mâcon (ceci, bien entendu, sans préjudice des grands vins que l'on trouva en abondance dans la cave des préfets de police). Comme les autres, Raoul Rigault pataugea dans le vin et l'eau-de-vie. Il ne s'était jamais, du reste, piqué d'une grande pureté de mœurs, et il prouva, pendant les deux mois de la Commune, qu'il ne dédaignait aucune sorte de jouissance.

Il n'était point scrupuleux en matière d'argent : un garde-magasin, nommé Ernest Robert, est arrêté, le 3 avril, par Benjamin Sicard, attaché à l'état-major de la Préfecture; on saisit en même temps chez lui une somme de quatre cent un francs. Robert est mis en liberté le 10 avril, réclame son argent, rédige une note où il relate les faits et l'adresse à Raoul Rigault, qui écrit : « Payer les quatre cent un francs qui sont entrés dans le tiroir de droite du bureau et qui ont servi à nos dépenses courantes. » A vue de cet ordre, le caissier paya. La comptabilité paraît n'avoir pas été tenue avec une régularité irréprochable : « 8 mai 1871, Bon pour la somme de cent vingt mille francs à délivrer pour les besoins de l'ex-préfecture de police. Signé : F. Cournet. » — Deux jours après, la somme était versée par la délégation des finances ; elle explique une assez forte distribution d'argent qui fut faite, le 18 ou le 19, aux principaux employés lorsque l'on comprit que tout s'écroulait. Le 16 mai, Théophile Ferré prend aussi ses précautions. Voici son reçu : « Reçu du citoyen Replan la somme de six mille francs pour frais faits ou à faire. » — Est-ce sur ces fonds-là que l'on devait prélever l'argent nécessaire à la confection de la décoration que Raoul Rigault avait décidé de créer ou de décréter ? Médaille d'or ; face : la Commune reconnaissante ; revers : le triangle surmonté du bonnet phrygien ; ruban rouge traversé de la croix de Saint-André blanche.

Le rêve de Raoul Rigault était d'imiter Hébert ; le rêve de Théophile Ferré était d'imiter Rigault. Entre ces deux êtres, l'émulation du mal fut constante. Rigault avait une certaine prestance juvénile et remuante ; chez Ferré, rien de pareil : c'est un avorton chétif et mal venu, portant une tête trop longue sur un corps trop court. Ses cheveux abondants, sa forte barbe noire, ne rendaient que plus sensible encore l'absence d'équilibre de son individu ; myope aussi, comme son émule et son maître, il avait des yeux noirs assez doux, un peu extatiques, semblables à ceux des aliénés théomanes, indice curieux à constater chez un homme qui fut le type de l'inquisiteur, tel que le représentent les drames du moyen âge ; son visage eût été assez régulier, s'il n'eût été enlaidi et vraiment difformé par un nez démesuré, crochu, dont les narines échancrées laissaient voir l'intérieur et qui donnait à toute sa physionomie l'apparence d'un vautour inquiet. Dès qu'il retirait son binocle, ses yeux convergeaient et lui faisaient une mine effarée qu'augmentait encore la pâleur de sa face. Atteint d'un tic nerveux qui agitait ses épaules d'un frisson perpétuel, il ne pouvait rester immobile et, malgré la raideur qu'il essayait d'imprimer à son attitude, il remuait sans cesse, comme s'il eût lutté contre une convulsion interne. C'était une torpille, m'a dit un homme qui l'a connu; à côté de lui on avait froid. Il n'ignorait pas sa laideur, qui fut pour beaucoup dans sa violence. Un document, écrit par lui le 8 octobre 1862, alors qu'il n'était encore qu'un enfant et qui fut trouvé à son domicile, ne laisse aucun doute à cet égard et mérite d'être cité tout entier :

« *Inconvénient d'une petite taille et des ridicules :* J'ai le malheur d'avoir un nez passablement long; personne ne s'imaginera jamais combien jusqu'à présent il m'a occasionné de désagrément; mais il faut dire aussi que ma petite taille, la croissance de mes moustaches, y ont un peu contribué. Dans la rue, on se retourne pour bien m'observer, on sourit, les gamins se moquent de moi et me donnent des sobriquets; aux écoles où j'ai été, j'ai toujours eu des surnoms tels que : *Fée Carabosse, Maréchal Nez.* Quelquefois je ne supportais pas ces interpellations; alors une querelle surgissait, qui finissait par quelques horions donnés et reçus des deux côtés. Je suis aussi, chez mes parents, la risée des personnes qui viennent les voir; chez mon patron, mon physique n'étant pas favorable, on ne peut s'imaginer que je vaille quelque chose; ne représentant pas, on se figure que je suis sans capacité aucune. Lorsque je suis en société avec des personnes instruites, de crainte de faire des fautes de langage, je deviens timide, je ne puis parler; alors je bredouille, ce qui n'est pas un bon moyen de prouver mon intelligence. Outre cela, je suis mal vêtu, ce qui me donne l'air emprunté et gauche ; je suis orgueilleux; alors je me redresse et j'ai tout à fait l'air d'une caricature. Enfin, pour finir, j'ai des pensées fort au-dessus d'un jeune homme de mon âge; je veux paraître sérieux et sévère, et tout cela ne cadre pas avec ma figure de *Polichinelle*. Allons, pauvre ami, sois fort, dédaigne les mauvaises paroles qu'on te dira; aie du cœur et de l'énergie, tu parviendras et personne n'aura rien à te réclamer. Il existe un proverbe à Paris où il est dit : « Ceux qui réussissent ont toujours raison; ceux qui « n'arrivent pas, toujours tort; » tache que la première partie d'icelui soit vraie pour toi! »

Rien n'est plus explicite que cette confession. Ce fantoche, fatigué de faire rire, voulut faire peur; se sachant grotesque, il rêva d'être terrible, et le fut. Il y eut des aliénés parmi ses proches, et on peut admettre qu'il n'était pas sain d'esprit. Son père, ancien cocher de bonne maison, retiré avec le fruit de ses économies, l'avait fait élever chez les frères de la doctrine chrétienne, et ensuite chez un sieur L..., dont la pension fut fermée à cause de l'enseignement ultramatérialiste que l'on y distribuait. Ses « études » terminées, Th. Ferré entra comme clerc ou employé comptable chez un agent d'affaires. C'est là que la Commune le trouva. Il avait déjà quelque notoriété parmi les révolutionnaires. Lors de la manifestation Baudin, au cimetière Montmartre, il s'était juché sur une tombe et avait crié : « La Convention aux Tuileries! La Raison à Notre-Dame! » Le 6 janvier 1869, à une réunion au cabaret du Vieux-Chêne, rue Mouffetard, il avait dit : « La bourgeoisie vit des sueurs du peuple... La force, qui nous opprime aujourd'hui, nous pourrons l'avoir un jour, et nous l'écraserons! » C'étaient là des titres; il les fit valoir, et, dès le mois d'octobre 1870, il est à la tête du comité de vigilance, qui siège rue Clignancourt, n° 41. Il eut soin du reste de ne point exposer sa chétive personne pendant la guerre, et n'alla pas au feu une seule fois.

Il fut élu membre de la Commune et attaché, le 30 mars, à la commission de sûreté générale; c'est en cette qualité que le 28 avril il demandait l'exécution immédiate des otages, pour « affirmer les principes ». Le 5 mai, Raoul Rigault le rapproche de lui, sous le titre de substitut du procureur de la Commune; enfin, lorsque le fort d'Issy est occupé par nos troupes, que l'on se prépare à une résistance qui ne fera qu'augmenter la défaite, Th. Ferré est délégué à la sûreté générale, autrement dit, il est élevé à la fonction d'exécuteur des hautes œuvres de la Commune. On sait s'il fut fidèle à son mandat. Aux dernières heures de la bataille, lorsque, seul, Belleville tenait encore, Ferré coupa sa barbe, mit son petit corps en jupes, s'accrocha un chignon — réquisitionné — derrière la tête, et s'esquiva. Il fut arrêté dans la nuit du 9 au 10 juillet 1871, rue Saint-Sauveur, n° 6, dans un appartement qu'il partageait avec un ouvrier tapissier qui était son frère. Il fut hautain et railleur pendant son procès; quoiqu'il eût assuré qu'il ne se défendrait pas, il rétorqua avec une habileté de vieux procureur quelques dépositions erronées sur le rôle qu'il avait joué à la Grande-Roquette dans la journée du 27 mai. Au plateau de Satory, il écouta sans pâlir la lecture du jugement qui le condamnait à être fusillé, jeta son chapeau en l'air, cria : Vive la Commune! et mourut. Un chien noir vint lécher le sang qui couvrait son visage. De sa petite et ferme écriture, il avait libellé un projet de défense qui se termine par ces mots : « La fortune est capricieuse;

je confie à l'avenir le soin de ma mémoire et de ma vengeance ! »

On ne peut dire que Raoul Rigault et Ferré furent les hommes de la Commune ; celle-ci n'eut point d'hommes, elle n'eut que des spectres, des fantômes perdus dans les ombres du passé, que le besoin d'imitation poussa aux violences, et qui ne surent formuler aucune idée. Mais ils en furent l'expression ; ils en représentent la sottise, la grossièreté, la vanité, la cruauté, l'ignorance et la débauche ; ces deux cabotins de la terreur firent un mal incalculable en excitant le troupeau des rêveurs aux mesures excessives. En révolution, il s'agit de crier le plus fort pour être le mieux écouté. « On a vu dans les clubs, dit Stendhal, pendant la Révolution, que toute société qui a peur est à son insu dominée et conduite par ceux de ses membres qui ont le moins de lumières et le plus de folie. » L'histoire de la Commune donne à cette vérité une force nouvelle. Sans excuser en rien l'insurrection du 18 mars et le gouvernement qui en est issu, on peut dire cependant que celui-ci comptait certains hommes sans fiel ni méchanceté ; ils sont restés impuissants. Ils n'ont pas accepté, ils ont subi les motions sanguinaires, mais il leur a été impossible de les faire repousser, et ils ont fini par obéir aux énergumènes qui rêvaient l'échafaud en permanence et la fusillade continue.

Comme au temps du despotisme jacobin, le modérantisme était un crime, et sous peine grave il fallait hurler avec les loups, hurler plus fort, afin de n'être pas dévoré par eux. La tourbe des officiers fédérés était certes prête à tous les méfaits : les massacres lui ont semblé justes, et les incendies ne lui ont pas déplu ; mais ces malheurs auraient pu être évités si les membres de la Commune n'avaient été entraînés jusqu'à la monomanie homicide par les objurgations de Raoul Rigault et de Ferré, deux sinistres drôles qui de l'histoire de la Révolution française n'avaient retenu que le souvenir des crimes et des iniquités.

CHAPITRE II

LE DÉPOT

PRÈS LA PRÉFECTURE DE POLICE

I. — LE PRÉSIDENT BONJEAN.

Les différentes prisons de Paris. — L'ancienne Préfecture de police. — Le général en chef Lullier. — Allocution. — Le général Duval. — M. Coré, le directeur régulier, est incarcéré. — Le serrurier Garreau. — Le premier otage. — Mme Coré et Mme Braquond. — Admirable conduite des employés de l'administration normale. — Recommandation de M. Bonjean. — Sa lettre au procureur général. — Mesures immédiatement prescrites par M. Lecour. — Influence de ces mesures sur le sort des otages. — Efforts pour sauver M. Bonjean. — Raoul Rigault et Ferré près de la cellule de M. Bonjean. — Une lettre de Ferré.

Les prisons administratives de Paris, — les seules dont nous ayons à nous occuper, — sont au nombre de huit : Mazas, maison d'arrêt cellulaire, destinée aux prévenus ; — la Conciergerie, qui est la maison de justice, où l'on enferme momentanément les accusés qui doivent comparaître devant la cour d'assises ou les tribunaux correctionnels ; — la Santé et Sainte-Pélagie, maisons de correction pour les individus condamnés à moins d'un an et un jour d'emprisonnement ; — Saint-Lazare, maison d'arrêt et de correction exclusivement réservée aux femmes et divisée en plusieurs sections, où l'on peut garder sans contact les prévenues, les jugées, les jeunes filles retenues en correction paternelle et les filles publiques; une infirmerie où l'on traite certaines maladies spéciales est annexée à la maison; — la Petite-Roquette, maison d'éducation correctionnelle pour les garçons ; — la Grande-Roquette, dépôt des condamnés, où les grands criminels attendent leur départ pour les maisons centrales, la déportation outre mer ou l'échafaud. — En temps normal, tout individu arrêté est écroué d'abord dans une prison attenante au Palais de Justice et qui est le Dépôt près la Préfecture de police, divisée en deux parties distinctes, l'une destinée aux hommes, l'autre attribuée aux femmes, que surveillent les sœurs de Marie-Joseph. Cette énorme geôle, contenant cent quatre-vingt-quinze cellules et de vastes salles, est disposée pour la détention individuelle et pour la détention en commun ; construite dans les dernières années du second Empire, elle est en fortes pierres de taille, et outillée de manière à défier les tentatives d'évasion. Les salles du commun pour les hommes et pour les femmes s'étendent sous le grand escalier du Palais de Justice qui fait face à la place Dauphine.

La façade occidentale du Palais est aujourd'hui dégagée, car l'incendie a détruit les vieilles constructions qui la masquaient encore aux jours de la Commune; elle était alors littéralement enveloppée, et le Dépôt avec elle, par les bâtiments de la Préfecture de police. Celle-ci était un assemblage de maisons branlantes, juxtaposées plutôt que réunies, et que l'on avait utilisées, vaille que vaille, selon les nécessités du service. Au bout de la place Dauphine, un porche que l'on pouvait, en cas de besoin, fermer à l'aide d'une porte en fer, indiquait l'entrée de la Préfecture ; à gauche, au rez-de-chaussée, la loge du portier principal, à côté le poste des officiers de paix ; à droite, le bureau des passeports ; au-dessus, les bureaux de la deuxième division. Au delà du porche, la rue de Harlay-du-Palais, de l'autre côté de laquelle une grande maison où l'on avait installé, au rez-de-chaussée, le service actif des mœurs auprès du poste des brigades centrales ; dans les étages supérieurs, les différents services de la première division et de la police municipale. Un couloir en bois, rejoignant ces bâtiments annexés à l'ancien hôtel des premiers présidents au parlement, conduisait aux bureaux politiques, au cabinet et aux appartements du préfet, qui dominaient la cour de la Sainte-Chapelle. Dans la rue de Harlay-du-Palais était établie la *Permanence*, où l'on prenait le nom et le signalement des gens arrêtés avant de les envoyer au Dépôt, qui était côtoyé de fort près, à l'ouest et au sud, par les masures où la préfecture de police était à l'œuvre jour et nuit.

Le 18 mars 1871, vers sept heures du soir, M. Coré, directeur du Dépôt, acquit la certitude que la Préfecture de police et le Palais de Justice avaient été évacués par les autorités régulières ; resté sans ordre, il s'adressa à M. Place, inspecteur général des prisons de la Seine, et n'en put recevoir aucune instruction. On savait que l'insurrection était maîtresse de Paris, on se sentait bien près de la Préfecture de police, contre laquelle un mouvement serait certainement dirigé ; on se tint clos, on enjoignit aux sœurs de Marie-Joseph d'avoir à revêtir des costumes laïques et l'on attendit. Le personnel des surveillants, presque tous choisis parmi d'anciens sous-officiers, était à son poste. A onze heures du soir, le 101ᵉ bataillon, l'un des plus ardents pour la Commune, s'empara de la place Dauphine, sous les ordres d'un certain Jollivet, qui fit une perquisition dans la Préfecture de police afin d'y découvrir un prétendu dépôt de 40 000 fusils, dont pas un n'existait.

Pendant que Jollivet et ses hommes saccageaient les bureaux de la première division, Lullier, qui dès lors prenait le titre de général en chef, arriva à la tête d'une troupe de fédérés. Les deux bandes fraternisèrent un peu ; on échangea quelques verres d'eau-de-vie, des poignées de main, des vivats, et Lullier, obliquant par la rue de Harlay, passant sur le quai de l'Horloge, entra dans la cour du Dépôt. La foule armée qui le suivait s'y précipita. A peine éclairées par un réverbère, les murailles montraient les solides barreaux protégeant les fenêtres ; la porte en fer était fermée. On l'attaqua à coups de crosse, à coups de pierre, à coups de pied ; chaque heurt retentissait comme une détonation d'artillerie dans l'intérieur du Dépôt. M. Coré fit ouvrir la porte et parlementa avec Lullier ; les fédérés, dont la raison, surexcitée par la victoire et par le vin, n'était pas indemne, vociféraient et demandaient que tous les gardiens fussent passés par les armes.

Un sous-brigadier de surveillants, nommé Pierre Braquond, homme de sang-froid et de rare énergie, dit à Lullier : « Est-ce que vous allez nous laisser égorger par tous ces gens-là ? Vous êtes leur chef, dites-leur de respecter de vieux soldats ! » Lullier, qui n'était rien moins que cruel, se tourna vers ses hommes et leur fit cette allocution : « Citoyens, vous allez me jurer de ne faire aucun mal à ces employés : je les connais ; ce sont de *charmants garçons* : levez la main et jurez de ne point souiller la victoire du peuple ! » Les fédérés jurèrent et se mirent à crier : « Nos camarades ! nos camarades! Viard! Chouteau! Chouteau! » Lullier entra au greffe, suivi de quelques-uns de ses officiers, se fit présenter le registre d'écrou et donna ordre de mettre immédiatement en liberté : Prudhomme (Alexandre-Antoine), Viard (Pompée-Auguste), Chouteau (Henri-Louis), amenés le matin même au Dépôt, sur mandat du capitaine rapporteur du IXe secteur, pour cause d'excitation à la guerre civile. Libérés à l'instant même, ils furent reçus en ovation par leurs compagnons de révolte, surtout Chouteau, qui, dans les bas-fonds du monde conspirateur, jouissait de quelque notoriété. Cette expédition, qui n'avait été que bruyante, une fois terminée, Lullier remonta à cheval, cria à sa troupe : « A l'état-major, place Vendôme! » et s'éloigna.

Le lendemain on apprit que le « général » Duval, ouvrier fondeur appartenant au groupe des blanquistes, était nommé délégué militaire à la Préfecture de police, et que Jollivet, installé à la Permanence avec le titre de commandant de place, contresignerait la signature du « préfet ». Le 20, on eut à écrouer soixante-deux gardes républicains (ancienne garde de Paris, ancienne garde municipale), abandonnés le 18 sur les hauteurs de Montmartre et faits prisonniers. Le même jour, vers trois heures, M. Coré reçut une communication du commandant de place : « Ordre au chef du 162e bataillon d'envoyer immédiatement une compagnie prendre possession du Dépôt, et de ne laisser entrer ni sortir qui que ce soit de cette maison sans un ordre signé par nous et revêtu de notre cachet. — Jollivet. » Muni de ce papier, un capitaine se présenta suivi de cent vingt-cinq hommes. M. Coré refusa d'introduire cette bande, dont la présence au Dépôt et le contact avec les détenus auraient pu avoir de graves inconvénients. Il se rendit à la Permanence, afin d'en conférer avec le commandant Jollivet, qui était tellement ivre qu'il ne comprit rien de ce qu'on lui disait. M. Coré s'adressa alors au « général » Duval, qui demanda à réfléchir, déclara qu'il avait besoin de s'entendre avec Jollivet et qu'il ferait connaître sa décision.

Une heure après, M. Coré est mandé au cabinet du préfet ; il n'y rencontre ni Jollivet ni Duval, et se trouve en présence de Raoul Rigault, qui vient d'entrer en fonctions. M. Coré fit valoir ses raisons ; Rigault l'écouta et lui dit : « Vous êtes destitué. » — M. Coré riposta que, nommé par arrêté ministériel, il ne pouvait être révoqué qu'en vertu d'un ordre émanant du ministre de l'intérieur. Rigault répondit : « Nous allons simplifier ces formalités. » Il écrivit quelques mots sur une feuille de papier, remit celle-ci à un homme placé près de lui, lequel appela deux fédérés de service à l'antichambre, escorta lui-même M. Coré jusqu'au Dépôt et le fit écrouer au secret dans la cellule n° 182. Le personnage qui venait d'emprisonner le directeur régulier était le nouveau directeur, Garreau, ouvrier serrurier, âgé de vingt-quatre ans, connaissant les prisons pour y avoir séjourné, un peu malgré lui, pendant quatre années. C'était un homme menaçant et sobre, qui ne fut doux ni aux surveillants, ni aux détenus, ni aux otages. M. Coré était prisonnier, mais il avait rendu un service important au personnel du Dépôt, car Raoul Rigault, tenant compte de ses observations, prescrivit la retraite de la compagnie fédérée qui avait reçu de Jollivet mandat de s'emparer de la prison et d'en faire la police.

Le premier otage et le premier des otages fut amené le lendemain. Jusque-là on avait pu croire que les gendarmes, les gardes républicains, les anciens sergents de ville arrêtés étaient considérés comme prisonniers de guerre et qu'on ne les retenait sous les verrous que pour les empêcher d'aller rejoindre le gouvernement siégeant à Versailles ; mais dès le 21 mars on dut comprendre de quel sort les gens de bien étaient menacés. Parmi les hauts personnages de la magistrature et de la politique, un homme s'était toujours distingué par ses idées tolérantes en religion, libérales en politique ; pendant la guerre il avait, malgré son âge avancé, donné l'exemple du patriotisme et souvent il avait fait acte de présence aux fortifications et ailleurs. Travailleur infatigable, il n'avait dû sa grande situation, la vénération dont il était entouré, qu'à lui-même et à des efforts que rien n'avait pu ralentir. C'était M. Bonjean, l'un des présidents de chambre de la Cour de cassation, petit vieillard alerte, ingénieux, éloquent, toujours écouté, aimant le bien naturellement, le faisant avec passion, voué au devoir et à la vertu.

Le 24 mars il avait présidé la chambre des requêtes, car — justice ne chôme; — vers cinq heures du soir, on alla le saisir chez lui et on le conduisit au Dépôt. Il donna ses noms au greffe : Bonjean (Louis-Bernard), âgé de soixante-six ans, né à Valence (Drôme). L'ordre d'écrou portait : Au secret le plus absolu. Le président fut enfermé dans la cellule n° 6, où, pendant les seize jours qu'il y resta, il fut, de la part des surveillants et des greffiers, l'objet des attentions compatibles avec le mauvais vouloir du citoyen directeur. M. Coré, du fond de son cabanon, n'avait point perdu toute autorité et ne cessait de recommander à son personnel de redoubler de sollicitude envers M. Bonjean. Deux femmes surtout furent utiles à celui-ci : Mme Coré, qui continuait à habiter son appartement du Dépôt, et la femme du sous-brigadier Braquond; autant qu'il leur fut possible, elles adoucirent la captivité du président, lui donnèrent les soins que réclamait le mauvais état de sa santé et réussirent à lui procurer une nourriture moins défectueuse que l'*ordinaire* de la prison.

Si les otages n'ont point tous été massacrés aux dernières heures de la Commune, ils le doivent aux greffiers, brigadiers, sous-brigadiers, surveillants, appartenant à l'administration normale, qui n'ont point abandonné leur poste, ont tenu tête aux fédérés et, au moment suprême, se sont associés à la résistance des prisonniers. Ceci ressort de tous les documents qui ont passé sous nos yeux et nous ont permis d'entreprendre cette étude de pathologie sociale; mais si les surveillants, soupçonnés, injuriés, menacés par les gens de la Commune, n'ont point déserté les maisons pénitentiaires dont ils avaient la garde, c'est à M. Bonjean qu'on le doit.

Il avait précédé les otages ecclésiastiques, car le premier de ceux-ci fut M. Blondeau, curé de Plaisance, arrêté le 31 mars. Seul dans sa cellule, assis sur l'escabeau de bois ou étendu sur le grabat, M. Bonjean avait réfléchi; il ne se faisait aucune illusion sur les hommes d'aventure qui s'étaient emparés de Paris; il s'attendait à un nouveau 2 septembre; il croyait à un massacre dans les prisons et était persuadé que la Commune incarcèrerait tout ce qu'elle parviendrait à découvrir de gens considérables par leur position, leur fortune ou leur nom. Il résolut donc, pour assurer quelque protection aux détenus qui ne manqueraient pas d'être jetés derrière la porte des geôles, d'user de son influence pour engager le personnel des surveillants à rester au devoir. La situation de ces braves gens était critique et très embarrassante; ils n'ignoraient pas qu'ordre avait été donné à tout employé du gouvernement de se replier sur Versailles : rester, c'était en quelque sorte s'associer à des faits de révolte; s'en aller, c'était livrer les détenus aux fantaisies de la Commune. Cette question, d'où leur avenir pouvait dépendre, les troublait beaucoup; ce fut M. Bonjean qui dénoua la difficulté.

Le 29 mars, il avait reçu, pendant une absence de Garreau, la visite de M. Durlin, second greffier à la maison de justice; il l'avait adjuré de ne point quitter la Conciergerie et de veiller sur les gendarmes qui y étaient enfermés. Cette recommandation ne fut point oubliée, nous le verrons plus tard. Il connaissait trop bien l'administration pour ne pas savoir qu'elle obéit à une hiérarchie indispensable et que les surveillants resteraient indécis tant qu'ils pourraient ne pas se croire approuvés par leur chef direct; or ce chef direct était à Versailles, et les routes, — on l'a vu par l'arrêté de Lucien Henry, — n'étaient point positivement libres. M. Bonjean, se fiant sans réserve au dévouement que les employés de la prison lui témoignaient, écrivit à M. Paul Fabre, procureur général à la Cour de cassation, une lettre datée du 30 *mars* 1871, *sept heures du matin*, dont le texte même est sous nos yeux et qui eut d'inappréciables résultats :

« Mon cher procureur général, des notes insérées dans plusieurs journaux invitent les employés des diverses administrations de Paris à *cesser tout service dans cette ville*, pour se rendre à Versailles. Je ne sais si ces notes ont un caractère officiel; mais ce qui est évident pour moi, c'est que la mesure dont elles parlent, étendue aux *employés des prisons*, pourrait devenir fatale à une foule d'honnêtes gens actuellement détenus à Paris sous divers prétextes. Cependant, à la lecture de ces notes, beaucoup d'employés hésitent; quelques-uns même, craignant d'encourir la disgrâce du gouvernement, ont déjà abandonné leur service, au grand chagrin des pauvres prisonniers. Autant que j'ai pu, du fond de ma cellule, j'ai combattu une tendance si funeste, non certes dans l'intérêt de ma sécurité personnelle dont je ferais bon marché, mais pour celle d'environ deux cents gendarmes, sergents de ville, commissaires de police et autres fonctionnaires, en ce moment détenus au Dépôt seulement, dont la sûreté pourrait être compromise par la désertion en masse de l'ancien personnel, composé, vous le savez, d'hommes choisis parmi les meilleurs sujets de l'armée et qui comprennent mieux que ne le feraient peut-être ceux qui les remplaceraient qu'à côté du devoir d'empêcher les prisonniers de sortir, il y a pour eux le devoir plus sacré encore de les protéger contre toute violence illégale. Il me semble impossible que personne à Versailles ait pu avoir la pensée d'exposer les détenus à un aléa si terrible. Veuillez, je vous prie, mon cher procureur général, donner connaissance à qui de droit, notamment à MM. Dufaure, Picard, Leblond, de cette note écrite à la hâte, après avoir toutefois entendu les observations que vous soumettra le porteur, qui connaît beaucoup mieux que moi tout ce qui intéresse le service des prisons. Votre ami et collègue, BONJEAN. »

Le porteur était M. Kahn, commis greffier au Dépôt, qui prit cette note sans enveloppe, la dissimula sous la coiffe de son chapeau et partit pour Versailles, où il arriva la veille du jour où l'on devait faire les obsèques de M. Fabre. Il s'adressa alors à son chef hiérarchique, M. Lecour, chef de la première division de la Préfecture de police, qui fit immédiatement expédier aux employés de toutes les prisons de la Seine l'ordre de tenir bon à leur poste et de veiller à la sécurité des personnes incarcérées sur mandats illégaux. Ce fut cette mesure, sollicitée par M. Bonjean, adoptée par M. Lecour, qui assura plus tard le salut d'un grand nombre d'otages, parmi lesquels malheureusement ne se trouvait plus l'homme éminent qui l'avait provoquée.

Deux fois on essaya de sauver M. Bonjean. Deux fédérés avaient été arrêtés ; leurs camarades adressèrent à Raoul Rigault une lettre pour obtenir leur mise en liberté. Le recto et le verso de la première page seuls étaient occupés par la supplique ; sur le recto de la page blanche, Rigault écrivit : *Ordre de mettre en liberté les deux détenus ci-contre désignés*, et envoya ce lever d'écrou au greffe du Dépôt par un planton. L'on vit immédiatement le parti que l'on pourrait tirer de ce mandat mal libellé, où les noms n'étaient pas indiqués, et qui, en fait, constituait un blanc-seing ; il suffisait de faire disparaître le corps même de la lettre et d'écrire deux noms au-dessus de la phrase de Rigault pour justifier une levée d'écrou. On alla trouver M. Bonjean et on lui expliqua qu'il était facile de le faire mettre en liberté. Le prisonnier répondit : « Je ne veux compromettre personne ; mon évasion serait le signal du renvoi de tous les employés du Dépôt et de leur remplacement par des gens dangereux. » Une fatalité singulière empêcha son transfèrement à la Maison municipale de santé, maison Dubois. Un certificat de M. Legrand du Saulle, médecin attaché au Dépôt, avait été présenté à Duval, qui n'en avait tenu compte ; la démarche, renouvelée le lendemain, fut favorablement accueillie : Duval approuva l'autorisation ; mais, préoccupé à son insu du nom populaire de la maison, il signa *Dubois* au lieu de signer *Duval*. Au greffe du Dépôt on s'aperçut de l'erreur ; on retourna à la Préfecture, Duval venait de sortir. On s'adressa à Raoul Rigault, qui répondit : « Bonjean restera en prison tant que Blanqui ne signera pas lui-même son ordre d'élargissement ici, sur mon bureau. » Sans ce contre-temps, M. Bonjean aurait peut-être été sauvé, comme fut sauvé le général de Martimprey, qui, écroué au Dépôt le 26 avril, fut transféré le 30 à la maison Dubois.

Il ne suffisait pas à Raoul Rigault et à Th. Ferré que le président Bonjean fût sous les verrous; ils tourmentaient ce vieillard, qui, dans la solitude de sa prison, pensait à sa femme, à ses enfants qu'il adorait, et qui cependant ne regrettait rien, car il estimait qu'il n'avait fait que son devoir. Un soir, Ferré, Rigault et quelques-uns de leurs amis, après avoir fait un de ces dîners dont la carte à payer s'élevait à 228 francs, s'amusèrent à visiter le Dépôt. Ferré ouvrit le guichet de la cellule n° 6 et dit : « Monsieur Bonjean ! monsieur Bonjean ! voulez-vous vous sauver? Je suis surveillant; Garreau est couché, voulez-vous filer? » M. Bonjean s'approcha et répondit : « Je suis las, laissez-moi reposer. » Une autre fois, dans la nuit du 4 au 5 avril, le jour même de l'arrestation de l'archevêque de Paris, la veille du transfèrement à Mazas, qui était la première étape vers la mort, les mêmes polissons revinrent. Ce fut encore Ferré, que Raoul Rigault mettait volontiers en avant, et qui, précisément à cause de sa taille minuscule, ne reculait devant rien, ce fut Ferré qui ouvrit le guichet de M. Bonjean et qui cria : « Eh bien ! mon vieux, comment trouves-tu le bouillon? — Qui êtes-vous, vous qui me parlez ainsi? — Nous sommes des gens fatigués parce que nous arrivons de Versailles; nous avons flanqué Thiers dans la pièce d'eau des Suisses, et nous avons empalé le gros Picard; ton tour viendra bientôt, ne t'impatiente pas. — Jeunes gens, répliqua M. Bonjean, qui parfois avait un peu d'emphase, comme les hommes nourris de l'antiquité, jeunes gens, laissez dormir un vieillard ! »

Ferré devait plus tard avoir à supporter des avanies pareilles, et celles dont il fut coupable n'excusent pas celles qu'on lui infligea. Arrêté, écroué transitoirement au Dépôt, il écrivait le 11 juillet 1871 à M. Coré, rentré en possession de sa direction : « Je vous prierai

de faire cesser la petite taquinerie dont je suis l'objet depuis mon arrivée dans votre maison; à chaque instant on ouvre mon guichet, on me regarde comme si j'étais une bête féroce au Jardin des Plantes, et derrière ma porte j'entends constamment ces aimables exclamations : « Canaille, scélérat ! on devrait bien le fusiller[1]. »
A cette heure pensa-t-il à M. Bonjean et eut-il un regret? Ce que l'on sait de sa nature permet d'en douter.

II. — LES ARRESTATIONS.

Les prêtres. — Pillage chez l'abbé Deguerry. — La voiture de l'archevêque. — Malpropretés communardes. — La loi des suspects. — Le décret sur les otages. — Le délégué à la justice. — Un juge d'instruction peu scrupuleux. — Liberté sous caution. — Charles Lullier. — Son évasion. — Assi. — Directeur du comité des subsistances. — Rossel. Immédiatement remis en liberté. — Ses origines. — Son ambition. — Son dégoût du rôle qu'il a recherché. — Délégué à la guerre. — Ignorance des officiers fédérés. — Opinion de Rossel sur l'armée de la Commune. — Il demande à être arrêté et se sauve. — Sa condamnation et sa mort.

M. Bonjean ne devait pas longtemps rester seul en qualité de « grand otage », ainsi que l'on disait alors. Le 4 avril, les portes du Dépôt se refermèrent sur plusieurs membres du clergé de Paris. Mgr Darboy et son vicaire, Lagarde, qui n'avait jamais lu l'histoire de Régulus; M. de Bengy, le père Clerc, l'abbé Allard, aumônier des ambulances; l'abbé Crozes, aumônier de la Roquette, le protecteur constant et entêté des condamnés; l'abbé Deguerry, curé de la Madeleine, fort populaire à Paris, avec sa haute taille, ses long cheveux ébouriffés et sa brusque démarche de colonel de carabiniers; le père Ducoudray et d'autres viennent s'asseoir dans les étroites cellules et sont mis au secret. Ce

[1] Voir *Pièces justificatives*, n° 4.

n'est pas assez : le lendemain, Mgr Surat, archidiacre de Paris, M. Moléon, curé de Saint-Séverin, sont réunis à eux. Jusqu'aux derniers jours de la Commune il en sera ainsi ; partout où l'on pourra saisir un séminariste, comme le jeune Seigneret, un sacristain, un bedeau, un prêtre, un religieux, on l'enfermera, sans autre forme de procès, parce qu'il adore un Dieu que la Commune ne reconnaît pas, et s'il demande pourquoi on l'arrête, on lui dira : « Voilà quinze cents ans que vous nous la faites, et ça finit par nous embêter. » C'est du moins ce que Raoul Rigault répondit à l'archevêque. Ces prêtres étaient bien placés entre les mains de Garreau, qui éprouvait une telle haine contre la religion, que l'on fut obligé, le 29 mars, de faire partir les sœurs de Marie-Joseph, quoique déguisées sous vêtements ordinaires, parce qu'il parlait sans cesse de faire fusiller « toutes ces nonnes ».

Chez l'abbé Deguerry, on avait pillé comme dans une ville mise à sac [1] ; à l'archevêché, on y mit un peu moins de sans-façon. L'archevêque avait été arrêté à son domicile par un capitaine de fédérés nommé Révol, homme assez complexe, à ce qu'il paraît, car, s'il avait porté la main sur Mgr Darboy, il fit des efforts sérieux pour obtenir l'élargissement de l'abbé Crozes, qui avait été saisi dans l'antichambre de Raoul Rigault au moment où il venait demander une permission pour visiter un prêtre détenu. Ce Révol fut incarcéré à son tour et écroué à Mazas ; il put en sortir le 22 mai et se mêla aux derniers combattants de la Commune ; moins spirituel que la plupart de ses chefs, il se laissa prendre et fut exécuté dans les fossés du château de Vincennes, en compagnie d'un prince Bagration, fourvoyé, on ne

---

[1] Voir *Les Convulsions de Paris*, t. IV, chap. II. — III. *Les arrestations*.

sait comme, dans cette mascarade. Révol eut quelques égards pour l'archevêque et permit qu'il fût amené à la Préfecture de police dans sa propre voiture, qui fut immédiatement réquisitionnée, et servit à promener Raoul Rigault, son ami Gaston Dacosta, et parfois aussi quelques péronnelles ramassées un peu partout.

Le service auquel les chevaux de l'archevêque furent tout d'abord condamnés ne dut point leur paraître une sinécure, car dans les deux jours qui suivirent l'arrestation de Mgr Darboy, ils firent vingt-huit voyages entre la Préfecture et l'archevêché; la voiture était devenue voiture de déménagement. Biens d'église, biens d'émigrés : biens nationaux; — Flourens l'avait décrété au lendemain de la victoire. Les ornements d'église, les vêtements sacerdotaux étaient apportés à la Préfecture et jetés pêle-mêle dans les bureaux de la police municipale ou dans ceux de la première division. C'était là une tentation bien forte pour les fédérés libres-penseurs, qui s'écriaient dans leurs journaux : Nous biffons Dieu! Ils ne surent y résister et ne perdirent pas cette occasion de faire une malpropreté; ils coiffèrent les mitres, revêtirent les chasubles, prirent en main les crosses pastorales, les calices, les ostensoirs, les saints ciboires, les encensoirs, les croix, les chandeliers, et dans le corridor qui, à cette époque, servait de dégagement à la première division, ils jouèrent à la messe et à la procession. Quand ils se furent bien amusés, les vases et les ornements furent chargés dans un fourgon et portés à la Monnaie. Ces bravades d'impiété étaient de mode sous la Commune : l'autel d'une certaine chapelle servait de lit nuptial à Sérizier.

Ces prêtres, ces religieux, nous les retrouverons plus tard à Mazas, où ils furent transférés le 6 avril en même temps que M. Bonjean; nous les retrouverons aussi à la Grande-Roquette, comme nous trouverons à Sainte-Pélagie Gustave Chaudey, écroué le 13 avril au Dépôt et transporté à Mazas dès le lendemain. La Commune appliquait la loi des suspects. Qui jamais pourra savoir pourquoi M. Glais-Bizoin, M. Schœlcher, ont traversé les cellules du Dépôt? Les ordres d'arrestation tombent au hasard, comme la foudre tombe du ciel. Le 7 avril, M. Kahn, greffier, est de service; de sa longue écriture renversée, il vient d'écrouer, sous le n° 1801, un certain Victor, arrêté sans motif par ordre du citoyen Chapitel[1], chef de bureau à la Permanence; subitement l'écriture change, et le n° 1802 est l'écrou de M. Kahn lui-même, que l'on enferme dans la cellule n° 11, sur mandat de Th. Ferré : « menaces contre les membres de la Commune, intelligences avec Versailles. » Il reste détenu jusqu'au 16 mai. Parfois le registre fait des révélations intéressantes et affirme, d'un mot, la vérité de certains faits qui jadis avaient été niés énergiquement. — 2 mai : C... (Eugène), cordonnier, a dénoncé, sous l'Empire, le complot des bombes. Ceci est un aveu qu'il eût été plus prudent de retenir. Certains ordres ont une valeur plaisante qu'il ne faut point dédaigner : Ordre au Directeur du Dépôt de mettre en liberté les nommés Paul (Pierre), Charrette (Jean), Pottier (Joseph); aprest en quette faite, il ne sont point coupable de ce qu'ils étaient inculpés; Paris, le 2 avril 1871; le Commandant de place : Decouvrant; contresigné : Général E. Duval.

La situation des personnes incarcérées était devenue inquiétante depuis le 5 avril. Jusque-là on croyait à

---

[1] Chapitel (Auguste-Adolphe), portier et cordonnier, né en 1840, avait été condamné, en 1861, à trois ans de prison pour abus de confiance et, en 1864, à treize mois d'emprisonnement pour vol. La Commune en avait fait un commissaire de police délégué au bureau de la Permanence.

LES ARRESTATIONS.

une sorte d'abus d'autorité commis par esprit de taquinerie et par ignorance; mais alors il fallut changer d'opinion, regarder les choses en face et comprendre ce qu'elles cachaient. L'issue du combat du 3 avril, de la fameuse sortie en masse, avait exaspéré la Commune, qui reconnaissait du même coup sa faiblesse congénitale et la force de ce grand parti des honnêtes gens que l'on n'attaque pas toujours en vain. Elle eut immédiatement recours aux mesures excessives; se sentant perdue dans un avenir plus ou moins prochain, elle voulut appuyer sa débilité sur la terreur. Elle fit afficher une proclamation et un décret qui remplirent Paris de stupeur:

« Les coupables, vous les connaissez; ce sont les gendarmes et les sergents de ville de l'empire, ce sont les royalistes de Charrette et de Cathelineau qui marchent contre Paris au cri de *vive le roi*, et le drapeau blanc en tête. Le gouvernement de Versailles se met en dehors des lois de la guerre et de l'humanité.... Toujours généreux et juste, même dans sa colère, le peuple abhorre le sang comme il abhorre la guerre civile, mais il a le droit de se protéger contre les attentats sauvages de ses ennemis, et, quoiqu'il lui en coûte, il rendra œil pour œil et dent pour dent.... » Puis suivait le décret : « Article 4. Tous accusés retenus par le verdict du jury d'accusation seront les otages du peuple de Paris. — Article 5. Toute exécution d'un prisonnier de guerre ou d'un partisan du gouvernement régulier de la Commune de Paris sera sur-le-champ suivie de l'exécution d'un nombre triple des otages retenus en vertu de l'article 4, et qui seront désignés par le sort. »

C'est sur la proposition de Raoul Rigault, de Th. Ferré, de Gabriel Ranvier, que cette motion fut adoptée. La proclamation qui précède le décret est signée : *La*

Commune de Paris; c'était affirmer que la Commune entière revendiquait la responsabilité de cet acte, mais c'était aussi se rappeler que les collectivités ont plus de chances que les individualités de demeurer irresponsables. C'est dans ce document que le mot *otage* est prononcé officiellement pour la première fois; tous les individus qui furent arrêtés comme tels l'ont été en vertu de mandats invariablement signés par Th. Ferré ou par Raoul Rigault. Celui-ci les appelait ses « détenus personnels » et ne tolérait pas que l'on parlât de les mettre en liberté.

Il n'en était pas tout à fait ainsi pour les individus arrêtés sur l'ordre du délégué à la justice, qui se nommait Eugène Protot, et dont les comparses de la magistrature improvisée par la Commune ne paraissent pas avoir toujours respecté les décisions. Plus d'un genre d'accommodement fut possible avec les agents inférieurs de ce gouvernement peu scrupuleux. On avait installé quelques juges d'instruction au Palais de Justice, acteurs d'arrière-plan dans la tragédie que l'on jouait, pris on ne sait où et ignorant tout de la jurisprudence, jusqu'à son nom. Parmi ces gaillards, qui auraient dû étudier le code d'instruction criminelle pour leur propre compte, il en est un qui ne fut point bête. C'était un gros garçon d'une trentaine d'années, à face débonnaire, sceptique en toute chose, se souciant médiocrement de la Commune et de Versailles, ne trouvant dans cette aventure que l'occasion de passer quelques bons moments, point farouche, encore moins cruel, et ne dédaignant pas de rendre quelquefois service. Il n'était pas insensible aux sollicitations des jolies femmes et avait découvert que la loi, dans certains cas, autorise les magistrats à mettre, sous caution, les prévenus en liberté provisoire.

Ce fut une révélation féconde pour ce pauvre diable,

qui avait traversé la Caisse des dépôts et consignations et n'en était pas sorti les mains nettes. Toutes les fois qu'il le put, qu'il ne se sentit pas trop directement sous les yeux de Raoul Rigault et de Ferré, il signa un ordre de mise en liberté sous caution. Seulement la caution, qui variait entre 500 francs et 2000 francs, était déposée sur son bureau ; prudemment il n'en donnait jamais de reçu et oubliait toujours de la déposer entre les mains de l'autorité compétente, ce qui lui a permis d'avoir la poche suffisamment garnie lorsqu'il décampa après la chute du gouvernement dont il avait représenté la justice. Il ne manquait pas de complaisance pour quelques-uns de ses amis et s'employait volontiers aux négociations délicates. Par son entremise, un notaire de Paris, écroué au Dépôt le 5 mai, transféré le 8 à Mazas, recouvra la liberté le 13, après avoir prêté 5000 francs à une personne qui paraît en avoir eu besoin.

Les gens de la Commune n'ont point failli aux traditions de la Terreur ; ils ont arrêté leurs adversaires, mais ils se sont bien gardés de ne pas s'arrêter les uns les autres. Le premier qui apparaît sur les registres d'écrou, c'est Charles Lullier. Le 23 mars, il est envoyé au Dépôt, sans motif, mis au secret et placé dans la cellule n° 26. Le 18 mars cependant il était général en chef des forces insurrectionnelles ; pour lui aussi la roche Tarpéienne avait été près du Capitole. Celui-là n'appartient pas à l'histoire, il revient de droit à la pathologie mentale ; sa place eût été dans un de nos asiles d'aliénés. Il n'en fut pas moins incarcéré par l'ordre et par les soins de ses amis du Comité central. Pourquoi ? il est bien difficile de le savoir ; parce qu'il ne s'était pas emparé à temps du Mont-Valérien, racontent les uns ; parce qu'il a dit de désagréables vérités au Comité, répondent les autres ; parce qu'il est fou, parce qu'il a voulu se jeter par les fenêtres et qu'il a fallu le protéger contre lui-même, réplique le Comité central. Quoi qu'il en soit, il était au Dépôt, et y restait. Il eut l'esprit de n'y pas rester longtemps.

Le 29 mars, on enferma dans la cellule n° 24, voisine de la sienne, un jeune homme nommé Émile Le Beau, qui avait momentanément dirigé le *Journal officiel* de la Commune; ils se connaissaient, car dans une lettre, rendue publique, Lullier l'appelle son secrétaire. Ils purent sans doute communiquer entre eux par leurs portes complaisamment entr'ouvertes; ils se concertèrent et, dans la nuit du 5 avril, ils s'en allèrent bras dessus bras dessous. Lullier avait son costume de général en chef, son costume de bataille; les sentinelles postées dans la cour du Dépôt lui présentèrent les armes; c'est un homme bien élevé, il rendit le salut militaire. Le lendemain matin, on fut très surpris en constatant cette double évasion. Elle était cependant fort simple. Garreau, en prenant la direction, avait amené avec lui un de ses amis nommé Lécolle, qu'il avait installé comme surveillant, avec la mission secrète de lui rendre compte de la conduite des gardiens. Lécolle, circonvenu par Lullier, avait ouvert la porte de l'infirmerie spéciale des aliénés, qui communique d'une part avec le Dépôt, d'autre part avec l'extérieur, et avait ainsi rendu la liberté aux deux prisonniers.

Lullier n'était pas content; il exhala sa mauvaise humeur dans une lettre adressée au journal *le Mot d'Ordre* : «... J'ai été mis au secret au moment où Paris a besoin d'hommes d'action et de praticiens militaires. Le Dépôt est transformé en prison d'État, et les précautions les plus rigoureuses sont prises contre les détenus... A cette heure j'ai 200 hommes dévoués qui me servent d'escorte, et trois bons revolvers chargés dans mes poches... je suis bien décidé à casser la tête au premier venu qui viendra pour m'arrêter. » On savait

Lullier incapable de manquer à sa parole, on se le tint pour dit. Émile Le Beau profita aussi de sa liberté pour parler au peuple; le 15 avril il fit afficher une proclamation dans laquelle il demandait que l'on confisquât la fortune des impérialistes, qui se montait à « environ 40 milliards ».

Adolphe-Alphonse Assi, un des associés les plus influents de l'Internationale et qui dans les dernières années de l'Empire avait eu la spécialité des agitations parmi les ouvriers des forges du Creuzot, membre de la Commune, délégué à la commission de sûreté générale, président du Comité central, presque dictateur, commandant militaire de l'Hôtel de Ville, est amené au Dépôt le 1er avril sur l'ordre du général Duval, contre-signé Raoul Rigault. Il avait eu l'imprudence de soutenir, au conseil de la Commune, que celle-ci outre-passait ses pouvoirs et mentait à son programme, qui, se limitant aux libertés municipales, n'avait jamais fait même allusion aux choses du gouvernement général dont on s'emparait. Il n'en fallut pas plus pour exaspérer les jacobins et les hébertistes; Assi fut traité de réactionnaire; on lui fit comprendre, à mots peu couverts, qu'on le soupçonnait d'avoir été agent secret de M. Rouher, et sur l'injonction de Delescluze on le mit en cellule. Il ne s'y tint pas tranquille; c'était un homme exalté, poseur, ivre d'orgueil comme la plupart des fruits secs du socialisme, et d'humeur naturellement violente. La claustration et la solitude du secret augmentèrent singulièrement ses instincts irascibles; il appelait les surveillants à toute minute, faisait venir le directeur et demandait des juges. On lui répondait qu'il n'y en avait plus, et il avait tort de ne pas le croire. Le Dépôt fut enfin débarrassé de cet énergumène de vingt-sept ans, qui à lui seul faisait plus de bruit que tous les autres détenus : le 6 avril on le transporta à la Grande-

Roquette; il en sortit le 11 pour être interné sur parole dans l'Hôtel de Ville et devenir aussitôt après directeur du comité des subsistances.

Quel qu'eût été le sort de la Commune, Lullier et Assi n'y auraient jamais été que des sous-ordres, l'un à cause de sa nature intempestive et mobile, l'autre à cause de son ignorance et de sa vanité. Le 2 avril, le lendemain du jour où Assi avait été écroué, la veille de celui où Lullier devait s'évader, le personnel fut surpris de voir arriver Louis-Nathaniel Rossel, arrêté sur mandat du commandant de la place de Paris « pour cause politique ». Celui-là passait pour un homme de valeur; du moins il en avait l'apparence, apparence trompeuse et qui cachait une vacuité profonde où s'agitaient des rêveries sans but et des projets sans formule. Il ne fut pas longtemps maintenu en prison. Dès le 5 avril Raoul Rigault le fit délivrer.

Selon lui, il avait été arrêté pour avoir essayé d'introduire quelque discipline dans l'armée de la fédération; selon le Comité central, qui l'envoya sous les verrous, on s'en était débarrassé parce que l'on avait pressenti qu'il visait à la dictature; quelques bons apôtres ont prétendu, après la défaite de la Commune, qu'ils avaient cherché à l'annihiler parce que sa science militaire et ses connaissances spéciales lui permettaient de tenir en échec l'armée française : c'est grand honneur qu'on lui faisait et gros mensonge que l'on proférait. Il avait été arrêté simplement parce que sa nature cassante n'avait point paru se plier aux flagorneries qui seules plaisaient aux maîtres du jour. Raoul Rigault prit sur lui de lever son écrou; il devança de la sorte une décision qui n'était point douteuse, car la Commune se serait hâtée de rendre à la liberté un homme vers lequel elle regardait avec complaisance et qui tranchait singulièrement sur les Duval, les Eudes, les Bergeret, les Lisbonne, et autres grosses épaulettes de pacotille révolutionnaire, dont elle était plus embarrassée que satisfaite.

Rossel avait du reste, comme l'on dit, donné des gages. Dans l'armée sous Metz, il s'était montré un des plus mécontents ; il avait fomenté son petit complot et avait même expédié des ordres, comme un dictateur improvisé. Évadé après la capitulation, il était venu se mettre à la disposition de la délégation de Tours, avait laissé entrevoir des prétentions excessives et avait poussé la naïveté jusqu'à faire comprendre qu'il se chargerait volontiers de la direction des opérations militaires. Il fut deviné ; on reconnut en lui un homme à la fois violent et indécis, sans opinions bien assises et dévoré par une ambition dont l'intensité s'ignorait peut-être elle-même. Néanmoins on le nomma colonel d'emblée, mais on le chargea d'une mission qui devait le tenir éloigné de la guerre proprement dite. Rossel se crut méconnu et fut pris de haine pour les gouvernements, réguliers ou non, qui dédaignaient les capacités extraordinaires qu'il s'attribuait ; être colonel du génie à vingt-cinq ans ne lui suffisait pas. Son caractère apparaît dans les lettres qu'il écrit à cette époque : « J'ai vu des préfets assez variés et des généraux assez uniformes ; les préfets tous avocats, les généraux tous empaillés. » Le 19 mars 1871, il était au camp de Nevers ; il adresse sa démission au ministre de la guerre[1] et accourt à Paris

---

[1] « Camp de Nevers, 19 mars 1871. Mon général, j'ai l'honneur de vous informer que je me rends à Paris pour me mettre à la disposition des forces gouvernementales qui peuvent y être constituées. Instruit par une dépêche de Versailles rendue publique aujourd'hui qu'il y a deux partis en lutte dans le pays, je me range sans hésiter du côté de celui qui n'a pas signé la paix et qui ne compte pas dans ses rangs des généraux coupables de capitulation. En prenant une aussi grave et aussi douloureuse résolution, j'ai le regret de laisser en suspens le service du génie du camp de Nevers que m'avait confié le gouvernement du 4 septembre, etc., etc. »

se mettre aux ordres du Comité central; immédiatement il obtient à l'élection le grade de chef de la 17ᵉ légion. Il fut incarcéré, comme nous venons de le dire, mais cela ne nuisit pas à sa fortune, puisque le 15 avril il est nommé chef d'état-major au ministère de la guerre. Servir sous Cluseret dut lui paraître humiliant, car il ne professait pour les talents de celui-ci qu'une estime fort restreinte.

Rossel se croyait doué de facultés militaires exceptionnelles; or il était tout, excepté soldat. Il eût pu être un écrivain spécial, un géomètre, un mathématicien, un savant, mais il n'aurait jamais pu être un homme d'action; hésitant et troublé devant le fait, il était incapable de mener à bonne fin une opération de guerre. Deux fois il s'essaya sous Paris contre les troupes de Versailles, et deux fois sans initiative, sans énergie, il fut franchement ridicule. Les combinaisons plaisaient à son esprit, qui s'en repaissait; il rêvait et n'agissait pas. Cela ne l'empêchait pas d'aspirer aux destinées les plus hautes; dans ses visions, il avait aperçu le profil du général Bonaparte, il avait entendu le *hail* des sorcières de *Macbeth*. Il croyait que le troupeau humain était fait pour lui obéir et s'estimait de force à le guider. Il s'était composé une attitude qu'il ne démentit jamais en public; hautain avec ses inférieurs, dédaigneux avec ses supérieurs, il s'appliquait à écrire des lettres publiques insolentes et concises, où les lettrés sentent une recherche d'imitation qui n'est pas de bon aloi. C'est un homme de bronze, disait-on. C'était un homme oscillant, timide, mécontent des autres, mécontent de lui-même, et qui s'ouvrait parfois dans des épanchements intimes dont toute trace n'est pas perdue. La lettre suivante fait foi de l'état de son âme. « *Ministère de la guerre.* Mes bien-aimés, je suis horriblement fatigué de tout cela, vous n'en serez point étonnés.

Aussitôt une révolution faite, un groupe d'incapables s'en empare, chacun demande des fonctions ; on a de la sorte un gouvernement républicain sans républicains, un gouvernement révolutionnaire sans révolutionnaires. Le pays n'est plus qu'un vaste fromage de Hollande où chacun se construit son petit ermitage. Je vais aux avant-postes faire un tour ; si je suis blessé, je me trouverai honorablement dispensé de continuer. Je vous embrasse, je vous aime et je vous regrette. — L. ROSSEL. 17 avril 1871, trois heures après midi. » Son rôle lui pesait et lui plaisait ; il ne sut ni l'accepter, ni le rejeter ; aveuglé par l'ambition, il s'était égaré dans une impasse où il devait nécessairement périr.

Lorsque la Commune, soupçonneuse de sa nature, comme tous les gouvernements incapables, eut révoqué Cluseret, Rossel fut nommé délégué à la guerre. C'est là que le personnage se dessine et laisse deviner aux moins clairvoyants le but qu'il cherche à atteindre. Il se soumet en apparence au contrôle administratif du Comité central et rend compte à la Commune de ses opérations militaires ; il flatte ces deux pouvoirs rivaux et s'appuie sur l'un afin de neutraliser l'autre ; il rêve de les absorber tous les deux, de vaincre l'armée de Versailles, de devenir l'idole du peuple délivré par lui et d'entendre crier : *Ave, Cæsar!* Ce rêve ne fut pas long, car il était prématuré. Rossel, qui cependant était instruit, ignorait que toute révolution, à son début, obéit à la force centrifuge et qu'il lui faut bien du temps, bien des malheurs, bien des revers pour qu'elle en arrive à s'absorber dans un seul homme ; faute d'avoir connu cette loi inscrite à chaque page de l'histoire, il prit la mauvaise route et arriva au précipice plus rapidement encore que ses éphémères et médiocres prédécesseurs.

Il avait acquis dans l'armée régulière des habitudes

de discipline et de commandement qui se trouvaient choquées par les étranges soldats qu'il avait à diriger ; il essayait des réformes et poussa l'aberration jusqu'à vouloir faire passer des examens techniques aux officiers fédérés. On pourra juger du degré d'instruction des officiers qui caracolaient alors dans Paris par la note suivante, que je copie sur l'original ; elle émane du commandant des Enfants du Père Duchêne : « Citoyen se la mest impossible de pouvoir solder cest voiture puisque je n'aie aucune solde des officier puis qu'ils ont disparut depuis 4 jours cela est hors de ma porter ; je vous salut. — SANSON. » Les officiers furent mécontents à la pensée que l'on pourrait leur demander autre chose que de porter des galons, de boire de l'eau-de-vie et d'aller au feu ; ils déclarèrent, sans circonlocution, que Rossel était « un propre à rien ». C'était le vrai mot : il ne pouvait rien faire ni avec les éléments qu'il avait en mains, ni avec sa perpétuelle hésitation en présence de l'action.

Il sentait qu'il était fourvoyé, mais il n'en voulait démordre, comptant sur un hasard heureux et n'osant peut-être reculer, car il s'était fermé les voies du retour. Du reste, il jugeait bien les hommes. « Je cherchais des patriotes, a-t-il écrit, et je trouve des gens qui auraient livré les forts aux Prussiens plutôt que de se soumettre à l'Assemblée ; je cherchais la liberté, et je trouve le privilège installé à tous les coins de rue ; je cherchais l'égalité, et je trouve la hiérarchie compliquée de la fédération, l'aristocratie des anciens condamnés politiques, la féodalité des ignares fonctionnaires qui détenaient toutes les forces vives de Paris... Ces gueux d'officiers de la Commune, trinquant au comptoir avec quelque sergent, gueux déguisés en soldats et qui transforment en guenilles l'uniforme dont on les a affublés... drôles qui prétendaient affranchir le pays du régime du sabre et qui ne pouvaient qu'y substituer le régime du *delirium tremens.* » Il y avait à peine huit jours qu'il était ministre de la guerre et commandant en chef, que déjà le dégoût le noyait. Le 9 mai, il envoya sa démission au Comité de salut public par une lettre qui se termine ainsi : « Je me retire et j'ai l'honneur de vous demander une cellule à Mazas. » On se préparait à déférer à son désir, lorsqu'il se ravisa et disparut.

Il se cacha et put se soustraire aux investigations de la Commune, qui le cherchait encore lorsque l'armée française reprit possession de Paris. Sa retraite fut découverte dans les premiers jours du mois de juin. Traduit devant le troisième conseil de guerre, présidé par un colonel du génie, il s'entendit condamner à la peine capitale. Sa mort fut un peu hésitante. Il retenait à ses côtés, il rappelait le pasteur protestant qui adoucissait pour lui les dernières affres. On fut obligé de lui dire que ses lenteurs étaient une aggravation de peine pour ses compagnons de supplice. Il cherchait à prononcer quelque parole que l'histoire pût recueillir, il ne trouvait rien, et se contenta de dire qu'il reconnaissait que ses juges avaient fait leur devoir; c'est le mot du moine de Saint-Bruno : *Justo judicio damnatus sum.*

III. — LES PREMIÈRES EXÉCUTIONS.

Le parfumeur Fouet remplace le serrurier Garreau. — Le harem de Rigault et consorts. — Georges Veysset. — Intermédiaire entre Versailles et Paris. — Quatre domiciles. — Les batteries de Montmartre. — Le général Dombrowski. — Traité secret. — Hutzinger. — Dernière entrevue. — Arrestation de Veysset. — Les fortifications dégarnies. — Dombrowski est tué. — L'entrée des troupes françaises dans Paris. — Lenteurs des mouvements et résultat déplorable. — Dispositions prises pour incendier et faire sauter la Préfecture de police. — Jean Vaillot. — Son ordre d'exécution. — Il est fusillé. — Les progrès des troupes françaises. — Paris brûle! — L'ensemble des opérations militaires. — Théophile Ferré et le peloton d'exécution. — Assassinat de Georges Veysset.

A la fin d'avril, Garreau, envoyé à la direction de Mazas, fut remplacé au Dépôt par un parfumeur boiteux, nommé Eugène Fouet, qui, tout en promenant sa claudication dans les couloirs, devait se demander pourquoi il avait passé de la manipulation des pommades à une fonction administrative. Pour parvenir à celle-ci, il avait fait un stage rapide au cabinet de Raoul Rigault, en qualité de commissaire de police. Le contact avec le chef de la sûreté générale n'avait point modifié son caractère; c'était un homme inoffensif, toujours revêtu du costume civil agrémenté d'une écharpe rouge, sans brutalité pour les détenus, et laissant de l'initiative à son personnel. Il ne s'exalta que dans les derniers jours, lorsque déjà l'insurrection était attaquée dans Paris ; il brandissait alors un pistolet, en portait un autre à la ceinture et parlait volontiers de brûler la cervelle à tout le monde; mais, malgré ses menaces, il fit plus de bruit que de mal. Il ne se faisait pas néanmoins une grave idée du devoir professionnel, car sous sa direction des faits se produisirent au Dépôt qu'il est assez difficile de qualifier. Le soir, vers neuf ou dix heures, des employés au cabinet du délégué à la Préfecture de police se présentaient au greffe munis de mandats d'extraction indiquant certaines jeunes femmes incarcérées ou amenées dans la journée de Saint-Lazare. On les remettait à l'envoyé de Cournet, de Rigault ou de Ferré, qui les ramenait le lendemain matin en les faisant réintégrer en prison. Le Dépôt était donc une sorte de harem bien fourni, où les pachas de la sûreté choisissaient quelques compagnes de souper. La dernière extraction de ce genre eut lieu le 20 mai et comprenait cinq jeunes filles nominativement désignées.

Pendant la durée de la Commune, on compte, rien que pour les hommes, 3632 entrées au Dépôt, du 18 mars au 23 mai 1871 ; ce jour-là, la prison de la Préfecture de police reçoit son dernier détenu, Hélouin (Joseph), brasseur, qualifié d'agent bonapartiste. C'est, du reste, la qualification que l'on donnait habituellement aux gens arrêtés sans motif. Celui-là était un inconnu sans importance ; mais le 21 mai le Dépôt s'était refermé sur un personnage qui paraît s'être activement mêlé aux évènements où Paris trouva sa délivrance. Sous le n° 3440, on écroue Jean Veysset, agriculteur, âgé de cinquante-neuf ans : « espion à garder avec soin à la disposition de Ferré. » C'était là une précieuse capture pour la Commune ; elle venait de mettre la main sur un homme énergique, qui avait risqué sa vie pour faciliter l'entrée de Paris aux troupes de Versailles, et qui avait réussi.

Il était soupçonné, surveillé depuis longtemps par les agents secrets de Raoul Rigault et de Ferré ; mais il avait dépisté toute recherche jusqu'au jour où, livré par une portière âpre au gain, il était tombé entre les griffes de Théophile Ferré. Déjà, dans la nuit du 11 au 12 mai, des *Vengeurs de Flourens* escortant un commissaire de police avaient envahi son domicile, rue de Caumartin, et ne l'y trouvant pas, avaient conduit sa femme, Mme Forsans-Veysset, au délégué à la sûreté, qui l'avait fait écrouer au Dépôt. Connaissant la périlleuse négociation que dirigeait son mari, elle avait tout à redouter, se sentait trop près de la Préfecture de police et voulut s'en éloigner. Moyennant une somme de 5000 francs, remise à un membre important de la Commune, elle obtint d'être transférée à Saint-Lazare, où elle fut placée à la *pistole* avec les femmes des sergents de ville incarcérées.

M. Veysset avait été inscrit sur le registre du Dépôt avec le prénom de Jean; en réalité, il se nommait Georges. Chargé pendant le siège d'une partie de l'approvisionnement de Paris, il avait entretenu de fréquentes relations avec les membres du gouvernement de la Défense nationale, relations que l'armistice et la paix n'avaient point brisées. Il rêva de devenir, après le 18 mars, l'intermédiaire entre la Commune et le gouvernement de Versailles, de façon à éviter la lutte que l'on redoutait et à remettre Paris à des mains légitimes. Le gouvernement régulier ne repoussa point ses offres et l'engagea à poursuivre l'accomplissement de son projet. Il avait été question d'abord d'opérer une diversion dans Paris; plusieurs chefs militaires de la Commune furent tâtés, ne se montrèrent pas trop rebelles, et peut-être aurait-on essayé d'atteindre de cette façon un résultat sérieux, lorsque le gouvernement de Versailles, modifiant ses intentions premières, engagea Georges Veysset à pratiquer un chef de troupes fédérées et à obtenir l'abandon d'une ou de deux portes de l'enceinte fortifiée.

Pour mieux déjouer les recherches de la police, où M. Veysset n'ignorait pas que Raoul Rigault excellait, il avait sept appartements différents à sa disposition. Il changeait donc constamment de domicile, mais les conciliabules les plus importants se tenaient ordinairement rue de Madrid, n° 29, ou rue de Douai, n° 3. C'était un homme habile, généreux comme ceux qui savent payer les consciences, et qui rendit à l'armée française le service d'acheter les batteries de Montmartre. Pour bien lui prouver que le marché était loyal, on encloua les pièces de canon sous ses yeux; il versa la somme convenue : 10 000 fr. Le 14 mai, les batteries de Montmartre tuèrent une soixantaine de fédérés à Levallois-Perret, et le *Journal officiel* du lendemain dit avec modestie : « Le tir n'est pas encore bien juste. »

Ce n'était là qu'une sorte d'intermède à la négociation principale qui suivait son cours. Il s'agissait d'enlever le général Dombrowski à la Commune, et, en échange de sa défection, de lui fournir les moyens de quitter la France en emportant avec lui une somme qui serait presque une fortune. Une lettre écrite par un des principaux personnages du gouvernement de Versailles, en date du 10 mai, enjoignait à Veysset d'en finir coûte que coûte avec Dombrowski. Un traité fut conclu comme entre puissances de force égale. Toute la ligne des fortifications depuis la porte du Point-du-Jour jusqu'à la porte Wagram serait remise à l'armée régulière. « Le gouvernement de Versailles, de son côté, payait à Dombrowski et à son état-major une somme de 1 million 500 000 francs et leur accordait à tous un sauf-conduit qui leur permettrait de quitter Paris. La somme devait être payée en billets de la Banque de France ou en papier sur la maison Rothschild de Francfort[1]. » Veysset, après l'arrestation de sa femme, s'était réfugié à Saint-Denis, à l'hôtel du *Lapin blanc*. C'est là qu'il recevait un certain Hutzinger, officier et confident de Dombrowski. Le contrat devait être mis à exécution le 20 mai.

Ce jour-là, Hutzinger avait rendez-vous avec Veysset, sur la zone neutre de Saint-Ouen, pour déterminer les dernières dispositions à prendre. Veysset fut amené au lieu désigné par M. Planat, député ; il s'aboucha avec Hutzinger. Dombrowski avait prescrit toutes les me-

---

[1] Voyez *Georges Veysset : Un Épisode de la Commune*, par Mme Forsans-Veysset. Bruxelles, Landsberger, 1873.

sures nécessaires : Hutzinger avait fait retirer les artilleurs et cesser le feu ; les bataillons fédérés devaient se replier après avoir abaissé les ponts-levis, sous prétexte de faciliter la sortie du général, qui désirait faire une inspection extérieure ; un colonel Mathieu acquis au complot restait chargé de l'exécution de ces ordres. Hutzinger et Veysset convinrent de tout : 20 000 francs destinés aux premiers frais de départ et qui devaient être remis à Dombrowski aussitôt après l'entrée de nos troupes dans Paris, furent montrés à Hutzinger par Georges Veysset qui les avait en portefeuille. Hutzinger remonta à cheval pour s'éloigner ; au moment où Veysset se préparait à rejoindre M. Planat, qui l'attendait dans sa voiture, il fut arrêté et conduit à Paris. Il avait été livré par une femme Müller, qu'il avait été forcé d'employer comme intermédiaire entre Hutzinger et lui [1].

[1] Pour cet épisode, consulter la brochure déjà citée ; elle paraît écrite avec une grande sincérité et mériter confiance. Les différentes pièces justificatives dont elle est accompagnée en font un document réellement historique et une source qui offre toute sécurité. Elle concorde, du reste, exactement avec la déposition faite par l'amiral Saisset devant la commission d'enquête sur le 18 mars. Cette déposition a provoqué un démenti que je dois faire connaître. A la date du 14 mars 1872, le *Vermersch-Journal* a publié, à Londres, la lettre suivante : « Au citoyen Théophile Dombrowski. Cher citoyen, c'est avec le plus grand plaisir que je me joins à vous pour élever la voix contre la déposition erronée de M. Saisset, concernant votre frère mort en combattant pour la Commune. Il n'est que nécessaire de connaître ce qui s'est passé à Paris et savoir, comme nous, comment il est mort tué par les balles versaillaises, le mardi 23 mai, pour réduire au silence les allégations de M. Saisset. Il est donc faux que la mort d'un traître fusillé le mercredi ait eu lieu par l'ordre de Dombrowski. Il fut, en effet, proposé à votre frère d'entrer en arrangement avec Versailles ; mais il vint aussitôt nous avertir et, dès ce moment, il s'occupa sérieusement des avantages militaires qu'il en pourrait tirer contre nos ennemis. J'affirme que la conduite de Dombrowski est restée honorable et qu'il est mort avec le courage qui lui était si connu. Puissent ces quelques lignes effacer ce

Le malheureux qui avait réussi à faire dégarnir les fortifications et à permettre le passage aux troupes régulières entrait au Dépôt le jour même où celles-ci, averties par M. Ducatel, pénétraient dans Paris. Dombrowski, se croyant trahi par Veysset, désespéré de se sentir abandonné, se voyant soupçonné par les officiers qu'il avait associés à son œuvre, opéra sa retraite. Le 23 mai, en passant devant une barricade du boulevard Ornano, il fut atteint au « creux de l'estomac » d'un coup de feu tiré par une femme et ne tarda pas à mourir; on lui fit de pompeuses funérailles au Père-Lachaise, et l'on faillit fusiller, près de son cercueil, un fossoyeur qui ne témoignait pas une douleur suffisamment patriotique [1].

Le 22 mai, les détenus du Dépôt entendirent une lointaine canonnade et ne tardèrent pas à apprendre

que les accusations de M. Saisset ont d'offensant pour la mémoire de celui qui s'est conduit si vaillamment. Recevez, etc. : G. RANVIER, ex-membre du Comité de salut public. 10 mars 1872. »

[1] En disant que Dombrowski a été tué par une femme, je rapporte, sans la garantir, une version qui avait cours parmi les fédérés assistant à son enterrement. Une note publiée au mois de juin 1877 dans un journal dit que Dombrowski a été tué par Casanova, sergent à la 6ᵉ compagnie du 2ᵉ bataillon du 45ᵉ régiment de marche. Dans cette note on place la mort de Dombrowski à la date du 24; c'est une erreur : il est tombé le 23, à la barricade de la rue Myrrha. Enfin, M. l'amiral Saisset, qui a été activement mêlé à la négociation Veysset, dit : « Dombrowski a été tué par ceux auxquels il avait promis une portion de l'argent qu'on devait lui donner. » (*Enquête parlementaire sur le 18 mars; dépos. des témoins*, p. 517.) Cette dernière version semble confirmée par un mot que l'on attribue à Dombrowski, mourant sur un lit de l'hôpital Lariboisière : « Ils m'accusent de les avoir trahis ! » Je rappellerai que la déposition du général Trochu est très sévère pour Dombrowski : « Dombrowski, lui aussi, était l'un des directeurs des affaires militaires de la Commune. Il m'avait été dénoncé dès le commencement du siège comme un agent prussien, par des rapports qui signalaient ses allées et venues entre Paris et les avant-postes de l'ennemi. Je l'avais fait arrêter, il fut relâché, » etc. etc. (*Loc. cit.*, p. 51.)

que la bataille était engagée dans Paris. Ils eurent l'espoir d'être promptement délivrés, car ils étaient persuadés que les troupes françaises allaient précipiter leur marche en avant; ils partageaient l'illusion de tous les Parisiens et l'opinion, assurément fort désintéressée, des insurgés historiographes. « Si la plus belle armée que la France ait jamais eue, dit Lissagaray (*Histoire de la Commune*), poussait droit devant elle par les quais et les boulevards totalement vierges de barricades, d'un seul bond, sans tirer un coup de fusil, elle étranglerait la Commune. » — « Il est probable, a écrit Rossel, que l'armée aurait pu, en se développant immédiatement, occuper dans la matinée (du 22) la ville proprement dite. » — « Si les Versaillais avaient eu quelque audace, quelque courage, dit Arthur Arnould (*Paris et la Commune*), ils auraient pu pendant la nuit et la matinée, par une pointe hardie, occuper les trois quarts de Paris, presque sans coup férir. » D'autre part, un historien militaire dévoué à la cause du gouvernement français a dit : « Si l'armée avait pu, dans la journée et la nuit du lundi, continuer, sans tarder d'une heure, d'une minute, son mouvement offensif dans Paris, il est à peu près certain qu'elle eût traversé sans efforts tous ces essais de barricades encore informes et faibles[1]. » Ceci était vrai le dimanche soir 21 et le lundi 22; le lendemain tout avait bien changé, et Paris comptait cinq cent quatre-vingt-deux barricades, qu'il fallut enlever une à une, ce qui exi-

---

[1] *Bataille des sept jours*, par Louis Jézierski. Paris, 1871. Je trouve la même opinion exprimée par un homme qui joua un certain rôle pendant la Commune : « Vainement à sept heures du matin (lundi, 22 mai) j'essayai de me joindre à l'armée. Si à ce moment on eût marché en avant, il n'y avait pas une barricade de construite et très peu d'hommes étaient sous les armes. » (*Enquête sur le 18 mars. Déposition de M. Barral de Montaud, colonel de la 2ᵉ légion Alsace-Lorraine.*)

gea assez de temps pour permettre les incendies et les massacres. Afin d'avoir la certitude d'éviter un échec qui aurait eu d'incalculables conséquences, on avança avec une prudence extrême, conformément à un plan déterminé et de l'exécution duquel il ne fut plus possible de s'écarter au bout de vingt-quatre heures de combat.

Le nombre des détenus (hommes) était tel au Dépôt, que l'on avait été obligé de les réunir non seulement dans les cellules et les salles communes que le règlement leur attribue, mais qu'on les avait enfermés dans les salles communes réservées aux femmes. Celles-ci étaient parquées au premier étage dans ce que l'on appelle l'annexe, section séparée où l'on place de préférence les jeunes filles que l'on veut isoler. Cette partie de la prison, composée de cellules précédées d'un couloir, prenait jour alors sur une petite cour où s'allongeait la galerie en bois qui mettait en communication les services administratifs de la Préfecture de police avec le cabinet du préfet. Une distance d'un mètre ne séparait pas cette galerie en planches des fenêtres de l'annexe. Les prisonnières ne se doutaient pas qu'à deux pas d'elles on se disposait à brûler la prison où elles étaient incarcérées et les bâtiments qui l'entouraient.

Le 22 mai, vers six heures du matin, un capitaine fédéré, faisant fonction de commandant de place à la Préfecture de police, avait visité les caves et les sous-sols de la Préfecture ; il exécutait les ordres qu'il avait reçus directement de Ferré. Il rechercha les endroits propices à recevoir les amas de munitions et les tonneaux de poudre destinés à faire sauter les bâtiments d'administration. Les emplacements, choisis avec discernement, furent une partie des caves, le poste des officiers de paix situé à l'angle de la place Dauphine, près de la porte principale, le poste de la brigade des mœurs et celui de la cinquième brigade des recherches établis à droite et à gauche de la *Permanence*, rue de Harlay-du-Palais. Le capitaine s'était fait guider dans cette excursion par un employé subalterne de la Préfecture, qu'il fit immédiatement arrêter et conduire au Dépôt, car c'était là un témoin qu'il était bon de supprimer jusqu'à l'heure du dénoûment.

Ce même jour, lundi 22, vers quatre heures du soir, un peloton de *Vengeurs de Flourens*, reconnaissables à leur képi blanc, amena au Dépôt un homme vêtu en fédéré, qui fut écroué sous le nom de Jean Vaillot, âgé de vingt-huit ans. Le surveillant de service, pour le soustraire aux mauvais traitements dont on l'accablait, le fit rentrer dans la cellule n° 115. Les hommes qui l'avaient escorté restèrent en groupe, dans la cour, devant la porte de la prison, semblèrent se concerter entre eux, envoyèrent un des leurs dans la direction de la Préfecture de police, où Ferré se tenait en permanence en qualité de délégué à la sûreté générale, et attendirent. Pendant ce temps Vaillot écrivait une lettre longue et diffuse par laquelle il réclamait une somme de cinq francs qui lui avait été enlevée au moment de son arrestation. Quel était ce Jean Vaillot? Un fédéré récalcitrant? un garde national compromis dans ce que la Commune a appelé la conspiration des brassards? un des cent cinquante artilleurs que le gouvernement de Versailles avait déguisés et fait entrer secrètement dans Paris? Nous n'avons jamais pu le savoir d'une façon positive. Le messager expédié par les *Vengeurs de Flourens* revint, agitant un papier qu'il montra à ses camarades. Ceux-ci entrèrent au Dépôt et communiquèrent au greffier le mandat dont ils étaient porteurs : c'était un ordre d'exécution, qu'il est bon de citer pour prouver avec quelle indifférence ces gens-là disposaient de la vie humaine.

La feuille de papier est réglée, comme si elle eût été arrachée à un carnet de comptes. « Sans date : Vengeurs de Flourens : Ordre est donné de fusiller immédiatement (Vaillot Jean) l'individu pris les armes à la main dans l'affaire du 22 mai 1871[1]. » Tout ceci est d'une écriture incorrecte et lourde; pas de signature, mais une simple griffe rouge[2] : Le commandant, Greffier : timbre : liberté, égalité, fraternité; bataillon des Vengeurs de Flourens. République française. Par le travers, sous le timbre : Commune de Paris, délégué à direction générale, comité de sûreté générale, on lit : « Le délégué à la sûreté générale n'empêche pas l'exécution ordonnée et au contraire l'approuve. Th. FERRÉ. » Vaillot fut remis au peloton qui l'attendait. Lorsqu'il eut pris place au milieu des fédérés, il réclama les cinq francs qu'on lui avait pris; un des *Vengeurs* lui répondit : On va te les rendre, viens avec nous ! — On l'entraîna sur le quai de l'Horloge et on le fusilla. Le greffier écrivit à la colonne du registre d'écrou relatant la destination : « Extrait pour être passé par les armes. »

C'est cet inconnu qui ouvre la série des meurtres systématiques commis dans les prisons; celui-ci fut dû à l'initiative des *Vengeurs de Flourens* ; les autres auront une origine officielle et seront ordonnés par les membres du Comité de salut public réunis en conseil. Il n'en fallait pas moins rappeler que, dès la bataille engagée, la Commune tua tout ce qui lui semblait con-

[1] Voir *Pièces justificatives*, n° 5.
[2] On a abusé des griffes pendant la Commune; la signature réelle et la griffe de fantaisie inventée par un graveur n'ont aucun rapport. La griffe de Greffier est fine et d'une très élégante écriture; la signature est celle d'un homme qui sait à peine écrire. J'en dirai autant de la griffe et de la signature de Decouvrant, qui fut adjudant de place à la Préfecture de police : l'une est digne d'un professeur de calligraphie, l'autre est informe.

traire à sa folie. Elle débute, le 22 mai, par ce pauvre homme ignoré, mais le soir du même jour elle prendra toute précaution pour rassembler, près du dernier refuge qu'elle prévoit, les hommes considérables que, depuis six semaines, elle retient sous les verrous, afin de pouvoir les exécuter à son aise, lorsque le moment fixé par elle sera venu.

Dans la journée du 22 mai, soixante-dix-neuf individus furent écroués au Dépôt; les motifs d'arrestation sont identiques; on sent que le péril s'accroît autour de la Commune et que, non sans raison, elle voit des ennemis partout : « Insultes à la garde nationale, — propagande contre-révolutionnaire, — refus de travailler aux barricades, — satisfait que Versailles soit à Paris, — connivence avec les jésuites de Versailles. » Deux ou trois personnes sont incarcérées sous l'inculpation d'avoir tiré des coups de feu par les croisées contre les fédérés, entre autres M. Tollevatz, propriétaire de l'hôtel *Henri IV*, situé place Dauphine.

La nuit fut triste au Dépôt; les derniers détenus avaient apporté des nouvelles de la bataille; les troupes marchaient prudemment; maîtresses des terrains excentriques allongés entre les Invalides et les Batignolles, elles prenaient position et ne portaient pas l'attaque à fond vers l'Hôtel de Ville, qui restait la forteresse centrale de la révolte. Les fédérés, de leur côté, ne perdaient point le temps qu'on leur laissait; partout l'on voyait passer des chariots de munitions; l'ancienne banlieue, Ménilmontant, la Villette, Belleville, Charonne, les quartiers situés entre Ivry et Montparnasse envoyaient leurs contingents vers le centre de Paris, où des barricades s'élevaient à tout coin de rue. Les membres de la Commune s'étaient rendus dans leur arrondissement respectif; le Comité de salut public et la délégation de la guerre siégeaient seuls à l'Hôtel de Ville.

LES PREMIÈRES EXÉCUTIONS.

La journée du 23 fut relativement calme; onze individus arrêtés furent amenés; c'était un chiffre bien restreint : la vigilance de Ferré et celle de Raoul Rigault étaient occupées à d'autres soucis. On était silencieux; dans les salles communes on parlait à voix basse; nul bruit dans les cellules; les surveillants, inquiets, mais résolus, se promenaient dans les couloirs; parfois un greffier sortait, allait jusque sur le quai de l'Horloge, prêtait l'oreille et entendait la fusillade encore éloignée. Il rentrait; on lui disait : « Eh bien? » Il répondait : « On se bat toujours, » et tout rentrait dans cette sorte d'apaisement troublé qui précède les grands périls. Lorsque la nuit vint, les détenus des salles communes, qui machinalement regardaient par les fenêtres, aperçurent des lueurs rouges que les nuages semblaient emporter dans leur course; ils crièrent : « Paris brûle! » On se tassait auprès des croisées pour mieux voir; des surveillants, des greffiers allèrent jusque sur le Pont-Neuf et furent terrifiés. La Seine, comme un fleuve de pourpre, coulait entre deux brasiers : à droite les Tuileries étaient en flammes; à gauche le palais de la Légion d'Honneur, la Cour des comptes, la Caisse des dépôts et consignations, la rue de Lille, la rue du Bac brûlaient. Place Dauphine, rue de Harlay-du-Palais, sur les trottoirs, sur le terre-plein du Pont-Neuf, des fédérés dormaient, couchés pêle-mêle. Au milieu des ténèbres éclairées par l'incendie, la bataille se reposait; deci, delà un coup de fusil tiré par quelque sentinelle troublait le silence de la nuit, ou l'on entendait le murmure des flammes qui montaient vers le ciel.

Dès l'aube du mercredi 24 mai, la canonnade recommença. L'île de la Cité était entourée d'un demi-cercle de combats; malheureusement les deux bras de la Seine la protégeaient et lui faisaient un rempart que l'armée régulière fut lente à franchir. Celle-ci avançait avec sûreté. Sa gauche dépasse le Louvre, le Palais-Royal, la Banque, s'arrête devant la résistance de la pointe Saint-Eustache, mais gagne du terrain vers le square Montholon et la gare du Nord; sa droite file par les rues d'Assas et de Notre-Dame-des-Champs; elle touche au Val-de-Grâce et menace le Panthéon. Le mouvement concentrique se dessine; le pivot des opérations est la butte Montmartre, ce fameux mont Aventin, qui la veille a été lestement enlevé vers une heure de l'après-midi. La facilité avec laquelle fut occupée cette forteresse réellement redoutable eut peut-être pour principale cause les négociations que Georges Veysset avait dirigées. L'heure de ce malheureux était près de sonner, il allait périr victime de son dévouement à la cause dont il avait préparé le triomphe.

A huit heures du matin, Théophile Ferré, conduisant un peloton choisi parmi les *Vengeurs de Flourens*, s'arrêta devant la cour du Dépôt. Il était vêtu d'un léger paletot gris à collet de velours noir et tenait en main une badine dont il fouettait son pantalon. Il se tourna vers sa troupe et dit: « Tous les sergents de ville, tous les gendarmes, tous les calotins doivent être fusillés sur place; je compte sur vous. » Deux jeunes fédérés déclarèrent qu'ils voulaient bien se battre, mais qu'ils ne voulaient pas faire si laide besogne. Ferré les traita de lâches; leurs camarades les appelèrent fainéants; ils ne répondirent mot et se retirèrent.

Suivi de ses hommes, Ferré entra au Dépôt; les fédérés restèrent dans le vestibule que l'on appelle le grand guichet. Ferré pénétra dans le greffe, envoya chercher le directeur, et lui ordonna de faire amener Veysset. Au bout de quelques minutes, Veysset parut sous la conduite d'un surveillant. En voyant des hommes armés, en reconnaissant Ferré, il devina le sort qui l'attendait. Il fit bonne contenance et dit : « Lorsque j'ai été arrêté, j'avais 20 000 francs sur moi, je désire savoir ce qu'ils sont devenus. — Soyez sans inquiétude, répondit Ferré, nous allons régler tous nos comptes à la fois. » Les *Vengeurs de Flourens* entourèrent Georges Veysset, qui fit un signe d'adieu à un surveillant. Celui-ci s'approcha de Ferré au moment où il allait franchir la porte et lui dit : « Mais vous n'allez pas fusiller cet homme? — Et toi avec lui, si tu n'es pas content, » riposta Ferré.

La troupe se dirigea vers le Pont-Neuf. Arrivée au terre-plein à côté de la statue d'Henri IV, elle fit halte. Ferré dit à Georges Veysset : « Vous allez être fusillé; avez-vous quelque chose à dire pour votre défense? » Veysset leva les épaules; on le poussa vers la balustrade. Ferré commanda le feu; quatre hommes prirent le cadavre, le balancèrent un moment au-dessus du parapet et le jetèrent à la Seine. Ferré dit alors : « Il méritait d'être frappé par la justice du peuple; vous voyez, citoyens, nous faisons tout au grand jour! »

IV. — LE SOUS-BRIGADIER BRAQUOND.

Ferré revient au Dépôt. — Joseph Ruault. — Braquond intervient. — Le registre d'écrou. — Michel. — Lequel? — M. Tollevatz. — Préparatifs pour mettre le feu à la Préfecture de police. — Terreur des détenus. — Le quartier des femmes menacé par l'incendie. — « Faites taire ces braillardes! » — Révolte de Braquond. — Il lâche les détenus. — Fuite précipitée. — La Préfecture est en feu. — Le sauvetage des poudres. — Mme Saint-Chely. — Le coiffeur Lebois. — L'arrivée des premiers pompiers. — Les détenus au Dépôt. — Le Dépôt entouré par l'incendie. — Braquond dirige la résistance au feu. — Inondation. — Le Dépôt est sauvé. — Parole de M. Bonjean à Pierre Braquond.

On espérait au Dépôt en être quitte avec Ferré, qui n'avait point reparu après l'assassinat de Veysset; il comptait cependant revenir, mais auparavant il avait eu quelques préparatifs à surveiller pour assurer la destruction complète de la Préfecture de police. Vers neuf heures et demie il se présenta de nouveau à la prison ; il savait que les minutes étaient précieuses et qu'il fallait se hâter. Cette fois il n'était plus seul, et, outre les *Vengeurs de Flourens* qui l'escortaient, il était accompagné de quatre personnes, parmi lesquelles on reconnut deux juges d'instruction de la Commune. Suivi de sa bande comme un pacha de ses chaous, rejoint par le directeur Fouet, il entra dans le cabinet réservé, en temps normal, aux magistrats ; là il se fit remettre le registre d'écrou par le sous-brigadier Braquond, qui resta debout derrière lui. On avait apporté une feuille de papier, afin d'y dresser la liste des détenus que l'on réservait pour la mort. Ferré feuilletait le registre avec la lenteur ignorante d'un homme qui n'en connaît ni les divisions ni les points de repère ; il se perdait dans toutes ces écritures ; Eugène Fouet, aussi inhabile que lui en inscriptions pénitentiaires, l'embrouillait encore involontairement au lieu de l'aider ; le greffier de service n'avait garde de paraître, et le sous-brigadier demeurait impassible.

Ferré ne voulait pas agir isolément, comme pour Georges Veysset ; il espérait en finir avec tous les « suspects » et offrir aux fusils de ses hommes une fournée complète. Le premier nom qu'il écrivit fut celui de Joseph Ruault, prétendu agent bonapartiste, arrêté depuis le 15 mai par son ordre et écroué au secret sous le n° 3546, dans la cellule 62. Il écrivit ce nom de souvenir, sans l'avoir vérifié sur le registre. Braquond le lut, s'éloigna d'un air nonchalant, comme un homme fatigué d'attendre ; puis, quand il fut hors de vue, il pénétra dans la division cellulaire, ouvrit la porte du cabanon de Ruault, prit celui-ci par le bras, lui dit à voix basse : « Sous aucun prétexte, ne répondez à l'appel de votre nom; » puis, en grande hâte, le conduisit à la salle commune des hommes et le poussa, le noya, au milieu de trois cents détenus.

Ceci fait, il revint dans le cabinet du juge d'instruction. « Vite, lui dit Ferré, appelez Ruault. » Braquond s'élança dans les couloirs en criant : Ruault! à toute voix. — Ruault, qui avait été au secret, n'était connu d'aucun des prisonniers parmi lesquels on venait de le jeter; il se tint coi et ne souffla mot. Braquond appelait de plus belle. Les surveillants qui, pendant toute cette journée, suivirent l'impulsion donnée par Braquond et désobéirent résolûment au brigadier officiel dont ils se méfiaient, imitant leur chef qu'ils avaient compris, arpentaient la prison : « Ruault! Ruault! » Nul ne répondait. « Eh bien! et ce Ruault? » dit Ferré à Braquond, qui revenait avec une mine piteuse. « On ne peut pas le trouver, vous entendez bien que tout le monde l'appelle. » Ferré entra en fureur, frappa sur la table, et dit : « Vous êtes tous des Versaillais, tous des mouchards; si vous n'amenez pas Ruault à l'instant, je vous fais fusiller. »

Braquond fut admirable de sang-froid : « Ça ne vous avancera pas à grand'chose de me faire fusiller. Permettez-moi de vous dire, citoyen délégué, que vous ne savez pas votre métier; nous vous obéissons parce que c'est notre devoir; mais vous nous faites chercher un détenu qui n'est plus au Dépôt depuis longtemps, et c'est pour cela que nous ne pouvons pas le découvrir. » — « Comment? reprit Ferré, Ruault n'est plus ici? Où est-il donc? » — « Je n'en sais rien, répondit Braquond, mais nous allons le savoir; » et prenant le registre, il se mit à le manier avec la dextérité d'un homme accoutumé aux recherches d'écrou et, indiquant le n° 2609, il fit lire à Ferré : « Ruault Gilbert, inculpé d'avoir colporté des chansons bonapartistes, arrêté le 19 avril, transféré à la Santé le 18 mai par ordre d'Edmond Levraud. » Ferré ne remarqua ni la différence des noms de baptême, ni celle des dates de l'arrestation, ni celle du numéro d'écrou ; il pesta contre son chef de division. Braquond avait été bien servi par sa mémoire, et il venait de sauver un innocent [1].

Ferré recommença à fureter dans le registre, tout en disant à Braquond, d'un ton radouci, comme un homme qui se sent dans son tort : « Eh bien, puisque Ruault n'est plus ici, — que le diable emporte Levraud ! — allez me chercher Michel. » Braquond demanda : « Lequel ? » Ferré devint blême, il crut que l'on se moquait de lui. Braquond lui dit, avec cette tranquillité des vieux soldats qui finissent par ne plus s'émouvoir de rien : « Mais oui, citoyen, lequel ? Tout le monde se nomme Michel, nous en avons peut-être une demi-douzaine ici. Indiquez-moi le Michel que vous voulez, j'irai l'appeler. » Sous prétexte d'aider aux recherches, Braquond parvint encore à les rendre plus lentes et plus confuses. Feuilletant le registre d'écrou, il désignait à Ferré : « Michel, Louis-Pierre, gardien de la paix ; — Michel, Jules-Alfred, vidangeur ; — Michel, Xavier, employé ; — Michel, Henri-Louis, ex-sergent de ville. » Ferré se perdait au milieu de cette quantité inattendue de Michel et ne savait pas trop lequel choisir. Il ordonna d'amener le dernier ; on se mit donc à l'appeler avec la certitude

---

[1] Joseph Ruault fut recherché avec passion par la Commune ; au moment où Ferré le réclamait au Dépôt, ce malheureux était à Mazas. Le Ruault qui avait été écroué sous son prénom et que Braquond venait de sauver s'appelait en réalité François. Les erreurs de noms sur les mandats d'arrestation furent fréquentes pendant la Commune. Nous en avons déjà donné la preuve plus haut, en racontant un fait qui nous est personnel.

qu'il ne répondrait pas. En effet, cet homme, arrêté le 18 mai, était, depuis deux jours, en proie à un accès de délire nerveux; revêtu d'une camisole de force, enfermé dans une cellule de sûreté à l'infirmerie spéciale du Dépôt, il battait sa porte à coups de pieds et faisait tant de bruit qu'il n'aurait pas entendu l'appel de son nom lors même qu'il l'eût compris.

Pendant que les surveillants criaient dans les couloirs : Henri Michel! et n'obtenaient pas de réponse, l'inquiétude commençait à gagner les détenus des salles en commun. L'un d'eux, M. Tollevatz, placé dans le commun des femmes, regardait par la fenêtre, d'où l'on découvrait la maison où étaient installés les bureaux de la Préfecture de police. A cause de l'élévation de la fenêtre, M. Tollevatz ne pouvait distinguer que le deuxième et le troisième étage; mais il en était si près, qu'il eût pu, sans hausser la voix, échanger des paroles avec les gens qu'il apercevait, si la croisée, munie de barreaux de fer, n'eût été close. Or voici ce qu'il vit : huit hommes vêtus en fédérés, paraissant obéir à un neuvième portant un képi galonné, se présentaient à chacune des fenêtres, les ouvraient, versaient sur les chambranles et les boiseries le contenu d'une bouteille qu'ils tenaient à la main; deux ou trois d'entre eux, portant un seau de zinc, y trempaient un pinceau à l'aide duquel ils badigeonnaient les murs; ils faisaient cela lentement, méthodiquement. M. Tollevatz remarqua en outre que tous avaient le képi rabattu sur le visage, comme s'ils eussent cherché à cacher leurs traits. Il les regardait un peu machinalement, sans trop se rendre compte de leur action. Leur chef sembla passer l'inspection de toutes les fenêtres; puis il prit une allumette dans sa poche, la fit flamber avec un geste grossier, en la frottant sur lui-même, et l'approcha d'une des fenêtres, dont la

boiserie prit feu. Ses hommes l'imitèrent et M. Tollevatz comprit que l'on incendiait la Préfecture de
police.

Ce que M. Tollevatz voyait du commun des femmes,
les détenus du commun des hommes pouvaient l'apercevoir aussi; ce fut dans toute cette portion du Dépôt
une rumeur effroyable; on se pressait aux portes et
l'on criait : « Au feu ! » M. Tollevatz, s'adressant au
surveillant de service à la salle où il était enfermé, lui
signala le danger et le pria d'aller prévenir le directeur; le surveillant, qui était ce Lécolle introduit par
Garreau dès le 20 mars, répondit qu'il n'avait pas
d'ordres à recevoir d'un détenu, et que du reste ça ne
le regardait pas. L'incendie de la Préfecture de police
devant entraîner celui du Dépôt, la situation des détenus pouvait rapidement devenir intolérable.

Cependant on persistait à appeler Michel, qui continuait à donner des coups de pied dans sa porte; Ferré
libellait des listes qu'il ne parvenait pas à compléter;
les surveillants, comprenant que cette atroce comédie
touchait à sa fin, entr'ouvraient les cellules et disaient
aux détenus : « Bon courage ! ça ne va pas durer longtemps encore. » Tout à coup on entendit des cris per-
çants : c'étaient les femmes enfermées dans l'annexe
qui devenaient folles d'épouvante en voyant brûler sous
leurs yeux la galerie de bois de la Préfecture de police;
les flammes battaient les murailles de leur section et
faisaient éclater les vitres des fenêtres. Les clameurs
que poussaient ces malheureuses retentissaient comme
des appels désespérés dans les couloirs du Dépôt. Ferré,
visiblement troublé et arrivé au dernier degré de l'irritation nerveuse, s'écria : « Mais faites donc taire ces
braillardes ! » A ce moment, un des « magistrats »,
compagnons de Ferré, sortit. Le directeur Fouet dit
alors au sous-brigadier Braquond d'aller engager les

femmes à « prendre patience ». C'en était trop ; c'est peut-être cette niaiserie qui entraîna le dénoûment. Braquond s'écria : « Aurez-vous le courage de laisser brûler ces pauvres créatures ? — Bah ! répondit-on, ce sont les femelles des gendarmes et des sergents de ville ! » Braquond n'y tint plus ; son vieux cœur honnête se souleva : il joua son vatout ; il joua sa vie et gagna.

Il courut dans le couloir et cria : « Ouvrez les portes des cellules, ouvrez les portes des communs ! » Les surveillants obéirent. Ce fut une avalanche humaine qui se précipita dans les galeries ; quatre cent cinquante détenus se ruèrent derrière Braquond, qui les maintint pendant quelques instants et se mit à leur tête en disant : « Allons voir ce que ces assassins vont faire de nous ! » Lorsqu'il revint au grand guichet, il eut tout juste le temps d'apercevoir le dernier des *Vengeurs de Flourens* qui disparaissait par la porte ouverte. Que s'était-il donc passé ? Il est assez difficile de le déterminer d'une façon précise ; deux versions sont en présence, qui ne sont point inconciliables. Selon la première, Ferré, entendant bruire le flot des détenus qui s'agitaient dans le couloir, se serait brusquement éloigné en entraînant tout son monde. Le feu se rapprochait, les cris des femmes pouvaient faire croire que le Dépôt lui-même s'embrasait. Ferré, se souvenant des ordres qu'il avait donnés, se rappelant les amas de poudre qui avaient été entassés au rez-de-chaussée de la Préfecture de police, craignant sans doute de voir se produire une explosion dont il eût été victime, redoutant peut-être aussi d'être assommé par les prisonniers, prit subitement le parti d'opérer sa retraite.

Selon l'autre version, l'étrange juge d'instruction de la Commune, qui était sorti du Dépôt au moment où l'on refusait de mettre en liberté les femmes menacées par l'incendie, avait été jusque sur le quai de l'Horloge pour se rendre compte de la situation extérieure. Il avait constaté que les combles de la Préfecture étaient en flammes; il avait vu une fumée épaisse sortir des fenêtres du Palais de Justice; il avait reconnu que le pont au Change appartenait aux fédérés; mais sur le quai de l'École il avait pu remarquer que les troupes de ligne s'avançaient pour attaquer à revers la barricade du Pont-Neuf, faisant face à la rue Dauphine; il était revenu en toute hâte avertir Ferré. Menacé à la fois par une explosion possible, par l'incendie qu'il avait fait allumer, par les troupes régulières qui s'approchaient, Ferré n'hésita pas; il se sauva, escorté de ses amis, de ses *Vengeurs* et du directeur Fouet, qui le suivait en clopinant. Cette scène avait duré près de deux heures. Pierre Braquond restait maître du champ de bataille et du Dépôt.

C'était une victoire, mais qui ne sauvait que les détenus et n'assurait pas le salut de la prison, car le sort de celle-ci était lié au sort de la Préfecture de police. Si la Préfecture sautait, le Dépôt était renversé. Braquond ignorait les préparatifs faits dans les bâtiments de la rue de Harlay, mais les habitants du quartier ne les ignoraient pas; dès que le départ des fédérés les eut rendus libres, ils coururent au péril et se mirent à l'œuvre. La rue de Harlay et la place Dauphine étaient protégées contre les projectiles par l'élévation des maisons; les fédérés repliés sur le pont au Change, dans la caserne de la Cité, dans les constructions inachevées du nouvel Hôtel-Dieu, entretenaient la fusillade contre les troupes de ligne maîtresses de la Monnaie, de la rue Guénégaud, du Louvre et de la place de l'École; au milieu de ce champ de bataille, la place Dauphine, semblable à une redoute abandonnée, représentait une sorte de terrain neutre où nul combattant n'apparaissait. Les gens du quartier, deux cents personnes environ, dont au moins cent cinquante femmes, avaient compris le danger dont cette portion de la Cité était menacée. Les portiers, les boutiquiers, les hommes, les femmes, tout ce qui n'avait point trop complètement perdu la tête, s'était réuni et formait une équipe de travailleurs intéressés à prévenir un cataclysme dont ils auraient été les premières victimes; ils attaquaient la Préfecture de police embrasée.

Les ordres de Ferré avaient été exécutés. Il avait voulu que la Préfecture ne fût plus qu'un peu de cendres, mais il avait prescrit la manière de l'incendier, afin de pouvoir la faire évacuer et de se retirer lui-même en temps opportun. Le feu avait donc été mis dans les étages supérieurs; lorsque, gagnant de proche en proche, les flammes envahiraient le rez-de-chaussée bourré de munitions, l'explosion lancerait au loin les vieilles murailles calcinées, jetterait bas le Dépôt et renverserait le Palais de Justice déjà en proie au pétrole allumé. On se précipita dans les rez-de-chaussée de la Préfecture, au poste des officiers de paix, à la Permanence, au poste des brigades centrales, et alors, sous le feu même, commença le sauvetage des poudres. Il fallait se hâter et être prudent, car une traînée filtrant d'un baril, des cartouches s'échappant d'un sac, pouvaient, en tombant sur le pavé de la rue où pleuvaient les débris enflammés, causer un irréparable désastre.

Il y eut là une charbonnière de la place Dauphine, Mme Saint-Chely, une solide Auvergnate du Cantal, qui fut héroïque; manches retroussées, cheveux à la diable, en sueur et haletante, elle emportait sur son dos, comme un sac de charbon, les sacs débordant de cartouches, et, silencieuse, pliant sous le poids, elle les noyait dans le bassin de la fontaine Desaix qui se dressait alors au milieu de la place. Cela fait, elle revenait en courant, écoutant l'explosion fusante des cartouches que les fédérés avaient semées dans les appartements supérieurs, regardant les flammes qui descendaient le longs des pans de bois ; elle disait : « Ah ! nous avons le temps ! » chargeait un nouveau sac sur ses épaules, le jetait à la fontaine, buvait une gorgée d'eau et retournait vers la poudrière qu'il fallait épuiser : d'un mot, d'un geste, d'un cri, elle encourageait ses compagnons et ne laissait point chômer le sauvetage.

Parmi les habitants du quartier qui dans cette journée se dévouèrent au delà des forces humaines, M. Lebois, coiffeur, dont la petite boutique, située rue de Harlay, faisait face au poste des inspecteurs du service des mœurs, se distingua entre tous. Ce fut lui qui enleva le premier baril de poudre et donna ainsi un exemple que l'on s'empressa d'imiter. Trois tonneaux de poudre et plus de douze cent mille cartouches avaient été retirés du foyer qui menaçait de les enflammer ; tout péril grave avait disparu ; on essaya alors de combattre l'incendie. Ce n'était point chose facile ; les instruments faisaient défaut, car, le matin même, avant d'aller présider à l'exécution de Georges Veysset, Ferré avait appelé les pompiers qui sont de permanence à la Préfecture, et les avait forcés, sous peine d'être fusillés, à emmener leurs pompes.

On tenta du moins de sauver quelques meubles, quelques papiers et surtout d'empêcher l'incendie de gagner la portion de la rue de Harlay encore indemne, et d'envahir la place Dauphine. Du haut des toits, par les fenêtres, on versait l'eau que l'on apportait à la main, dans des seaux, dans des vases, dans des terrines, dans tous les récipients que l'on avait pu découvrir. C'est ainsi que l'on parvint à protéger les bâtiments réservés aux services de la deuxième division, de la comptabilité et d'une partie du secrétariat général. On put aussi, grâce à l'initiative de M. Lebois, traîner loin de tout danger trois camions de roulage, chargés de caisses, de ballots appartenant à M. Galbrun, commissionnaire-expéditeur, et que la Commune avait, on ne sait pourquoi, fait saisir par voie de réquisition au chemin de fer de l'Ouest. Vers la rue de Jérusalem, M. Claude Richard, employé à la sûreté générale, sauvait les registres, les papiers les plus importants, et n'était chassé loin du péril que par une explosion qui faillit le tuer.

Toute la journée, toute la soirée, les habitants de la place Dauphine restèrent au poste qu'ils occupaient volontairement. Les premiers secours leur arrivèrent dans la nuit, à onze heures et demie : c'étaient les pompiers de Maisons-Laffitte; à une heure du matin, les pompes de Rambouillet purent se mettre en batterie contre ce qui subsistait de l'hôtel des présidents au parlement. Comme aux jours de l'insurrection de juin 1848, les forces vitales de la France accouraient pour sauver Paris. Le lendemain, 25 mai, M. Bresson, alors commis principal à la première division de la Préfecture de police, accourant de Versailles, pénétrait au risque de sa vie dans ces ruines en feu, se glissait sous les plafonds près de s'abîmer et parvenait à arracher à la destruction une partie des documents manuscrits appartenant au service des mœurs et aux sommiers judiciaires.

L'enlèvement des poudres préservait le Dépôt d'une catastrophe immédiate; mais le péril qui menaçait la prison n'était point conjuré, tant s'en faut : de tous côtés le feu l'entourait. Les détenus auraient voulu fuir; ils tourbillonnaient dans les cours, que les flammes dominaient. Ignorant les détours intérieurs de la Préfecture et du Palais, ils se dirigèrent au hasard, les uns vers le quai de l'Horloge, les autres vers le quai des Orfèvres. Les deux quais étaient balayés par la fusillade; quelques-uns de ces malheureux réussirent à s'échapper. La plupart revinrent chercher asile au Dépôt, qui leur fut ouvert. Dès qu'ils furent rentrés, Braquond avait fait clore la porte et avait défendu de l'ouvrir sans son ordre.

Rapidement il fit une tournée d'inspection pour se rendre compte de l'intensité du danger que la prison pouvait courir. La situation était grave : en face du bâtiment où s'ouvre la porte d'entrée, *le dépôt des objets trouvés* brûlait ; comme il y a toujours dans ces vastes magasins une moyenne de vingt à vingt-cinq mille parapluies, le feu ne manquait pas d'aliment. La façade méridionale du Dépôt, où se trouvaient l'annexe des femmes, la communauté des Sœurs de Marie-Joseph, l'infirmerie des aliénées, était presque en contact avec la galerie de bois de la Préfecture, qui flambait ; les boiseries de l'annexe commençaient à fumer ; le couloir était couvert de matelas ; la communauté, abandonnée depuis le 29 mars par les sœurs, servait de magasin à la literie supplémentaire de la prison. C'étaient là des matières inflammables qu'il fallait déplacer au plus vite, car si le feu les eût atteintes, elles auraient communiqué l'incendie au Dépôt tout entier.

Pierre Braquond, avec l'intelligente énergie des hommes qui savent commander quand il le faut parce qu'ils ont toujours su obéir, prit la direction du sauvetage ; il divisa ses détenus en brigades, qu'il mit sous les ordres des surveillants, et en hâte, quoique méthodiquement, on arracha les boiseries, on démolit les fenêtres, dont les chambranles se carbonisaient déjà, on transporta dans le grand guichet les matelas, les paillasses, le linge ; en un mot, on enleva à l'incendie toute proie à l'aide de laquelle il aurait pu se propager. Chacun fit son devoir, et bientôt, dans l'aile la plus compromise, il ne resta plus que les murailles en pierres de taille.

Braquond sortit dans l'espèce de rue étroite qui servait alors de cour au Dépôt, pour regarder si de nouveaux périls ne menaçaient pas la prison; il fut épouvanté de ce qu'il vit. La prison est surmontée de deux étages, appartenant à divers services du Palais de Justice; ces deux étages isolés du Dépôt, quoiqu'ils lui soient superposés, n'ayant avec lui aucune communication possible, lançaient des torrents de flammes par les fenêtres brisées; une lourde odeur de pétrole répandue dans l'atmosphère prouvait assez que le feu n'était pas près de s'éteindre et qu'il ne laisserait pas vestiges des constructions qu'il attaquait. L'effondrement des murs crèverait infailliblement les plafonds du Dépôt et y verserait l'incendie.

Braquond rentra dans le Dépôt et prévint les détenus; le péril n'était pas imminent, et il devait s'écouler de longues heures encore avant que les étages supérieurs s'abîmassent dans la prison. Soixante ou quatre-vingts prisonniers voulurent partir sans plus attendre, au risque de tomber sous les balles que les soldats réguliers et les fédérés échangeaient. Un surveillant nommé Laurent se dévoua; filant sur le quai de l'Horloge et se glissant le long des maisons, il réussit à faire apercevoir un mouchoir blanc qu'il agitait au bout d'un parapluie.. La troupe de ligne cessa le feu; les détenus purent être amenés au terre-plein du Pont-Neuf; de là ils furent dirigés sur l'hôtel de la Monnaie, d'où ils regagnèrent les uns leur domicile, les autres les quartiers de Paris où la bataille avait déjà pris fin.

On s'attendait, dans les salles du Dépôt, à voir les plafonds s'ouvrir pour laisser passer les flammes, et l'on fut bien surpris d'en voir tomber un torrent d'eau. Le réservoir central fournissant l'eau aux besoins de la prison et du Palais de Justice, entouré, dessoudé par les flammes, venait de crever et laissait échapper son contenu, qui, ralentissant les progrès de l'incendie, se répandait comme une inondation. C'était un inconvénient pour les habitants du Dépôt, qui avaient de l'eau jusqu'à la cheville; mais c'était en quelque sorte le salut, car les plafonds saturés d'humidité, les murailles imbibées, les parquets trempés opposaient désormais à l'incendie une force de résistance considérable. Vers cinq heures du soir, un peloton du 79e de ligne, commandé par un capitaine, se présenta au Dépôt et en prit possession. On fit fête aux « pantalons rouges » que l'on attendait avec anxiété depuis deux mois, et l'on passa la nuit au milieu des buées tièdes que l'eau écoulée, chauffée par l'incendie, répandait dans les salles. Le lendemain, les pompes de Riom (Puy-de-Dôme), celles de Chartres, celles de Nogent-le-Rotrou, avaient noyé les les deux étages enflammés au-dessus du Dépôt et préservaient définitivement celui-ci.

Le 24 mars, Pierre Braquond, humilié d'être commandé par Garreau, révolté contre l'insurrection victorieuse, était entré dans la cellule du président Bonjean et lui avait dit: « J'en ai assez de ce carnaval; je vais partir et rejoindre nos chefs, qui sont à Versailles. » M. Bonjean lui avait répondu : « Comme magistrat, je vous ordonne de ne point quitter votre poste; comme prisonnier, je vous en prie. Si vous partez, si vos camarades partent, vous serez remplacés par des insurgés, et l'on nous maltraitera; je vous adjure de rester pour protéger les pauvres détenus. » Braquond avait obéi; il fut fidèle à la consigne que M. Bonjean lui avait donnée; il sauva le Dépôt de l'incendie et sut arracher les otages, sauf le malheureux Georges Veysset, à la mort que Ferré leur avait réservée.

CHAPITRE III

LA MAISON DE JUSTICE

La Conciergerie souvent confondue avec le Dépôt. — Instruction du directeur. — M. Durlin, second greffier, se rend à Versailles. — Le directeur Deville. — Prisonniers militaires mis en liberté. — Décret de confiscation. — Malfaiteurs libérés. — Les prétendus dépôts d'armes. — Les Pères de Picpus. — Mme d'Aubignosc. — Interdiction de laisser dire la messe. — Les cercueils. — La conspiration des rats. — Les gendarmes transférés à la Conciergerie. — Précautions prises par M. Durlin. — Visite de Raoul Rigault. — On vient chercher les gendarmes. — M. Durlin ne les livre pas. — Faux ordre de transfèrement. — L'incendie du Palais de Justice. — L'incendiaire en chef. — Explosion d'un compteur. — On sauve la Conciergerie. — Les otages sont sauvés, les détenus criminels sont livrés à la justice. — Bonne conduite du directeur Deville.

La maison de justice, c'est la Conciergerie, la vieille geôle du Palais, qui relève directement du procureur général et dresse sur le quai de l'Horloge ses deux tours bien connues du peuple parisien. C'est, nous l'avons dit, une prison transitoire où l'on enferme les prévenus qui sont appelés à répondre devant la cour d'assises ou devant les chambres correctionnelles des crimes ou des délits commis par eux. On n'y fait jamais un long séjour; on y arrive de Mazas, on la quitte pour la Santé, Sainte-Pélagie ou la Grande-Roquette. Elle est assez petite, ne comporte ordinairement qu'un nombre restreint de prisonniers et est séparée en deux parties distinctes : la section cellulaire et la section en commun, que l'on appelle vulgairement le *quartier des cochers*, parce que c'est là, dans un dortoir, dans un préau, que ceux-ci subissent les peines insignifiantes auxquelles ils sont souvent condamnés par le tribunal de simple police. Le grand guichet est une vaste halle gothique, soutenue par des colonnes recevant la retombée des arcs de la voûte ogivale, et qui, traditionnellement du moins, fut la salle des gardes du roi saint Louis. La prison n'occupe qu'un rez-de-chaussée; les étages supérieurs appartiennent à la Cour de cassation. Un dégagement intérieur permettait jadis de sortir de la Conciergerie et d'aboutir à l'angle gauche de la grande cour, — la cour du Mai, — du Palais de Justice. On l'a souvent confondue avec le Dépôt; la plupart des otages survivants qui ont écrit le récit des faits dont ils ont été les témoins ont presque tous raconté qu'ils avaient été préalablement incarcérés à la Conciergerie, où cependant ils n'ont jamais mis le pied.

Le directeur régulier, M. Fontaine, ancien capitaine en retraite, n'avait pu, après le 18 mars, se refuser à écrouer les détenus qui lui étaient adressés par les nouveaux maîtres de l'ex-préfecture de police. Le gouvernement de l'insurrection ayant enjoint à tous les employés d'avoir désormais à lui obéir[1], M. Fontaine crut devoir se retirer, et adressa à ses su-

---

[1] Art. 1. Les employés des divers services publics tiendront désormais pour nuls et non avenus les ordres ou communications du gouvernement de Versailles ou de ses adhérents. — Art. 2. Tout fonctionnaire ou employé qui ne se conformerait pas à ce décret serait immédiatement révoqué. Hôtel de Ville, 29 mars 1871. Pour la Commune, par délégation : *Président*, LE FRANÇAIS; *Assesseurs :* RANC, ED. VAILLANT.

bordonnés une sorte de proclamation, dans laquelle, après les avoir remerciés du concours qu'ils lui avaient prêté pour assurer le service, il disait : « Aujourd'hui ma ligne de conduite est toute tracée, nous devons nous retirer à Versailles auprès du seul gouvernement que tout bon citoyen doit défendre. » Cette instruction porte la date du 30 mars, et les employés s'y seraient probablement conformés, si, dès le lendemain, les ordres provoqués par la lettre du président Bonjean, immédiatement expédiés par M. Lecour, n'étaient venus modifier leur intention. Ils comprirent que l'administration à laquelle ils appartiennent, toujours active au bien et adoptant, sans hésiter, un compromis qui pût éviter de grands malheurs, leur imposait un devoir difficile à suivre, mais dans lequel il fallait se maintenir imperturbablement.

La situation anormale où ils se trouvaient les avait déjà préoccupés, et deux d'entre eux s'étaient rendus à Versailles pour consulter leurs chefs hiérarchiques. Dans la matinée du 30 mars, M. Durlin, second greffier, et le surveillant Génin, montèrent dans la charrette du sieur Fusil, blanchisseur des prisons de la Seine et demeurant à Boulogne. Cachés sous des paquets de linge, ils purent franchir les fortifications, gagner Versailles et recevoir de la bouche même de M. Lecour, chef de la première division de la Préfecture de police, l'invitation de ne quitter la Conciergerie qu'à la dernière extrémité. Ainsi se trouvait annulé l'ordre du jour du directeur régulier. MM. Durlin et Génin revinrent à Paris reprendre leur service, réconforter leurs compagnons et se préparer à la tâche qui leur incombait.

Cette tâche fut moins pénible pour eux qu'ils ne l'avaient cru. Les dimensions assez étroites de la prison y furent pour quelque chose, car elles ne permettaient pas de l'encombrer de suspects comme l'on fit au Dépôt, à Mazas et ailleurs ; mais le directeur nommé par la Commune ne les contraria pas dans leur œuvre de préservation. Il s'appelait Deville, avait été autrefois attaché aux agences de courses et pendant le siège avait appartenu aux ambulances du XIIe arrondissement. Il était laborieux, probe et sans fierté, car il ne dédaignait pas d'inviter parfois un surveillant à boire un « verre de vin » avec lui ; il eut du zèle, de l'humanité et beaucoup de bienveillance pendant qu'il exerça les fonctions dont il ignorait le mécanisme. De toutes les prisons de Paris, la Conciergerie est celle qui fut le mieux administrée pendant la Commune ; elle le dut à son excellent personnel et aux efforts de son directeur irrégulier.

Quarante et un détenus s'y trouvaient enfermés au 18 mars ; ils appartenaient à la justice, qui les gardait sous sa main en vertu de mandats légaux ; mais l'insurrection se souciait peu de respecter la loi, et volontiers, comme disait Raoul Rigault, elle « simplifiait les formalités ». Si elle fit arrêter un grand nombre d'honnêtes gens qui ne pouvaient, sans déchoir vis-à-vis d'eux-mêmes, s'associer à ses actes, elle n'hésita jamais à rejeter au milieu de la population les coupables auxquels la justice avait appliqué ou réservé un châtiment. Cet abandon de tout intérêt pour la sécurité sociale apparaît dès les premiers jours, et le Comité central s'empresse de donner un exemple qui ne sera pas perdu.

Le 20 mars, un délégué du Comité central se présenta, muni de pleins pouvoirs, aux deux prisons militaires de la rue du Cherche-Midi et fit mettre tous les détenus en liberté. On lui objecta qu'il y avait là, non seulement des hommes punis pour des fautes de discipline, mais aussi des déserteurs, des individus accusés de crimes de droit commun : cela n'importa guère. 1100 prisonniers furent relaxés et allèrent porter dans les bataillons fédérés des exemples de paresse, d'ivrognerie et d'insubordination dont ceux-ci n'avaient pas besoin. Pendant qu'on lâchait ces mauvais sujets sur le pavé de Paris, on rendait des arrêts ridicules, et l'on s'essayait à singer les formes de la justice; on décrétait : « Article 1er. MM. Thiers, Picard, Favre, Dufaure, Simon et Pothuau sont mis en accusation. — Article 2. Leurs biens seront saisis et mis sous séquestre jusqu'à ce qu'ils aient comparu devant la justice du peuple. »

On libérait les condamnés militaires; on revenait aux mesures de confiscation si justement reprochées au régime renversé par la Révolution française; on arrêtait des otages et, par esprit de compensation, on délivrait les criminels. Des prévenus appartenant aux lois furent relaxés; Raoul Rigault signa quelques ordres d'élargissement; mais la plupart de ceux-ci venaient du ministère même de la justice, où un avocat sans causes et sans cervelle, nommé Eugène Protot, avait été installé en qualité de délégué. Du cabinet des gardes des sceaux il avait fait une buvette, où la justice devait être surprise d'être ainsi représentée. Sur l'injonction de ce personnage, un assassin et un vilain drôle, inculpé d'un crime que l'on ne peut raconter, sont rendus à la liberté et peuvent alors se promener de cabaret en cabaret, au lieu de se voir conduire au bagne qui les réclame; le 19 avril, quatre autres individus, sur lesquels pèse une accusation de crimes qualifiés, rentrent dans la vie commune et reprennent « leurs droits de citoyens », qui, pour eux, sont le droit au meurtre et au vol. L'émulation gagne les sous-ordres justiciers de la Commune : les juges d'instruction s'en mêlent et signent, le 22 avril, le lever d'écrou de deux malfaiteurs. Cette justice à l'envers fonctionna régulièrement, et, du 26 mars au 24 mai, prescrivit la mise en liberté de vingt accusés détenus à la Conciergerie.

En revanche, cent quatre-vingt-six individus furent incarcérés, presque tous sur mandats de Raoul Rigault, qui, en qualité de procureur de la Commune, tenait à ne point laisser chômer la maison de justice. Parmi ces cent quatre-vingt-six personnes, une seule fut arrêtée pour vol et relâchée presque immédiatement ; toutes les autres ont été écrouées sous les rubriques que déjà nous avons relevées au registre du Dépôt : révolte, — menaces contre la Commune, — relations avec Versailles, — agent bonapartiste ; là aussi les mots « sans motifs » reviennent fréquemment. Malgré ces incarcérations et ces mises en liberté illégales, la Conciergerie eût été assez tranquille pendant cette mauvaise période, si les commandants des bataillons fédérés faisant service au Palais et à la Préfecture ne s'étaient imaginé, en trinquant le soir dans leur poste, que les caves de la prison contenaient des dépôts d'armes réservées pour les sbires de la réaction.

On venait en nombre alors, armé de lanternes, muni de pinces pour faire sauter les portes en fer que l'on ne manquerait pas de trouver, et l'on se déclarait décidé à ne quitter la Conciergerie qu'après avoir découvert ce fameux arsenal souterrain. On se promenait dans les sous-sols de la maison et du Palais, la baïonnette au fusil, dans la crainte d'une surprise ; on allait ainsi jusqu'aux anciennes cuisines de saint Louis, on sondait les murs à coups de crosse et l'on finissait toujours par mettre en perce un tonneau de vin destiné à la cantine des détenus. Les surveillants, chaque fois qu'une de ces algarades avait pris fin, s'en croyaient quittes ; mais la bêtise est tenace et ça recommençait le lendemain, au grand préjudice de la réserve de vin, qui fut promptement épuisée.

Le 13 avril, la journée avait été calme; on n'avait eu à écrouer que cinq détenus, dont Antonin Dubost, qualifié d'ancien préfet (il fut remis en liberté le 18 par ordre de Raoul Rigault qui l'avait fait arrêter), et Joseph Oppenheim, capitaine aux *Défenseurs de la République*, incarcéré pour « discussion dans un dîner », lorsque vers minuit treize prêtres, escortés de fédérés et amenés dans des fiacres, firent leur entrée au grand guichet. Ils appartenaient à la congrégation des Sacrés-Cœurs, et arrivaient de leur maison de Picpus, d'où ils avaient été arrachés en exécution d'un mandat de Raoul Rigault, notifié, sans douceur, par un pseudo-commissaire de police nommé Clavier. Fatigués d'avoir subi une longue perquisition, d'avoir été insultés pendant leur voyage par quelques libres penseurs qui demandaient qu'on les étouffât sur place, ces hommes, presque tous fort âgés, — l'un d'eux avait soixante-dix-sept ans, — étaient calmes et paraissaient résignés à la mort dont on les avait menacés. On les écroua, et au lieu de les mettre au secret, comme le portait l'ordre d'arrestation, on les enferma par groupes dans les chambrées de la division en commun (quartier des cochers). Le lendemain, ils purent rester tout le jour ensemble dans le préau et discuter entre eux sur le mode de mort qu'ils préféraient. Le pain assez ferme de la prison et les légumes secs de l'*ordinaire* étaient durs pour des vieillards qui auraient eu à souffrir de ce mauvais régime, si Mme d'Aubignosc, directrice de la lingerie, n'avait eu pitié d'eux et ne leur avait procuré une nourriture plus substantielle et moins coriace. Cette excellente femme ne dissimula pas assez bien l'intérêt qu'elle témoignait à ces détenus qui étaient de véritables otages; elle réussit à quitter Paris et put éviter les suites d'un mandat d'amener lancé par Raoul Rigault.

Tout en se fortifiant, en se confessant, en priant entre eux, ces prêtres souffraient d'être privés du service religieux et demandèrent au directeur d'autoriser l'aumônier de la Conciergerie à célébrer pour eux les offices. Deville n'aurait peut-être pas demandé mieux que de satisfaire à leur désir, mais l'esprit d'intolérance qui animait une bonne partie des membres de la Commune y avait mis bon ordre. Le 25 mars, les directeurs de prison avaient reçu, à ce sujet, une dépêche de Raoul Rigault : Interdiction est faite au directeur de... de laisser dire, demain dimanche, la messe dans la prison. Cet ordre, expédié la veille du dimanche de la Passion[1], n'avait pas été révoqué et Deville avait dû s'y conformer ; car s'il était assez humain pour protéger ses détenus, il n'était pas assez inutilement énergique pour entrer en lutte contre le délégué à la sûreté générale. Les prêtres de Picpus furent donc privés de la consolation d'entendre la messe, et ils s'accommodaient, tant bien que mal, au séjour de la maison de justice que les employés s'étudiaient à leur rendre tolérable, lorsque le lundi soir, 18 avril, ils furent mis en voiture cellulaire et transférés à Mazas.

On aurait pu croire que Rigault, Ferré, Protot et les autres pourvoyeurs de geôle avaient momentanément oublié l'existence même de la Conciergerie, car du 13 avril au 19 mai elle ne reçut pas un seul détenu ; en revanche, elle eut à subir deux alertes dont il faut parler, car elles prouvent de quelle niaise crédu-

---

[1] Voici en quels termes cet ordre fut annoncé dans le *Père Duchêne* : « A partir d'aujourd'hui, il est interdit aux J. F. d'aumôniers, dans toutes les prisons de Paris, d'abrutir les pauvres B. de détenus par leurs sacrés *oremus*, et de boire des gouttes tous les dimanches matin, sous prétexte de dire la messe à des gens qui s'en f. pas mal. »

lité les gens de la Commune étaient atteints. Le 10 mai, Edmond Levraud, qui avait usurpé les fonctions de chef de la première division de la Préfecture de police, vint vers le soir à la Conciergerie. Accompagné d'un nombreux « état-major », il visita le cachot de Marie-Antoinette, fureta un peu partout, s'arrêta longtemps à regarder à travers les planches mal jointes d'une porte qui fermait un vieux bûcher, hocha la tête et prit une note sur son calepin.

Le lendemain on fut surpris de voir arriver deux officiers fédérés escortés d'un serrurier muni d'un mandat qui lui enjoignait d'avoir à ouvrir la porte d'un caveau désigné et d'en extraire les cercueils que le citoyen Edmond Levraud y avait aperçus la veille pendant son inspection. C'était là une bonne aubaine qui ne déplut ni aux greffiers, ni aux surveillants; ils se groupèrent autour du serrurier et attendirent le résultat de la découverte. On crocheta la porte; les officiers se précipitèrent dans le caveau funèbre, et, au lieu des cercueils annoncés, trouvèrent un amas de vieilles bûches jetées pêle-mêle et oubliées là par mégarde. La leçon ne profita guère et n'épargna pas à la maison de justice une perquisition encore plus extraordinaire.

Vers le 14 mai on avait installé au Palais de Justice un commissaire de police nommé Bochard, qui n'était autre qu'un apprenti peintre âgé de vingt et un ans. Il se hâta de démontrer la candeur de son âge en éventant une grosse conspiration. Son cabinet n'était séparé de la Conciergerie que par une sorte de châssis de forte toile sur laquelle on avait appliqué un papier de tenture. Dès que la nuit était venue, il entendait derrière cette fragile cloison des bruits singuliers. Il lui semblait que des gens fouissaient la terre avec précaution, qu'ils parlaient à voix basse et tout à coup s'arrêtaient comme s'ils eussent soupçonné quelque danger; puis la rumeur recommençait et parfois se prolongeait pendant une partie de la nuit. Il fit un rapport au Comité de salut public : la réaction versaillaise s'agite à la Conciergerie; elle y creuse un souterrain; dans quel but? Dans le but évident de renverser la Commune; heureusement le peuple veille, mais il n'est que temps d'aviser.

Le Comité de salut public avisa et délégua son magistrat le plus sérieux pour y voir clair dans ce complot. Le juge d'instruction qui fut chargé de cette mission s'appelait Armand-Paulin du Barral de Montaunard, ou, plus simplement, le citoyen Barral, et était précisément âgé de seize ans et demi. Dans la nuit du 17 au 18 mai, ce bambin, suffisamment accompagné de fédérés, envahit la Conciergerie, dirigea sa perquisition vers le lieu même où les conspirateurs devaient être à l'œuvre, et mit en fuite une bande de rats dont le bruit avait seul produit une si vive impression sur l'imagination du citoyen Bochard. Barral ne fut pas satisfait et estima que l'on avait compromis, en sa personne, la dignité de la magistrature.

Ces intermèdes comiques n'arrêtaient malheureusement pas l'élan de cruauté qui emportait la Commune. Le 18 mai, on reçut à la Conciergerie ordre de se tenir prêt à donner place aux otages qui devaient passer devant le jury d'accusation. Le 19, en effet, cinquante sergents de ville, gendarmes, gardes de Paris, parmi lesquels on reconnaissait le maréchal des logis Geanty, dont nous aurons à parler plus tard, arrivèrent de la Grande-Roquette, où ils étaient détenus, et furent écroués à la maison de justice; le soir et le lendemain ils furent reconduits au dépôt des condamnés. Le lendemain, trente-quatre autres gendarmes furent amenés. Le greffier, M. Durlin, au lieu de les faire incarcérer dans les cellules où, isolés, sans communication possible, ils pouvaient être saisis un à un et enlevés sans même pouvoir faire entendre une protestation, les dirigea sur le quartier des cochers, quartier situé à l'extrémité de la prison, au bout d'une vaste galerie nommée *la rue de Paris*, et presque perdu au milieu des vieilles constructions embrouillées du Palais de Justice. Là du moins ils étaient ensemble. Ces vieux soldats sauraient bien, le cas échéant, ce qu'ils auraient à faire.

C'étaient, peut-on croire, des prisonniers de choix, car le 22 mai Raoul Rigault vint lui-même, vers quatre heures de l'après-midi, s'assurer qu'ils étaient à la Conciergerie. Les troupes françaises étaient dans Paris depuis la veille; le procureur général de la Commune voulait être certain que cette proie — trente-quatre gendarmes ! — ne lui échapperait pas. Il fit sans mot dire la constatation et s'éloigna en disant : « A demain ! » Dans la journée du 23, en effet, à midi, un officier fédéré, suivi d'un peloton qui s'arrêta sur le quai, pénétra dans le greffe; envoyé par Raoul Rigault, il était porteur de l'ordre d'extraire les gendarmes détenus à la maison de justice; par bonheur, c'était un ordre collectif, sans indication de nombre ni de noms. On a souvent plaisanté des formules minutieuses de l'administration française ; faute de les connaître et de les avoir employées, afin de mieux agir « révolutionnairement », les hommes de la Commune ont permis de protéger plus d'une victime désignée.

M. Durlin fit preuve de sang-froid; la fusillade qu'il entendait résonner depuis vingt-quatre heures lui faisait espérer qu'il aurait le temps de sauver ces malheureux. Il ne se trompait pas, et son vaillant cœur l'avait bien inspiré. Il prit l'ordre des mains du mandataire de Raoul Rigault et lui dit négligemment : « Nous n'avons plus de gendarmes ici. » Le fédéré galonné parut surpris. « Il y a erreur, ajouta M. Durlin ; les gendarmes ont été transférés. — Où et quand ? demanda l'officier. — Voyez dans les bureaux de la Préfecture, » répliqua M. Durlin. Le fédéré s'éloigna, revint au bout d'une demi-heure : « Nous ne trouvons rien ; les gendarmes doivent être ici. — Non, reprit le greffier ; du reste, je dois avoir l'ordre, je vais le chercher ; pendant ce temps, visitez la prison ; si vous trouvez un seul des hommes que vous demandez, je ferai les formalités de l'extraction et je vous le livrerai. » Puis, s'adressant au surveillant Génin, qui avait compris de quoi il s'agissait, il dit : « Ouvrez les cellules, afin que le citoyen délégué puisse se convaincre qu'elles ne renferment aucun soldat. »

Le délégué fit consciencieusement son devoir ; il inspecta tous les cabanons les uns après les autres, y vit fort peu de prisonniers en dehors des détenus criminels : un garçon d'hôtel, deux gardiens du passage Vivienne ; mais il n'y aperçut pas un gendarme. On se garda bien de le conduire au « quartier des cochers », dont il ignorait l'existence. Le délégué était stupéfait, mais il était bien forcé de s'en rapporter à la constatation qu'il venait de faire lui-même. « Mais les gendarmes, où sont-ils donc ? demanda-t-il en rentrant au greffe. — Il y a trois ou quatre jours, je ne me rappelle plus au juste, dit le surveillant Rambaud, qu'on les a reconduits à la Roquette. — Voici l'ordre de transfèrement, dit M. Durlin, qui passa au délégué le mandat que l'on avait mis à exécution le 19 et le 20, en transportant les premiers gendarmes amenés à la Conciergerie. Le délégué le lut : « C'est vrai, on s'est trompé. » Il se retira en saluant : « Fâché de vous avoir dérangé ! » Le directeur Deville assistait à cette scène, il savait à quoi s'en tenir et ne souffla mot ; une parole de lui eût livré les gendarmes et fait fusiller M. Durlin et les deux surveillants Génin et Rambaud, qui, au péril de leur vie, s'étaient associés à cette bonne action. Les otages étaient sauvés; Raoul Rigault ni son délégué ne reparurent; le lendemain, Ferré fut trop occupé, trop berné au Dépôt pour se rendre à la maison de justice; et puis, ils comptaient tous sur l'incendie.

Ce fut par miracle que le Dépôt échappa aux flammes, c'est par miracle que la Conciergerie y a échappé; car elle est accotée au Palais de Justice, son grand guichet est placé sous la salle des Pas-Perdus, et elle est surmontée par la Cour de cassation qui brûlèrent. Elle fut au centre même du foyer et, non sans peine, il est vrai, fut sauvée. Pendant qu'on allumait la Préfecture de police, on versait du pétrole dans les chambres du Palais, on en badigeonnait les murs et l'on y préparait un incendie plus terrible encore que ceux de 1618 et 1776. Une équipe choisie avec discernement obéissait à un homme désigné par Ferré et qui méritait toute sa confiance.

Nous savons quel était cet homme, mais nous ignorons ce qu'il est devenu; nous croyons qu'il n'a pas été inquiété pour les faits que nous avons à raconter, et, dès lors, nous ne nous sentons pas libre de prononcer son véritable nom. Nous l'appellerons Riiat. Il avait été chef d'escadron pendant la Commune et excellait beaucoup plus aux perquisitions qu'à la bataille; il aimait les costumes voyants, avait réquisitionné son cheval, le harnachement de celui-ci, son képi à quatre galons d'or, ses bottes molles et son caban brodé; il portait avec ostentation un sabre mexicain qu'il avait volé chez un maréchal de France dont, disait-il dans son langage qui rappelait la chiourme, « il avait barbotté la cambrouse, » c'est-à-dire dévalisé l'apartement. Il était dévoué à Ferré dont il reçut les instructions dans la matinée du 24 mai. Il se mit à la besogne et dit aux hommes qu'il commandait : « Nous allons griller la boîte aux curieux. » La boîte aux curieux, c'est le Palais de Justice. Il expédia ses incendiaires dans les diverses parties du Palais, à la grand'salle, dans les chambres revêtues de boiseries peintes, vers les greffes bourrés de paperasses, vers la bibliothèque des avocats, aux baraques des costumiers, et ils eurent ordre de ne point ménager les huiles minérales ; en guise de bouquet, il réservait la Sainte-Chapelle.

Riiat ne voulut laisser à nul autre l'honneur de mettre lui-même le feu aux mèches soufrées qui avaient été préparées. Il ne s'aperçut pas que celle qu'il allumait trempait dans le pétrole ; la flamme courut avec rapidité et atteignit un tuyau de gaz qui éclata. Riiat fut renversé évanoui par l'explosion. Ses hommes l'emportèrent ; il revint à lui dans la cour du Mai, les cheveux roussis, les yeux brûlés, le visage écorché, et tellement abasourdi que, pour mieux reprendre ses sens, il se fit conduire chez un marchand de vin de la place du Châtelet. Il y passa la journée ; lorsqu'il se souvint de la Sainte-Chapelle, il n'était plus temps de l'atteindre, elle était entourée par les flammes. Trois jours après, Riiat était remis de sa commotion et recevait de Ferré une nouvelle mission de confiance, celle d'incendier l'église Saint-Ambroise ; il en fut empêché par l'arrivée de nos troupes.

A la Conciergerie, tout le personnel de la surveillance était sur pied ; un vieux mur en pierres de taille la séparait du Palais de Justice ; il tint bon, se lézarda, mais ne s'écroula pas ; le danger vint d'autre part. La division cellulaire est munie de préaux réservés à la promenade des détenus ; chacun de ces préaux est une sorte d'allée resserrée entre deux murs et surmontée d'un toit en madriers couverts d'un revêtement de zinc. Une poutre enflammée tomba sur un de ces toits qui prit feu ; à coups de croc on le démolit, et on l'éteignit ; successivement les toitures flambèrent et furent détruites, sans péril, de la même façon.

Le Palais et la maison de justice sont chauffés par un calorifère à eau chaude dont le réservoir fut effondré par l'incendie. Comme au Dépôt, ce fut une inondation. Un rapport d'un des employés de la prison dit : « Nous étions submergés, » on aurait pu ajouter : et affamés, car on n'avait pas de vivres et nul moyen de s'en procurer. La provision de pain expédiée chaque jour par la boulangerie centrale des prisons installée à Saint-Lazare n'était point arrivée, car tout chemin était coupé de barricades ; il n'y avait pas à penser à aller chercher quelque nourriture dehors ; on était pris dans un demi-cercle de flammes ; la seule route qui ne fût pas à l'incendie était le quai de l'Horloge, que la fusillade et les paquets de mitraille rendaient infranchissable.

On avait donné la liberté de la prison aux individus arrêtés par ordres illégaux, et l'on gardait en cellule les vingt-sept détenus appartenant à la justice que la Commune avait oublié de rendre à la civilisation. Les gardiens surveillaient le Palais et se tenaient prêts à se porter au secours de toute partie de la Conciergerie qui serait attaquée par le feu. A deux heures du matin, le 25 mai, ils entendirent frapper précipitamment à la porte d'entrée ; on courut, et après avoir regardé par le judas réglementaire, on ouvrit : c'était un peloton du 69e de ligne. Au premier mot du capitaine : « Et vos otages ? » on put répondre : « Ils sont sauvés ! » Les trente-quatre gendarmes que M. Durlin avait arrachés à la mort furent dirigés sur la place du Châtelet, occupée par nos troupes, et ils furent mis sans retard aux pompes qui combattaient l'incendie du Théâtre-Lyrique.

La maison de justice ne voulut point faillir à son titre; elle sut garder les prévenus et les condamnés qui lui avaient été confiés. Vers quatre heures du matin, M. Durlin fit l'appel des vingt-sept prisonniers dont il était responsable; aidé par les surveillants et par Deville lui-même, il les conduisit d'abord au poste de l'Horloge, dans l'avenue du Palais; on n'y put rester, car les obus battaient la chaussée. On se rendit alors dans les constructions de la future chambre syndicale, rue de Constantine; les projectiles en chassèrent encore les fugitifs, qui ne trouvèrent un refuge que dans la sellerie de la caserne de la Cité. Un des détenus s'évada, traversa le Petit-Pont et fut rattrapé, sous une grêle de balles, au coin de la rue Saint-Jacques par les surveillants Génin et Rambaud. Sauver les criminels dans des circonstances semblables, à travers l'incendie et la bataille, les maintenir dans des gîtes mal fermés et les rendre à la justice comme un dépôt sacré, est un trait d'héroïsme qui est l'honneur même du devoir professionnel. Le directeur Deville s'était sans réserve associé à ces efforts; il voulait remettre lui-même ses détenus au procureur général; on lui fit comprendre que l'intérêt de sa propre sécurité devait l'engager à disparaître. Il prit la fuite, se réfugia à l'étranger, et n'eut point à comparaître devant les tribunaux, qui se seraient certainement montrés indulgents à son égard, car il exerça d'une façon irréprochable les fonctions qu'il avait eu le tort d'usurper.

CHAPITRE IV

SAINT-LAZARE

Le directeur nommé par la Commune. — Les sœurs de Marie-Joseph. — La Brunière de Médicis. — Méphisto. — Terrifie Saint-Lazare. — Joue double jeu. — Ses promenades hors de Paris. — La Brunière instructeur militaire. — Arrestations arbitraires. — Le souterrain. — La recherche des souterrains est la maladie de la Commune. — Les fouilles à Saint-Lazare. — Les sœurs de Marie-Joseph se décident à partir. — Sœur Marie-Éléonore. — La fuite. — Le cordonnier Mouton. — Indiscipline et débauche. — Correspondance administrative. — L'église Saint-Laurent. — L'arrêt du 21 mai 1765. — Les cadavres. — Mise en scène et mensonges. — Les Dames-Blanches de Picpus. — Intervention de M. Washburne. — Alerte à la direction. — Un des derniers ordres de Raoul Rigault. — Mouton fait établir une ambulance. — Les condamnations.

Le directeur de la maison d'arrêt et de correction pour les femmes s'était rendu à Versailles en même temps que les chefs de son administration centrale; il fut remplacé par Philippe Hesse, ancien marchand colporteur, qui pendant le siège avait été lieutenant dans la garde nationale. C'était un homme de trente-quatre ans, autoritaire et ponctuel, sachant se faire obéir et menant son service avec régularité. Il était redouté, et dans la maison on répétait à voix basse qu'il avait été forçat; c'est une erreur : il avait fait un congé au 20ᵉ bataillon de chasseurs à pied et n'avait aucun fait coupable dans son passé. Son esprit rompu à la discipline militaire lui avait fait comprendre l'utilité de la hiérarchie; il sut être maître avec fermeté et sans exagération.

La direction de Saint-Lazare appartient moins au directeur administratif qu'à la supérieure — à la mère — des sœurs de Marie-Joseph, qui ont la haute main sur toutes les détenues, quelles qu'elles soient. Leur autorité est telle, que le directeur et le brigadier ont seuls le droit de pénétrer dans l'intérieur de la prison, dont le service est fait par une quarantaine de religieuses. Celles-ci furent à la fois très simples et très hardies; elles gardèrent leur robe noire, leur béguin blanc, leur voile bleu, le long chapelet qui pend à leur ceinture et continuèrent à surveiller les malheureuses dont elles ont accepté de prendre soin. La mère, sœur Marie-Éléonore, était une femme encore assez jeune, avenante, conduisant son troupeau avec une sorte de ferme enjouement, fort peu rassurée de ce qui se passait autour d'elle, mais cachant ses émotions, réconfortant les faibles, se confiant à la Providence, fort aimée de toutes les détenues et mettant dans ses actions assez de diplomatie pour avoir réussi à sauver la communauté de Saint-Lazare, dont elle était, dont elle est encore la supérieure (1877).

En présence d'un directeur énergique sans excès et d'un personnel de gardiens demeurés fidèles à la prison, le sort des religieuses n'aurait peut-être pas été trop pénible, si deux vilains drôles ne s'étaient installés à Saint-Lazare par ordre de Raoul Rigault et n'y avaient fait toute sorte de sottises. L'un s'appelait la Brunière de Médicis, l'autre avait pris le surnom de Méphisto, que nous lui laisserons. Le premier était *pompier*, c'est-à-dire ouvrier tailleur à façon; il avait servi pendant quatorze ans au 1er zouaves, où il s'était distingué;

une blessure lui avait enlevé l'annulaire de la main droite et il avait pris sa retraite en janvier 1865 avec une pension annuelle de 480 francs. Ce fut la période d'investissement qui le perdit, ainsi que tant d'autres; au lieu de rentrer simplement dans l'armée régulière, comme un bon soldat qu'il avait été, il voulut commander à son tour, avoir quelques galons sur la manche; il forma le corps franc des *Amis de la France*, s'en fit nommer lieutenant, se grisa du matin au soir, et, ayant pris goût à cette paresse fastueuse doublée d'ivrognerie, fut nommé capitaine d'état-major après le 18 mars et attaché au cabinet de Raoul Rigault en qualité de brigadier des inspecteurs politiques. Cette fonction ne lui suffisant pas, il obtint la direction du service des mœurs, sur lequel il se faisait sans doute les illusions qui ont cours parmi les mauvais sujets de Paris. C'est à ce titre qu'il s'introduisit à Saint-Lazare, ou, pour mieux dire, qu'il s'en empara. Il y vécut pendant la durée du gouvernement insurrectionnel et logeait dans les bâtiments où sont établis les magasins généraux. Sa qualité de chef du service des mœurs était fort respectée par Philippe Hesse, qui lui laissait beaucoup trop d'initiative.

La Brunière de Médicis partageait son logement, ses repas et le reste avec Méphisto, qui, étant artiste en cheveux, c'est-à-dire fabricant de perruques, avait été nommé d'emblée au poste d'inspecteur général adjoint des prisons. Ce Méphisto était le type du bellâtre. Commun, ayant un aplomb que rien ne démontait, se prétendant le petit-fils d'un des plus laids personnages de la Révolution française, il montrait avec complaisance une grosse bague en or qui, disait-il, lui venait de son aïeul. Ancien cornet à pistons dans la musique d'un régiment de cavalerie, il avait, pendant le siège, été chef de fanfare d'un bataillon de la garde nationale; il chantait assez agréablement et avait jadis figuré comme choriste sur un de nos théâtres lyriques; ses connaissances musicales ne lui furent point inutiles après la Commune, et il put se cacher en qualité d'organiste, dans une chapelle que nous ne nommerons pas, pour n'humilier aucun hôpital.

Il aimait les couleurs voyantes et devait son surnom au costume écarlate dont il était affublé : bonnet rouge, cravate rouge, vareuse rouge, pantalon rouge, ceinture rouge, d'où sortaient deux crosses de revolver; son sabre traînait derrière lui avec un bruit de ferraille peu rassurant; il affectait de n'employer que le langage du *Père Duchêne*, et terrifiait les cœurs les plus solides. C'était, il est vrai, un ami de Ferré et son convive à la Préfecture de police; il menaçait de faire fusiller toutes les sœurs, toutes les détenues, tous les surveillants, tous les réactionnaires, tous les bourgeois, tous les Versaillais; il criait si fort que l'on n'entendait que lui. Mais ce Méphisto, dont on parle encore avec épouvante à la prison de Saint-Lazare, était un assez bon diable; sa fureur n'était qu'une grimace : il jouait double jeu.

Pendant la période d'investissement, il avait plusieurs fois traversé les lignes allemandes pour porter des lettres en province; il excellait à franchir les avant-postes, et n'hésita pas à servir d'intermédiaire entre Versailles et un membre de la Commune, qui s'offrait, lui cinquième, aux tentatives corruptrices de la réaction. Pour ces expéditions, que Raoul Rigault, Ferré et vingt autres dictateurs du moment eussent réprimandées devant un peleton d'exécution, Méphisto se déguisait à sa fantaisie, partait dans une voiture que l'on mettait à ses ordres, y trouvait sous les coussins une boîte à *rigolos* qui contenait la correspondance secrète et allait remettre celle-ci, hors des fortifications, à un émissaire, dans un cabaret connu pour ses bonnes matelotes. La négociation ne put aboutir, car la demande et les offres n'étaient point en proportion ; elle eut cependant pour résultat de permettre à celui qui en avait pris l'initiative de quitter Paris sans encombre après la chute de la Commune. Quant à Méphisto, il ne fut même pas inquiété.

Malgré leur solde, la Brunière de Médicis et Méphisto se trouvaient quelquefois réduits à la portion congrue. La Brunière, qui était homme de ressources, avait trouvé moyen de se procurer de quoi festoyer un peu. Sous prétexte de former des défenseurs de la patrie, il enseignait le maniement des armes à de jeunes citoyens encore trop embryonnaires pour être régulièrement incorporés ; il les réunissait dans la salle du théâtre Déjazet et leur commandait l'exercice. Après chaque séance, le capitaine instructeur faisait lui-même une collecte qu'il recevait dans son képi, pour les pauvres blessés qui manquaient de tout aux ambulances. Le produit de ces quêtes, incessamment renouvelées, ne fut jamais versé que dans son gosier. Comme les vieux singes, il avait plus d'un tour dans sa besace ; lorsque la quête en faveur des blessés ne lui paraissait pas suffisante, il n'était pas embarrassé pour gagner honnêtement quelque monnaie. Le 19 avril, il arrête à Saint-Lazare le surveillant Gelly et le conduit à Raoul Rigault. Gelly est écroué au Dépôt et, le 17, transporté à Mazas. La Brunière fait valoir cette capture ; Rigault comprend et lui donne une gratification de vingt-cinq francs ; la Brunière trouve la somme maigrelette et se plaint ; Rigault fait appel à son patriotisme : les temps sont durs, l'argent est rare, plus tard on fera mieux. La Brunière revient à Saint-Lazare de méchante humeur, se rend au domicile de Gelly, perquisitionne avec conscience, découvre quarante-cinq francs, les met dans sa poche ; puis, signant, séance tenante, un mandat d'arrestation, il saisit Mme Gelly, sa fille âgée de neuf ans, et les incarcère lui-même dans la prison, où elles restent détenues jusqu'au 25 mai.

Méphisto et la Brunière de Médicis poursuivaient une idée fixe en venant s'installer à Saint-Lazare. Ils savaient que la maison de retraite des sœurs de la congrégation de Marie-Joseph est située à Argenteuil, et tous deux s'étaient mis en tête de découvrir le souterrain qui va de la vieille maison de Saint-Vincent-de-Paul à Argenteuil [1]. Deux bras de la Seine et huit kilomètres à vol d'oiseau ne leur inspiraient aucun doute sur la réalité de cette billevesée. Il est probable cependant que Méphisto s'associait à la Brunière, dans cette recherche extravagante, pour mieux capter sa confiance et continuer ses excursions sans éveiller de soupçons. Du reste, il est possible que tous deux aient été atteints par l'épidémie qui régna pendant la Commune, et que l'on pourrait appeler la monomanie du souterrain.

On chercha le souterrain qui du séminaire de Saint-Sulpice aboutissait au château de Versailles; le 24 mai, lorsque le garçon boucher colonel des gardes de Bergeret, Victor-Antoine Bénot, fut sur le point de mettre le feu aux Tuileries, il s'enquit de savoir où s'ouvrait le souterrain qui reliait le palais à Saint-Germain-l'Auxerrois. Courbet, que sa fréquentation avec quelques gens d'esprit aurait dû empêcher de croire à de tels enfantillages, exigea qu'on lui livrât la clef du souterrain qui faisait communiquer les Tuileries à

---

[1] On avait aussi cherché des armes à Saint-Lazare; cela ressort de la lettre suivante : « Citoyen Duval, comme depuis huit jours je ne travaille qu'à des recherches de mitrailleuses, etc., et que je suis depuis ce matin à la prison Saint-Lazare et que je n'ai plus un sou, je vous prie de me faire donner quelque chose. Salut et fraternité. — Signature illisible, ex-commandant du 177e bataillon. Je prie Replan (caissier à la Préfecture de police) de donner 20 francs au porteur. — Général E. Duval. »

l'Hôtel de Ville. Le fonctionnaire auquel il s'adressait crut à une plaisanterie, à « une charge d'atelier », et se mit à rire. Courbet se fâcha, et, obéissant à la mode du jour, parla de faire fusiller l'administrateur récalcitrant; celui-ci ne fit plus aucune objection, s'éloigna sous prétexte d'aller chercher la clef réclamée et ne revint pas. Pour une bonne partie du peuple de Paris, les collecteurs, les égouts que nous avons vu faire, ne sont autre chose que des chemins mystérieux dont la tyrannie sait user aux moments opportuns. Une telle aberration s'explique : le souterrain est, si l'on peut dire, le principal personnage des romans populaires publiés par les petits journaux, et l'on cherche dans la vie réelle ce qui n'appartient qu'à de médiocres fictions.

La Brunière de Médicis et Méphisto s'étaient donc juré de mettre au jour la longue cave qui, réunissant Saint-Lazare à Argenteuil, permettait à la supérieure de faire passer des armes aux réactionnaires de Versailles. Ils avaient commencé les fouilles sous la salle de bains de la deuxième section. On avait beau piocher, la terre sonnait « sourd » et n'indiquait aucune cavité voisine. « Ces nonnes se moquent de nous! » disait la Brunière, et on faisait appeler sœur Marie-Éléonore, qui eût volontiers ri au nez de son interlocuteur, si le costume rouge et les pistolets de Méphisto, si les jurons et les menaces de la Brunière, ne l'eussent un peu émue. La pauvre sœur affirmait que le souterrain cherché n'existait pas, que jamais elle n'en avait entendu parler, et qu'au lieu de lui demander de pareilles sornettes, on ferait bien mieux de la laisser dormir. La Brunière était entêté et n'en voulait démordre. « S'il n'y a pas de souterrain allant jusqu'à Argenteuil, vous en connaissez certainement un qui conduit à Saint-Laurent; il faut nous en montrer l'entrée. » La discussion recommençait, et l'on entreprenait sur un autre point des fouilles toujours vaines. Ces scènes, aggravées de brutalité et d'injures, se renouvelaient incessamment ; deux nuits sur trois, la communauté était réveillée par de semblables alertes.

Cette enquête violente dirigée vers un objet d'imagination devenait, par sa persistance même, une cause d'énervement. Voir fouir le sol, ébranler les murs, sonder les caves, dans l'espoir, dans la certitude de trouver l'introuvable souterrain, c'était de quoi irriter les âmes les plus patientes. La supérieure tint bon cependant, et n'eut point mauvaise contenance devant ces pionniers souvent ivres ; mais ayant eu à écrire le récit de ce que la communauté avait supporté pendant la Commune, et parlant des tranchées ouvertes à coups de pioche dans les sous-sols de la prison, elle ne peut s'empêcher de dire : « C'est vraiment bien extraordinaire ! » Cela dura depuis le 22 mars jusqu'au milieu du mois d'avril ; on comprit enfin, à la Préfecture de police, que ces niaiseries prêtaient à rire ; un ordre vint mettre fin aux travaux de la Brunière de Médicis : « Le directeur de la prison d'arrêt de Saint-Lazare est autorisé à s'opposer à toute perquisition opérée dans ladite prison, à moins d'exhibition de pièces émanant d'un comité reconnu par la Commune. Signé : Le chef de la police municipale, A. Dupont. — Approuvé : Le chef de la première division, Edmond Levraud. — 15 avril 1871. »

On délivrait enfin les sœurs de Marie-Joseph des mesures inquisitoriales qu'il leur avait fallu subir ; mais à cette date elles allaient bientôt se délivrer elles-mêmes, car la situation n'était plus tenable au milieu des postes de fédérés qui vivaient dans la maison et s'y regardaient comme chez eux. Les sœurs ne se dissimulaient pas que leur départ serait pour les détenues de toute catégorie le signal d'une demi-liberté qui deviendrait tout à fait de la licence ; mais elles devaient veiller à leur propre salut, et elles comprenaient qu'elles n'étaient pas de force à lutter contre les volontés perverses dont elles étaient entourées. Elles s'étaient juré de ne point quitter le costume religieux, qui pour elles est l'uniforme du devoir et le vêtement de la foi. Il fallut donc négocier, obtenir l'autorisation de quitter Saint-Lazare, de quitter Paris, au grand jour, tête haute, comme un bon corps d'armée qui bat en retraite lorsque tout effort est devenu inutile. Ce fut sœur Marie-Éléonore qui se chargea de cette action diplomatique et sut la faire réussir. En invoquant avec habileté les droits de la liberté de conscience et la nécessité de soustraire les religieuses à quelques dangers que l'on pouvait prévoir, elle obtint d'Edmond Levraud l'autorisation de se retirer à Argenteuil avec la communauté, après toutefois avoir organisé un service laïque dans les différentes sections de la prison. Le laissez-passer fut signé. On le communiqua au surveillant de garde à la porte d'entrée, qui le trouva régulier et promit d'en tenir compte.

Le 17 avril, les meubles appartenant aux sœurs, les vases sacrés de la chapelle où pria saint Vincent de Paul, étaient chargés sur une voiture de déménagement, lorsque la maison fut envahie par un peloton de fédérés envoyé par la Commune. Le chef du peloton avait ordre de ne point perdre de vue sœur Marie-Éléonore et de s'opposer à sa retraite ; on croyait, en empêchant le départ de la supérieure, arrêter celui de toute la communauté. Une cinquantaine de détenues, prévenues et jugées, persuadées que l'on venait pour fusiller « la mère », se réunirent autour d'elle et ne la quittèrent plus ; elles s'interposaient autant que possible entre elle et les fédérés qui la suivaient pas à pas.

La supérieure fut habile : sous prétexte que le service de la maison ne pouvait chômer, et qu'elle avait des instructions à transmettre à ses sœurs, elle donna à celles-ci le mot d'ordre ; par petits groupes de trois ou de quatre, elles s'éloignaient, vaquaient aux soins de la prison, passaient d'une section dans une autre, descendaient dans la cour, filaient lestement par la porte que le surveillant leur ouvrait, et s'en allaient à la gare du Nord, où leur voiture de déménagement les avait précédées.

Vers trois heures de l'après-midi, toutes les sœurs étaient au rendez-vous que la supérieure leur avait assigné ; pour elle, il s'agissait de rejoindre son petit troupeau, fort effarouché et tassé dans le coin d'une salle d'attente ; elle manœuvra si adroitement qu'elle y parvint sans trop de peine. Plaisantant avec les fédérés, toujours environnée des détenues qui la protégeaient, elle allait, venait, disparaissait, reparaissait, semblait fort affairée et disait en souriant : « Ah ! que vous êtes fatigants d'être toujours sur mon dos ; tout cela n'avance pas le service. » Elle se rappela subitement qu'elle avait à surveiller une distribution de vivres et s'éloigna. Au bout de dix minutes, elle n'était point revenue ; les fédérés s'étonnèrent. « Où est-elle ? — Ah ! brigands, leur cria une détenue, elle est partie. » Ils voulurent s'élancer pour la retrouver ; ce ne fut pas facile : toute porte était close. Alors commença une étrange promenade dans cette prison, entrecoupée à chaque étage de corridors fermés aux extrémités par une grille dont les sœurs de service et le brigadier ont seuls les clefs. Or les sœurs étaient loin. On sonna ; le brigadier vint, parlementa avec les fédérés, car le règlement interdit à tout homme de s'introduire dans le quartier des femmes ; cette course dans les galeries, dans les escaliers, dans les préaux, dura plus d'une demi-heure.

Lorsqu'ils comprirent enfin qu'ils étaient joués, ils se jetèrent au pas de course dans la rue et entrèrent dans la gare du Nord comme un ouragan; le train qui emportait la communauté était parti depuis dix minutes. Le 19 avril, la supérieure reçut à Argenteuil une lettre fort polie du directeur Philippe Hesse, qui la priait de revenir à Saint-Lazare avec ses sœurs; elle s'en donna garde. Le même jour, la Brunière de Médicis demandait à Raoul Rigault quelques inspecteurs intelligents et se faisait fort d'aller, en leur compagnie, enlever toute la communauté à Argenteuil. Le délégué à la sûreté générale paraît n'avoir pas estimé que ce projet fût praticable.

Les sœurs furent remplacées par des surveillantes laïques qui, d'après un gardien, furent choisies parmi les « maîtresses de ces messieurs ». On redoutait sans doute quelques désordres intérieurs, car deux membres influents de la Commune, Delescluze et Vermorel, vinrent eux-mêmes recommander au directeur de maintenir une discipline sévère dans la maison. Cette discipline, Philippe Hesse savait l'imposer aux surveillants; quant à ce qui se passait dans les sections des détenues, il ne s'en occupait guère. A la fin d'avril il dut reprendre l'uniforme d'officier de fédérés et céder la place à Pierre-Charles Mouton, ouvrier cordonnier, qui sortait de la direction de Mazas, où nous le retrouverons. Mouton n'avait pas grande foi dans la durée de la Commune; il disait : « Les Versaillais gagneront sur nous; il faut profiter du bon temps; » et il en profitait. C'était un ivrogne. Le soir, il aimait à faire porter des bouteilles de vin blanc et de la charcuterie dans la section de la correction paternelle; il y recevait ses amis et avait établi là un petit paradis de Mahomet qu'il vaut mieux ne pas décrire trop minutieusement. Les surveillantes laïques n'avaient point un cœur de roc et ne fermaient pas trop durement la porte au nez des fédérés qui venaient voir « leur bonne amie ». On peut croire que Saint-Lazare eut quelques distractions pendant la Commune.

Les mises en liberté étaient fréquentes; Raoul Rigault s'en occupait lui-même, ainsi que le prouve la lettre suivante, adressée au directeur : « Par ordre du citoyen procureur de la Commune, vous enverrez chaque matin au secrétariat général de son parquet, au Palais de justice, l'état des entrées et des sorties de la maison que vous dirigez. Salut et égalité. — Le secrétaire général, G. Fourrier. — 4 mai 1871. » Une autre lettre, sans date, mérite d'être citée à cause du bon sentiment qui l'inspire et de la naïveté du style : « Je prie le citoyen directeur de la prison de Saint-Lazare de laisser communiquer la citoyenne X... pour une question d'humanité. Elle veut porter à allaiter l'enfant à sa mère. Surveillez-la afin de me mettre à couvert; mais je pense que la République ne doit point priver l'enfant du sein de sa mère. — Le chef de la sûreté, Cattelain. » On tenait, paraît-il, à ce que la prison fût souvent inspectée; mais un des inspecteurs généraux, George Michel, ne savait trop comment assurer ce service, car il n'était pas en rapports bien constants avec son personnel en sous-ordre. Le 18 avril, il écrit au directeur de Saint-Lazare : « Avez-vous reçu la visite de l'inspecteur ? Je vous prie de me donner son nom et son adresse, si vous les connaissez... » En revanche le citoyen Michel ne dédaignait pas de conduire lui-même des détenues à Saint-Lazare; cela du moins semble ressortir de la lettre suivante qu'il adressa à Mouton. « Paris, le 11 mai 1871. Citoyen directeur, je vous prie de faire transférer immédiatement à la préfecture de Police, les 12 créatures que je vous ai amenées hier soir, provenant du poste Bonne Nouvelle. Vous voudrez bien remplir les noms de ces femmes sur le mandat d'amener que je vous envoie. Salut et fraternité. — L'Inspecteur des Prisons, G. Michel [1]. »

Le 10 mai, on écroua à Saint-Lazare une fille Clémence B..., qui connaissait bien la maison, et pour cause. Le 8, passant près de l'église Saint-Laurent, elle s'était arrêtée à regarder les ossements étalés devant le portail, sur lequel on avait écrit : *Écurie à louer*. Un fédéré veillait sur ces restes d'un autre siècle et criait : « Voilà les victimes de la lubricité des prêtres ! » Clémence éclata de rire et dit : « Faut-il être bête pour croire à des bêtises pareilles ! » Mal lui en prit. Elle fut arrêtée, et conduite chez un commissaire de police qui lui dit : « Si vous étiez tant seulement un homme, je vous ferais fusiller ; » puis elle fut expédiée à la Permanence, écrouée au Dépôt et transportée à Saint-Lazare : réactionnaire, insultes à la garde nationale. En effet, c'est à ce moment que l'on fouillait les ossuaires des églises qui avaient servi de lieux de sépulture, nul ne l'ignore, jusqu'au jour où le Parlement, s'inquiétant de la salubrité publique, rendit l'arrêt prohibitif du 21 mai 1765. Le plus jeune des squelettes trouvés à Saint-Laurent, à Notre-Dame des Victoires et ailleurs, avait donc au moins cent ans ; il fallait être aveugle pour ne point le reconnaître.

On y mit tout ce que l'on avait de mauvaise foi ; ces débris humains devinrent les restes de jeunes filles entraînées par les prêtres dans les églises, étranglées ou condamnées à mourir de faim dans l'*in pace*, après avoir assouvi des passions dévergondées. On vendit à grands

---

[1] Ce G. Michel qui fut un des plus galonnés parmi les galonnés de la Commune, n'était point un méchant homme, tant s'en faut. Il eut de la bienveillance pour Mgr Darboy et lui facilita une entrevue avec M. l'abbé H. L'entrevue, fort courte du reste et surveillée, eut lieu à Mazas, dans le cabinet du directeur Garreau, qui ne se décida avec peine à obéir aux injonctions de son inspecteur général.

cris dans les rues un *canard* à gravure représentant les cadavres enfermés dans la crypte : « La voyez-vous, cette scène horrible : ces jeunes femmes, ces jeunes filles, attirées par des promesses ou l'espoir du plaisir, qui se réveillent ici liées, scellées, murées vives !... Le prêtre a travaillé seul ! à son aise ! dans les ténèbres ! Ici le catholicisme est à l'œuvre ! contemplez-le !... » Le *Journal officiel* n'hésita pas à répandre l'ingénieuse découverte d'où résultait la certitude que le clergé français, que le clergé catholique, n'était qu'un ramassis de meurtriers et de sadistes. Un certain Leroudier, qui signe « pour la municipalité », publie deux rapports *sur la recherche des crimes commis à l'église Saint-Laurent*, qui mériteraient d'être cités tout entiers ; nous nous contenterons d'en reproduire la conclusion. « Et toi, peuple de Paris, peuple intelligent, brave et sympathique, viens en foule contempler ce que deviennent tes femmes et tes filles aux mains de ces infâmes.... Ah ! si ta colère n'éclate pas, si tes yeux ne flamboient, si tes mains ne se crispent, fais alors comme Charles-Quint, couche-toi vivant dans ton cercueil. Mais non, tu comprendras, tu te lèveras comme Lazare ! tu couronneras la femme des rayons de l'intelligence, sans quoi point de salut pour le monde ! Surtout tu feras bonne garde devant ce charnier, durant un siècle s'il le faut ! Ce sera ton phare lumineux pour guider l'humanité jusqu'à l'heure suprême de l'association de toutes les sublimes harmonies[1] ! On ne peut

---

[1] Ce Leroudier fut le metteur en œuvre de l'exposition théâtrale des squelettes de Saint-Laurent. Dans une lettre adressée par lui, le 21 avril 1871, à Raoul Rigault, il dit : « Une notice habile devrait être écrite pour faire sensation dans le public, et des dessins explicatifs ajoutés dans la même intention. Cette aventure de l'église Saint-Laurent, bien comprise, peut valoir plusieurs siècles d'étude et de progrès pour toute l'humanité. — *Signé* : Le président de la dixième légion : LEROUDIER. »

sérieusement pas imaginer que l'on ait un seul instant ajouté foi à de pareilles turlutaines, bonnes à faire peur aux petits enfants; et cependant on fit semblant d'y croire, afin de donner un prétexte, sinon un motif, à la haine que l'on voulait exciter contre tout ce qui touchait de près ou de loin à la religion catholique. On méditait déjà l'assassinat des prêtres, et il fallait ne pas s'exposer à trouver des instruments indociles au jour du crime.

Le 5 mai, toute la communauté des religieuses des Sacrés-Cœurs, celles que l'on a surnommées les Dames Blanches, composée de quatre-vingt-onze personnes, fut conduite à Saint-Lazare. Les sœurs furent d'abord mises au secret; mais, sur l'intervention de M. Miot, qui sut toujours rester un homme obligeant, elles purent communiquer entre elles et ne furent point soumises à un régime trop rigoureux. Ces femmes, habituées à vivre entre elles, s'aimaient beaucoup, et, accoutumées aux pratiques d'une dévotion méticuleuse, ne comprenaient rien à ce qui leur arrivait. Le directeur Mouton essaya d'être dur envers elles, d'enfler sa voix, de leur faire un cours de philosophie; il n'y réussit pas, et fut plus touché qu'il n'aurait voulu le paraître. La supérieure, mère Benjamine, âgée de soixante-neuf ans, avait été placée dans une chambre séparée avec l'économe et la directrice du pensionnat; elle désira faire une visite à la communauté réunie dans un dortoir voisin; Mouton y consentit et la conduisit lui-même. Lorsqu'il vit les religieuses s'incliner devant « la révérende mère » et lui baiser les mains, il fut ému et se mit à pleurer, car cet ivrogne avait le vin tendre, et, en somme, un très bon cœur. Dix des dames de Picpus sortirent le 17 et le 18 mai, sur l'intervention directe de M. Washburne, ministre des États-Unis d'Amérique. Il faut rendre justice à Protot et à ses juges d'instruction; ils n'aimaient point à se créer d'affaires internationales, et dès qu'un diplomate réclamait un détenu, celui-ci était immédiatement rendu à la liberté[1].

Les femmes des sergents de ville et des gendarmes, détenues dans le quartier des prévenues et des jugées, prêtaient l'oreille à tous les bruits du dehors; elles trouvaient que leur incarcération durait bien longtemps, et, dans leur ignorance des évènements extérieurs, elles ne savaient que penser de l'avenir. Parfois elles réussissaient à s'emparer d'un journal apporté par une surveillante, et, fiévreusement, elles lisaient les nouvelles, qui toujours leur semblaient détestables, car jamais la presse ne mentit aussi impudemment que pendant la Commune; les dépêches télégraphiques étaient monotones : les Versaillais n'éprouvaient que des défaites et les fédérés étaient toujours vainqueurs. Le 22 mai cependant on remarqua que le directeur Mouton avait le front soucieux, qu'il se parlait à lui-même et se disait : « Ça devait finir comme ça! » On en conclut que la délivrance était prochaine. Méphisto avait disparu et la Brunière pensait peut-être avec tristesse que s'il eût découvert le fameux souterrain, il aurait pu sans péril se rendre à Argenteuil.

Le 22 mai, dans la soirée, il y eut une alerte à la direction et au greffe. Des fédérés appartenant au 228° bataillon forcèrent l'entrée de la prison et exigèrent que Mouton leur rendît, sans plus tarder, leur cantinière qui était sous les verrous depuis trois jours. Mouton parlementa, expliqua qu'il n'était que pouvoir

[1] Paschal Grousset, en qualité de délégué aux relations extérieures, employa aussi souvent son influence à protéger les étrangers; son intervention fut parfois très utile. Lord Lyons et M. Washburne le reconnurent en faisant en sa faveur, après la chute de la Commune, une démarche qui resta infructueuse.

exécutif et qu'il lui était interdit par « les lois » de lever un écrou sans mandat ; mais il proposa aux fédérés d'user de son influence sur le procureur de la Commune, afin d'obtenir la mise en liberté demandée. Il écrivit donc : « Citoyen Rigault, si tu pouvais prendre en considération la demande de plusieurs citoyens qui *réclame* leur cantinière et leur rendre, tu ferais acte de justice. Salut et égalité. — Le directeur, C. Mouton. » Munis de cette lettre, les fédérés se retirèrent ; plusieurs d'entre eux restèrent dans le poste d'entrée à fraterniser avec les camarades, et des messagers partirent pour trouver Raoul Rigault, qui n'était ni au Palais de Justice, ni à la Préfecture, ni à l'Hôtel de Ville, ni au théâtre des Délassements-Comiques qu'il honorait souvent de sa présence. Où on le découvrit, l'ordre ci-joint, écrit au crayon sur le revers de la lettre de Mouton, le dit assez : « Ordre est donné au directeur de Saint-Lazare de mettre en liberté la citoyenne X..., cantinière au 228e bataillon. Procureur général de la Commune, Raoul Rigault. — Fait au 142e bataillon, à Montmartre, ce jourd'hui 22 mai 1871. » Cet ordre est un des derniers que Raoul Rigault ait donnés ; l'écriture en est mince, rapide et un peu heurtée.

Le 23, Mouton, dès la matinée, apparut sous un costume nouveau ; sa perspicacité lui avait fait comprendre que l'heure de jouer au soldat et au directeur était passée, et qu'il était humain en même temps que sage de devenir un chef d'ambulance. Croix de Genève au brassard, croix de Genève au bonnet, plus de ceinture rouge, plus de képi galonné ; on n'était qu'un infirmier ouvrant la prison et son cœur à toutes les infortunes. Le rez-de-chaussée de Saint-Lazare fut promptement organisé en ambulance ; les lits ne manquaient pas, ni les draps, ni le vieux linge : on n'avait qu'à puiser au magasin central qui est annexé à la maison.

Mouton s'empressait et recevait les blessés; des surveillantes, des filles de service improvisées infirmières, pansaient les plaies et ne se ménageaient pas. Mouton était persuadé que la Commune était à l'agonie, et autour de lui on partageait sa conviction. Deux ou trois obus, venus on ne sait d'où, écornèrent la toiture et ne firent pas trop de dégâts; les détenues criaient de peur dans les quartiers; les Dames-Blanches, agenouillées dans leur dortoir, priaient à haute voix. On avait des vivres : la boulangerie des prisons est à Saint-Lazare et le matin même on avait pu « cuire ».

Le lendemain, mercredi 24 mai, dans la matinée, la fusillade, qui avait été incessante, parut s'éloigner, et tout à coup une compagnie de la ligne pénétra dans la prison. Lorsque les soldats apparurent dans les préaux remplis de femmes, ce fut un cri de joie : « Voilà Versailles! » On alla ramasser quelques blessés appartenant aux troupes régulières et on les confia au chef de l'ambulance, qui réserva pour eux ses soins les plus attentifs. Le capitaine qui commandait la compagnie dit : « Où est donc le directeur? » Personne ne répondit, et Mouton redoubla de prévenances pour les blessés. Cet homme n'avait point été mauvais, on n'avait pas eu à souffrir de son administration; son intempérance même l'avait rendu presque inoffensif; nul, parmi le personnel des surveillants, ne lui souhaitait de mal et n'eût voulu le dénoncer. Le capitaine répéta sa question; une détenue employée comme fille de service cligna de l'œil et désigna le chef de l'ambulance.

Mouton fut arrêté. Lorsqu'il comparut en cour d'assises, on lui tint compte de son caractère neutre et sans méchanceté; il fut frappé d'une peine relativement légère, que l'initiative de la commission des grâces put encore adoucir. Pendant la durée de son incarcération en maison centrale, il fut le modèle de l'atelier de cordonnerie, auquel ses talents particuliers l'avaient fait attacher; il est libre aujourd'hui et a repris philosophiquement le tranchet et le tire-pied. Méphisto, nous l'avons déjà dit, sut éviter toute poursuite. La Brunière de Médicis fut moins heureux : dès le 25 mai il était incarcéré; il fut condamné à la déportation. Du bagne de Toulon où il attendait son départ pour la Calédonie, il écrivit à sa femme une lettre qui est une minutieuse dénonciation contre plusieurs des officiers fédérés qu'il a connus; il termine par ces mots : « Mon nom et ma dignité m'empêchent de faire le métier de délateur! » — « Toutes nos vacations sont farcesques, » disait Montaigne.

CHAPITRE V

SAINTE-PÉLAGIE

Augustin Ranvier, directeur. — Gabriel Ranvier, membre de la Commune — Ses origines et ses opinions. — Incendiaire et assassin. — Ignorance d'Augustin Ranvier. — Préau de Védel. — Devient le factotum d'A. Ranvier. — Perquisitions et vols dans le quartier. — L'abbé Beugnot. — Le surveillant Villemin. — Gustave Chaudey écroué au Pavillon des Princes. — L'ami de Proudhon. — Chaudey le 22 janvier. — Dénoncé dans le *Père Duchêne*. — Dernière visite. — Prêtres de Saint-Médard. — Raoul Rigault arrive à Sainte-Pélagie. — Rigault et Chaudey en présence. — Procès-verbal de condamnation. — Rigault commande le feu. — L'assassinat de Chaudey. — L'assassinat de trois gendarmes. — Sainte-Pélagie délivrée. — La mort de Raoul Rigault. — L'exécution de Préau de Védel. — Le suicide d'Augustin Ranvier.

La vieille maison de refuge pour les filles de mauvaise vie que Marie Bonneau, veuve de Beauharnais de Miramion, fonda en 1665, forme, dans le quartier du Jardin des Plantes, une sorte d'îlot carré, borné par les rues de la Clef, du Puits-de-l'Hermite, de Lacépède et du Battoir. Elle n'a point de cellules, mais seulement des dortoirs, des salles en commun, quelques chambres réservées à la pistole, et une divison isolée généralement attribuée aux détenus politiques, et que l'on appelle, en plaisantant, *le Pavillon des Princes*. Cette prison est affreuse; elle est atteinte de lèpre sénile; on a beau la nettoyer, la fourbir, la repeindre, elle succombe sous le poids de son grand âge; on dit qu'on va prochainement la démolir; il y a longtemps qu'elle aurait dû être remplacée, car elle n'appartient plus à notre civilisation. Elle est moins un lieu d'emprisonnement qu'une maladrerie; pour les malfaiteurs, elle est une école de perversité; pour les détenus politiques, elle n'est qu'humiliante; pour l'administration, elle est un coûteux embarras; elle a droit à la destruction, il faut espérer qu'on ne la lui refusera pas.

Elle fut peu utilisée par la Commune, mais n'en fut pas moins souillée d'un quadruple assassinat. Le 22 mars, trois gendarmes, arrêtés le matin à la caserne des Célestins, furent amenés à la prison, par ordre du commandant de place de l'état-major général, et écroués sous les noms d'Auguste Bouzon, Léon Capdeville et Dominique Pacotte; on les mit et on les laissa ensemble pendant la durée de leur détention, qui devait se terminer d'un façon sinistre. M. Lasalle, directeur régulier, n'avait point quitté la maison; le 23 mars, à huit heures du matin, son successeur, muni d'un ordre du Comité central, se présenta et prit possession, après avoir donné reçu d'une somme de 2030 francs qui se trouvait dans la caisse. Ce successeur était Augustin Ranvier, commissionnaire en vins, lieutenant, pendant le siège, au 122e bataillon. Il avait une quarantaine d'années et était marié à une femme beaucoup plus âgée que lui, dont il était séparé. Sainte-Pélagie, ou mieux Pélagie, comme l'on disait alors [1], pouvait, pendant la période insurrectionnelle, continuer à être la prison politique par excellence; on de-

---

[1] On renchérissait encore; un certain Toussaint, qualifié de sous-chef d'état-major à la délégation de la guerre, écrit au directeur de *la citoyenne Pélagie*; j'ai la lettre sous les yeux.

vait donc la placer sous les ordres d'un homme digne
de confiance ; il fallait, en outre, que cet homme fût
peu scrupuleux, car on pourrait avoir à en exiger
des services d'une nature délicate, tels que meurtres,
assassinats et autres menues broutilles familières aux
hébertistes. Le choix prouvait de la perspicacité.

Ce directeur avait été indiqué par un haut personnage de la coterie révolutionnaire quand même, par un futur membre de la Commune et du Comité de salut public, par Gabriel Ranvier, qui était son frère. Comme il était urgent, avant tout, de détruire les abus du népotisme, Augustin avait été immédiatement pourvu. Fréquentant assidûment Gabriel, il avait su se pénétrer de la haine sociale dont celui-ci était dévoré. Ce Gabriel Ranvier a pesé assez lourdement sur Paris pendant deux mois pour qu'il ne soit pas superflu d'en dire quelques mots, d'autant plus qu'il représente un type très commun dans les conspirations menées sous le huis-clos des cabarets et des sociétés secrètes.

Il avait essayé d'être peintre, avait brossé quelques paysages ; mais, n'ayant ni talent ni aptitude, il avait eu le bon esprit de cesser de vouloir être artiste et était devenu artisan. Il avait fait des décorations céramiques et des peintures sur laque ; il gagnait assez convenablement sa vie et aurait pu subsister de son travail, lorsqu'il eut la malencontreuse idée de s'établir, de monter un atelier, d'être patron et de quitter le bon outil qu'il avait entre les mains pour avoir l'honneur, à son tour, de « diriger une maison ». Les qualités du maître, l'économie, l'intelligence, le vouloir persistant, lui faisaient défaut ; il était irrésolu, aimait à boire et n'apportait pas dans son industrie trop de délicatesse, car il reproduisit sans autorisation un dessin dont la propriété appartenait à un grand éditeur de gravures. Celui-ci fit un procès, et Gabriel Ranvier fut condamné à des dommages-intérêts. Au lieu de redoubler d'efforts et de réparer par son travail la perte d'argent où sa légèreté l'avait entraîné, il rumina des projets de vengeance, parla de « la revendication des droits du travailleur », et fut mis en faillite. De ce jour il fut perdu. Il s'en prit à l'état social dans lequel il vivait, « à la tyrannie du capital, à l'égoïsme des classes dirigeantes »; il s'en prit de sa mésaventure à toutes sortes de lieux communs, au lieu de s'en prendre à son inconduite et à son incapacité. Il rechercha les hommes de désordre, s'affilia aux sociétés secrètes, devint orateur des clubs et fit si bien qu'il fut condamné à la prison vers la fin de l'Empire; le 4 septembre le libéra.

La chute de l'Empire, qu'il accusait de tous ses maux, ne lui suffisait pas; il était affilié à l'Internationale, qui liquiderait la question sociale, et lié avec Gustave Flourens, qui résoudrait le problème politique. C'est assez dire qu'il n'appartenait qu'à la violence. On le vit bien au 31 octobre; il fut un des envahisseurs de l'Hôtel de Ville, un de ceux qui demandèrent que l'on « jetât le gouvernement à la Seine ». A ce moment, il était commandant du 141e bataillon; il fut révoqué, ce qui engagea les électeurs à le nommer maire du XXe arrondissement. Il était failli non réhabilité : c'était un cas d'incapacité qui permit d'annuler légalement l'élection. Dès lors il réclame la substitution de la Commune au gouvernement de la Défense nationale. Le 29 décembre 1870, il signe l'affiche rouge : « Place au peuple! place à la Commune! » Arrêté, il est délivré le 22 janvier avec Flourens. Le 18 mars, c'est lui qui s'empare de l'Hôtel de Ville. Il avait une certaine astuce, dont il donna preuve le 20 mars en qualité de membre du Comité central, car c'est lui qui rédigea l'avis par lequel on prévient la population que les Versaillais ont expédié des repris de justice à Paris pour commettre des méfaits, afin de ternir l'honneur « du peuple ». Il avait prévu sans doute les excès auxquels lui et les siens allaient se livrer, et essayait, au début même de l'insurrection, d'en rejeter la responsabilité sur le gouvernement de la France[1].

Dans les conseils de la Commune, il ne manqua pas de frénésie; son irrésolution naturelle, qu'il n'ignorait pas, le poussait aux déterminations excessives; il avait peur de paraître faible, et afin de se donner à lui-même un brevet d'énergie, il sut toujours dépasser la violence des plus violents. Le 24 mai, il ne quitta l'Hôtel de Ville qu'au moment où les flammes en jaillissaient. Les derniers ordres d'extermination furent signés par lui; nous le retrouverons à la mairie de Belleville lors du plus grand crime que la Commune ait à se reprocher.

C'était le frère de cet homme qui venait de prendre la direction de Sainte-Pélagie; il était dur, ivrogne, toujours au comptoir des marchands de vin du quartier, peu délicat dans le choix de ses plaisirs, fort embarrassé en présence des registres, des paperasses de toute sorte qu'il voyait dans le greffe et sachant d'autant moins comment il se tirerait de « ce grimoire », que M. Beauquesne, le greffier normal, avait eu le bon esprit de partir en emportant les livres de comptabilité.

[1] « Hôtel de Ville de Paris, le 20 mars 1871. — De nombreux repris de justice, rentrés à Paris, ont été envoyés pour commettre quelques attentats à la propriété, afin que nos ennemis puissent nous accuser encore. Nous engageons la garde nationale à la plus grande vigilance dans ses patrouilles. Chaque caporal devra veiller à ce qu'aucun étranger ne se glisse, caché sous l'uniforme, dans les rangs de son escouade. C'est l'honneur du peuple qui est en jeu; c'est au peuple à le garder. » (Suivent les signatures de trente-six membres du Comité central.)

Il nomma deux greffiers : Clément, qui venait on ne sait d'où, et Benn, un Anglais, qui avait été garçon passementier; tous deux n'avaient d'autre mérite que de partager ses opinions, de vouloir, ainsi que lui, la substitution du peuple à toute autre classe de la société, la république universelle, la fédération des peuples et le collectivisme. Le mouvement de la prison étant presque nul, les écritures n'étaient point fort compliquées et les choses marchaient à peu près régulièrement; mais Augustin Ranvier n'était point satisfait, car sa correspondance administrative lui offrait des difficultés insurmontables. Ses greffiers improvisés n'en savaient guère plus que lui à cet égard, et quoique dans ce temps-là le service épistolaire entre la Préfecture de police et les prisons ait été fort simplifié, le directeur eût été incapable de faire ce que l'on nomme *le nécessaire quotidien*, si, sous les verrous mêmes de Sainte-Pélagie, il n'eût trouvé l'homme qu'il lui fallait, dans la personne d'un détenu nommé Gustave-Simon Préau de Védel, ingénieur-constructeur, condamné à treize mois de prison pour escroquerie, et qui faisait fonction de bibliothécaire dans la maison.

Préau de Védel avait sans doute conçu une mortelle aversion contre une société qui a des lois et qui punit les malfaiteurs. Son intelligence le rendait redoutable; il avait de la finesse, de l'entregent, de la taille, de la force, une certaine beauté brune qui n'était pas sans charme, de la faconde, et cette bonhomie railleuse qui désagrège les scrupules les plus solides[1]. Les scru-

---

[1] Préau de Védel prenait le titre de baron et s'en montrait fier. Parmi les adhérents de la Commune, il n'est pas le seul qui ait sacrifié à ce genre de vanité. Rossel n'en fut pas exempt; on en trouverait la preuve aux Archives nationales. Sous le n° 20098, il inscrit une demande à l'effet de faire vérifier s'il ne descend pas d'un certain Rossel, baron d'Aizalières ou d'Aizaliers.

pules d'Augustin Ranvier n'étaient point de telle trempe qu'il ne pût les ébrécher sans peine, car il ne fut pas long à s'emparer du directeur et à en devenir le compagnon. Il lui faisait ses écritures et avait promesse d'être bientôt nommé premier greffier. Il continuait d'habiter la prison, mais il n'y était plus enfermé ; il avait quitté le costume des détenus, avait repris ses vêtements bourgeois et ne se montrait qu'armé d'un revolver, qu'il aimait à mettre sous le nez de ses interlocuteurs. En réalité, pendant la Commune, Préau de Védel bien plus qu'Augustin Ranvier fut le seul directeur de Sainte-Pélagie. Il commandait aux surveillants, donnait des ordres aux greffiers, décachetait la correspondance officielle, changeait les fournisseurs habituels de la prison, afin d'obtenir des pots-de-vin qu'il partageait avec Ranvier, et accompagnait celui-ci dans les cabarets du voisinage. Le soir, on se réunissait dans le salon du directeur avec des amis et quelques personnes de bon vouloir dont les mœurs ne paraissent pas avoir été trop sévères.

Benn, Clément, Préau de Védel et Ranvier formaient un quatuor qui buvait et se divertissait. Grâce aux surveillants, la discipline de la prison, pleine de gens incarcérés pour crimes ou délits de droit commun, n'avait pas trop à souffrir ; seulement, si la cantine manqua quelquefois de vin, c'est que la direction en avait épuisé l'approvisionnement. On avait suspendu tout travail dans les ateliers, sous prétexte que le travail des détenus nuit à l'industrie privée ; les prisonniers, mourant d'ennui, bâillaient dans les chauffoirs, se groupaient dans les préaux, et regrettaient le temps où leur facile besogne leur permettait de gagner quelques sous. Tout se sait, même dans les geôles ; les détenus finirent par apprendre ce qui se passait chez le directeur. Un jour que Préau de Védel traversait une cour, il fut sifflé; on lui lança quelques plaisanteries qui lui rappelèrent qu'il avait de nombreux camarades parmi ceux que la justice avait frappés; il se le tint pour dit et préféra la société de ses nouveaux amis à celle de ses anciens compagnons de chambrée.

Il avait persuadé à Augustin Ranvier qu'en qualité de directeur de Sainte-Pélagie il avait le droit et le devoir de surveiller les rues voisines, de faire des perquisitions et même des arrestations; c'était affirmer du même coup sa propre autorité et celle de la Commune. Puisqu'il était directeur de prison, il avait, par ce fait même, pouvoir de séquestration : c'était là un raisonnement si clair qu'il fallut bien s'y rendre. Dès lors on fit des expéditions nocturnes. On sortait vers les dix heures du soir; on allait dans le quartier, heurtant aux portes, faisant ouvrir au nom de la loi, et, sous prétexte de s'assurer que les locataires de la maison n'entretenaient pas de relations avec Versailles, on fouillait les meubles, on forçait les tiroirs et l'on dévalisait les commodes. On ne sortait jamais de là les mains vides, et parfois on s'en allait les poches pleines. Lorsque l'on tombait par hasard sur des récalcitrants, on les emmenait à Sainte-Pélagie et on les y gardait un ou deux jours au régime de la prison. Quand l'aubaine avait été bonne, on se donnait une petite fête entre intimes, ce que l'on appelait un « balthazar ». Les moins gris couchaient le directeur, qui, ayant la tête un peu faible, tombait toujours le premier sous la table.

Une nuit ils firent mieux : guidés par Préau de Védel, ils se rendirent, près de la place Saint-Victor, dans une vaste maison où logent la plupart des Italiens, musiciens ambulants et modèles, qui émigrent à Paris. Ils s'adressèrent à une famille composée du père, de la mère et de deux filles déjà grandelettes; on ne trouvait rien dans les meubles que des nippes insignifiantes;

cela parut peu naturel ; les femmes, obligées, le pistolet sur la gorge, de se mettre nues devant ces coquins, furent dépouillées des ceintures où elles avaient caché leurs économies. La prise était importante sans doute, car « la noce » qui suivit cette expédition se prolongea pendant deux jours.

C'étaient du reste des gens d'ordre. L'abbé Beugnot, aumônier de Sainte-Pélagie, avait été forcé de quitter la prison et de se réfugier chez un ami pour éviter les mauvais traitements dont il était menacé. Dès qu'il fut parti, on crocheta la porte de son appartement, on brisa ses meubles, on vola son linge, on vida sa cave. Jusque-là rien que de naturel ; mais Ranvier, dépositaire et responsable des deniers de l'État, fit remettre à l'abbé Beugnot la facture du serrurier qui avait ouvert les serrures, et la note du commissionnaire qui avait employé quatre jours à transporter le vin de la cave au local de la direction ; l'abbé Beugnot ne crut pas devoir payer.

Le 26 avril, un surveillant de la Santé, nommé Villemin, vint prendre service à Sainte-Pélagie en qualité de sous-brigadier ; ce Villemin, ancien marin, ancien soldat, homme ferme et loyal, n'avait accepté cet avancement irrégulier que sur les instances de M. Claude, chef du service de sûreté, alors détenu comme otage à la Santé. Le poste de brigadier était vacant à Sainte-Pélagie, et M. Claude avait compris que l'autorité exercée par Villemin pourrait avoir une bonne influence sur la tenue de la maison. C'est ce qu'Augustin Ranvier ne tarda pas à reconnaître ; plusieurs fois il traita Villemin de Versaillais, ce qui était alors une grosse injure, et le menaça de le faire fusiller. Villemin pliait le dos, laissait passer la bourrasque, reprenait son service, tâchait d'occuper les détenus et allait souvent causer avec Bouzon, Pacotte et Capdeville, qui étaient toujour prisonniers; il leur portait quelque nourriture et parfois « un gobette » (verre de vin) supplémentaire. Tout cela déplaisait à Ranvier, qui, pour neutraliser le sous-brigadier et suivre sans doute un conseil donné par Préau de Védel, nomma un brigadier auquel tout le personnel des surveillants serait soumis. Il fit choix pour ce poste — qui est très important dans une prison — d'une de ses vieilles connaissances, brocanteur, marchand de vieux habits, revendeur de chiffons, résolument ivrogne, qui s'appelait Félix-Magloire Gentil et que Raoul Rigault avait parfois utilisé en guise de commissaire de police. Ce Gentil était homme à ne reculer devant rien ; aussi fut-il apprécié par les compagnons du directeur et admis dans leur intimité.

Le vendredi 19 mai, Gustave Chaudey fut amené à Sainte-Pélagie et écroué au « Pavillon des Princes ». Arrêté le 13 avril par ordre de Rigault, incarcéré au Dépôt, transféré le 14 à Mazas, il devait aux sollicitations de sa femme d'avoir été transporté à Sainte-Pélagie, où il était matériellement mieux et où il se croyait peut-être plus en sûreté. Chaudey était alors un homme de cinquante-deux ans, avocat à la cour d'appel, aimé de ses collègues, auxquels plaisait sa bonhomie un peu bruyante, d'opinions républicaines modérées, inclinant vers les idées girondines. Lié avec son compatriote Proudhon, il en avait subi l'influence et en avait admiré la logique, sans trop s'apercevoir que les conclusions étaient souvent erronées, parce que les prémisses n'étaient pas toujours justes. Il ne savait pas que Proudhon s'effrayait parfois lui-même de son œuvre et que, le 5 mai 1860, il avait écrit à son confident, Charles Beslay : « J'ai vécu, j'ai travaillé, je puis le dire, quarante ans dans la pensée de la liberté et de la justice ; j'ai pris la plume pour les servir, et je n'aurai servi qu'à hâter la servitude générale et la confusion. »

Aveu que plus d'un révolutionnaire a dû laisser échapper dans le secret de sa conscience.

Après la révolution du 4 septembre, à laquelle Gustave Chaudey s'était associé sans réserve, il fut nommé maire du IX° arrondissement; n'ayant pas été réélu au mois de novembre, il fut attaché comme adjoint à la mairie de Paris. Il était à l'Hôtel de Ville le 22 janvier, lorsque les émeutiers s'y présentèrent précédés par deux députations dont les orateurs exigeaient la sortie en masse. Le commandant militaire répondit que toute la garde nationale serait prochainement appelée à combattre l'ennemi ; les orateurs répliquèrent : « C'est ça, on veut encore nous envoyer à la boucherie et faire massacrer le peuple ! » Peu d'instants après cet incident la fusillade commença; la place fut promptement déblayée par la garde mobile et par la gendarmerie. Cette tentative d'insurrection était comme une pointe aiguë dans le souvenir des triomphateurs du 18 mars. Force était restée à la loi, l'ordre n'avait été que momentanément troublé, le gouvernement de la Défense nationale n'avait point été écroué à Mazas : c'étaient là trois crimes dont on faisait retomber la responsabilité sur Gustave Chaudey.

Dès que la confusion qui suivit la journée du 18 mars fut un peu calmée, quelques-uns des vainqueurs se souvinrent de Chaudey; il était en suspicion, on le fit surveiller. Le 31 mars 1871, la dépêche suivante est expédiée : Place à la Sûreté générale : Prendre renseignements sur le nommé Chaudey. Le général commandant la place de Paris, BERGERET. Cela n'était qu'un indice de mauvais vouloir, que Chaudey ignora sans doute. Ce fut le *Père Duchêne* qui le dénonça et demanda qu'il fût mis à mort : « Il y a, par exemple, le misérable Chaudey qui a joué un sale rôle dans cette affaire-là (22 janvier) et qui se balade encore dans

Paris aussi tranquille qu'un petit Jean-Baptiste; est-ce qu'on ne va pas bientôt décréter d'accusation ce j.-f.-là et lui faire connaître un peu le goût des pruneaux de six livres dont il nous a régalés dans le temps ? » Vermersch, rédacteur en chef de ce journal, a déclaré qu'il n'était pour rien dans cette délation; on en a fait retomber la responsabilité sur un nommé Alphonse Humbert; il nous est impossible d'émettre une opinion à cet égard; nous savons seulement que la dénonciation fut publiée page 8 du n° 27 du *Père Duchêne*, en date du 22 germinal an LXXIX. Le soir même, 12 avril, Delescluze dit, en séance de la Commune, à Raoul Rigault : « Je suis surpris que Chaudey ne soit pas arrêté. » Le lendemain, Chaudey était arrêté par les soins d'un certain Pillotel, qui cinq jours plus tard vint arrêter aussi 815 francs au domicile de Mme Chaudey. Des démarches très pressantes furent vainement faites pour obtenir la liberté de ce prisonnier d'État. Un ami de Chaudey alla en parler à Raoul Rigault, qui répondit : « Entre Troppmann et Chaudey, je ne fais point de différence. »

On a dit qu'une haine secrète, motivée par des faits compromettants dont Chaudey avait eu connaissance, avait poursuivi ce malheureux; nous ne faisons que mentionner ce bruit, sans y attacher une grande valeur, car nous pensons que la nature perverse de Raoul Rigault suffit à expliquer le crime dont il a revendiqué l'accomplissement et auquel il est venu présider lui-même. Chaudey n'ignorait pas que les troupes françaises avaient enfin pu pénétrer dans Paris, et il devait penser que sa délivrance était prochaine. De plus, comme on a une invincible tendance à prêter aux autres les sentiments dont on est soi-même animé, il lui était impossible d'imaginer qu'il courût d'autre danger qu'une prolongation de captivité dans le cas où les bandes de la fédération auraient réussi à repousser l'armée.

Le 23 mai était pour Gustave Chaudey un double anniversaire heureux qui lui rappelait son mariage et la naissance de son fils. Ce jour-là, Mme Chaudey, traversant les rues pleines de combattants, était venue voir son mari, et, malgré ses instances, n'avait pu obtenir d'Augustin Ranvier l'autorisation de dîner avec lui. Chaudey descendit au greffe, essaya d'arracher au directeur la permission demandée et n'y parvint pas. Mme Chaudey dut s'éloigner; elle quitta son mari en lui disant : « A demain. »

La journée avait été assez calme; la prison cependant avait reçu trois nouveaux hôtes. Des fédérés avaient envahi l'église Saint-Médard, et, à défaut d'adversaires en armes qu'ils n'y cherchaient pas, ils y découvrirent deux vicaires et un bedeau, qu'ils s'empressèrent d'arrêter. MM. Asselin de Villequier, Picou et Platuel furent amenés à Sainte-Pélagie, non sans avoir été injuriés pendant leur trajet par les gardes qui les escortaient et par les insurgés qu'ils rencontrèrent; ils furent écroués « sans motifs, par ordre du chef de la treizième légion » qui était Sérizier, lequel n'aimait pas les prêtres, ainsi qu'il le prouva par le meurtre des dominicains d'Arcueil.

Le soir était venu; Augustin Ranvier, assez souffrant à la suite d'un des « balthazars » dont il avait l'habitude, était couché; auprès de son lit, Préau de Védel, Gentil, Benn, Clément, Jollivet, officier du XIIIe arrondissement, qui avait amené les prêtres de Saint-Médard, étaient assis, et jouaient aux cartes. Vers onze heures du soir, un surveillant nommé Berthier entra dans l'appartement et dit que Raoul Rigault était au greffe, où il demandait tout de suite le directeur. Augustin Ranvier, Préau de Védel, Benn, Clément et Gentil se hâtèrent et trouvèrent en effet Raoul Rigault, vêtu en chef de bataillon, accompagné d'un commissaire de police dont on ignore le nom, et de son secrétaire particulier, qui se faisait appeler Slom. Le premier mot de Rigault fut: « Nous avons quatre canailles ici, nous allons les fusiller, en commençant par Chaudey. Envoyez-le chercher. »

Berthier sur l'ordre de Ranvier se rendit chez Chaudey, qu'il trouva écrivant; il l'invita à le suivre. Chaudey descendit tel qu'il était, en robe de chambre et en pantoufles, pénétra dans le greffe, reconnut Raoul Rigault et le salua. Rigault lui dit: « J'ai pour mission de faire exécuter les otages; vous en êtes un, dans cinq minutes vous serez fusillé. » Chaudey répondit: « Songez-vous à ce que vous allez faire? — La Commune a décidé que tous les otages seraient passés par les armes; du reste, Blanqui a été assassiné et vous payerez pour lui. — Vous vous trompez, Rigault; Blanqui n'a pas été assassiné; je suis en mesure, si vous retardez mon exécution, de vous faire avoir de ses nouvelles et peut-être même d'obtenir sa mise en liberté. — Vous voyez bien que vous êtes en relations avec Versailles; dépêchons, je n'ai pas le temps de m'amuser! » — Chaudey dit alors: « Eh bien! je vais vous montrer comment un républicain sait mourir. » — Raoul Rigault leva les épaules, et, s'adressant à son secrétaire Slom[1], il lui dit: « Toi, écris; » puis il dicta le procès-verbal de condamnation: « Par devant nous, Raoul Rigault, membre de la Commune, procureur général de la dite Commune, sont comparus: Gustave Chaudey, ex-adjoint au maire de Paris; Bouzon, Capdeville et Pacotte, gardes républicains, et leur avons signifié qu'attendu que les

[1] Slom n'est que l'abréviation — la première syllabe — d'un nom polonais.

Versaillais nous tirent dessus par les fenêtres, et qu'il est temps d'en finir avec ces agissements, qu'en conséquence ils allaient être exécutés dans la cour de cette maison. Paris, le 23 mai 1871. Le procureur de la Commune : RAOUL RIGAULT. — Le secrétaire du procureur : SLOM. » Les trois gendarmes dormaient encore dans leur chambrée.

Pendant que Slom rédigeait le procès-verbal de l'assassinat, Préau de Védel, le brigadier Gentil, le greffier Clément, avaient été au poste de la prison chercher un peloton d'exécution ; huit hommes seulement, appartenant au 248e bataillon, avaient consenti à faire l'office de bourreaux ; ils étaient commandés par le lieutenant Léonard et le sergent Thibaudier ; c'est dans l'arrière-greffe que les armes furent chargées. « Est-on prêt ? dit Rigault. — Oui, » répondit Préau de Védel, qui, ainsi que Gentil et Clément, tenait un fusil en main. On partit ; on insultait Chaudey, qui marchait droit et la tête haute. Sans faiblir, il pensa à sa femme, à ses enfants, à tout ce bonheur domestique, à l'avenir rêvé qui s'écroulait.

Au moment où, après avoir traversé les couloirs, il mettait le pied dans le chemin de ronde, il se tourna vers le procureur de la Commune et lui dit : « Rigault, j'ai une femme, j'ai des enfants. » Rigault répliqua : « Pas de sensiblerie, je m'en f... ! » Chaudey ne parla plus et alla se placer contre la muraille, à côté d'une lanterne, redressant sa haute taille et regardant Rigault, qui disait : « Bast ! quand les Versaillais me tiendront, ils ne me feront pas tant de grâce ! » Léonard rangea le peloton d'exécution ; Raoul Rigault se plaça sur la gauche, tira son épée et commanda : « Feu ! » Les hommes ne voulaient pas tuer, cela est certain, car ils étaient placés à moins de vingt pas de Chaudey, et celui-ci ne reçut qu'une seule balle qui le blessa légèrement au bras gauche. Il agita le bras droit et trois fois de suite cria : « Vive la République ! » Clément se précipita sur lui et lui tira à bout portant un coup de fusil dans le ventre; il resta debout. Gentil lui dit : « Oui, je vas t'en f... de la République ! » et il lui déchargea son revolver contre la tempe; le malheureux roula par terre; Préau de Védel s'approcha et lui fit sauter la base du crâne. « C'est égal, dit Rigault, il est b... bien mort; aux autres maintenant ! »

Il revint au greffe, où les trois gendarmes Bouzon, Capdeville et Pacotte, arrachés au premier sommeil, l'attendaient à demi vêtus. Rigault à peine entré leur dit : « Vous allez être fusillés. » Ils se récrièrent : « Nous sommes soldats et nous devons être mis en liberté. — Ah! oui, en liberté, reprit Rigault, pour que vous nous f... des coups de fusil; pas de ça, Lisette; allons, en route ! » Dans les couloirs, on discuta pour savoir si on les exécuterait ensemble ou l'un après l'autre. Préau de Védel dit : « Il faut les mettre en tas ». Son avis prévalut. Le peloton d'exécution discutait aussi; ces hommes avaient honte du métier qu'on leur faisait faire et déclaraient qu'ils « en avaient assez ». Slom leur fit une allocution et les rappela « au sentiment du devoir ». Les gendarmes furent placés contre le mur, ayant devant eux, à leurs pieds, le cadavre à peine immobile de Chaudey; le peloton fit feu, deux des condamnés tombèrent; Préau de Védel et Clément leur donnèrent le coup de grâce. Un des trois gendarmes n'avait point été atteint; il avait pris sa course vers la gauche, dans le prolongement du chemin de ronde, et s'était caché derrière une guérite. Préau de Védel le découvrit et allait le tuer d'un coup de revolver, lorsque Raoul Rigault cria : « Ne tire donc pas, amène-le ici, qu'il crève avec les autres. » Un troisième feu de peloton le mit à mort. Préau de Védel dit :

« C'est une bonne chose, nous en avons nettoyé quatre. » Raoul Rigault quitta la prison, car il ignorait que trois prêtres y avaient été incarcérés dans la journée.

Pendant la nuit, on mit les quatre corps sur une civière qui, étant trop chargée, se brisa; on les plaça alors dans la petite charrette où l'on jetait habituellement les ordures de la prison, et on les conduisit à l'hôpital de Notre-Dame de la Pitié. Au moment où il fut assassiné, Gustave Chaudey avait sur lui un rouleau de 1000 francs, une montre en or, deux alliances; les hommes qui avaient aidé Raoul Rigault estimèrent que ces objets devaient être la rémunération de leur travail et s'en emparèrent. Le lendemain matin, malgré la bataille alors engagée dans toutes les rues de Paris, Mme Chaudey, accompagnée de son enfant, se présenta dès neuf heures du matin au greffe de la prison; elle demanda à voir son mari; par ordre d'Augustin Ranvier, on lui répondit qu'il avait été, pendant la nuit, transféré à la Préfecture de police.

Le mercredi 24 mai, à deux heures de l'après-midi, Augustin Ranvier, Gentil, Clément et Préau de Védel, armés de fusils Chassepot, sortirent de Sainte-Pélagie et n'y reparurent plus. Le sous-brigadier Villemin prit la direction de la prison, fit abattre le drapeau rouge et parvint, non sans difficulté, à nourrir les détenus. La journée du 25 fut encore pleine d'anxiété; mais le 26, à l'aube, on se sentit sauvé en voyant entrer un peloton de l'armée régulière. Les transes avaient été vives, car le bruit persistant du quartier était que les caves du Panthéon, chargées de poudre, seraient incendiées par les fédérés dès qu'ils seraient forcés de battre en retraite; dans ce cas, Sainte-Pélagie et les maisons voisines eussent été détruites par l'explosion. Celle de la poudrière du Luxembourg, que « les braves fédérés de la rue Vavin font éclater », dit Lissagaray[1], ébranla, le 24 mai, la vieille prison, mais ne la renversa pas.

Raoul Rigault ne survécut pas longtemps à Chaudey; le meurtre n'était pas commis depuis vingt-quatre heures que déjà l'assassin avait rejoint sa victime. Très prudent malgré son arrogance, Rigault, dès le 18 avril, avait retenu un appartement rue et hôtel Gay-Lussac, chez un maître logeur nommé Chrétien; il s'était fait inscrire sur le registre des locataires au nom d'Auguste Varenne, homme d'affaires, âgé de vingt-sept ans, né en Espagne, ayant eu Pau pour dernier domicile. Il avait là une simple chambre à coucher, qu'il partageait souvent avec une femme de théâtre.

Le 24 mai, vers cinq heures du soir, quelques chasseurs à pied du 17e bataillon, qui venait d'emporter la barricade du boulevard Arago, aperçurent un commandant de fédérés qui entrait précipitamment à l'hôtel; ils firent feu sur lui et le manquèrent. Quatre ou cinq hommes, conduits par un caporal, se jetèrent derrière lui, pénétrèrent dans la maison et en arrêtèrent le propriétaire, qui naturellement fit de sérieuses objections. La maison n'avait qu'une issue, on s'en assura, et le logeur fut requis d'aller chercher l'officier fédéré qui, disait-il, avait gravi l'escalier. En haut de l'escalier, au-dessous d'une fenêtre à tabatière ouvrant sur la toiture, M. Chrétien trouva Rigault et lui dit : « Les soldats sont en bas, il faut descendre. » Rigault lui proposa de fuir par les toits. Le propriétaire refusa. « Non, descendez, rendez-vous; sans cela, je serai fusillé à votre place. » Raoul Rigault sembla hésiter; puis prenant son parti : « Soit, dit-il, je ne suis pas un lâche (le mot fut plus vif), descendons! » Il portait une épée et tenait un revolver à la main. Au second étage, il

---

[1] *Loc. cit.*, p. 382.

rencontra le caporal qui montait escorté de deux de ses hommes; Rigault lui dit : « C'est moi! » et lui remit ses armes sans même essayer d'en faire usage.

Les soldats l'entourèrent et le firent sortir de la maison pour le conduire à la prévôté installée au palais du Luxembourg; le caporal avait gardé le revolver à la main. Rue Gay-Lussac, auprès de la rue Royer-Collard, on rencontra un colonel d'état-major, qui s'arrêta et demanda : « Quel est cet homme? » Rigault répondit : « C'est moi, Raoul Rigault! A bas les assassins! » Le caporal, sans attendre d'ordre, lui appliqua le revolver sur la tête en lui disant : « Crie : Vive l'armée! » Rigault cria : « Vive la Commune! » Le caporal fit feu; Rigault s'abattit la face contre terre et les bras en avant; une convulsion le retourna; alors un des chasseurs lui tira un coup de fusil au sein gauche. On plaça le cadavre près de la barricade de la rue Gay-Lussac, où trois autres étaient déjà étendus contre les tas de pavés; pour le reconnaître, on lui attacha un bouchon de paille à la ceinture. On les porta tous dans une maison voisine, où ils restèrent deux jours, ainsi que le prouve ce récépissé : « Reçu du concierge M. Morot, demeurant rue Saint-Jacques, n° 250, quatre cadavres, au nombre desquels celui de Raoul Rigault. — Bnès, capitaine de la garde nationale, rue de la Huchette, n° 19. Paris, 26 mai 1871. »

Il n'y a point à plaindre Rigault. « Il a mené à la Préfecture de police, a écrit Rossel, l'existence scandaleuse d'un viveur dépensier, entouré d'inutiles, consacrant à la débauche une grande partie de son temps. » Jamais plus que lui criminel ne mérita la mort. Il n'avait jamais invoqué que la force; il mourut frappé par sa propre divinité. Dans la matinée du 24, il apparut un moment à la mairie du XI° arrondissement, où il signa, dit-on, l'ordre d'exécuter les otages. Pourquoi n'est-il pas resté au milieu de ses complices et n'a-t-il pas aidé Genton à fusiller l'archevêque, Gabriel Ranvier à faire massacrer, rue Haxo, les prêtres et les gendarmes? On ne sait. Il est probable que, voyant sa cause perdue, il a déserté le combat, a tenté de se dérober et d'éviter le châtiment dont il se sentait plus menacé que tout autre. Surpris, arrêté au moment où il allait changer de costume et chercher quelque refuge, il a su se raidir contre la destinée et faire bonne figure devant la mort. On doit regretter que sa vie ne se soit pas terminée le 23 mai, car Gustave Chaudey n'eût pas été assassiné.

Le greffier Clément et le brigadier Gentil disparurent; sont-ils tombés sur une barricade? ont-ils réussi à prendre la fuite? Nous l'ignorons. Benn et Préau de Védel furent traduits devant le 6ᵉ conseil de guerre. Benn fut condamné à deux ans de prison pour usurpation de fonctions publiques. Préau de Védel s'agita, nia, protesta, mentit; les témoignages qui l'accusaient étaient unanimes et l'écrasèrent. Lors même qu'elle l'eût voulu, la justice ne pouvait se montrer indulgente; il fut condamné à mort et son recours en grâce fut rejeté. En présence de ces crimes froidement accomplis, sans haine comme sans hésitation, on ne pouvait « préférer miséricorde à la rigueur des lois ». Avant de mourir, il écrivit à M. Thiers, alors président de la République : « Je suis assassiné... mais je meurs innocent et la postérité me vengera! » Tous, du reste, tombent dans ce lieu commun et meurent en faisant appel à la postérité.

Il en est un cependant qui sut échapper à ce ridicule, c'est Augustin Ranvier. Lorsque, dans la matinée du 28 mai, les soldats français s'emparèrent de la rue Saint-Maur, ils fouillèrent la maison portant le nº 139, et, dans l'appartement occupé par une dame

Guyard, ils aperçurent un homme pendu au plafond; le cadavre était déjà froid. On le transporta à l'église Saint-Joseph avec les corps de plusieurs insurgés tués sur les dernières barricades. En visitant les vêtements de ce mort inconnu pour y découvrir quelques pièces d'identité, on vit un papier attaché par une épingle à la doublure du gilet. Sur ce billet on lut : « Je suis Ranvier, directeur de Sainte-Pélagie. Je meurs, parce que mon crime est impardonnable. »

CHAPITRE VI

LA SANTÉ

I. — LE GÉNÉRAL CHANZY.

La foule homicide. — Les officiers. — La prison est envahie. — M. Lefébure, directeur régulier. — Il fait enfermer les otages. — Allocution de Sérizier. — Le général Chanzy sur la Loire. — Efforts de Léo Meillet pour sauver les prisonniers. — Prudence de M. Lefébure. — Les fédérés refusent de laisser mettre le général Chanzy en liberté. — Charles Beslay. — Défiance. — Le cadavre. — Départ de M. Lefébure. — Caullet, directeur nommé par la Commune. — Délivrance du général Chanzy. — Le parfumeur Babik. — Le général Chanzy comparaît devant le Comité central. — Le Comité en séance.

La prison de la Santé est la prison modèle; bâtie en pierre meulière, disposée pour le régime cellulaire et pour le régime auburnien, elle est le spécimen des constructions pénitentiaires; mais on peut avouer que sa beauté spéciale en fait un monument d'une remarquable laideur. Des murs l'entourent de tous côtés, en cachent les fenêtres et lui donnent, sur le boulevard Arago, l'apparence d'une grosse forteresse aveugle. Intérieurement, elle est bien distribuée et abrite, dans une division particulière, l'infirmerie centrale des prisons de Paris.

Ce fut par la voix publique que l'on y apprit les évènements du 18 mars ; le poste était gardé par des soldats de la ligne, qui, dans la matinée du 19, se retirèrent en bon ordre et ne tardèrent pas à être remplacés par des fédérés venus du IX° secteur, dont l'état-major était installé à la manufacture des Gobelins. Vers cinq heures du soir, une rumeur extraordinaire s'éleva dans la rue de la Santé, passa par-dessus les murs de la prison, et vint troubler le personnel de la surveillance, du greffe et de la direction. Une foule évaluée à 5000 ou 6000 personnes, femmes, enfants, ouvriers, gardes nationaux, poussait vers la grille de la prison, quatre officiers, reconnaissables à leurs uniformes en lambeaux. Cette bande s'acharnait principalement contre un lieutenant général, assez grand, blond, chauve, de figure énergique, âgé de quarante-huit ans environ, qui restait impassible sous les coups et les insultes dont on l'accablait. C'était le général Chanzy. A ses côtés et non moins maltraité, marchait le général de Langourian ; puis venaient M. Ducauzé de Nazelles, capitaine du 5° lanciers, et M. Gaudin de Villaine, lieutenant au 75° de marche. Trois hommes faisaient effort pour les protéger contre la foule : c'étaient Léo Meillet, maire du XIII° arrondissement, Comte [1], adjoint, et Sérizier, commandant du 101° bataillon, appartenant au IX° secteur.

Cette masse de peuple était rendue terrible par un accès de fureur spontané. On voulait tuer les généraux et on ne savait même pas leurs noms. On criait : « A mort Ducrot ! à mort Vinoy ! à mort Aurelle de Paladines ! à mort les traîtres et les vendus ! Vous nous avez fait manger de la paille ! Prussiens ! capitulards ! A mort !

---

[1] M. Comte (Narcisse-Désiré) fut blessé au menton en protégeant le général Chanzy.

à mort! à la lanterne! qu'on les fusille! » Léo Meillet leur répondait : « Mais non, c'est Chanzy! » Et on reprenait : « Tant mieux! Chanzy à mort! » Le général Chanzy avait à peine figure humaine lorsqu'il arriva près de la grille, sans képi, les vêtements lacérés, la face tuméfiée par un coup de bâton, couvert des sanies que l'on avait lancées sur lui. Il fut terrassé devant la porte d'entrée. Le surveillant Villemin, gardien-concierge, le releva rapidement, para un coup de crosse qui lui était destiné, et le jeta dans l'intérieur de sa loge. Le premier mot du général fut : « Ces malheureux ne savent pas ce qu'ils font, il faut leur pardonner. » Un seul homme ne pouvait résister à la poussée qu'exerçait la foule. La porte fut forcée, la prison envahie. La cour, le rond-point (lieu central où aboutissent toutes les galeries), le greffe, les guichets, tout fut encombré par les fédérés, au milieu desquels des femmes s'agitaient en criant. Les surveillants, tenant en main leur forte clef d'acier trempé, s'étaient réunis autour des officiers.

M. Lefébure, le directeur régulier de la Santé, était accouru. C'est un homme qui n'est plus jeune, de taille moyenne, d'une extrême mansuétude, fort intelligent, rompu par une longue pratique à l'administration des prisons, très ferme, très résolu, sous une apparence fort douce; ayant quelquefois l'air de chercher ses mots et les trouvant toujours; n'aimant point les émeutes, mais sachant ne pas reculer devant elles. Il demanda d'abord en vertu de quel mandat ces détenus étaient amenés dans la maison. On lui remit quatre paperasses : « Ordre au directeur de la prison de la Santé de recevoir en dépôt le général Chanzy jusqu'à ce qu'il en soit autrement ordonné. Le directeur répond sur sa tête de la garde de ses prisonniers. — Pour E. Duval : Cayol. — Paris, le 19 mars 1871. Timbre : République française.

État-major de la garde nationale, XIIIe arrondissement. »
— Un ordre identique concernait MM. de Langourian, Ducauzé de Nazelles et Gaudin de Villaine. Ces mandats d'arrestation étaient d'une indiscutable illégalité, mais ils se trouvaient appuyés par une telle force armée, qu'il n'était pas possible de se refuser à les exécuter ; c'eût été exposer inutilement sa vie et celle des prisonniers. M. Lefébure le comprit, et dès lors, connaissant bien les foules, sachant qu'elles s'apaisent souvent lorsqu'elles n'ont plus sous les yeux l'objet de leur haine irraisonnée, il résolut de faire incarcérer les quatre prisonniers le plus rapidement possible.

Ce n'était point aisé, car les fédérés les serraient de près et ne paraissaient guère disposés à les perdre de vue. L'hiver, sans charbon et sans bois, avait été très dur à la Santé ; pour abriter ses détenus contre le froid, M. Lefébure avait, dans les premiers jours de décembre 1870, fait construire des cloisons en planches à l'entrée des galeries cellulaires ; la porte la plus voisine du rond-point, où se tenaient les officiers, entourés des gardes nationaux, était celle de la quatrième division. Sur un signe des yeux fait par M. Lefébure au brigadier Adam, compris par celui-ci, les généraux Chanzy, de Langourian et leurs deux aides de camp furent brusquement saisis par les gardiens et entraînés vers la porte qu'un surveillant se tenait prêt à ouvrir ; Sérizier, lançant ses poings en avant, fendit la foule qui criait de nouveau : « A mort ! à mort ! » Les prisonniers franchirent la cloison, dont la porte fut immédiatement refermée derrière eux ; ils étaient sauvés. M. Lefébure avait remarqué l'influence que Sérizier exerçait sur les fédérés ; il lui dit que son éloquence seule pouvait faire évacuer la prison et permettre d'assurer le salut des officiers auxquels il s'intéressait. Sérizier ne se fit pas prier ; il dégorgea une allocution et jura qu'aucun « capitulard » n'échapperait à la « justice du peuple ! » On s'éloigna ; mais le poste des fédérés, tout un bataillon, qui gardait la porte d'entrée, envoya des sentinelles qui devaient faire faction devant les cellules de ceux que cette foule appelait déjà des otages.

Que l'on se souvienne de la motion adoptée le 24 février et qui servit de prétexte à la fédération de la garde nationale, que l'on se répète le serment de s'opposer par la force à l'entrée des Prussiens dans Paris, et l'on comprendra que de tous ces projets de guerre à outrance il ne restait plus vestige. En effet, s'il eût subsisté quelque trace de patriotisme dans le cœur des insurgés, c'est en triomphe que l'on aurait dû porter le général Chanzy, car il avait été héroïque sur la Loire, et, quoiqu'il n'eût pas réussi à sauver la France, il avait du moins sauvé l'honneur de nos armes. Mais les bataillons du Comité central et les gens de la Commune se souciaient bien de cela, en vérité ; ils voulaient détruire l'armée, la magistrature, le clergé, c'est-à-dire la discipline, la loi, la religion, et c'est pour cela qu'ils incarcérèrent les soldats, les magistrats et les prêtres, sur la simple vue du costume. C'est ainsi que le général de Langourian avait été arrêté au chemin de fer d'Orléans par hasard, au moment où il se hâtait de se rendre à Versailles afin d'y recevoir sa brigade qui venait de Bordeaux.

Quant au général Chanzy, il avait été signalé ; on le chercha et on le saisit dans un wagon où il n'essayait guère de se cacher, car il ne pouvait même pas soupçonner, ayant toujours fait au moins son devoir, qu'il pût être décrété d'accusation. Conduit d'abord à la mairie du XIIIe arrondissement, au milieu de groupes qui devenaient de plus en plus menaçants, il fut protégé par Léo Meillet, puis déclaré « prisonnier » par le général ouvrier fondeur Émile Duval ; traîné à la prison disciplinaire du IX⁰ secteur, ramené chez Léo Meillet, repris par la foule et reporté pour ainsi dire à la geôle du secteur. Léo Meillet [1], qui fit de sincères efforts pour sauver les généraux et leurs officiers, savait bien qu'ils n'étaient point en sûreté dans cette prison rudimentaire, sans grilles ni murailles, que l'on avait tant bien que mal installée boulevard d'Italie; il voulait donner aux prisonniers la sécurité d'une véritable maison pénitentiaire, et il ordonna de les transférer à la Santé. La voiture où il les fit monter, pour les arracher aux insultes populaires, fut brisée. Tous les curieux accourus devinrent une foule atteinte de frénésie. Au milieu de quelles insultes et de quels traitements quatre officiers irréprochables arrivèrent à la prison, nous l'avons dit.

Le Comité central, instruit des faits qui s'étaient produits, déclara que c'était un malentendu et que les généraux devaient être remis en liberté. C'était fort bien; mais on comptait sans les fédérés du IX⁰ secteur, qui, se sachant les maîtres sur leur territoire, ne reconnaissaient d'autre autorité que la leur, et, tenant à leur proie, étaient résolus à ne la point lâcher. Le soir même on en eut la preuve. A neuf heures, deux personnes, qui ne dirent pas leur nom et qui étaient le général Cremer et M. Arronshon, se présentèrent chez M. Lefébure, porteurs d'un ordre signé : Lullier, général en chef, et enjoignant au directeur de la Santé de relaxer immédiatement M. Chanzy. C'était péremptoire; ordre d'arrestation signé du général Duval, ordre de mise en liberté signé du général Lullier, cela se valait.

M. Lefébure ne demandait pas mieux que d'obéir;

[1] M. Edmond Turquet, député, arrêté en même temps que le général Chanzy, fut sauvé par Léo Meillet; après la défaite de la Commune, M. Turquet n'oublia pas le service qui lui avait été rendu; il donna asile à Léo Meillet, et lui procura les moyens de quitter la France.

cependant il réfléchissait; la situation était complexe; la libération lui semblait inexécutable, car il avait compris qu'il n'était plus le maître dans sa prison. « Je suis prêt, dit-il, à faire lever l'écrou du général Chanzy; mais les fédérés ne le laisseront point partir, et nous nous exposons à le voir massacrer, si nous voulons passer outre malgré eux. » Le général Cremer se récria. — On fit appeler le chef de bataillon qui était de garde, et on lui montra l'ordre; il répondit : « Je ne puis rien faire sans avoir consulté mes hommes. » Il revint au bout de quelques minutes et dit : « Moi, je veux bien lâcher le général, mais les soldats ne veulent pas; ils prétendent que c'est un capitulard et se disposent à le fusiller s'il sort de la prison. » C'était clair. M. Lefébure engagea les amis du général Chanzy à aller voir Émile Duval; celui-ci était délégué militaire à la Préfecture de police, il avait été chef de légion dans le XIIIe arrondissement, commandant du IXe secteur; sa jeunesse, sa parole ardente, ses opinions blanquistes lui avait valu une forte popularité dans le quartier; s'il signait un ordre d'élargissement, les fédérés de service à la Santé y obéiraient peut-être. Le général Cremer, M. Arronshon, accompagnés du chef de bataillon, se rendirent à onze heures du soir à la Préfecture de police, chez Duval, qui lut l'ordre signé par Charles Lullier, le déchira, et déclara que la mise en liberté du général Chanzy serait le signal d'une insurrection. Duval fit plus : il se rendit de sa personne, ou envoya un messager au Comité central et on obtint l'ordre suivant : « Comité central de la garde nationale; une heure et demie du matin, 20 mars : ordre au citoyen Duval, commandant à la Préfecture de police, de maintenir en arrestation le général Chanzy, jusqu'à nouveaux ordres. Pour le Comité central et par délégation : Assi, Bouit, Josselin, Chouteau, Mortier, Guiral, Gouhier, Grolard, Audoynaud, Rousseau, Babik, Barroude, Dupont. »

Dans la journée du 20 mars, Beslay, malgré ses soixante-seize ans, vint lui-même à la Santé dans l'espoir de pouvoir emmener avec lui le général Chanzy ; il disait : « Je n'ai pas l'honneur de faire partie du Comité central ; mais ces jeunes gens sont déférents pour moi, ils m'écoutent et ne me désapprouveront pas. » Ce fut peine perdue. Il fut seulement permis à Charles Beslay de communiquer avec le général, et de faire élargir, par ordre de Duval, le lieutenant Gaudin de Villaine[1]. Tout ordre, de quelque part qu'il vint, qui n'était point accepté et approuvé par le secteur, était considéré comme non avenu : M. Sarrazin, avocat, se présente à la Santé, muni d'une autorisation délivrée par Charles Lullier, pour voir le général Chanzy ; les sentinelles postées devant la cellule s'opposent à la visite et ne veulent obéir qu'à la signature de leur chef immédiat. On se rend à l'état-major du secteur, c'est-à-dire à la manufacture des Gobelins ; au-dessous du permis accordé par Lullier, on lit : « J'autorise de communiquer avec le général Chanzy, pourvu que le

---

[1] M. Charles Beslay, qui est un homme d'une bonté rare, n'épargna rien pour faire relaxer les officiers détenus à la Santé ; il s'adressa à diverses autorités du moment, et, s'il n'obtint pas la liberté des « otages », il put du moins leur porter ses encouragements. Les deux pièces suivantes prouvent que M. Charles Beslay multiplia ses démarches : « Paris, 21 mars 1871. — Ordre est donné au citoyen Beslay de se rendre à la prison de la Santé et de communiquer avec le général Chanzy et autres prisonniers qu'il jugera à propos de visiter. En outre, ordre est donné d'élargir le citoyen Gaudin de Villaine, arrêté depuis le 18 mars. — *Signé* : E. Duval. » — « Ministère de l'intérieur, cabinet du ministre, 22 mars 1871. — Le citoyen Charles Beslay est délégué afin de veiller à ce que les généraux prisonniers soient mis, tant sous le rapport de la surveillance que du traitement, en état de satisfaire à la fois la prudence nécessaire et la générosité populaire. — *Signé* : Ed. Vaillant. »

sergent-major Bastard assiste à l'entretien. Le commandant par intérim du XIII⁰ arrondissement : Cayol. »
Cette fois, l'autorisation fut déclarée valable et la visite autorisée par le chef de poste, qui, en réalité, exerçait toute autorité dans la prison. — « Entretien fait en ma présence, sous-officier de service du 176⁰ bataillon, 5⁰ compagnie. Signé : Langev ».

Les bataillons de l'arrondissement se relevaient toutes les vingt-quatre heures et étaient accompagnés de délégués spéciaux envoyés par le secteur. L'harmonie ne régnait pas toujours entre les officiers et les délégués ; mais les discussions ne duraient pas longtemps, car les officiers et même les soldats finissaient par dire au délégué : « Eh bien ! après ? si tu n'es pas content, toi, on va te fusiller ! » Entre ces gens de mauvais aloi la défiance était permanente, ils se soupçonnaient, se surveillaient les uns les autres, et voyaient des traîtres partout. Les machinations les plus extravagantes leur semblaient toutes simples, et à force de vivre dans des idées fausses, ils faussaient instinctivement les choses les plus naturelles ; semblables en cela aux enfants, que rien n'étonne parce qu'ils ne savent rien.

Leur manie de soupçons fut, dans une circonstance spéciale, un sujet d'étonnement pour le personnel de la Santé. Un détenu était décédé à l'infirmerie ; le service funèbre devait se faire à trois heures ; les parents du défunt avaient été convoqués et étaient déjà réunis près de la chapelle, lorsque des fédérés du 101⁰ bataillon, qui le matin avaient pris la garde du poste, se présentèrent chez le directeur et lui déclarèrent qu'ils voulaient voir le cadavre. Tout ce que M. Lefébure put obtenir fut que l'on attendît la fin de la cérémonie religieuse. Lorsque celle-ci fut terminée, on décloua le cercueil, on leva la serpillière, on découvrit le visage, que les fédérés purent contempler à leur aise ;

ils ne semblaient pas convaincus, se regardaient entre eux et hochaient la tête; un d'eux toucha le mort et dit : « Il est froid. » Cette expérience ne parut pas suffisante, car un peloton suivit le corbillard jusqu'au cimetière d'Ivry, jusqu'au *Champ de navets*. Lorsque six pieds de terre eurent été versés sur la bière, ils furent rassurés et se dirent : « Décidément ce n'était Chanzy. »

       ᵐe soir, le directeur avait été mis au secret dans
           les fédérés s'y étaient établis, décachetaient
              ecevaient les visites, donnaient des ordres et
              ⁻t une sorte de direction multiple qui ne facili-
         ᵃ le service. Dans la soirée, le général Cremer re-
ᵃvec deux autres personnes (MM. Eugène Delessert
. Arronsohn) portant une autorisation du Comité central pour voir M. Chanzy. Les fédérés renouvelèrent leurs difficultés; ils parlaient de trahison, d'évasion, et résolurent, comme toujours, d'aller consulter les officiers du secteur. Le commandant Cayol vint lui-même examiner la permission, la retourna dans tous les sens; elle était précise. A onze heures du soir, il prend son parti et emmène les visiteurs à la Préfecture de police, afin de consulter Duval. Personne ne revint, car les délégués n'obéissaient pas plus au Comité central que les officiers n'obéissaient aux délégués. Cette comédie se renouvela pour le général Chanzy jusqu'au jour de son élargissement. Celui de M. Lefébure était venu; le 23 mars, au matin, il fut destitué et remplacé par Augustin-Nicolas Caullet, auquel sa parenté avec Duval méritait cette aubaine. La nomination était signée de Raoul Rigault. M. Lefébure présenta le personnel à son successeur, lui disant : « Ce sont des hommes honnêtes, dévoués, connaissant très bien le service et sur lesquels on peut compter; je vous les recommande. » Heureusement pour les détenus de la Santé, Caullet

tint compte de la recommandation ; tout le personnel resta dans la prison et, grâce à cela, nul otage n'y fut sacrifié [1].

Caullet avait été ouvrier mécanicien, homme de peine et portier dans la maison Cail ; c'est sans doute cette dernière qualité qui avait fait imaginer qu'il possédait les aptitudes d'un directeur de prison. C'était un homme sans perversité, se laissant volontiers dominer, ne comprenant rien à la paperasserie administrative, et qui, bien dirigé, adoucit, autant qu'il fut en son pouvoir, le sort des otages qu'il eut à garder. Il éprouvait une sorte de timidité en face de ses greffiers : il leur sentait une instruction qu'il n'avait pas ; malgré lui il les respectait, les écoutait, et finissait presque toujours par suivre les conseils qu'il en recevait. Son caractère faible, l'intelligence des greffiers, le dévouement des surveillants ont singulièrement contribué à éviter les désastres de la dernière heure.

Cependant les amis du général Chanzy renouvelaient leurs démarches, car ils savaient que les élections pour la Commune étaient prochaines, et redoutaient de se trouver en présence d'un nouveau gouvernement qui s'annonçait comme devant être ultrarévolutionnaire et terroriste. Le général Chanzy reçut plusieurs fois la visite du vieux Beslay, qui lui recommandait d'avoir bon courage ; il n'en était pas besoin, le général Chanzy

[1] Je lis dans un rapport écrit vers la fin de mai 1871, par M. Lefébure : « Mon personnel qui, en partie, était disposé à me suivre lorsque j'ai quitté la Santé, mais qui est resté parce que j'ai exprimé l'avis que son maintien pouvait être utile, s'est admirablement conduit pendant tout le temps qu'a duré le règne de la Commune. » Parmi les employés qui se sont le plus distingués, M. Lefébure cite, après les trois greffiers, le brigadier Adam, le sous-brigadier Luzeau, les surveillants Laherrère, Finck, Croccichia, Santoni, Danielli, Baudon et Caretta. Il n'est que juste que le nom de ces braves gens soit prononcé devant le public.

n'en manqua pas; il fut impassible et d'une énergie que rien n'émoussa; soit qu'il fût dans sa cellule, soit qu'il se promenât dans l'étroit préau gardé par deux fédérés marchant à ses côtés, la baïonnette au bout du fusil, il se montra tel qu'on l'avait vu dans la campagne de France, un homme d'une trempe fine et serrée, inaccessible à tout sentiment de faiblesse et supérieur aux évènements. Il savait, du reste, qu'on ne l'oubliait pas et que le gouvernement légal s'efforçait d'obtenir sa mise en liberté; il en avait reçu l'assurance dans des conditions singulières. Désirant être rasé, il avait demandé un barbier; on lui avait amené un vieux bonhomme nommé Lecœur, perruquier de son état, demeurant rue Ferrus, n° 5, et faisant métier de *barberot* à l'hospice Sainte-Anne et à la prison de la Santé. C'était un ancien marin qui pendant longtemps avait été attaché à l'amiral de Mackau. Introduit dans la cellule du général Chanzy, sous la surveillance directe des fédérés, il pesta contre le jour qui était insuffisant, plaça, déplaça le général, finit par lui faire tourner le dos à ses gardiens et brusquement lui fourra le pouce dans la bouche, à la mode provençale, pour soulever la joue. Le général allait regimber, lorsqu'il sentit que Lecœur déposait une petite boulette de papier derrière ses dents inférieures. Lorsqu'il fut seul, il prit le papier, le déplia et lut : « Bon courage! ça ne durera pas longtemps; on s'occupe de vous. — Saisset. » Le général trouva le procédé ingénieux, mais l'espoir qu'on lui donnait le laissa insensible, car il attendait stoïquement l'heure de sa délivrance; elle sonna enfin le 25 mars.

Le général Cremer obtint du Comité central un ordre ainsi conçu : « Le citoyen Duval mettra immédiatement le général Chanzy en liberté. — Signé : A. Billioray, Babik, A. Bouit, A. Ducamp, Lavalette. » — Babik conduisit lui-même le général Cremer chez Duval, car on craignait que le délégué militaire à la Préfecture de police ne fît encore quelque difficulté ou que Raoul Rigault n'intervînt. Duval s'exécuta de bonne grâce et écrivit : « Ordre de mettre en liberté immédiate le citoyen Chanzy. » Sur la simple observation du général Cremer, il ajouta : « et Langourian. » Babik, qui était un mystique atteint de théomanie, pleurait de joie à l'idée de rendre le général Chanzy à la liberté. « Vous l'aimez donc beaucoup? lui demanda le général Cremer. — Je ne l'ai jamais vu, » répondit Babik en sanglotant. — Celui-là non plus n'était point méchant, c'était un simple. Si Allix, l'inventeur des escargots sympathiques, et Babik avaient dirigé le gouvernement de la Commune, ils n'auraient choisi pour otages ni les généraux ni les archevêques; mais, afin d'assurer leur propre liberté, ils auraient dû faire arrêter tous les médecins aliénistes.

Ce fut le soir, fort tard, vers minuit, que Babik et le général Cremer se présentèrent à la Santé; le directeur et le greffier Laloë firent rapidement les formalités pour lever l'écrou, sans prévenir les fédérés, qui dormaient dans leur poste. Des vêtements bourgeois avaient été envoyés aux généraux prisonniers; ils sortirent déguisés, pour ainsi dire, afin d'éviter toute nouvelle collision avec les gardes nationaux, et ils purent emmener avec eux le capitaine Ducauzé de Nazelles[1]. Le mandat de libération fut contresigné par le délégué du secteur, Quinard, qui n'osa point résister à un ordre de son propre général, du général Émile Duval. M. Chanzy n'en était point quitte encore; il devait, avant d'être mis définitivement en liberté, comparaître avec les généraux Cremer et de Langourian devant le Comité central.

[1] « 25 mars 1871. — Ordre de mettre en liberté et de partir immédiatement au citoyen Ducauzé de Nazelles. — *Signé :* le général E. Duval. »

Il était plus de minuit; au milieu de la fumée du tabac, sous la clarté des lampes, les hommes du Comité ne ressemblaient guère à un tribunal jugeant nos plus illustres généraux. Épuisés par un travail qui les accablait d'autant plus qu'ils n'en avaient même pas une notion confuse, soutenant leur énergie défaillante par des verres de vin ou d'eau-de-vie, sommeillants ou surexcités, ils ressemblaient à des spectres; écrasés de lassitude, ils avaient retiré leur cravate et plus d'un avait quitté ses chaussures. L'impression fut profonde, car elle subsiste encore chez ceux qui eurent à subir ce jugement dérisoire.

Devant la Commission d'enquête parlementaire sur l'insurrection du 18 mars, le général Cremer a fait du Comité central une peinture qui doit être reproduite : « C'était un spectacle navrant de voir ces salles de l'Hôtel de Ville pleines de gardes nationaux. Quand on montait par le grand escalier, il y avait dans la grande salle tout ce que l'orgie peut avoir de plus ignoble, des hommes et des femmes ivres; on traversait deux ou trois autres salles plus calmes, et l'on arrivait à une autre qui donne à l'angle de l'Hôtel de Ville et du quai. C'est là que le Comité central tenait ses séances. Ils se prenaient aux cheveux au bout des cinq premières minutes de délibération; il n'y a pas de cabaret qui puisse donner idée des délibérations du Comité central; tout ce qu'on a imaginé d'excentrique dans ces derniers temps pour les petits théâtres n'est rien à côté de ce que j'ai vu... Ils n'étaient jamais plus de six ou sept en délibération. Les uns sortaient, les autres entraient; il y en avait qui étaient ivres : ceux-là étaient les plus assidus, parce qu'ils ne pouvaient pas s'en aller. Il y en a un de moyenne taille, trapu, ayant les cheveux longs grisonnants, la barbe mal tenue, qui avait toujours son chassepot sur l'épaule gauche; quand il parlait, à chaque phrase il prenait son chassepot, vous tenait en joue, et, quand la phrase était finie, il remettait son chassepot sur l'épaule. »

On pourrait croire que le général Cremer, habitué à la régularité militaire, a un peu chargé le tableau; on se tromperait, il n'a dit que la vérité. Nous en trouvons la preuve dans un mémoire inédit, écrit par un de ceux qui signèrent l'ordre d'élargissement du général Chanzy. Voici en quels termes, presque identiques à ceux du général Cremer, il rend compte de la première séance du Comité central : « Après vérification des pouvoirs dont nous étions munis, nous fûmes introduits. Non, jamais je n'oublierai le spectacle qui s'offrit à ma vue, lorsque j'eus franchi le seuil de la salle qui venait de s'ouvrir devant nous. Qu'on se figure, assis autour d'une longue table, des hommes à la tenue débraillée, aux manières communes, sales, hâves, ébouriffés, parlant tous en même temps avec des gestes furibonds et paraissant toujours prêts à se jeter les uns sur les autres. Et quel langage! quelles expressions! quel cynisme! C'était à croire que tous les personnages de Callot étaient descendus de leurs cadres et faisaient ripaille ce jour-là à l'Hôtel de Ville. »

Cremer rusa devant le Comité et fut habile, car on le soupçonnait déjà de s'être abouché avec Versailles, et il était question de le passer par les armes. Il put cependant se dégager et emmener avec lui les deux généraux qui durent emporter une singulière idée du gouvernement qu'une série de faiblesses et de violences venait d'infliger à Paris. Le général Chanzy se rendit chez son frère, boulevard Magenta; il y était à peine installé que, vers deux heures du matin, on lui apporta une lettre de l'honnête Babik. Celui-ci le prévenait, en toute hâte, que le Comité du XIIIe arrondissement, représenté par les officiers du neuvième secteur, furieux de ce qu'ils appelaient son évasion, venait d'envoyer plusieurs émissaires à sa recherche avec ordre de l'arrêter. Le général Chanzy ne se sentit plus en sécurité à Paris et se savait utile ailleurs; il alla réveiller le général Langourian, qui s'était réfugié boulevard Malesherbes. Les deux généraux partirent à pied, sans plus tarder, et arrivèrent à Versailles le matin même du jour où Paris insurgé allait procéder aux élections des membres de la Commune [1].

II. — LES DÉTENUS.

M. Claude, chef du service de la sûreté. — Son arrestation. — Il repousse les propositions de Duval. — Il est écroué à la Santé. — Ce qu'était M. Claude. — Les surveillants de la prison. — Les greffiers MM. Laloë, Peretti et Tixier. — Les délégués du neuvième secteur. — Deux hommes dans Caullet. — Sa déconvenue. — Bonté de Caullet. — Complot pour faire évader M. Claude. — Une visite nocturne. — Le colonel Chardon. — Les gendarmes de la caserne des Minimes. — Les fédérés s'emparent de la prison. — On parvient à les expulser. — Un arrêté du blanchisseur Grêlier.

Un personnage moins illustre que le général Chanzy, mais qui jouissait à Paris d'une grande notoriété, M. Claude, chef du service de la sûreté à la Préfecture de police, fut amené le 20 mars à la prison de la Santé. Ce jour-là, vers dix heures du matin, il traversait la cour du Palais de Justice; il fut reconnu par un garçon de salle, qui le désigna à des fédérés. Arrêté, conduit chez le général Duval, M. Claude fut in-

---

[1] M. l'amiral Saisset a dit que, dans l'acte de délivrance du général Chanzy, l'intervention de MM. Cremer et Arronsohn n'avait point été désintéressée. C'est là un incident dont nous avons cru devoir ne pas parler, car aucun des documents que nous avons eus sous les yeux ne se rapporte aux faits relatés dans la déposition de l'amiral Saisset. (*Enquête parlementaire sur l'insurrection du 18 mars*, t. II, p. 314 et suiv.)

troduit dans le cabinet dit du préfet, qu'il connaissait bien. Le général, très galonné, y trônait au milieu de plusieurs individus armés; il accueillit M. Claude avec cordialité et lui dit : « Pourquoi ne resteriez-vous pas avec nous et ne serviriez-vous pas le gouvernement que Paris vient d'acclamer? » M. Claude fit un geste de refus. Duval lui prit familièrement le bras et l'entraîna dans une chambre voisine où ils étaient seuls. Duval renouvela ses offres. « Nous avons besoin de vous plus que de tout autre; nous ne nous faisons pas d'illusions, nous savons que les hommes pratiques et les administrateurs nous manquent. Vous pouvez nous être utile, joignez-vous à nous, et vous n'aurez pas à vous en repentir. » M. Claude répondit : « Ce que vous me demandez est impossible; si j'hésitais à repousser votre proposition, vous me mépriseriez et je ne m'estimerais guère; vous ne pourriez avoir confiance en moi, si je consentais à servir un gouvernement que j'aurais voulu combattre. » Duval dit: « C'est bien! Où désirez-vous que l'on vous conduise? — Mais, chez moi, répliqua M. Claude. — Cela ne se peut; vous êtes prisonnier; si vous n'avez pas de goût pour une prison plutôt que pour une autre, on va vous diriger sur la Santé. — Soit, répondit M. Claude; mais les rues de Paris me paraissent dangereuses pour moi, et je vous prie de me faire mettre une voiture à ma disposition. »

Cinq minutes après, M. Claude et un de ses garçons de bureau nommé Morin, arrêté « par-dessus le marché », montaient dans un fiacre, place Dauphine, escortés de quelques fédérés. A ce moment, un des officiers de Duval accourut, fit descendre M. Claude, et à voix basse le sollicita de ne pas rejeter les offres qui lui étaient faites. Le refus de l'honnête homme fut catégorique; l'officier lui dit alors : « Ne vous en prenez donc qu'à vous-même de ce qui pourra vous arriver! »

Cette menace date du 20 mars; elle semble prouver que dès cette époque on se proposait d'être, au besoin, « carrément révolutionnaire ».

En arrivant à la prison de la Santé, on fut obligé de ralentir le train de la voiture pour passer au milieu d'un groupe d'une centaine d'individus qui surveillaient la porte d'entrée afin d'empêcher l'évasion du général Chanzy. Lorsque ces gardes volontaires eurent appris que le prisonnier n'était autre que le chef de la sûreté, ils s'élancèrent vers le fiacre en criant : « A mort le *roussin !* » Heureusement la grille, rapidement ouverte, permit à la voiture de pénétrer dans la cour. M. Claude fut écroué et placé dans une des cellules du rez-de-chaussée. C'était alors un homme de soixante-sept ans, petit, trapu, solide, très actif; ses cheveux blancs, son visage rasé, lui donnaient l'apparence d'un vieux notaire; ses petits yeux bleus très mobiles avaient une singulière perspicacité, et bien souvent, derrière les masques les mieux appliqués, avaient reconnu les criminels. Chargé, en qualité de chef du service de la sûreté, de la surveillance, de la recherche et de l'arrestation des malfaiteurs, M. Claude avait souvent déployé une habileté qui l'avait rendu légendaire parmi le mauvais peuple de Paris. On savait que *le patron*, comme l'appelaient familièrement les inspecteurs de son service, payait volontiers de sa personne, et que seul, ainsi qu'on l'avait vu dans l'affaire Firon, il s'en allait mettre la main sur les assassins les plus redoutables. Dans plusieurs occasions, il avait fait preuve d'un esprit d'induction très remarquable et avait reconstitué toutes les circonstances d'un crime, malgré les fausses pistes où l'on cherchait à l'entraîner; un de ses tours de force en ce genre fut la découverte du cadavre du père Kink, découverte qui permit de donner une base indestructible à l'accusation portée contre

Troppmann. Il est donc naturel que Duval ait essayé de s'attacher un homme d'une pareille valeur ; mais s'il l'avait connu, il se serait épargné la peine de lui faire des propositions inutiles.

M. Claude apprit le 23 mars que trois commissaires de police, MM. André, Dodieau et Boudin, venaient d'être incarcérés près de lui avec leurs trois secrétaires, quatre inspecteurs attachés à leur commissariat et trois garçons de bureau. Leur nouveau logis, tout triste qu'il était, dut leur sembler agréable en comparaison de celui qu'ils venaient de quitter ; car, depuis le 18 mars, ils étaient enfermés dans la prison disciplinaire de l'avenue d'Italie, où Sérizier les avait fait conduire après les avoir arrêtés à leur domicile. A la Santé, du moins, ils étaient à l'abri d'un coup de main, ils recevaient régulièrement leur distribution de vivres, ils avaient à leur disposition la bibliothèque que M. Lefébure a formée ; ils étaient sous la surveillance d'un personnel d'employés qui les connaissaient presque tous, et qui, impuissants à leur rendre la liberté, pouvaient adoucir pour eux les sévérités du règlement. Ils étaient certains, et c'était pour eux une garantie sérieuse, que le service serait conservé par les sous-ordres de la prison. Un commissaire de police, M. Monvalle, avait pu aller à Versailles, y recevoir des instructions, et revenir prescrire aux greffiers, ainsi qu'aux surveillants, de ne point abandonner la Santé.

Les trois greffiers, MM. Laloë, Peretti et Tixier, s'étaient distribué les rôles : M. Laloë dirigeait les opérations du greffe et, en réalité, menait la maison ; M. Peretti, aidé avec dévouement par le surveillant Croccichia, qui faisait le service du rond-point, restait en rapport avec les otages ; M. Tixier s'était mis dans les bonnes grâces de Caullet, le conseillait, en était écouté et lui inspira les mesures de salut qui préservèrent la prison. L'influence qu'ils exerçaient sur le directeur trouva promptement une occasion de se manifester. Aussitôt après l'arrestation des généraux Chanzy et de Langourian, le secteur avait envoyé quatre délégués qui devaient rester en permanence à la Santé pour surveiller les prisonniers d'État, s'assurer de leur présence et prescrire toutes précautions afin d'éviter qu'ils ne s'évadassent[1]. Les généraux avaient été relaxés, mais les délégués, qui ne se trouvaient point mal à la prison, où ils commandaient en maîtres et n'avaient rien à faire, ne s'empressaient point d'aller reprendre leur service militaire.

Les greffiers firent comprendre à Caullet que la présence de ces délégués était un outrage à son autorité, et qu'il était de sa dignité de les renvoyer au secteur d'où ils étaient venus. Caullet, pour mieux conduire cette négociation, emmena les délégués chez le marchand de vin, leur paya largement à boire et réussit à en débarrasser la maison. De ce moment, les greffiers et les surveillants s'entendirent pour laisser quelque liberté aux otages; la porte de leur cabanon ne fut plus trop rigoureusement fermée, ils purent communiquer et se promener ensemble dans les couloirs.

On avait remarqué qu'il y avait deux hommes dans Caullet, l'homme du matin et l'homme du soir. Celui du matin était débonnaire, facilement amené aux bonnes inspirations, car il était à jeun et livré à lui-même; celui du soir était tout autre : il faisait de l'autorité à tort et à travers; il allait s'assurer si les détenus étaient

[1] « Ordre au directeur de la prison de la Santé d'admettre les quatre délégués du Comité central du XIII° arrondissement, pour exercer une surveillance spéciale sur les deux généraux et autres officiers enfermés dans ladite maison, et de n'entraver en rien leur surveillance, faute de quoi il aurait à répondre devant le comité de la garde nationale. » Pas de signature, pas de date, mais le timbre état-major de la garde nationale: XIII° arrondissement.

bien « bouclés » dans leur cellule; il parlait des incomparables destinées que la Commune préparait à la France ; il disait : « Soyons fermes, brisons la réaction! » C'est qu'il avait le vin mauvais, comme l'on dit, et qu'il revenait de la Préfecture de police, où il avait entendu pérorer Raoul Rigault.

Ce pauvre Caullet éprouva une déconvenue qui lui fut pénible. Il avait senti la nécessité d'affirmer aux yeux de tous son titre de directeur et d'en porter ostensiblement les insignes. Il alla chez un des meilleurs chapeliers de Paris et se fit confectionner un képi de commandant, à quatre galons. La facture s'élevait à 24 francs, qu'il paya ; puis, réfléchissant que la Commune s'était engagée à faire le bonheur du peuple, et que son bonheur personnel consistait à se coiffer d'un képi galonné, il envoya la quittance à la Préfecture de police, avec demande de la lui rembourser. On ne sait quelle mouche piqua le directeur du matériel, qui répondit : « Le citoyen directeur est prié de payer lui-même la facture, l'ex-préfecture n'étant pas tenue de l'habiller. » Ce fut là un chagrin pour Caullet, qui n'y comprenait rien et répétait : « Est-ce que l'on doute de mon dévouement? » Il n'avait péché que par naïveté; s'il eût réquisitionné son képi, c'eût été régulier et, sans soulever la moindre objection, l'on eût « passé les écritures ».

Le 7 avril, sept otages nouveaux vinrent prendre place dans la division cellulaire; c'étaient des gendarmes qui se trouvaient confondus, par le hasard des séquestrations arbitraires, avec MM. Icard, directeur, et Roussel, économe du séminaire Saint-Sulpice. A propos de ces deux derniers détenus, on put voir que Caullet avait une mansuétude naturelle qu'il était facile d'émouvoir. Par fonction, il était tenu d'obéir aux instructions de Raoul Rigault; comme employé du gouvernement communard, il devait à sa propre sécurité de professer l'athéisme; mais, entraîné par un bon sentiment, il oublia les ordres de Rigault, oublia le danger auquel il s'exposait et permit à M. Icard de dire quotidiennement la messe dans la sacristie de la chapelle. Ce fut probablement un matin qu'il accorda cette autorisation, sur laquelle il ne revint jamais. Du reste, dans cette bonne œuvre tout le personnel était son complice et lui garda le secret.

Il n'était pas toujours aussi bienveillant, et l'un de ses détenus, M. Claude, eut parfois à souffrir de son indiscrétion. Le soir, lorsque Caullet recevait ses amis et ses amies, lorsque beaucoup de bouteilles arrivées pleines s'en étaient allées vides, il faisait les honneurs de la prison à ses invités; il les conduisait à la cellule de M. Claude, et, leur montrant le chef de la sûreté, qui avait pris l'habitude de dormir tout vêtu, il disait : « Le voilà! c'est lui! il appartient à la justice du peuple! » Ces démonstrations, qui cependant n'étaient que le fait d'une curiosité inconvenante, ne rassuraient pas M. Claude et le surprenaient, car Caullet, aux heures matinales de la complaisance, s'était montré empressé pour lui et l'avait même autorisé à recevoir les visites de sa femme.

M. Claude était l'objet des préoccupations des greffiers et des surveillants, qui auraient voulu le sauver. Un complot avait même été formé dans ce dessein. M. Laloë s'était procuré un uniforme d'officier fédéré; on comptait l'en revêtir. On l'eût fait évader un soir pendant que Caullet eût été à la Préfecture de police ou endormi devant son verre. Un peu de réflexion fit renoncer à ce projet. Quelques soins que l'on pût prendre, l'évasion d'un otage aussi important que le chef de la sûreté aurait été promptement connue du directeur de la prison d'abord, et ensuite de Raoul Rigault. Ce qu'il en serait advenu ne faisait doute pour personne : les greffiers, les surveillants auraient été incarcérés et peut-être traduits devant la cour martiale qui jugeait les crimes de haute trahison contre la Commune; ensuite on eût redoublé de brutalité envers les otages et leur vie eût été en danger, car on les eût livrés à la garde des fédérés. On s'abstint donc de mettre secrètement M. Claude en liberté, et c'est peut-être à cette détermination que les otages de la Santé ont dû de ne point périr.

M. Claude ne recevait pas seulement les visites de Caullet et de « la société » de celui-ci; il en eut de plus désagréables. Dans la nuit du 4 au 5 mai, la porte de sa cellule fut brusquement ouverte; il se jeta à bas de sa couchette et se trouva en présence d'un grand garçon, chaussé de bottes à l'écuyère et galonné sur toutes les coutures. C'était Chardon, le colonel Chardon, commandant militaire de la Préfecture de police depuis la mort du général Duval, dont il avait été l'aide de camp. Deux officiers et deux soldats tenant des lumières l'accompagnaient. Il interpella M. Claude avec grossièreté : « Eh bien! vieille canaille, tu en as assez mis dedans, t'y voilà à ton tour, et je n'en suis pas fâché. » M. Claude répondit : « Je n'ai jamais fait exécuter que les mandats de justice, et à moins d'une erreur, comme le plus honnête homme peut en commettre, je n'ai jamais arrêté que des malfaiteurs. » A ce mot Chardon pâlit; il se frappa la poitrine de la main, comme s'il eût voulu se désigner lui-même; mais il retint une parole près de s'échapper et se tut. Il regarda M. Claude pendant un instant et se mit à rire. « Tout cela, mon vieux, n'empêchera pas qu'on te débarbouille la figure avec du plomb. » M. Claude, laissé seul, évoqua ses souvenirs et se rappela qu'en exécution d'un jugement du tribunal correctionnel, il avait eu à faire écrouer un ouvrier chaudronnier, qui avait commis un vol insignifiant dans les ateliers du chemin de fer d'Orléans. Le colonel Chardon n'était autre que ce chaudronnier. C'était du reste un homme dans lequel on pouvait avoir confiance; au mois d'avril, il avait été passer quelques jours à Genève et en avait rapporté vingt passeports suisses, qui plus tard ne furent point inutiles à ses amis.

Le 13 mai, une fournée d'otages fut amenée à la Santé. Quarante-sept gendarmes, occupant la caserne des Minimes, avaient, le 18 mars, refusé de se rendre, et, encore plus, de faire cause commune avec l'insurrection. Depuis ce temps, on les gardait à vue; un poste de fédérés était établi près d'eux, des sentinelles surveillaient les portes; on leur avait accordé ainsi une sorte de liberté relative, qui parut excessive au moment où l'on avait à redouter un effort de l'armée française; il fut donc décidé qu'ils seraient écroués à la Santé. Deux jours après, neuf otages furent encore mis sous les verrous; parmi eux on comptait le suisse de Notre-Dame de Lorette et M. d'Entraigues, conservateur du mobilier de la liste civile, qui s'était permis de refuser du linge à la fille Victorine-Louise Louvet, maîtresse du général Eudes.

La présence des gendarmes incarcérés à la Santé fut une cause de péril pour la prison, péril que Caullet, soufflé par les greffiers, réussit à conjurer. Le 19 mai, cent soixante fédérés, venant du IX⁰ secteur, ivres pour la plupart, commandés par Jollivet, envahirent la maison, en vertu d'un ordre de Cayol, le bras droit et au besoin le suppléant de Sérizier. Le prétexte donné à cette irruption était qu'il fallait surveiller et déjouer un complot formé par les gendarmes; que ceux-ci étaient des otages appartenant au peuple, et que le peuple avait pour devoir de ne les point perdre de vue. Sérizier, en homme prudent, connaissant la chute du fort d'Issy, sachant que le gouvernement de Versailles allait agir avec vigueur, car, deux jours auparavant, le 17, il avait reçu une forte somme pour livrer une porte qu'il n'avait point livrée [1], Sérizier, n'ignorant pas qu'en cas de défaite la Commune fusillerait les otages, avait envoyé des hommes sûrs à la Santé afin d'avoir un peloton d'exécution à ses ordres quand le moment serait venu. L'état d'ivresse de presque tous les fédérés ne permettait pas de raisonner avec eux. Caullet était perplexe.

Les trois greffiers et le brigadier, un vieil Alsacien intrépide nommé Adam, comprirent qu'il fallait louvoyer, et que l'on risquerait d'échouer en attaquant directement l'obstacle. On fit bonne figure aux hommes du secteur; on leur expliqua et ils comprirent, tant bien que mal, que leur présence au rond-point et dans les corridors neutraliserait le service; on redoutait de les voir se promener en armes devant les cellules, car, dans ce temps-là, les fusils partaient volontiers tout seuls, et on les décida à établir leur poste dans la chapelle. Ils y furent mal couchés, car on n'avait pas de lits à leur donner; ils y furent mal nourris, encore moins abreuvés, car la prison ne recevait que les vivres déterminés pour les détenus. En causant avec eux, et sans paraître y attacher d'importance, on leur disait que les prisons étaient du ressort de Ferré, délégué à la sûreté générale, qui ne supportait pas que l'on empiétât sur son pouvoir et ferait peut-être payer cher, non pas à Sérizier, mais aux subordonnés de celui-ci, la fantaisie qu'ils avaient eue de se substituer à son autorité. Le lendemain, 20 mai, ils étaient fatigués, ennuyés, altérés. On raconta négligemment devant eux

---

[1] *Enquête parlementaire sur le 18 mars*; dépositions des témoins; déposition de M. Ossude.

que Ferré était attendu dans la maison, où il avait annoncé sa visite; les uns eurent faim, les autres eurent besoin d'aller chez eux, tous eurent soif, et, peu à peu, un à un, ils décampèrent et ne revinrent plus. Encore une fois la prison était rendue au personnel régulier.

Le dimanche 21 mai, des surveillants sortis dans la rue de la Santé achetèrent le *Journal officiel* paru le matin même et y lurent : « Les habitants de Paris sont invités à se rendre à leur domicile sous quarante-huit heures; passé ce délai, leurs titres de rente et grand-livre seront brûlés. » — Cet arrêté peu correct était l'œuvre de Grêlier, membre du Comité central. Un gardien dit : « S'ils en sont là, c'est que leur fin approche, nous n'avons plus longtemps à les supporter. »

III. — L'ORDRE D'EXÉCUTION.

Proclamation de Delescluze. — Le convoi de munitions. — Hésitation de Caullet. — Il subit l'influence de M. Tixier. — Il refuse de recevoir les poudres. — Ordre d'exécuter les otages. — Les greffiers interviennent. — Bonnes dispositions de Caullet. — On vient s'assurer si l'ordre sera exécuté. — Inquiétude des détenus. — Marche en avant de l'armée française. — Sérizier et Millière. — Jean-Baptiste Millière. — Altercation. — Sérizier donne ordre au chef du poste de fusiller les otages. — Une réminiscence du quatrième acte des *Huguenots*. — Tout le monde s'embrasse. — Les obus de Sérizier. — Exaltation momentanée de Caullet. On l'enferme. — La délivrance. — La condamnation de Caullet. — Un mot de M. Claude.

Le 22 mai, le jour même où, dans le *Journal officiel*, on put lire, sous la signature Delescluze, une proclamation emphatique : « Place au peuple, aux combattants aux bras nus! l'heure de la guerre révolutionnaire a sonné. » Au moment où l'on entendait au loin tonner la canonnade, on put s'apercevoir que Sérizier n'avait point oublié la Santé. Vers quatre heures du matin, un convoi de vingt-deux voitures chargées de tonneaux de poudre et de munitions de guerre s'arrêta devant la porte de la prison. L'officier fédéré qui le conduisait exhiba un ordre émanant de l'état-major et enjoignant au directeur d'avoir à emmaganiser toutes ces matières exploxibles dans les sous-sols de sa maison. Caullet fit appeler M. Tixier, qui se récria : — on n'avait d'ordres à recevoir que du délégué à la sûreté générale ; le chef hiérarchique des directeurs de prisons est le chef du troisième bureau de la première division de la Préfecture de police ; lui seul régulièrement pouvait imposer la réception de cet amas de poudre dont la place était au dépôt des munitions du IXe secteur ; obéir à l'injonction d'un officier n'exerçant aucune autorité légitime sur la maison pénitentiaire, ce serait commettre un acte imprudent, dont les conséquences retomberaient sur celui qui s'en rendrait coupable. M. Tixier ne faisait qu'exprimer son opinion : c'était au directeur à décider s'il voulait accepter une telle responsabilité et jouer sa tête pour plaire à Sérizier.

Caullet ne se souciait pas de recevoir ces barils de poudre. Se sentant soutenu par les greffiers, il refusa de laisser décharger les voitures et ne toléra même pas qu'on les fît entrer dans la cour. Il envoya prévenir Ferré et lui demanda ses instructions. L'ordre fut péremptoire : le directeur Caullet doit recevoir les munitions, les placer dans les sous-sols de la Santé et faire immédiatement élever des barricades par les fédérés qui gardent le poste d'entrée afin de défendre l'accès de la prison. — Les greffiers se récrièrent de plus belle : — Ferré, délégué à la sûreté générale, empiétait sur les attributions de Delescluze, délégué à la guerre ; il ne pouvait sous aucun prétexte changer la destination de la maison ; celle-ci était prison et non point poudrière ; le devoir de Caullet était de désobéir à un ordre dont Ferré n'avait certainement pas mesuré la portée. Cette fois encore Caullet, qui ne demandait qu'à être convaincu, se laissa convaincre et prescrivit à l'officier fédéré d'avoir à s'éloigner avec son chargement. L'officier n'était point satisfait, mais, tout en grommelant, il reprit la tête de son convoi et le conduisit à la manufacture des Gobelins, où Sérizier, chef de la XIII° légion, avait son quartier général.

Le même jour, à onze heures du matin, une estafette remit à Caullet une dépêche : timbre rouge, comité de sûreté générale. Caullet pâlit en lisant : « Paris, le 22 mai 1871. Le directeur de la prison de la Santé a l'ordre de faire fusiller les gendarmes, sergents de ville et agents secrets bonapartistes qui sont détenus en cette prison, si les insurgés versaillais ont l'audace de l'attaquer et de vouloir la prendre. — Le délégué, Th. Ferré. » — Il donna reçu, puis sans mot dire tendit la dépêche à M. Laloë. « Que ferez-vous ? demanda celui-ci. » En signe d'indécision, sans répondre, Caullet leva les épaules. Alors les trois greffiers, MM. Laloë, Peretti, Tixier, l'entourèrent et lui dirent tout ce que des gens de bien peuvent imaginer pour éloigner la possibilité d'un pareil forfait. L'âme de Caullet flottait entre la volonté de sauver les otages et la crainte que lui inspirait celui qui avait signé l'ordre du massacre. Pour le décider, on insinua que les troupes françaises étaient dans Paris; que c'était folie de croire que les fédérés pourraient leur résister; que la justice serait implacable pour les prévaricateurs; que lui il n'avait que des peccadilles à se reprocher; qu'il ne devait à aucun prix se fermer la voie du salut et que, du reste, M. Claude, prévenu de son bon vouloir pour les otages, sachant qu'il lui devrait la vie, saurait le défendre et au besoin le protéger. Il n'en fallait pas tant; Caullet jura : « Il ne tombera pas un cheveu de leur tête! » Le brigadier Adam averti par un des greffiers, dit ce mot profond: « Pourvu qu'il ne boive pas trop! »

Les greffiers et les surveillants ne doutaient pas de la résolution sincère de Caullet, mais ils connaissaient sa faiblesse; ils convinrent entre eux de le garder pour ainsi dire à vue et de ne jamais le laisser seul avec les messagers de la Préfecture de police ou du IX⁰ secteur. Il n'y avait pas une heure que l'ordre de Ferré avait été reçu, lorsque le commandant Cayol arriva de la part de Sérizier. Brusquement il dit à Caullet, que l'on avait retenu à causer dans le greffe: « Peut-on compter sur ton personnel? — Oui, il est dévoué. — As-tu reçu l'ordre de fusiller tous les mouchards que tu as en otage? — Oui. — Quand leur feras-tu casser la tête? » Un greffier intervint et répondit: « L'ordre est éventuel, nous ferons le nécessaire. » Cayol se contenta de cette assurance et s'éloigna; avant de partir, il dit à Caullet: « Veux-tu que je t'envoie des hommes? » Caullet riposta : « C'est inutile; la compagnie qui est de service à la porte d'entrée suffira... » Lorsque Cayol fut parti, Caullet, répondant à sa pensée intime, dit à haute voix : « Non! on ne les fusillera pas ici; si on veut les fusiller, on les emmènera ailleurs. J'ai été soldat, je ne suis pas un coquin; non, je ne les laisserai pas fusiller. » Il était fort animé; sa résolution de sauver les otages était prise et ne vacilla plus.

Sans savoir ce qui se passait, les otages étaient inquiets; ils comprenaient que le dénouement était proche; quel serait-il? Si souvent on les avait menacés de les mettre à mort, qu'ils s'y attendaient et se préparaient à avoir bonne contenance devant les assassins. La journée cependant ne fut plus troublée; nul ordre nouveau, nulle visite nouvelle ne vint activer les angoisses du personnel, décidé à sauver les détenus et ne sachant pas encore s'il y parviendrait. Les évènements extérieurs, qui devaient avoir une influence décisive sur le sort de la Santé, étaient ignorés par ceux-là mêmes auxquels il importait tant de les connaître. Personne dans la prison ne se doutait alors que deux points stratégiques d'où pouvait dépendre le salut, étaient déjà au pouvoir de notre armée. L'aile droite avait poussé sa marche en avant sous les ordres du général de Cissey; à cinq heures du soir, elle enlève la gare Montparnasse, d'où elle pourra se diriger vers le Panthéon; un peu plus tard, elle chasse les fédérés de la route d'Orléans et prend la barricade appuyée à l'église Saint-Pierre, ce qui lui ouvre le chemin de la Butte-aux-Cailles, que le fédéré Wrobleski arme d'une formidable artillerie. Si cette dernière position n'avait été défendue avec ténacité par les fédérés, qui un moment ressaisirent l'offensive, la rive gauche tout entière eût appartenu à l'armée dans la journée du 23 mai.

A la Santé, le directeur et les greffiers croyaient en être quittes avec les tentatives de massacre; ils avaient tort : la dernière et la plus énergique allait se produire à onze heures du soir. Le chef de la 13e légion, Sérizier, accompagné de Millière, et un inconnu vêtu en officier d'artillerie entrèrent au greffe et demandèrent si les otages étaient exécutés. Caullet répondit : « Non. » Sérizier se mit en colère. Caullet lui dit : « Je n'ai pas d'ordre à recevoir de vous. » Sérizier était d'une extrême violence. Ce corroyeur, fort capable d'une bonne action, comme nous l'avons constaté lors de l'arrestation du général Chanzy, avait des moments « où il voyait rouge »; sa brutalité naturelle, surexcitée par l'abus des boissons alcooliques, en faisait alors un homme dangereux. Il s'empara du livre d'écrou, le feuilleta au hasard, en criant : « Combien y a-t-il d'otages ici? » On ne lui répondit pas; en réalité, il y en avait cent quarante-sept. Il vociférait : « Il faut les tuer tous et les employés aussi; ce sont des Versaillais. » L'officier d'artillerie lui disait en souriant : « Fais-les descendre, et tu verras comme je sais travailler. » Sérizier se mit alors à écrire une liste de noms divisés en trois catégories : gendarmes, curés, agents secrets, — à fusiller.

Les surveillants, qui connaissaient Millière pour l'avoir gardé depuis le 12 février jusqu'au 10 mars 1870 dans la cellule n° 22 de la quatrième division, n'en croyaient pas leurs yeux et restaient stupéfaits en voyant à quels excès un homme peut être entraîné par la passion politique. Millière, debout, regardait Sérizier s'agiter et ne disait rien. Qu'aurait-il pu dire? qu'est-ce que ce lettré faisait avec cet assassin? La fatalité des insurrections les avait réunis côte à côte dans la même œuvre dégradante, et si à cette minute, loin du combat qui enfièvre, de la défaite qui exaspère, Millière a compris le rôle auquel il se condamnait, il a dû en rabattre de l'orgueil dont il était dominé. Mieux que tout autre il devait comprendre combien sa conduite était inexcusable, car il savait par expérience que tout homme de persévérance se fait sa place dans notre société tant calomniée par les impuissants. Ses débuts avaient été durs. Fils d'un ouvrier tonnelier, il avait jusqu'à vingt ans taillé les douves et cerclé les fûts. La honte de sa condition l'avait saisi; seul, sans aide, il avait travaillé, s'était fait recevoir licencié, puis docteur en droit; la politique l'avait adopté et l'avait envoyé à l'Assemblée nationale. Au lieu de se donner en exemple, de prêcher le travail, il prêcha la révolte, et de chute en chute il en était arrivé à venir, avec un meurtrier de bas étage, voir si l'on allait tuer deux ou trois prêtres et quelques gendarmes. On peut croire qu'il s'est laissé séduire par le vice sans merci, par la haine envieuse. Il l'a prouvé dans une circonstance qu'il est pénible de rappeler. C'est lui qui, complice de Félix Pyat, a publié dans *le Vengeur* des pièces sous lesquelles l'honorabilité de M. Jules Favre a sombré et dont l'Empereur Napoléon III, qui les connaissait, avait interdit la divulgation. C'était là une œuvre de perversité, dont les suites aboutirent au procès que la cour d'assises de la Seine jugea dans son audience du 6 septembre 1871. On a dit que le 23 mai, place du Panthéon, Millière avait fait fusiller une trentaine de fédérés qui refusaient de se battre. Ce fait est-il vrai? Nous l'ignorons; mais on peut affirmer que celui qui se ravala jusqu'à être le compagnon de Sérizier pendant la soirée du 22, était capable de tout. Lorsqu'il mourut, il tomba en criant : « Vive l'humanité! » Parole trop vague pour n'être pas puérile, et qui dénote simplement la vanité théâtrale de celui qui la prononça; à moins, comme on l'a prétendu, que cette parole ne fût une sorte de mot de ralliement adopté par les membres de l'Internationale [1].

Cependant Sérizier ne s'apaisait pas; il argumentait contre Caullet, qui lui tenait tête. Le raisonnement de celui-ci était fort simple : « Je dois compte de mes détenus à la Préfecture de police qui me les a confiés, je n'ai pas à obéir à des chefs de légion. J'ai été soldat et je connais la discipline; j'ai reçu des ordres éventuels, je les exécuterai quand le moment déterminé

---

[1] On a essayé de nier la présence de Millière — je dis Jean-Baptiste Millière, né à La Margelle (Côte-d'Or), le 13 décembre 1817, fils de Claude et d'Anne Meunier — à la prison de la Santé en compagnie de Sérizier; c'est enfantin. Sérizier lui-même n'en fait point mystère devant le 6º conseil de guerre, siégeant à Versailles, en l'audience du 8 février 1872. (Voir la *Gazette des Tribunaux* du 9 février 1872, p. 135, 2º colonne.) On a tenté aussi de le confondre avec Frédéric Millière, chef de la dix-huitième légion, qui fut acquitté par la justice militaire; aucune de ces suppositions peu désintéressées ne tient devant la réalité des faits.

sera venu. » Une lueur traversa l'esprit de Sérizier. « Est-ce que tu as gardé ton ancien personnel ? — Oui. » Sérizier injuria Caullet, lui dit qu'il avait manqué à tous ses devoirs, car on lui avait prescrit de renvoyer tous les surveillants. Caullet nia le fait, et une violente discussion s'engagea. Caullet, pour prouver qu'il ne mentait pas, fouillait dans les tiroirs, et enfin, triomphalement, montra un papier : « 7 avril 1871. Le citoyen Caullet, directeur de la prison de la Santé, est autorisé à prendre toutes les mesures nécessaires relativement aux employés de son personnel. — Signé : L. Chalain. — Approuvé : Raoul Rigault. » — « Imbécile, lui dit Sérizier, tu n'as pas compris ; il fallait les mettre tous à la porte. » Puis, se tournant vers Millière, il ajouta à voix basse : « Il n'y a rien à faire ici, allons-nous-en. » Il emporta la liste qu'il avait dressée, et, montrant le poing à Caullet, il lui cria : « Toi, je te retrouverai ! » Sérizier, Millière et l'artilleur se retirèrent. Le brigadier Adam les précéda pour leur ouvrir les portes et entra avec eux dans le poste d'entrée. Là, Sérizier remit au capitaine commandant la liste des otages, et lui dit : « Vous ferez vous-même fusiller tous ces gens-là. » Le capitaine répondit : « C'est bien ! »

Le brigadier Adam ferma la porte sur ces trois personnages, qui s'éloignèrent par la rue de la Santé, dans la direction du boulevard Arago ; il attendit quelques instants, puis, s'adressant au chef de poste, il lui demanda : « Est-ce que vous aurez le courage de commettre un pareil crime ? » Le fait qui se passa alors est étrange. La compagnie qui était de garde au poste d'entrée appartenait à la garde nationale sédentaire, et était composée en majeure partie de petits boutiquiers du faubourg Saint-Jacques, hommes paisibles, faisant leur service sans entrain, alléchés par la solde et ne s'associant point aux mauvais actes de la Commune. Le capitaine, déjà d'un certain âge, avait bonne réputation dans son quartier. A la question du brigadier Adam, il baissa la tête comme s'il eût cherché à préciser un souvenir; puis, tout à coup, avec un geste dramatique et une voix de basse-taille, il dit, ou plutôt il modula : « Parmi ces citoyens, je compte des soldats et pas un assassin ! » Il avait été jadis choriste à l'Opéra ; une réminiscence du quatrième acte des *Huguenots* lui avait dicté sa réponse.

Adam courut au greffe. Caullet et les greffiers vinrent en hâte dans le poste; on félicita le capitaine, on serra la main des fédérés sédentaires, il y eut là un mouvement d'enthousiasme pour le bien qui fut touchant. Les soldats renchérissaient sur leur chef et criaient : « Non, nous ne sommes pas des assassins ! » On fit rentrer les sentinelles extérieures; on enleva les cartouches des fusils, que l'on disposa en faisceaux dans la cour; de ce moment les gardes nationaux n'y touchèrent plus. Le personnel des surveillants eût pu s'en emparer et résister en cas d'alerte.

Le lendemain 23 mai, les extrémités de la rue de la Santé étaient fermées par deux barricades que défendaient des fédérés du 176e bataillon. Les soldats du poste ne se mêlèrent point à eux et restèrent à vaguer dans les cours et dans le chemin de ronde de la prison. La porte demeura close, nul n'essaya de la franchir. La maison formait une masse silencieuse au milieu de la bataille qui l'entourait de toutes parts. Vers le milieu du jour, les otages, libres dans les galeries, causaient entre eux, lorsqu'un obus, traversant le toit, éclata avec un bruit formidable. Les batteries de la Butte-aux-Cailles prenaient la Santé pour objectif et tiraient dessus à toute volée. On se gara comme on put, on se rassembla dans les parties de la prison les moins exposées, et l'on se demandait si, après avoir échappé à une exécution militaire, on n'allait pas périr sous les projectiles de l'insurrection.

Le déchirement des toitures par les obus, le bruit continu de la fusillade, avaient exaspéré les nerfs de Caullet; il parut tout à coup armé d'un revolver qu'il brandissait au-dessus de sa tête, en criant : « A moi, tout le personnel! on massacre nos frères! En avant! en avant! » On le regarda avec surprise, et personne ne bougea. « Vous êtes des lâches si vous ne me suivez pas! » Son allocution ne produisit pas grand effet; les surveillants haussèrent les épaules et continuèrent leur service. Caullet s'élança hors de la prison et y rentra cinq minutes après tout à fait calmé. La nuit fut dure : la Butte-aux-Cailles n'avait point suspendu son feu, et les obus n'épargnaient point la prison; on se coucha vêtu pour être prêt à tout évènement.

Le 24, il y eut des interruptions et des reprises de fusillade qui ravivaient et affaiblissaient l'espoir des otages; les vivres commençaient à manquer. Entre onze heures et midi, le vitrage de la maison s'abattit dans les couloirs comme un ouragan de verres cassés. C'était la poudrière du Luxembourg qui venait de sauter. Vers trois heures de l'après-midi, un surveillant qui avait été jeter un coup d'œil dehors vint annoncer que les barricades étaient abandonnées et que la rue de la Santé restait déserte. Les greffiers tinrent rapidement conseil entre eux; puis on enferma Caullet dans son propre cabinet, en lui déclarant qu'on le regardait comme démissionnaire et détenu; il ne fit aucune résistance et dit seulement : « Je me recommande à M. Claude. » M. Laloë prit la direction de la maison. Un gardien fut placé près de la porte d'entrée, avec ordre de surveiller la rue; il ne tarda pas à apercevoir quelques hommes et un caporal appartenant au 113ᵉ de ligne; il les appela, ils entrèrent. M. Laloë les prévint que la prison était libre, que les gardes nationaux sédentaires qui l'occupaient n'étaient point à craindre, que le directeur était sous clef et qu'il serait urgent d'envoyer dans la maison une force suffisante pour la garder. Le caporal revint bientôt avec une compagnie du 85ᵉ, commandée par le capitaine de La Serre. A quatre heures, M. Claude et Caullet étaient conduits, gare Montparnasse, au quartier du général de Cissey. M. Claude se fit reconnaître à la prévôté et envoya chercher les autres otages, qui, dans la soirée, furent extraits de la prison par un officier d'état-major. M. Claude avait hâte de partir pour Versailles et d'aller reprendre son service. Avant de quitter Caullet, qui était en état d'arrestation, il lui serra la main. L'ex-directeur n'était point rassuré; il dit à M. Claude : « Pensez à moi et tâchez de me sauver ! » M. Claude le lui promit et a tenu parole.

Caullet fut traduit en cour d'assises le 9 octobre 1871 pour « arrestations et séquestrations arbitraires, immixtion dans des fonctions publiques ». Il s'entendit condamner à cinq ans de réclusion. La loi l'exigeait, et on ne put l'éluder; mais les témoins avaient à l'unanimité déposé en faveur de ce malheureux. Le recours en grâce fut appuyé par M. le conseiller Demaze qui avait présidé l'affaire, et cette peine un peu lourde fut commuée en trois années d'emprisonnement. Au cours des débats, un mot fut prononcé qui doit trouver place ici. M. Claude déposant avait dit: « A la prison, j'ai connu la famille de Caullet, sa femme et ses enfants. » Le président lui demanda: « Avez-vous revu cette famille? — Oui. — Pourquoi? — Pour acquitter une dette de reconnaissance; la famille de Caullet est malheureuse, j'ai dû lui porter secours. » Le président se tourna alors vers les jurés et leur dit : « Messieurs, ce témoin est jugé par vous [1] ! »

IV. — LES DOMINICAINS D'ARCUEIL.

Pourquoi la Santé n'a pas été détruite. — La geôle du neuvième secteur. — Sérizier. — Le 101ᵉ bataillon. — L'école d'Albert le Grand. — Ambulance. — Louis Boin dit Bobêche. — Prétendu signal aux Versaillais. — On s'empare de l'école. — Arrestation des dominicains. — Transférés au fort de Bicêtre. — Vol avec effraction. — Ivrognerie. — Évacuation du fort de Bicêtre. — Les dominicains transférés à la geôle du neuvième secteur. — Requis pour aller construire des barricades. — Refus. — La situation militaire devient périlleuse. — Sérizier décide le massacre des dominicains. — Les femmes pendant l'insurrection. — La chasse aux prêtres. — Massacre. — Cour martiale. — Sérizier s'esquive. — Une veuve. — Arrestation de Sérizier. — Sérizier et Bobêche sont exécutés.

Comment se fait-il que la prison de la Santé ait été épargnée et que les otages qu'elle contenait n'aient point été assassinés? Ferré a cru que l'on avait exécuté ses ordres et Sérizier était persuadé que la maison avait été incendiée. De la Butte-aux-Cailles il avait fait diriger sur la prison le feu de son artillerie; un obus enflamma un chantier de bois, le chantier Hunebelle,

---

[1] Le chef du service de la sûreté pendant la Commune fut Philippe-Auguste Cattelain, dessinateur de mérite, qui exerça sa fonction avec douceur et, plus d'une fois, profita de sa situation pour sauver des persécutés. Arrêté et enfermé à Mazas, il raconte une entrevue qu'il eut avec M. Claude dans des termes que nous reproduisons, car ils font l'éloge des deux personnages. « Hier, écrit Cattelain, M. Claude est venu me voir, m'apportant des consolations, des espérances et de l'argent; décidément, il y a encore quelques hommes de cœur sur terre. Cet homme qui, pendant que je tenais son emploi, gémissait dans une autre prison et n'a échappé à la mort que par miracle, n'a pas une goutte de fiel. Que ne l'ai-je connu plus tôt! je ne me serais pas rebuté de demander sa grâce, et, par un de ces efforts d'énergie dont j'ai donné quelques preuves pendant l'insurrection, j'aurais mis un honnête homme de plus en liberté. »

placé auprès de la Santé; à distance, Sérizier s'imagina que celle-ci brûlait, fit changer l'objectif de ses pièces et sauva ainsi la maison dont il avait juré la perte. Il n'était point à bout de crimes. Là même où, pendant l'insurrection de juin 1848, on avait massacré le général de Bréa et le capitaine Mangin, il se chargea de démontrer quels progrès avait faits ce que l'on aime à appeler « l'adoucissement des mœurs ». C'est dans l'avenue d'Italie, n° 38, que l'on avait installé une prison disciplinaire qui relevait du IX° secteur. De cette prison Sérizier avait fait sa geôle particulière. Au dernier jour, il la vida par le massacre.

Sérizier avait été un condamné politique de l'Empire. Lors du 4 septembre, il était réfugié en Belgique; il revint à Paris et eut quelque importance pendant le siège, ainsi que nous l'avons déjà vu, surtout à la journée du 31 octobre et à celle du 22 janvier. Après le 18 mars, nommé secrétaire de Léo Meillet, puis délégué de la Commune à la mairie du XIII° arrondissement, chef de la 13° légion le 1ᵉʳ mai, il commandait douze bataillons qui se battirent bien à Issy, à Châtillon, aux Hautes-Bruyères. Mais parmi ces bataillons il en est un qu'il choyait par-dessus les autres, sorte de bataillon personnel, composé d'amis, de compagnons, et qui était le 101°. « Le légendaire 101° bataillon, qui fut aux troupes de la Commune comme la 32° brigade à l'armée d'Italie, » a dit M. Lissagaray[1]. Ardent, grand parleur, gros buveur, ouvrier sans courage, vivant d'aumônes extorquées à l'Assistance publique, Sérizier exerçait une réelle influence sur les gens incultes dont il était entouré. Brutal et hautain, il savait se faire obéir et avait terrifié le XIII° arrondissement, qui tremblait

[1] M. Lissagaray a certainement voulu dire la trente-deuxième demi-brigade. (*Hist. de la Commune*, p. 393.)

devant lui. Sa haine contre le clergé eût été comique, si elle n'avait produit d'irréparables catastrophes; il avait pris plaisir à souiller quelques églises par ses orgies et faisait procéder à la vente à l'encan des objets contenus dans la chapelle Bréa, lorsque l'entrée des troupes françaises à Paris vint l'interrompre. Il fut non seulement assassin, mais incendiaire; car c'est lui qui fit allumer le feu à la manufacture des Gobelins. C'était un homme de taille moyenne, carré des épaules, l'œil très mobile et inquiet, la voix éraillée par l'eau-de-vie, le front bas, la lèvre lourde, le menton fuyant : une tête de boule-dogue mâtiné de mandrill.

L'objectif principal de Sérizier était l'école d'Albert le Grand, fondée par les dominicains enseignants, non loin du XIIIe arrondissement, à deux kilomètres des fortifications, près du fort de Bicêtre et de la redoute des Hautes-Bruyères. La maison des dominicains d'Arcueil, comme on l'appelait vulgairement, était là dans un mauvais voisinage, car elle confinait aux postes avancés, où l'insurrection avait ses principaux ouvrages de résistance. Pendant le siège, l'école avait été organisée en ambulance, et cette destination lui fut conservée sous la Commune. Certes, les dominicains ne pouvaient aimer ni servir un prétendu gouvernement qui convertissait les églises en clubs, interdisait l'exercice du culte et faisait incarcérer les prêtres; mais autant par esprit de charité que par intérêt de conservation personnelle, ils recueillaient les fédérés blessés et les soignaient avec dévouement sans leur demander compte de leurs croyances ou de leur impiété. Ils purent se figurer qu'ils seraient respectés, que l'on continuerait à utiliser leurs services et que leur maison serait protégée par la croix de Genève. Jusqu'aux avant-derniers jours de la Commune ils n'eurent guère à supporter que des insultes; on les appelait vieilles soutanes, marchands de bêtises et on leur adressait d'autres aménités qu'ils faisaient semblant de ne pas entendre. La maison passait pour riche. On parlait volontiers des trésors que l'on y cachait et de l'esprit réactionnaire qui en animait les habitants. Les dominicains laissaient dire, faisaient la sourde oreille, se montraient peu en public et s'en fiaient à la grâce de Dieu.

Sérizier avait établi son quartier général dans le château du marquis de la Place, contigu à l'école d'Albert le Grand; il était entouré de son 101e bataillon. Des fenêtres du salon qu'il occupait, voyant la maison et le jardin des dominicains, il disait à ses amis et surtout à son confident Louis Boin, corroyeur comme lui et surnommé Bobèche : « Tous ces curés-là ne sont bons qu'à être brûlés! » Bobèche opinait du képi. « Oui, répondait-il, ils abrutissent le peuple! » La prise du fort d'Issy par l'armée française aggrava la position déjà fort précaire des dominicains. Les fédérés ayant été forcés d'évacuer les défenses du fort se replièrent vers Arcueil et Cachan, de sorte que toute la 13e légion vint camper aux environs de l'école. Les pères faisaient contre fortune bon cœur, mais ils commençaient à comprendre que leur ambulance ne leur servirait pas toujours de sauvegarde.

Le 17 mai, le feu prit dans la toiture du château de la Place; les dominicains retroussèrent leur robe et s'employèrent si bien qu'ils maîtrisèrent ce commencement d'incendie. Ils furent mandés auprès de Sérizier. S'attendant à être félicités pour leur conduite, ils prenaient déjà l'air modeste qui convient à des hommes revenus des vanités de ce bas monde, et ne furent pas peu surpris de s'entendre traiter de mouchards et de sergents de ville déguisés. Leur étonnement redoubla lorsque Sérizier prit la peine de leur démontrer qu'ils avaient eux-mêmes mis le feu au toit de son quartier général et que cet incendie était un signal transmis aux Versaillais. Ils protestèrent, ce qui était inutile, et se retirèrent assez troublés, car Sérizier leur avait dit : « Nous en finirons bientôt avec tous les calotins. »

Ce fut Sérizier qui provoqua l'ordre d'arrestation de tous les dominicains, dont Léo Meillet, membre de la Commune et commandant du fort de Bicêtre, reçut communication le 19 mai. Pour accomplir cette expédition, il ne fallut pas moins de deux bataillons de fédérés, le 101e dirigé par Sérizier, le 120e marchant derrière Léo Meillet, accompagné d'un certain Lucipia, qu'il appelait son « juge d'instruction », et du prussien Thaler, sous-gouverneur du fort de Bicêtre. Sérizier fit quelque stratégie : il disposa sa troupe de façon à envelopper les dépendances de l'école d'Albert le Grand. La place étant investie, Léo Meillet s'y précipita à la tête du 120e bataillon et s'empara sans lutte trop longue du père Captier, prieur, qui se promenait dans la cour avec un de ses élèves. On lui ordonna d'appeler les pères et les employés de la maison. Le père Captier dit à l'élève Laperrière de sonner la cloche ; l'enfant obéit. Lucipia, en magistrat rusé, s'aperçut tout de suite que cette sonnerie ne pouvait être qu'un signal convenu avec les Versaillais ; il se jeta sur l'enfant et lui cria : « Si tu n'étais pas si jeune, je te ferais fusiller. » On réunit tout le personnel dans la cour ; la supérieure des sœurs de la Sainte-Famille, des jeunes filles, des femmes d'employés, en tout douze personnes, furent conduites directement à Saint-Lazare ; six pères dominicains, trois enfants d'une quinzaine d'années, dix-huit employés qui tous avaient fait le service à l'ambulance de l'école, furent entourés par les fédérés et emmenés. Le père Captier, faisant valoir sa qualité de prieur et la responsabilité qui lui incombait, obtint d'apposer les scellés sur les portes extérieures de la maison.

A sept heures du soir, les prisonniers, auxquels nul outrage ne fut épargné pendant la route, arrivèrent au fort de Bicêtre. Ils restèrent là, dans le préau, tassés les uns contre les autres, debout sous des averses intermittentes, examinés ainsi que des bêtes curieuses par des gardes nationaux qui venaient les regarder sous le nez. On les fouilla; il faut croire que l'on mit quelque soin dans cette opération, car on enleva même une balle élastique, trouvée dans la poche d'un des enfants. A une heure du matin, on les poussa dans une casemate, où ils purent s'étendre sur le sol et appuyer leur tête contre la muraille en pierres meulières. Dès le lendemain matin, le prieur et le père Cotrault, procureur, demandent avec autant d'énergie que de naïveté à être interrogés; ils veulent savoir pourquoi ils sont détenus, enfermés dans une forteresse, traités comme des prisonniers de guerre; on leur répond : « Ça ne vous regarde pas, » et lorsqu'ils insistent, on leur chante des couplets si particulièrement grivois, qu'ils sont obligés de se boucher les oreilles. Le 21 mai enfin, on conduit dans le fort même de Bicêtre le père Captier devant un tribunal composé du seul Lucipia. A toutes les questions qui lui sont adressées, celui-ci répond d'un ton goguenard : « Mais de quoi vous inquiétez-vous ? Vous n'êtes pas accusés; la justice a des formalités auxquelles nous sommes contraints de nous soumettre; vous avez vu l'incendie, le prétendu incendie du château de la. Place, vous savez parfaitement que c'était un signal destiné aux Versaillais; nous vous gardons simplement comme témoins, afin que vous puissiez déposer lorsque nous instruirons l'affaire. »

Ces formalités de justice paraissaient étranges aux dominicains, qui ne cessaient de réclamer leur liberté;

Léo Meillet se déclarait impuissant à la leur rendre ; il disait qu'il n'avait agi qu'en vertu d'ordres supérieurs expédiés par le Comité de salut public. On était sans doute fatigué des réclamations que les pères adressaient aux gens qui les gardaient et l'on voulut mater leur résistance, car on les laissa deux jours entiers, le 22 et le 23 mai, sans nourriture. Pendant qu'on les faisait un peu mourir de faim au fond de leur casemate, on procédait dans l'école d'Albert le Grand à ce que l'euphémisme de la Commune appelait une perquisition, c'est-à-dire à un vol avec effraction. Sur l'ordre de Léo Meillet, le 120e bataillon, aidé de deux cents hommes empruntés au 160e, pénètre le 24 mai à midi dans la maison des dominicains. Les scellés sont brisés, les portes sont enfoncées, tous les objets de quelque valeur sont enlevés. Il ne fallut pas moins de douze prolonges d'artillerie et de huit voitures réquisitionnées pour emporter les meubles, le linge et le reste ; 15 000 ou 16 000 francs, représentés par des obligations de chemins de fer et constituant les économies de deux domestiques attachés à la maison, furent déclarés « biens nationaux » et passèrent dans des poches où on ne les a jamais retrouvés. Après cette perquisition, l'école devait être incendiée, mais elle fut sauvée par ses caves, qui étaient assez bien garnies ; les fédérés n'eurent garde de ne pas les visiter ; ils y burent et y restèrent. Lorsqu'ils parlèrent de « flamber la cambuse », le gardien des scellés, qui s'appelait Quesnot[1], déclara que le fort de Bicêtre se réservait de démolir l'établissement à coups de canon. Ils acceptèrent ce mensonge pour

---

[1] Le 120e bataillon était commandé par un certain Quesnot ; un sous-lieutenant également nommé Quesnot servait dans le même bataillon. C'est, je crois, le sous-lieutenant qui fut gardien des scellés à l'école des dominicains ; mais il est possible que ce soit le commandant. Je ne puis rien affirmer de positif à cet égard.

parole de vérité, et l'école d'Albert le Grand ne fut point brûlée.

Le lendemain, Léo Meillet et ses officiers commençaient à ne plus se trouver en sûreté au fort de Bicêtre. L'armée approchait et la situation pouvait devenir périlleuse. Ils résolurent de se replier sur Paris, où de nombreuses barricades munies d'artillerie permettaient de continuer la résistance et où les rues enchevêtrées des quartiers excentriques promettaient une fuite presque assurée. On procéda donc au départ, qui se fit d'une façon un peu précipitée, mais on n'oublia pas le butin recueilli la veille sur l'ennemi dans la maison des dominicains. Toutes les voitures disponibles furent employées à le charroyer vers Paris. L'évacuation avait été tellement rapide, que l'on abandonna les captifs dans leur casemate; ils eurent un moment d'espoir et s'imaginèrent que « Versailles » arriverait à temps pour les délivrer. Ils avaient compté sans Sérizier, qui pensait à eux. Un détachement du 185ᵉ bataillon vint les chercher. Les deux enfants et deux domestiques belges, ayant démontré leur nationalité étrangère, avaient été relaxés; un père Rousselin, grâce à des habits laïques qu'il avait revêtus avant l'arrestation, put s'évader entre le fort de Bicêtre et le mur d'enceinte. Les otages, dont cinq portaient la robe noire et blanche, étaient donc au nombre de vingt lorsqu'ils pénétrèrent dans Paris par la barrière de Fontainebleau.

A travers les huées de la foule, ils arrivèrent place d'Italie, — que l'on appelait alors la place du général Duval, — à ce vaste rond-point où aboutissent l'avenue d'Italie, l'avenue de Choisy, le boulevard de la Gare et la rue Mouffetard; on les fit entrer dans la mairie du XIIIᵉ arrondissement. L'armée française, arrêtée pendant toute la journée de la veille par l'artillerie fédérée de la Butte-aux-Cailles qui bat Montrouge, n'a pu franchir les ravins de la Bièvre que dans la matinée du 25 mai; elle vient d'installer derrière le chemin de fer de Sceaux une batterie dont les projectiles parviennent jusque sur la place d'Italie. La mairie du XIIIe arrondissement n'est plus tenable, on emmène les dominicains, mais pas avant qu'ils n'aient vu fusiller un homme accusé de connivence avec les Versaillais.

On les entraîna, presque au pas de course, avenue d'Italie, n° 38, à la geôle disciplinaire du secteur. Lorsque, embarrassés dans les plis de leurs vêtements, ils ne marchaient pas assez vite, on leur donnait des coups de crosse, en disant par allusion à leur costume blanc et noir : « Hue donc, la pie ! » Ils furent écroués dans la prison. Là Sérizier en était le maître. Dès la veille, en prévision de l'évènement qu'il avait préparé, voulant avoir dans sa geôle un homme sur le dévouement duquel il pût compter, il avait nommé comme gardien chef son ami Louis Boin, c'est-à-dire Bobèche. La prison était pleine; elle contenait quatre-vingt-dix-sept personnes arrêtées dans le quartier et conservées à la disposition de Sérizier. Bobèche, fatigué d'avoir écrit vingt noms et autant de numéros à la suite les uns des autres, avait été boire un « canon » pour reprendre des forces.

En son absence, des fédérés vinrent à la prison disciplinaire demander les dominicains pour faire des barricades. Un gardien nommé Bertrand, qui suppléait Bobèche, ne put se résoudre à envoyer des prêtres travailler à pareille besogne; il osa prendre sur lui de mal interpréter l'ordre transmis et de livrer à leur place quatorze gardes nationaux, emprisonnés pour irrégularité dans le service. Bobèche ne tarda pas à revenir; il était furieux contre Bertrand, qu'il accusait de verser le sang des patriotes et de ménager celui des curés. Il a amené avec lui un détachement du 101e bataillon, et il ordonne d'aller chercher les calotins. Bertrand refusa d'obéir à une injonction verbale; il voulut dégager sa responsabilité, exigea un ordre écrit et un reçu. Bobèche fut obligé de céder, il écrivit : « Je soussigné délégué comme gardien chef par le colonel Cerisier à la maison disciplinaire de la 13e légion prend sur moi responsabilité d'envoyer, pour travailler aux barricades, d'après les ordres que j'en ai reçus les vingt prisonniers écroués sous les numéros 98 à 116 : Boin. Paris, 25 mai 1871. » Bertrand alors ouvrit la porte de la geôle et Bobèche cria : « Allons, vieilles soutanes, levez-vous et arrivez à la barricade! » Les dominicains se présentèrent dans l'avenue; ils aperçurent le détachement du 101e commandé par Sérizier.

Cette fois les dominicains se crurent perdus; ils se trompaient, leur agonie devait se prolonger encore. Le procureur, le père Cotrault, arrivé sur le seuil de la prison, s'arrêta et dit : « Nous n'irons pas plus loin; nous sommes des hommes de paix, notre religion nous défend de répandre le sang, nous ne pouvons nous battre, nous n'irons pas à la barricade; mais nous sommes infirmiers et jusque sous les balles nous irons chercher vos blessés et nous les soignerons. » On allait probablement passer outre et les forcer à marcher; mais il y eut hésitation dans le détachement des fédérés; quelques-uns s'écrièrent : « On ne peut plus tenir à la barricade, les Versaillais y envoient trop de prunes. » Sérizier eut sans doute peur de n'être pas suivi; il dit alors au père Cotrault : « Vous promettez de soigner nos blessés? — Oui, nous le promettons, répondit le procureur, et du reste vous savez que nous l'avons toujours fait! » Sérizier fit un signe à Bobèche, qui réintégra les dominicains dans la geôle. Ils ne se faisaient plus d'illusion; ils se mirent en prière et se confessèrent les uns les autres.

Peut-être auraient-ils été sauvés, si Sérizier n'eût appris des nouvelles qui l'exaspérèrent. Des hommes venant du quartier des Écoles avaient pu gagner l'avenue d'Italie pour essayer de combattre encore ; ils racontèrent que le Panthéon avait été pris par les Versaillais avant qu'on ait pu le faire sauter ; que Millière avait été fusillé et que les troupes françaises occupaient la prison de la Santé. Le cercle qui bientôt allait enfermer les fédérés du XIIIe arrondissement se resserrait de plus en plus ; fallait-il fuir? fallait-il résister encore? Bien des gardes nationaux s'esquivèrent. Sérizier se démenait et criait : « Il faut tout brûler ! » Il entra chez un marchand de vin et but coup sur coup plusieurs verres d'eau-de-vie. « Ah! c'est comme ça, disait-il en frappant du poing sur le comptoir d'étain ; eh bien ! il faut que tout le monde y passe ! » Il se jeta dans l'avenue : « Allons ! allons ! des hommes de bonne volonté pour casser la tête aux curés ! » Quelques fédérés accoururent ; en avant de la bande deux femmes se présentèrent ; l'une d'elles dit à Sérizier : « Mets donc mon fusil au cran de repos, *j'ai* pas la force. »

Là, comme dans toutes les tueries de la dernière heure, les femmes donnèrent l'exemple. Pendant ces tièdes journées de mai, au renouveau, la femme, — la femelle, — exerça sur les mâles une influence extraordinaire. Vêtue du court jupon dégageant les jambes, le képi ou le bonnet hongrois campé sur l'oreille, serrée dans la veste ajustée qui la faisait valoir, elle se promenait hardiment au milieu des combattants comme une promesse, comme une récompense. Échauffée par cette vie anormale, se rappelant les actrices qu'elle avait vues galoper au cirque sur des chevaux empanachés, fière de son uniforme, de son fusil, elle surpassa l'homme en bravades, lui fit honte de ne pas savoir assez bien tuer et l'entraîna à des crimes dont son tempérament nerveux la rendait peut-être irresponsable. Énergie morbide qui se brisait parfois tout à coup; celles qui avaient été les plus violentes, qui derrière les barricades avaient fait des prodiges d'intrépidité, lorsqu'elles se voyaient face à face avec un de nos soldats armé, se laissaient tomber à genoux et, les mains jointes, criaient : « Ne me tue pas! »

Sérizier félicita les deux « héroïnes », rassembla ses fédérés, les étagea le long de l'avenue d'Italie auprès de la prison disciplinaire, fit venir son ami Bobèche et causa quelques instants avec lui. Tout l'horizon occidental de Paris disparaissait derrière la fumée des incendies; la canonnade était si brutale que la terre tremblait. « Y êtes-vous? » demanda Sérizier. Une des femmes riposta : « Oui, allons-y! » Le groupe de ces assassins faisait face à la porte de la maison disciplinaire. Bobèche, qui tenait à la main son fils âgé de six ans, — il faut commencer l'éducation des enfants de bonne heure, — pénétra dans la geôle et, ouvrant la porte de la chambrée, il cria : « Allons! les calotins, arrivez, et sauvez-vous; il n'est que temps. » Les dominicains se levèrent, suivis des employés de l'école d'Albert le Grand; un d'eux, se tournant vers les autres détenus, dit : « Priez pour nous! » Ils avaient quitté le fort de Bicêtre à sept heures et demie du matin; à onze heures on les avait vus passer sur le boulevard de la Gare[1]; il était environ cinq heures du soir; leur supplice avait duré longtemps, mais il allait prendre fin.

Ils se groupèrent près de l'issue donnant sur l'avenue d'Italie. Bobèche se campa sur le trottoir, ayant son fils auprès de lui; il s'adressa aux pères de Saint-Dominique et leur dit : « Sortez l'un après l'autre! » Le premier

[1] Procès Piffret (Joseph), débats contradictoires, 19e conseil de guerre; 7 février 1873.

qui s'avança fut le père Cotrault; il n'avait pas fait trois pas qu'il était frappé d'une balle; il leva les bras vers le ciel, dit : « Est-il possible? » et tomba. Le père Captier se tourna vers ses compagnons, et d'une voix très douce, mais très ferme : « Allons, mes enfants! pour le bon Dieu! » Tous à sa suite s'élancèrent en courant à travers la fusillade. Une des femmes, la plus jeune, une petite blonde assez jolie, s'était postée au milieu de la chaussée, au risque de recevoir des coups de fusil; elle chargeait et déchargeait son chassepot, criant : « Ah! les lâches, ils se sauvent! » Ce ne fut pas une boucherie, ce fut une chasse. Le pauvre gibier humain se hâtait, se cachait derrière les arbres, se glissait le long des maisons; aux fenêtres des femmes applaudissaient; sur les trottoirs, des hommes montraient le poing à ces malheureux; tout le monde riait. Quelques-uns plus alertes, plus favorisés du sort que les autres, purent se précipiter dans les rues latérales et échapper à la fusillade. Cinq dominicains, sept employés de l'école furent abattus presque devant la chapelle Bréa; un d'eux, secoué par un mouvement spasmodique, agitait la tête; Sérizier cria : « Tirez, mais tirez donc, ce gueux-là grouille encore! » On se hâta de lui obéir; le cadavre reçut trente et un coups de fusil[1].

Sérizier était content, mais non pas satisfait. Il ordonna à ses hommes, à ses fédérés du 101e, de l'attendre, car la besogne n'était pas finie. Il rentra dans la geôle, prit lui-même le livre d'écrou et se mit en devoir de faire l'appel de ceux qu'il voulait tuer; mais il tenait à y

---

[1] Captier, Bourard, Delhorme, Cotrault, Chatagneret, dominicains; — Gauguelin, Voland, Gros, Marce, Cathala, Dintroz, Cheminal, employés à l'école d'Albert le Grand; à ces douze noms il convient d'ajouter celui de Germain Petit, commis à l'économat. C'était un jeune homme de vingt et un ans; il put échapper au massacre dans l'avenue d'Italie et fut assassiné plus loin.

mettre des formes. En imitation de ce qu'il avait déjà vu faire et « pour se conformer aux lois », il déclara qu'on allait installer une cour martiale, se nomma naturellement président et prit pour assesseur, pour accusateur public, un certain Terna, qui avait fonction de surveillant adjoint à la prison disciplinaire du IXe secteur. Un vieux lieutenant nommé Busquant allait et venait d'un air indifférent, sortant de la geôle, y rentrant, paraissant surveiller ce qui se passait à l'extérieur et échangeant parfois un coup d'œil avec Sérizier. Au moment où, ayant dressé une liste de détenus, Sérizier ordonnait à Bobèche d'extraire un prisonnier désigné, Busquant revint et lui dit quelques paroles à voix basse. Le colonel de la 13e légion lâcha les paperasses qu'il tenait en main, fit un bond, traversa l'avenue, se jeta dans une des maisons qui communiquent avec l'avenue de Choisy et disparut. Le lieutenant Busquant lui avait annoncé que les troupes françaises arrivaient par l'avenue d'Italie et que la cavalerie montrait déjà ses têtes de colonne. La position était à la fois tournée et cernée; Sérizier le comprit et s'esquiva. Lorsque les troupes du 113e de ligne arrivèrent, elles ne purent que ramasser les cadavres des victimes.

Sérizier se doutait du sort qui lui était réservé et il ne négligea rien pour s'y soustraire. Peut-être y serait-il parvenu s'il n'avait tué que des religieux; mais il avait commis d'autres meurtres et l'un de ceux-ci fut cause de sa perte. Dans des circonstances qui ne doivent pas appartenir à ce récit, il avait fait fusiller un garde national qu'il accusait, comme toujours, de relations avec Versailles. Cet homme était marié, et sa femme l'aimait tendrement. Elle n'oublia pas celui qui l'avait rendue veuve. Dès que les troupes françaises eurent occupé la portion de Paris située sur la rive gauche de la Seine, elle se mit en campagne, ne confiant son projet à personne. De tous côtés, autour d'elle, on disait : « Sérizier est mort, il a été fusillé, il a été tué sur une barricade; » elle n'en croyait rien, la haine est perspicace. Elle commença prudemment son enquête et acquit bientôt la certitude que dans la soirée du 25 mai Sérizier avait été vu place Jeanne-d'Arc, qu'il était fort agité, cherchait à se cacher, se plaignait de porter un uniforme qui le ferait reconnaître; qu'enfin, pendant la nuit, il avait été recueilli dans une maison de la rue du Château-des-Rentiers, d'où il était sorti aux premières heures de la matinée du 26 mai, revêtu d'habits bourgeois. Là elle perdait sa piste.

Elle organisa alors tout un plan d'attaque, car elle était persuadée que Sérizier n'avait point quitté Paris. Elle se dit qu'il était corroyeur, que l'argent qu'il avait en poches au moment de la défaite serait vite épuisé, que la nécessité de gagner sa vie le forcerait à travailler « de son état », et qu'il essayerait de se perdre au milieu d'un atelier. Il existe à Paris deux cent trente-deux ateliers de corroyeur; cela ne découragea pas la femme, qui commença la recherche de Sérizier avec une ténacité de Peau-Rouge. Chaque matin et chaque soir, aux heures de l'entrée et de la sortie des ouvriers, elle allait rôder autour des maisons de corroierie dont elle avait relevé le nombre et connaissait l'adresse. C'était la tâche quotidienne qu'elle s'était imposée; elle n'y faillit jamais. Cependant les semaines passaient et les mois aussi; Sérizier restait introuvable. Enfin le 16 octobre, passant dans la rue Galande, elle aperçut un homme qui traînait une voiture à bras, et qui, par l'habitude générale du corps, lui rappelait celui qu'elle cherchait. Était-ce bien lui ? Au lieu de porter la moustache et la mouche, il était entièrement rasé; il semblait plus petit, comme tassé sur lui-même; elle ne se trompa point cependant, car elle reconnaissait son regard mobile, encore plus inquiet que de coutume. Elle le suivit des yeux ; elle le vit causer avec un ouvrier, entrer chez un marchand de vin, sortir et pénétrer dans une maison où un corroyeur belge occupait quelques ouvriers.

Elle ne le dénonça pas elle-même, car elle avait de graves raisons pour ne point laisser soupçonner le rôle qu'elle avait joué. Le lendemain, 17 octobre, M. Grillières, commissaire de police du quartier de la Gare, qui déjà, sur révélations erronées, avait fait plus de trente perquisitions inutiles pour découvrir Sérizier, fut prévenu par un petit négociant que celui-ci travaillait dans un atelier de la rue Galande. M. Grillières partit immédiatement, accompagné de son secrétaire et de deux inspecteurs. Arrivé rue Galande, il apprit que le corroyeur recherché avait déménagé la veille au soir. Où avait-il transporté son domicile? On ne le savait trop; on croyait cependant lui avoir entendu dire qu'il allait s'établir dans le quartier des Halles. M. Grillières y courut, fouilla vainement toutes les boutiques de corroyeurs, de maroquiniers, de marchands de cuir et ne découvrit aucun Sérizier. Il commençait à désespérer, lorsque, vers cinq heures du soir, en traversant une petite rue qui aboutit à la Halle aux Blés, il vit près d'une porte une voiture de déménagement pleine de rouleaux de cuir, de peaux préparées et d'ustensiles qu'un homme déchargeait. Il entra dans une boutique où se trouvait un homme qui en paraissait le propriétaire. Le dialogue suivant s'établit : « Vous êtes corroyeur? — Oui, monsieur. — Moi, je suis commissaire de police. Depuis quand habitez-vous le quartier? — Depuis hier au soir. — Où étiez-vous auparavant? — Rue Galande. — Combien employez-vous d'ouvriers?— Deux : celui qui est occupé à décharger la voiture et que j'ai chez moi depuis quatorze ans; l'autre qui a été embauché il y a quinze jours et qui travaille dans mon atelier, au troisième étage de cette maison. — Comment s'appelle-t-il ? — Chaligny. — Il ne se nomme pas Chaligny, il se nomme Sérizier et je viens l'arrêter. »

M. Grillières gravit l'escalier. Arrivé au troisième étage, dans une chambre dont la porte était entr'ouverte, il aperçut un homme qui rangeait des outils sur une table. Il se précipita sur lui, au moment où l'homme, ayant levé la tête et voyant un inconnu, étendait la main pour saisir un poinçon. L'homme criait : « Pourquoi m'arrêtez-vous ? Je m'appelle Chaligny. » Le secrétaire de M. Grillières, M. Duprat, qui avait été retenu comme otage à la prison de la Santé pendant la Commune, s'approcha et dit : « Vous êtes Sérizier, je vous reconnais. » L'homme répondit : « C'est vrai, je suis Sérizier; tout est fini et je sais ce qui me revient ; mais si je vous avais vus dans l'escalier, vous ne m'auriez pas eu vivant ! » Il ne fit pas de résistance, fut conduit au bureau du commissaire de police, où il dicta lui-même sa déposition, puis transféré à la Préfecture. De là, après les constatations ordinaires, il fut expédié au Dépôt. Deux agents le conduisaient; il leur dit : « J'en ai assez fait pour avoir la tête lavée avec du plomb, mon affaire est claire. C'est égal, je ne regrette rien; j'ai fait mon devoir. » Il fut en effet condamné à mort le 17 février 1872 par le 6e conseil de guerre. Il adressa à qui de droit un recours en grâce dans lequel il faisait valoir le service que, le 19 mars, il avait rendu au général Chanzy en le protégeant contre la foule. Le bruit courut dans la région de la place d'Italie qu'il ne serait point exécuté. Il se produisit alors un fait qui est peut-être sans précédent. Les habitants du quartier, qui se rappelaient encore la terreur sous laquelle ils avaient vécu, signèrent une pétition pour demander que nulle commutation de peine ne fût accordée à l'ancien chef de la 13e légion et pour réclamer, comme un exemple et comme une juste expiation, qu'il fût mis à mort devant la prison disciplinaire du secteur, sur la place même où il avait présidé au massacre des dominicains. Il est inutile de dire que cette requête fut repoussée; mais les crimes de Sérizier étaient de ceux sur lesquels la clémence souveraine ne peut descendre. Parmi les cent dix individus condamnés à mort après jugement contradictoire par les conseils de guerre, Bobèche et Sérizier furent au nombre des vingt-six à qui nulle grâce ne dût être accordée. Ils furent tous deux fusillés sur le plateau de Satory.

CHAPITRE VII

MAZAS

Le 19 mars. — Les gardes de Paris. — Ils sont sauvés par l'intervention des surveillants. — Le cordonnier Mouton. — Ordre qu'il se délivre à lui-même. — Le Mont-Valérien évacué par ordre de M. Thiers. — Réoccupé en temps opportun. — Cinq cent trente-deux prisonniers d'État. — L'arrestation de Jecker. — Le père de M. Haussmann. — L'abbé Crozes. — L'abbé Jouvent. — L'archevêque et M. Bonjean. — Négociation d'échange. — Blanqui. — M. Washburne. — M. Paul Fabre. — Le serrurier Garreau. — M. Edmond Rousse, bâtonnier de l'ordre des avocats. — Son entrevue avec les otages. — La guerre sauvage. — Transfèrement des otages à la Grande-Roquette. — Le pain manque à Mazas. — On ouvre la prison. — La mort d'un des assassins de Vincenzini. — Garreau est fusillé.

Le poste d'entrée de la maison d'arrêt cellulaire était occupé le 18 mars par une compagnie de gardes de Paris, composée de soixante-trois hommes, y compris le tambour et le lieutenant qui la commandait. On se retira dans la cour intérieure, on ferma les grilles et l'on attendit. Le dimanche 19, à neuf heures du matin, pendant que l'on disait la messe hebdomadaire au rondpoint de la prison, une compagnie appartenant au 198ᵉ bataillon fédéré, venant de Montmartre, se présenta devant Mazas et exigea qu'on lui en ouvrît les portes. Le greffier, M. Racine, et le brigadier Brémant, un homme admirable de dévouement, d'énergie et d'humanité dans son service, conférèrent rapidement entre eux, car il s'agissait, avant tout, de sauver les gardes de Paris. On les fit lestement filer par le chemin de ronde ; on leur ouvrit une petite porte dissimulée dans la muraille et qu'on nomme la porte de secours, parce qu'en cas de révolte des détenus, elle permet d'introduire la force armée dans la prison. Les soldats, soustraits à la vue des fédérés, furent réunis dans le couloir de la quatrième division. Ceci fait, on passa leurs fusils aux insurgés à travers les barreaux de la grande grille et l'on commença à parlementer. Le directeur essayait de faire entendre raison au capitaine fédéré, et il n'aurait sans doute pas obtenu grand succès s'il n'eût été appuyé par deux ou trois surveillants, anciens gendarmes, liés par une sorte de confraternité militaire avec les gardes de Paris et qui sortirent devant la prison pour se mêler aux groupes menaçants.

Le plus ardent de tous les fédérés était un sergent-fourrier, Belge de naissance, qui demandait que tous les soldats de « Trochu » fussent fusillés ; il ne voulait entendre ni objection, ni observation ; à tout ce qu'on lui disait, il répondait : « Ils ont tiré sur nous hier à Montmartre ; » et quand on lui expliquait que cela était impossible, puisque ces hommes étaient de service à la prison depuis quarante-huit heures, il répliquait : « Ça ne fait rien ! » Ce fut un surveillant nommé Ève, homme extrêmement doux, qui se chargea de le chambrer ; il l'emmena plusieurs fois chez le marchand de vin, invita aussi quelques fédérés, paya plus d'une « tournée », et, aidé de ses camarades, qui péroraient de leur mieux, il parvint à obtenir que les gardes de Paris auraient la vie sauve. « Ce sont des prisonniers de guerre, disait-il ; vous ne tueriez point des Prussiens, à plus forte raison vous ne tuerez point des Français. » La foule l'écoutait, l'approuvait et répétait comme lui : « Non, on ne doit pas les tuer ! » Il fut alors décidé que les gardes de Paris, placés au milieu des fédérés, seraient conduits en deux détachements, sur la route de Vincennes. Cette convention fut loyalement observée; trois des gardes s'étaient évadés à la faveur de costumes prêtés par le brigadier Brémant; les soixante hommes, qui avaient été internés à la quatrième division, sortirent, furent escortés jusqu'au delà de la barrière et se rendirent à Versailles. Il est heureux pour eux que Ferré ou Raoul Rigault n'ait point passé par là au moment où ils quittaient la prison.

Le 21 mars, le directeur fut révoqué sur l'ordre de Rigault et remplacé par Mouton, dont nous avons déjà dit quelques mots en parlant de Saint-Lazare; le greffier, le brigadier, qui avaient contribué au salut des gardes de Paris, furent destitués. On peut dire que la maison resta sans direction, car Mouton était aussi incapable que doux; chacun continua son service, et la discipline intérieure fut assez bien maintenue malgré quatre surveillants, oublieux de leur devoir, qui obtinrent une audience du directeur, firent preuve de zèle trop radical, et tentèrent de substituer leur autorité à la sienne. Mouton n'était point heureux, il gémissait de son sort et se croyait déclassé. Il ne regrettait pas son échoppe de cordonnier, il rêvait des destinées plus hautes et disait : « Ça m'ennuie d'être directeur, mais on se doit à son pays; c'est un sacrifice que je fais. J'attends une position dans l'armée, ça m'irait mieux. » Il n'en faut pas rire. Mouton avait eu une idée militaire redoutable; s'il eût été compris, le gouvernement réfugié à Versailles était perdu et la France peut-être avec lui.

On se rappelle que, le 26 février, après l'assassinat de Vincenzini, le 21e et le 23e bataillon de chasseurs à pied, parmi lesquels s'étaient trouvés plus d'un assassin, avaient été envoyés au Mont-Valérien, et l'on n'a pas oublié que, le 18 mars, M. Thiers avait attiré à lui, par ordre verbal et par ordre écrit, la brigade Daudel, dont un régiment faisait le service du fort. En réalité, le Mont-Valérien fut abandonné depuis la soirée du 18 mars jusqu'au 20, à dix heures du matin. Pendant près de quarante heures, il fut à la merci du premier occupant, et celui qui s'en fût emparé aurait eu bien des chances de rester maître du pays. A qui allait-il appartenir, au gouvernement légal ou à l'insurrection? Si celle-ci n'y entra pas le 19 mars, tambour battant, ce ne fut pas la faute de Mouton.

Le 19 mars, dans la matinée, il se délivre à lui-même l'ordre suivant : « La commission du XIII° arrondissement m'a délégué près du Comité central pour avoir l'autorisation d'aller occuper le fort du Mont-Valérien, pour délivrer le 21° et le 23° bataillon de chasseurs à pied qui y sont prisonniers. Le délégué du XIII° arrondissement, Mouton, capitaine au 101° bataillon. » Ce petit homme chauve, au crâne pointu, avait vu juste. Il porta son ordre au Comité central, qui, au lieu de l'approuver, le renvoya au général Duval. Celui-ci ne comprit rien à la nécessité d'agir avec rapidité; mais l'opération lui parut glorieuse, il se la réserva, — on sait ce qu'il en advint le 3 avril, — et, pour offrir quelque compensation à Mouton, il lui confia une mission insignifiante : « Ordre au capitaine Mouton, du 101°, de requérir toutes les compagnies disponibles du XIII° arrondissement pour aller occuper la prison de Sainte-Pélagie, et faire élargir dans le plus bref délai tous les prisonniers politiques ou délits de presse. — Pour E. Duval, le délégué : Cayol. » — Mouton se soumit, et le Mont-Valérien fut réoccupé en temps opportun par les troupes françaises, grâce à l'insistance du général Vinoy, trois fois averti par le colonel de Lochner qui commandait la forteresse [1].

Le premier individu écroué à Mazas sur mandat du gouvernement insurrectionnel est un assassin qui, arrivé le 22 mars, est mis en liberté le 23 par ordre de Ferré. Jusqu'au 29, la maison semble garder sa destination normale ; cent treize détenus y sont amenés pour meurtre, vol, vagabondage, désertion. Du 29 mars au 6 avril, le greffe chôme pour les inscriptions d'entrée. Mouton occupe ses loisirs à des dénonciations ; il écrit au directeur du Dépôt près la Préfecture de police : « Citoyen Garreau, c'est à titre de renseignement que je dis que la femme du sous-brigadier Braquond porte à manger au nommé Coré ; ainsi fais ce que tu jugeras convenable ; moi je la mettrais en état d'arrestation. Salut et fraternité. » Garreau ne tint compte de l'avis et Mme Braquond put continuer à fournir une nourriture convenable à M. Coré, à Mgr Darboy, au président Bonjean, qui étaient encore au Dépôt et n'allaient point tarder à être transférés à Mazas. Ils y arrivèrent le 6 avril en bonne compagnie. La maison d'arrêt cellulaire devenait la geôle des otages importants et l'antichambre du dépôt des condamnés, c'est-à-dire de la Grande-Roquette.

De ce jour jusqu'au 24 mai, jusqu'à la veille de la délivrance, la prison recevra cinq cent trente-deux détenus, qui tous, à des titres divers, pouvaient figurer comme prisonniers d'État. Le 10 avril, un homme de cinquante-huit ans fut écroué, qui ne dut son arrestation qu'à sa propre étourderie : c'était le banquier Jean-Baptiste Jecker, auquel la guerre du Mexique avait valu quelque notoriété. Le jour même il s'était présenté à la Préfecture de police pour demander un

---

[1] Voir *Pièces justificatives*, n° 6.

passeport; il remit à l'employé un papier sur lequel il avait pris soin d'écrire de faux noms et de fausses qualités. L'expéditionnaire libellait le passeport sans faire d'observations, lorsque par hasard un chef de bureau vint à passer; il jeta les yeux sur ce que l'employé écrivait et regarda Jecker, qui, dans la main gauche, tenait un papier plié. Jecker avait-il l'air troublé, son visage éveilla-t-il un souvenir? Nous ne savons; le chef de bureau prit le papier, l'ouvrit et vit un ancien passeport régulier au nom de Jecker. Il dit à l'expéditionnaire : « Gardez monsieur jusqu'à ce que je revienne; » puis courant jusque chez le chef de la première division, il lui montra le passeport. Le chef de division se précipita, à son tour, chez Raoul Rigault, en criant : « Nous tenons Jecker! — Bon à prendre! » répondit Rigault, qui signa le mandat d'arrestation.

Pareille aventure avait failli arriver au père de M. Haussmann, qui, lui aussi, eût été « bon à prendre ». Il gravissait l'escalier de la Préfecture de police dans l'intention de réclamer un sauf-conduit pour sortir de Paris, lorsqu'il fut reconnu par un garçon de bureau nommé Mellier, qui, comprenant le danger auquel ce vieillard s'exposait, lui toucha le bras et à voix basse lui dit : « Allez-vous-en vite, suivez-moi, ou vous êtes perdu. » M. Haussmann obéit; il rejoignit Mellier près du Pont-Neuf et apprit de lui qu'aux gens de sa catégorie on délivrait des ordres d'écrou plus volontiers que des passeports.

Mouton était bienveillant pour les otages, et faisait semblant d'ignorer que les surveillants les laissaient parfois communiquer entre eux. Il en était un que l'on s'attendait chaque jour à voir sortir de prison : c'était l'abbé Crozes, qui avait rendu tant de services aux condamnés détenus à la Grande-Roquette, car l'on savait que Rochefort s'intéressait à lui et avait essayé de le faire relaxer. L'abbé Crozes, du reste, prenait philosophiquement son parti; à quelqu'un qui le plaignait d'être obligé de vivre en cellule, mal nourri, mal couché, sans sécurité pour son lendemain, il répondit : « J'en remercie la Providence, car ça me permet de repasser ma théologie, que j'avais un peu négligée. »

L'arrivée des otages à Mazas éveilla bien des craintes, car l'on comprit que l'on serait sans merci pour les prêtres. Or l'aumônier de la maison d'arrêt cellulaire, M. Jouvent, était un vieillard, presque infirme par suite d'un coup de barre de fer qu'un détenu lui avait jadis appliqué sur la tête. Il s'agissait, pour lui éviter les inconvénients et même les périls d'une arrestation, de le faire sortir de la prison et de l'emmener hors de Paris. Cette œuvre de salut doit encore être portée à à l'actif du personnel des employés, car ce fut Mme Ève, la femme du surveillant, qui se chargea de l'aumônier, le déguisa, le fit partir avec elle, le conduisit dans une ville de province et veilla sur lui jusqu'au jour où il put sans danger rentrer à Mazas rendu à l'administration régulière.

On a dit que Mouton, mû de pitié pour l'archevêque[1] et pour M. Bonjean, avait fait un effort afin de faciliter leur évasion. On prétend que des vêtements de fédérés leur avaient été procurés; M. Bonjean aurait lui-même placé un képi sur le front de Mgr Darboy et lui aurait dit en plaisantant : « Ça vous donne un petit air militaire qui vous sied très bien. » Tous deux auraient refusé de profiter des bonnes dispositions du directeur à leur égard, l'un pour ne pas surexciter les

---

[1] Une protestation contre l'arrestation de l'archevêque de Paris, signée de MM. E. de Pressensé et Guillaume Monod, pasteurs protestants, fut publiée le 11 avril par le journal *le Soir*. Une autre protestation, signée par vingt-trois pasteurs, fut déposée, le 20 mai, au Comité de salut public. (Voir *Pièces justificatives* n° 7.)

colères de la Commune contre le clergé dont il était le chef, l'autre parce qu'un magistrat ne doit point fuir. Cette histoire n'est pas impossible; mais, en tout cas, il eût été bien difficile de faire évader les deux hommes que la Commune tenait le plus à garder sous sa main.

L'archevêque et M. Deguerry, curé de la Madeleine, écrivirent, « sans aucune pression, de leur propre mouvement, » du moins ils le dirent, des lettres qui ont été connues du public et auxquelles M. Thiers répondit en démentant les prétendues cruautés commises par l'armée française, et auxquelles les deux otages avaient fait allusion. Une sorte de négociation avait été entamée avec M. Thiers pour obtenir un échange de prisonniers : le gouvernement insurrectionnel se déclarait prêt à délivrer plusieurs ecclésiastiques, si le gouvernement régulier consentait à mettre Blanqui en liberté. A cet effet, l'abbé Lagarde fut envoyé à Versailles sur parole, et M. Washburne, ministre plénipotentiaire des États-Unis d'Amérique, intervint. Tout fut inutile; on se brisa contre un entêtement que les évènements ont rendu singulièrement coupable. M. Washburne, à qui Raoul Rigault n'avait point osé refuser des permis de visite, avait vu plusieurs fois l'archevêque; il lui avait apporté des journaux, des vins d'Espagne, s'était offert à le servir et avait fait passer à Versailles un mémorandum de Mgr Darboy concluant à la mise en liberté de Blanqui. Ce mémorandum fut communiqué par le nonce du pape à M. Thiers, dont la réponse fut négative. Le chef du gouvernement déclara qu'il ne pouvait traiter avec l'insurrection et affirma que la vie des otages ne courait aucun danger. Cette dernière opinion n'était partagée ni par le cardinal Chigi, ni par M. Washburne, et le dénouement a prouvé qu'ils n'avaient pas tort. Blanqui relâché n'eût apporté aucun péril nouveau à ceux dont on était assailli; c'eût été un fou de plus à l'Hôtel de Ville, qui était une maison d'aliénés [1].

En cas d'échange de prisonniers, M. Bonjean eût-il recouvré la liberté? Cela est douteux; car dès le début son incarcération avait été considérée comme une victoire. Le lendemain de son arrestation, M. Paul Fabre, procureur général près la Cour de cassation, au risque d'être arrêté lui-même, avait été voir Raoul Rigault et avait réclamé l'élargissement du président. « C'est impossible, avait répondu Rigault. — Pourquoi? — Votre Bonjean était sénateur. — Qu'importe? répliqua M. Paul Fabre, vous commettez là une illégalité. » Rigault avait alors répété son mot favori : « Nous ne faisons pas de la légalité, nous faisons de la révolution. » On avait essayé d'obtenir pour M. Bonjean une faveur que l'on paraissait disposé à lui accorder, car on connaissait le caractère chevaleresque de l'homme. On lui eût permis de sortir sur parole pendant quarante-huit heures, afin qu'il eût le temps d'aller embrasser ses enfants et sa femme. Il réfléchit qu'un accident imprévu pourrait le retarder et lui donner l'apparence d'avoir manqué à ses engagements; il refusa. Impassible, recevant la visite d'un ami qui avait pu obtenir l'autorisation de le voir quelquefois [2], affaibli, souffrant, mais conservant sa grandeur d'âme, il s'entretenait peut-être, dans la solitude de son cabanon, avec les âmes de Mathieu Molé et du président Duranti.

Le sort des otages allait changer; Raoult Rigault, nommé procureur de la Commune, estima que Mouton était trop doux pour les détenus; il le remplaça par un homme de son choix, sur l'inflexibilité duquel il pouvait compter, et il envoya à Mazas le serrurier Garreau,

---

[1] Voir *Pièces justificatives*, n° 8.
[2] Voir *Le Président Bonjean, otage de la Commune*, par M. Charles Guasco. Paris, 1871.

pendant que le cordonnier Mouton était expédié à Saint-Lazare. Dès lors la maison fut tenue durement; elle avait un maître. Aux prisonniers qui demandaient pourquoi ils étaient arrêtés, Garreau répondait : « Vous êtes bien curieux; » à ceux qui se plaignaient, il disait : « Si vous le préférez, on peut vous casser... la tête, rien n'est plus facile. » Les surveillants tremblaient devant cet homme toujours menaçant, et n'osaient plus aller causer avec les otages, qui furent assujettis au régime du secret le plus absolu. Les efforts que Mme Coré, que Mme Braquond persistaient à faire pour apporter quelque adoucissement aux détenus, restaient infructueux, et lorsque l'on faisait observer à Garreau que l'archevêque était souffrant, que M. Bonjean était faible, il disait : « S'ils ne sont pas satisfaits, ils n'ont qu'à crever, ce sera un bon débarras ! » Donc tous les otages, magistrats, prêtres, pères jésuites, pères de Picpus[1], commissaires de police, directeur de prison, banquier mexicain, séminaristes, vivaient sous la main brutale de Garreau, qui ne leur ménageait pas les angoisses. Dans les jours qui précédèrent la chute de la Commune ils durent quelques heures d'apaisement et d'espérance à un homme de bien resté fidèle à son devoir. Si le président Bonjean, comme l'un des plus hauts magistrats du pays, n'avait reculé devant aucun sacrifice pour affirmer le droit et la justice, M. Edmond Rousse, bâtonnier de l'ordre des avocats, n'avait point déserté le poste auquel son caractère autant que son talent l'avait appelé. Il était décidé à ne jamais reconnaître les hérésies judiciaires de la Commune, mais il était résolu à prêter le secours de son éloquence à tout malheureux qui l'invoquerait. Il n'attendit pas que les

---

[1] 1610 francs déposés au greffe de Mazas par trois employés de la Congrégation de Picpus n'ont point été retrouvés.

otages s'adressassent à lui; il alla lui-même, au nom du barreau qu'il représentait, offrir d'accepter, de rechercher toute défense, même devant la juridiction que Rigault avait inventée.

Le 17 mai le conseil de la Commune avait décidé qu'un jury d'accusation serait réuni pour juger les otages. On avait dû croire, d'après cela, que l'on pourrait discuter des preuves et invoquer des témoignages ; on se trompait. Le procureur général Raoul Rigault expliqua lui-même à ses jurés qu'ils avaient simplement à reconnaître si les individus désignés avaient ou n'avaient pas la qualité d'otage. Un des malheureux traduits devant cet étrange tribunal qui ne fonctionna qu'une fois, le 19 mai, fut acquitté; il n'en fut pas moins reconduit à la Roquette et massacré rue Haxo.

Le droit de défense serait illusoire, mais du moins la possibilité de protester restait au barreau, qui l'accepta sans hésiter, et le bâtonnier de l'ordre obtint les permissions nécessaires pour voir l'archevêque, M. Deguerry et le père Caubert. Il lui fallut « traverser les tribus armées qui campaient dans les couloirs de la sûreté, escalader des groupes d'enfants endormis, de femmes assoupies et d'hommes assouvis ; et, au milieu des tonneaux, des brocs et des bouteilles, pénétrer jusqu'à quelques personnages importants [1]. » Il vit Raoul Rigault, traînant son costume de commandant au milieu du parquet de la Cour de cassation; il vit Eugène Protot, délégué à la justice, qui siégeait dans le cabinet des gardes des sceaux comme dans une salle de cabaret; il put entrer à Mazas, voir les otages, causer avec eux et leur donner un espoir qu'il n'avait peut-être pas lui-même. L'archevêque fut calme et résigné; M. De-

---

[1] Discours prononcé par Mᵉ Rousse, bâtonnier de l'ordre des avocats, à l'ouverture de la conférence, le 2 décembre 1871, p. 34.

guerry, très expansif selon sa nature; le père Caubert, inébranlable dans sa foi et persuadé que la France se relèverait de cette épreuve « plus chrétienne et par conséquent plus forte que jamais ». Ce fut le samedi 20 mai que M. Edmond Rousse s'entretint avec les otages; il les quitta en leur promettant de revenir le mardi suivant. La Commune devait mettre obstacle à ce projet; cette visite fut la première et la dernière.

Déjà tout était à redouter, car, le 17 mai, le Comité de salut public avait voté le décret qui prescrivait la mise à mort des otages. La Commune allait user de tous moyens pour se défendre : « 22 mai 1871 : Les municipalités feront sonner le tocsin sans interruption dans toutes les églises. — Le secrétaire du Comité de salut public : HENRI BRISSAC. — Même date : Le citoyen Fradet est prié de la part d'Andrieu de faire couper toutes les conduites d'eau qui aboutissent aux endroits où se trouvent les Versaillais ; même mesure à prendre pour les conduites de gaz[1]. » C'était la guerre sauvage qui commençait.

Les surveillants de Mazas étaient fort troublés, car l'un d'eux, nommé Bonnard, devenu ami intime de Garreau et élevé par lui au rang de greffier, avait dit en causant avec ses anciens camarades : « Rappelez-vous bien que si les troupes de Versailles entrent dans Paris, la capitale sera incendiée, tous les prêtres que nous avons ici seront fusillés : Paris deviendra un monceau de ruines et de cadavres. » On ne doutait pas que ces

[1] Ce dernier ordre, dont l'original a été sous mes yeux, n'est jamais parvenu à destination. L'employé chargé de l'expédier le mit sagement dans sa poche. — O. Fradet remplissait pendant la Commune les fonctions d'ingénieur en chef des eaux et des égouts, celles-là mêmes où Belgrand s'est immortalisé. — Il me paraît qu'en cette circonstance, comme en plusieurs autres, on abusa du nom d'Andrieu, qui pendant la Commune resta résolument en dehors de toute action mauvaise.

menaces n'eussent été proférées par Garreau et l'on savait que celui-ci, allant souvent prendre le mot d'ordre à la Préfecture de police, avait dû recevoir les confidences de Ferré et de Raoul Rigault. Le bon vouloir des surveillants était neutralisé par la présence d'un corps nombreux de fédérés qui occupaient les postes de la prison et dont les chefs n'obéissaient qu'au directeur. Dans la matinée du 22 mai, un gardien entra dans la cellule où M. Rabut, commissaire de police, était enfermé et lui apprit que les troupes françaises s'avançaient dans Paris. « C'est votre délivrance, dit le gardien. — Ou notre mort, » répondit l'otage.

Le même jour, vers six heures du soir, un grand bruit se fit dans la maison ; les détenus entendirent les surveillants s'agiter dans les couloirs, ouvrir des portes et appeler des noms. Les gardiens se hâtaient ; une liste à la main, ils parcouraient leur division, s'arrêtaient devant une cellule désignée, faisaient glisser le verrou : « Allons, dépêchons, prenez vos affaires ; vous partez. » Le détenu se préparait rapidement, ramassait le peu d'objets dont on lui avait laissé l'usage et se plaçait sur le pas de sa porte. Les surveillants avaient le visage consterné ; on leur disait : « Où allons-nous ? » ils répondaient : « Nous n'en savons rien. » L'abbé Crozes, aumônier de la Grande-Roquette, M. Coré, directeur du Dépôt, furent prévenus et se tinrent prêts. Au dernier moment, lorsque déjà ils croyaient qu'ils allaient partir, un surveillant accourut et, les repoussant chacun dans sa cellule, il leur dit : « Pas vous, pas vous, rentrez ! » L'initiative des gardiens venait de les sauver tous les deux.

Voici ce qui motivait ce mouvement extraordinaire. A cinq heures, le procureur général de la Commune, Raoul Rigault, épée au côté et revolver à la ceinture, était entré dans la prison, accompagné de Gaston

Dacosta ; ils s'étaient rendus tous deux près du directeur Garreau et lui avaient donné communication de cette dépêche, écrite tout entière de la main de Gabriel Ranvier : « Paris, 4 prairial en 79. Comité de salut public à sûreté générale : Ordre de transférer immédiatement les otages, tels que l'archevêque, les différents curés, Bonjean sénateur, et tous ceux qui peuvent avoir une importance quelconque, à la prison de la Roquette, dépôt des condamnés. Le Comité de salut public : G. RANVIER, EUDES, FERD. GAMBON. » — Garreau conduisit Raoul Rigault et Dacosta au greffe ; le livre d'écrou fut consulté et sur les indications de ces trois meurtriers la liste des otages fut dressée par le greffier Cantrel. Elle comprenait cinquante-quatre noms ; le premier sur la liste est celui de Mgr Darboy, le second celui de M. Bonjean, le dernier celui de Walbert (Félix-Joseph), officier de paix ; Jecker est le septième, l'abbé Deguerry le neuvième ; elle désignait trente-huit prêtres, deux commissaires de police, un proviseur de collège et différents prisonniers qualifiés agents secrets.

Tous furent avertis ; on les isola dans les cellules d'attente où l'on enferme habituellement les détenus avant qu'ils aient subi les formalités de l'écrou. On avait réquisitionné des voitures au chemin de fer de Lyon ; on ne put se procurer que deux chariots de factage. Sous la garde des fédérés armés, on ne parvint à empiler que quarante prisonniers dans ces tapissières incommodes ; le dernier qui y prit place fut Joseph Ruault, sur le mandat d'arrestation duquel Gaston Dacosta avait écrit ; « Conservez cette canaille pour le peloton d'exécution [1]. » Le malheureux pour lequel on faisait

---

[1] Procès Dacosta ; débats contradictoires ; 3e conseil de guerre, 27 juin 1872.

cette recommandation était un tailleur de pierres soupçonné d'avoir dénoncé le complot des bombes qui se dénoua, en juillet 1870, devant la haute cour de Blois. A neuf heures du soir, les deux charretées, comme l'on disait déjà au temps de la Terreur, s'éloignèrent et prirent le chemin de la Grande-Roquette. Le lendemain 23 mai, les quatorze otages qui n'avaient pas pu faire partie du premier convoi furent enlevés à leur tour.

« Ce n'est qu'un commencement, avait dit Garreau, et si les Versaillais approchent, nous mettrons le feu à la maison ; j'ai l'ordre ! » En effet, Eudes lui avait expédié, par planton, l'ordre d'incendier Mazas. Garreau crut pouvoir s'en rapporter à Bonnard, le surveillant dont il avait fait un greffier ; celui-ci reçut des instructions précises et ne s'y conforma pas. Dès le 24 mai, la prison manqua de vivres ; des barricades l'entouraient ; la fusillade crépitait aux environs ; quelques obus avaient éclaté contre les murs. Les couloirs étaient silencieux ; on ne parlait qu'à voix basse, on écoutait les rumeurs du dehors. Dans la journée du 23, dans celle du 24, on avait attendu les mandats de transfèrement du procureur de la Commune, car on croyait, sur la parole de Garreau, à de nouveaux transbordements d'otages. Rien ne vint troubler l'angoisse des détenus ; ils tournaient dans leur cellule, avec la régularité des animaux enfermés. La nuit du 24 au 25 fut sinistre : on avait appris par les gardiens que Paris brûlait ; plusieurs projectiles effondrèrent la toiture.

Le jeudi 25, dans la matinée, on reconnut l'impossibilité de nourrir les prisonniers ; on ouvrit les cellules : « Prenez ce qui vous appartient et partez ! » La plupart croyaient que la maison allait sauter et prirent la fuite ; une centaine environ sortirent sur le boulevard Mazas sans savoir vers quel point se diriger ; une barricade établie avenue Daumesnil était défendue par des fédérés, qui rassemblèrent la plupart des évadés et voulurent les contraindre à se battre. Un des prisonniers prit un fusil et commença le feu contre les troupes françaises ; au bout de quelques instants, il tombait mort, frappé d'une balle : c'était un soldat du 23ᵉ chasseurs à pied, nommé Roche, l'un des assassins de Vincenzini, et qui s'en vantait. Les détenus délivrés se cachèrent dans les maisons voisines, gagnèrent au pied malgré la fusillade, et, pour la plupart, réussirent à sauver leur vie. Les plus sages revinrent à Mazas, que quelques otages, l'abbé Crozes, M. Coré, n'avaient point voulu quitter. Garreau sentait bien qu'il n'était plus le maître, les surveillants devenaient menaçants pour lui ; il voulut regimber, on lui enleva son fusil et on l'enferma au n° 8 de la sixième division, dans la cellule où l'abbé Crozes avait passé quarante-neuf jours.

Le soir du 25, malgré la barricade Daumesnil, qui commandait encore le boulevard Mazas, un capitaine de l'armée régulière, dont un détachement venait d'occuper la gare de Lyon, se glissa dans la prison. On prit tous les tonneaux vides que l'on put découvrir, on les remplit de vieux chiffons, de vêtements, de couvertures, et on les plaça sur le boulevard, l'un près de l'autre, de façon à former une sorte d'épaulement qui pût intercepter les projectiles lancés par les fédérés embusqués derrière la barricade. Grâce à cet obstacle, une compagnie du génie, se penchant vers la terre et s'abritant derrière les tonneaux, put s'emparer de la prison et s'y établit. Quelques soldats avaient des pains de munition qui furent joyeusement acceptés par les prisonniers, dont nulle distribution de vivres n'avait apaisé la faim depuis trente-six heures. Le capitaine du génie fut instruit de ce qui s'était passé, car son premier mot fut : « Où est le président Bonjean? où est l'archevêque? » — Ordre fut donné d'amener le directeur Garreau. On le remit aux soldats ; il fut poussé contre le mur de ronde et fusillé.

CHAPITRE VIII

LA GRANDE-ROQUETTE

I. — L'ARRIVÉE DES OTAGES.

La maison d'éducation correctionnelle transformée en prison militaire. — Clovis Briant. — Le vin blanc. — Arrêt de mort. — Isidore François, directeur du dépôt des condamnés. — Le brigadier Ramain. — Le personnel des employés. — Un honnête criminel. — Le capitaine Vérig. — La guillotine est brûlée. — Visite de la prison. — Vérig a compris. — A mort les calotins ! — Reçu quarante curés et magistrats. — La mise en cellule des otages. — L'archevêque et le président Bonjean. — Les Pères jésuites. — L'abbé Deguerry. — Deux anciens camarades de collège.

La rue de la Roquette, qui commence place de la Bastille pour aboutir au cimetière du Père-Lachaise, s'élargit vers le dernier tiers de son parcours en une sorte de place carrée, célèbre dans la population parisienne, car c'est là que se font les exécutions capitales. De chaque côté de cet emplacement s'élèvent les hautes murailles de deux prisons : à gauche, c'est la maison d'éducation correctionnelle, que l'on nomme aussi les Jeunes-Détenus et plus communément la Petite-Roquette ; à droite, c'est le dépôt des condamnés, la Grande-Roquette.

L'histoire de la Petite-Roquette pendant la période insurrectionnelle ne présente aucun fait notable. Par suite de l'énorme quantité de soldats, troupe régulière, garde nationale, qui encombraient Paris lors de la guerre franco-allemande, la maison d'éducation correctionnelle était devenue maison de correction militaire. Au 18 mars, elle renfermait soixante et onze gardes nationaux et trois cent trente-six soldats détenus disciplinairement ou par suite de jugement; ils furent mis en liberté entre le 19 et le 22 mars[1]. On y réintégra les enfants que les nécessités du service avaient forcé d'interner dans d'autres prisons; il en existait cent dix-sept dans les cellules le 27 mai; à ce moment ils furent délivrés et armés; on les poussa à la défense des barricades; quelques heures après, quatre-vingt-dix-huit d'entre eux étaient volontairement rentrés et demandaient aux surveillants une hospitalité qui ne leur fut pas refusée. C'est dans cette prison que du 20 au 25 mai la Commune fit enfermer les soldats réguliers abandonnés à Paris par le gouvernement légal et qui avaient refusé de s'associer à l'insurrection. Vers la dernière heure, ils étaient à la Petite-Roquette au nombre de mille deux cent trente-trois; plus tard nous aurons à dire ce que l'on en fit.

Le directeur installé dès le 20 mars par le Comité central et par le délégué à la Préfecture de police se nommait Clovis Briant. C'était un lithographe, jeune, viveur, ami des longs repas, auxquels il conviait ses collègues Garreau de Mazas, Mouton de Sainte-Pélagie, François de la Grande-Roquette; le sexe aimable ne faisait point défaut à ces fêtes intimes, ni le vin non plus.

---

[1] « 22 mars 1871. Ordre est donné au directeur de la Petite-Roquette de mettre en liberté provisoire tous les détenus militaires, sans exception. Raoul Rigault. » Pièce citée dans le procès Marigot; débats contradictoires; 4e conseil de guerre; 19 octobre 1871.

L'administration normale avait, pendant le mois de janvier, expédié, par erreur, deux pièces de vin blanc à la prison des Jeunes-Détenus ; ces deux pièces étaient gerbées dans la cave, en attendant qu'on vînt les reprendre. Clovis Briant les découvrit, les fit mettre en perce et les but en douze jours avec ses amis. Il avait abandonné la direction de la prison à son personnel, qu'il avait conservé, et ne s'occupait que d'opérations militaires ; c'est ce qui le perdit.

Jusqu'au dernier moment il tint tête sur les barricades du quartier aux troupes françaises ; il fut arrêté le 28 mai, au point du jour ; on avait déjà donné l'ordre de l'incarcérer, et il eût été épargné, lorsqu'un capitaine de fusiliers marins le fit fouiller. Dans un portefeuille rempli de papiers insignifiants, on découvrit le brouillon d'une dépêche ainsi conçue, et adressée au Comité de salut public : « Envoyez-moi des renforts ; faites brûler le quartier de la Bourse et je réponds de tout. » A cette heure, cela équivalait à un arrêt de mort ; il fut immédiatement exécuté.

L'histoire de la Grande-Roquette est moins simple ; car cette prison, qui reçoit les condamnés avant leur départ pour les maisons centrales ou pour le bagne, qui garde un quartier spécialement réservé aux condamnés à mort, fut la dernière étape des otages destinés à mourir. L'homme qui eut à la diriger méritait toute confiance de la part des gens de la Commune. C'était un emballeur, nommé Jean-Baptiste-Isidore François, que la protection et l'amitié d'Augustin Ranvier, directeur de Sainte-Pélagie, avaient fait élever à ce poste. Il fut implacable et fit le mal avec une sorte d'énergie fonctionnelle qui semblait inhérente à sa nature. Se défiant de son personnel d'employés, il avait pris à la maison des Jeunes-Détenus un surveillant, nommé Ramain, à la fois irascible et cauteleux, pour en faire son brigadier.

Ces deux hommes aidèrent sans scrupule à tous les crimes qui leur furent demandés.

La haine dévorait François; pour lui les gendarmes étaient moins que des galériens; l'idée qu'il existait des prêtres l'affolait. « Voilà quinze cents ans, disait-il, que ces gens-là écrasent le peuple, il faut les tuer; leur peau n'est même pas bonne à faire des bottes ! » Son ignorance, ses instincts mauvais, son immoralité en faisaient un homme dangereux en temps ordinaire et terrible en temps d'insurrection. François et quelques acolytes de sa trempe gardaient avec soin la Grande-Roquette, non point dans les bureaux de la direction, mais de l'extérieur, chez le marchand de vin qui est au coin de la place et de la rue Saint-Maur. Les bombances, du reste, ne languissaient pas; comme Clovis Briant, François aimait à traiter ses collègues et à deviser après boire, à côté de la table, dessus ou dessous, des grandes destinées qui s'ouvraient pour le peuple français régénéré par la Commune. Lorsqu'il n'était pas trop gris, il allait, le soir, dans les clubs, et ce qu'il y entendait ne le rappelait guère à la mansuétude.

Les premiers temps qui suivirent la journée du 18 mars furent assez calmes à la Grande-Roquette. En outre de deux cent trente individus légalement condamnés [1], la prison ne contenait guère que des gendarmes et des sergents de ville, arrêtés à Montmartre. Ces braves gens, appartenant à l'élite de l'armée, avaient été si cruellement insultés, frappés, maltraités, qu'ils en avaient conservé un affaissement étrange. Toute force de résistance semblait les avoir abandonnés; l'idée

---

[1] « Le nombre des détenus s'élève à 230, dont 2 condamnés à mort. Le directeur Brandreith refuse de reconnaître le Comité central; le greffier refuse tout service. Il y avait en caisse 736 francs, qu'on a refusé de me remettre. » Extrait d'une lettre de François à Raoul Rigault en date du 24 mars 1871.

d'un massacre dont ils seraient victimes les épouvantait et les avait rendus faibles comme des enfants malades. On put le constater à l'heure suprême : nul d'entre eux n'essaya de se soustraire à la mort, ou de lutter contre les assassins; ils surent mourir et ne surent pas se faire tuer. Malgré le brigadier Ramain, les surveillants étaient fort bons pour les gendarmes, recevaient leur correspondance sans la faire passer par le greffe, leur prêtaient des journaux et ne les laissaient pas manquer de tabac. Quant au vin, les otages pouvaient en avoir lorsque François n'avait pas bu celui de la cantine.

Le personnel des gardiens était remarquable, très dévoué, plus encore que dans nulle autre prison. Cela se comprend : la Roquette renferme en temps normal des criminels fort dangereux, presque toujours exaspérés d'être condamnés à subir bientôt le régime des maisons centrales et rêvant d'y échapper en commettant quelque nouveau méfait qui pourrait leur valoir la déportation; pour veiller sur ces malfaiteurs prêts à tout, il faut des hommes disciplinés, énergiques et en même temps très justes, car ils ne doivent jamais fournir prétexte aux sévices dont trop souvent ils sont les victimes. La Commune trouva donc à la Roquette un groupe de surveillants animés d'un excellent esprit; elle crut s'en être rendue maîtresse en leur imposant François, qui leur infligea Ramain; mais elle avait compté sans leur courage, et ce sont eux qui se sont opposés aux derniers massacres projetés. Elle se trompait souvent sur la qualité des hommes qu'elle appelait à la servir, elle en eut la preuve sans sortir du dépôt des condamnés.

Un homme, que nous appellerons Aimé, y subissait une peine de cinq ans d'emprisonnement prononcée contre lui pour faits de banqueroute frauduleuse. Il était entré en prison à une époque voisine de la guerre et les évènements empêchèrent son transfèrement réglementaire à la maison correctionnelle de Poissy. Pendant le siège, une épidémie scorbutique se déclara parmi les détenus de la Grande-Roquette ; Aimé se dévoua, fit le métier d'infirmier, et prouva un bon vouloir dont on lui tint compte. Il était assez intelligent, avait une belle écriture, et il plut à François, qui en fit un commis greffier. François croyait bien avoir fait là un coup de maître, car avoir un homme à soi parmi les détenus, c'est avoir grande chance d'obtenir sur ceux-ci des renseignements secrets dont on peut tirer parti. Clovis Briant vit Aimé au greffe de la Roquette ; il s'y intéressa, voulut lui donner la haute main dans sa prison et le 15 avril 1871 écrivit à Raoul Rigault pour lui demander d'accorder à son protégé une fonction à la maison d'éducation correctionnelle. Aimé fut nommé entrepreneur des travaux de la Petite-Roquette ; pour lui c'était la liberté ; il en profita et s'enfuit de Paris. Il se réfugia en province et prévint sans délai le préfet de police qu'il se tenait à ses ordres « pour se rendre dans telle prison qu'il lui plaira de désigner afin de purger sa peine, car il ne peut et ne veut regarder comme régulière sa mise en liberté accordée illégalement par les agents de la Commune ». L'administration prit d'urgence toute mesure afin d'obtenir une commutation de peine qui équivalait à une grâce entière.

Le poste des fédérés qui gardait la Grande-Roquette n'était guère composé que d'une soixantaine d'hommes ; on fut surpris de voir arriver, le lundi matin 22 mai, un détachement formé de six compagnies empruntées au 206e et au 180e bataillon, qui étaient redoutés dans ce quartier populeux, à cause de leur exaltation et de leur violence. Ces hommes s'établirent dans le poste, au premier guichet et dans la première cour. Ils étaient sous le commandement du capitaine Vérig, ouvrier terrassier, petit homme brun, sec, anguleux, nerveux, ayant des bras d'une longueur démesurée, ce qui lui donnait la démarche oscillante d'un quadrumane, âgé de trente-cinq ans environ, propre à toutes les besognes où il ne faut que de la cruauté et l'amour du mal. Il ne quittait point un long pistolet d'arçon, qui lui servait à accentuer ses ordres; il commandait : « En avant, marche, ou je fais feu ! » Il était de cette race d'hommes qui ne peuvent supporter d'autre autorité que celle qu'ils exercent eux-mêmes et dont ils abusent insupportablement. La Commune avait eu la main heureuse en choisissant François comme directeur du dépôt des condamnés, car ce fut lui qui découvrit Vérig, sut l'apprécier et lui confia le poste de la prison lorsque l'exécution des otages eut été décidée. Lorsque François avait pris possession de la prison, il y avait trouvé deux malheureux condamnés au dernier supplice, Pasquier et Berthemetz. Le 6 avril, la guillotine fut solennellement brûlée devant la mairie du XIe arrondissement, parce que la Commune répudiait « toute la défroque du moyen âge ». François se rendit dans la cellule d'un des condamnés, le félicita, lui prit les mains et se mit à danser avec lui[1]. Ce bon mouvement de chorégraphie humanitaire ne l'empêcha pas d'agir avec un singulier discernement lorsqu'il mit la prison et les détenus sous la garde de Vérig.

Il promena celui-ci dans la maison et, sous le prétexte de lui en « faire les honneurs », il lui en montra toutes les dispositions. Après la première cour, l'on

[1] Il avait fait enlever et transporter chez lui les cinq dalles qui servent de point d'appui aux montants de la guillotine. On les retrouva le 28 juin 1871, lors d'une perquisition opérée à son domicile, rue de Charonne, n° 10.) Il déclara avoir eu l'intention de les faire vendre en Angleterre comme objets de curiosité.

entre dans une sorte de vestibule qui est le second guichet; à gauche s'ouvre le parloir, pièce étroite, séparée en deux parties égales dans la longueur par un double grillage en fer; à droite, c'est le greffe et à côté l'avant-greffe, c'est-à-dire la chambre où l'on fait la toilette, l'inutile et cruelle toilette des condamnés à mort. En face et dans l'axe du vestibule, une petite porte lamée de fer permet de pénétrer dans la cour principale, large préau d'où se voit l'ensemble de la maison pénitentiaire proprement dite; au fond, la chapelle; à droite, le bâtiment de l'ouest, composé d'un rez-de-chaussée où sont les ateliers et de trois étages renfermant chacun une section de cellules; à gauche, le bâtiment de l'est, avec une distribution analogue; toutes les fenêtres sont munies de barreaux. Dans l'angle de la cour, à droite, une porte, fortifiée par une grille que l'on ferme le soir, conduit à une assez vaste pièce, qui est le guichet central; des surveillants y sont en permanence jour et nuit. Lorsque l'on a traversé le guichet central, on entre dans un petit jardin où trois lilas et un marronnier apportent quelque gaîté : c'est là un quartier isolé; en face, au rez-de-chaussée, la bibliothèque, au-dessus l'infirmerie; à droite, une galerie à arcades où sont situées les trois grandes cellules réservées aux condamnés à mort.

Au bout de la galerie, une porte basse, — la porte de secours, — domine cinq marches par lesquelles on descend dans le premier chemin de ronde qui enveloppe la prison, comme ce chemin de ronde est lui-même enveloppé par un second; des murs de trente pieds de haut séparent les deux chemins l'un de l'autre et enferment toute la maison derrière deux remparts construits en pierres meulières. Dans leur minutieuse visite, Vérig et François s'arrêtèrent au milieu du petit jardin de l'infirmerie, l'examinèrent avec soin et parurent hésiter ; ensuite ils inspectèrent les deux chemins de ronde et regardèrent longtemps le mur élevé entre le second et un terrain vague qui s'étend jusqu'au coude de la rue de la Folie-Régnault.

C'était là une sorte de promenade extérieure. François et son ami Vérig revinrent au second guichet, traversèrent l'avant-greffe, gravirent un large escalier qui les mena à la quatrième section, long couloir où vingt-trois cellules se font face de chaque côté, de façon que l'on peut y enfermer quarante-six détenus. François fit remarquer à Vérig tout au bout de ce corridor, en face de la vingt-troisième cellule, une forte porte en chêne; il la fit ouvrir par le surveillant qui les accompagnait, et s'engagea dans l'escalier de secours, escalier étroit, en colimaçon, aboutissant à la galerie du quartier des condamnés à mort; là il montra du doigt la porte du premier chemin de ronde : Vérig eut un sourire, il avait compris. On parcourut ainsi toute la maison, on constata que chacune des galeries formant une section distincte est fermée à chaque extrémité par une grille de fer, ce qui permet d'isoler les divisions et d'empêcher toute communication d'un étage à l'autre en cas de révolte, car les grilles sont si solides, si puissamment scellées dans les pierres de taille, que nulle force humaine ne parviendrait à les briser ou à les arracher.

François donna encore quelques détails à Vérig; il lui expliqua que le « bouclage », c'est-à-dire la fermeture des cellules, se faisait régulièrement à six heures du soir; chaque jour on promène les otages dans le chemin de ronde; ils sont assez nombreux, quatre-vingt-seize gendarmes, quarante-deux anciens sergents de ville, quatre-vingt-quinze soldats de ligne, quinze artilleurs, un chasseur d'Afrique, un zouave, un turco. Après cette énumération, François ajouta : « Tous capitulards! » Cette longue tournée dans la Grande-Roquette, ces explications que Vérig avait semblé écouter avec intérêt, avaient altéré les deux fauves; ils allèrent s'abreuver chez le marchand de vin.

Ce même soir, vers dix heures, on entendit un grand bruit sur la place de la Roquette; les cabarets avaient dégorgé leurs buveurs sur les trottoirs, les fédérés réunis devant la prison battaient des mains et criaient : « A mort les calotins! » C'étaient les otages enlevés à Mazas qui arrivaient sur les chariots où ils avaient été secoués par les cahots, insultés par la populace, menacés par les gardes nationaux armés qui les escortaient. Un témoin oculaire raconte que Mounier, surveillant de Mazas, chargé de présider à ce transfèrement, était « plus mort que vif », tant il avait été ému par les injures dont ces malheureux avaient été accablés pendant leur route, sur une voie à demi dépavée, à travers les barricades et parmi les bandes qui vociféraient en leur montrant le poing.

Les deux voitures pénétrèrent dans la cour de la Grande-Roquette; les otages descendirent et furent réunis pêle-mêle, dans le parloir éclairé d'une lanterne. François se réserva l'honneur de faire l'appel; il y procéda avec une certaine lenteur emphatique, dévisageant l'archevêque, regardant avec affectation le père Caubert et le père Olivaint, car il voulait voir, disait-il, comment est fait un jésuite. Les formalités de l'écrou ne furent pas longues; le nom des détenus ne fut inscrit sur aucun registre, on se contenta de serrer dans un tiroir la liste expédiée par le greffe de Mazas. Le reçu que Mounier emporta pour justifier le transfert était singulièrement laconique : *Reçu quarante curés et magistrats;* pas de signature, mais simplement le timbre administratif de la prison.

Portant leur petit paquet sous le bras, placés les uns

auprès des autres, comptés plusieurs fois par le brigadier Ramain, les otages restaient impassibles, debout et cherchant à trouver un point d'appui contre la muraille, car le trajet dans les voitures de factage les avait fatigués. Ramain prit une lanterne, s'assura d'un coup d'œil que les surveillants étaient près de lui, puis il dit : « Allons, en route ! » On traversa l'avant-greffe, on franchit le grand escalier, et, tournant à gauche, on pénétra dans la quatrième section. Une sorte de classement hiérarchique présida au choix des cellules : Mgr Darboy eut le n° 1, M. le président Bonjean le n° 2, M. Deguerry le n° 3, Mgr Surat, archidiacre de Paris, le n° 4 ; la meilleure cellule, moins étroite et moins dénuée que les autres, le n° 23, échut à l'abbé de Marsy.

Dès qu'un des otages, obéissant aux ordres de Ramain surveillé par François, avait dépassé la porte de son cabanon, celle-ci était fermée ; on poussait le gros verrou et un tour de clé « bouclait » le malheureux. Nulle lumière ; l'obscurité était complète dans ces cachots ; on tâta les murs, on essaya de se reconnaître dans la nuit profonde. L'ameublement se composait d'une couchette en fer, garnie d'une paillasse, d'un matelas, d'un traversin, le tout enveloppé d'un drap de toile bise et d'une maigre couverture ; pas une chaise, pas un escabeau, pas un vase, pas même la cruche d'eau traditionnelle. Au petit jour, les détenus placés dans les cellules de droite purent apercevoir le premier chemin de ronde ; ceux qui étaient à gauche avaient vue sur le préau, que l'on nomme aussi la cour principale.

Le bruit d'une maison qui s'éveille, la rumeur des détenus de droit commun qui traînaient leurs sabots sur les pavés, ne laissèrent pas les otages dormir longtemps le matin. M. Rabut qui, en qualité de commissaire de police, connaissait bien le règlement disciplinaire des prisons, voyant le brigadier passer dans le couloir, lui demanda de l'eau; le président Bonjean réclama une chaise; à l'un et à l'autre Ramain répondit : « Bah! pour le temps que vous avez à rester ici, ce n'est pas la peine! »

Depuis le 26 avril, depuis l'entrée de Garreau à Mazas, les otages avaient vécu isolés les uns des autres; s'ils s'étaient promenés, c'était seuls, dans le préau cellulaire, sans aucune relation avec leurs compagnons de captivité. Ils s'imaginaient qu'il en serait ainsi à la Grande-Roquette et furent surpris lorsqu'on les fit descendre tous ensemble par l'escalier de secours et qu'on les réunit dans le premier chemin de ronde. Ils éprouvèrent une sorte de joie enfantine à se retrouver, à pouvoir causer, à se communiquer leurs impressions, qui étaient loin d'être rassurantes. L'archevêque fut très entouré, les prêtres vinrent lui baiser la main et lui demander sa bénédiction. Il ne quittait pas M. Bonjean, auquel il offrait le bras, car le président était souffrant et très affaibli. Il avait voulu, pendant le siège, malgré son âge et ses fonctions, faire acte de soldat; le sac avait été trop pesant pour ses frêles épaules; il en était résulté une infirmité pénible que son séjour en prison ne lui permettait pas de combattre par des moyens artificiels. Il marchait donc « courbé en deux », comme l'on dit, et trouvait sur le bras de Mgr Darboy un appui qui lui était indispensable. Le plus souvent, ne pouvant suivre ses compagnons dans leur promenade, il s'asseyait au bord d'une guérite, où chacun venait s'entretenir avec lui. M. Rabut alla saluer le président, qui le présenta à l'archevêque. « Qu'augurez-vous de notre transfèrement? lui demanda celui-ci. — Rien de bon, monseigneur, » répondit M. Rabut.

Les jésuites, fort calmes, gardant sur les lèvres leur

immuable sourire, ayant du fond du cœur renoncé à à tout, même à la vie, disant à Dieu : *Non recuso laborem*, se promenaient et devisaient entre eux, ou écoutaient un missionnaire qui, revenant de Chine, pouvait leur expliquer que sous toute latitude l'homme rendu à lui-même et soustrait à la loi est ressaisi par le péché originel et redevient fatalement une bête sauvage. Le père Allard, l'aumônier des ambulances, portait encore au bras gauche la croix de Genève, ostentation de bon aloi qui forçait les gens de la Commune à violer toutes les conventions, même celle qui sur les champs de bataille protège les infirmiers. L'abbé Deguerry, actif et rassuré par la bonne compagnie qu'il retrouvait enfin, causait avec verve et essayait de faire partager à ses compagnons l'espérance dont il était animé. « Quel mal leur avons-nous fait ? répétait-il à toute objection ; quel intérêt auraient-ils à nous en faire ? » Puis il accusait, en plaisantant, les lits de la Roquette d'être trop courts pour sa longue taille.

Deux otages qui ne s'étaient point rencontrés depuis trente-quatre ans, depuis les jours du collège, se reconnurent. L'un, ses études terminées, obéissant à une irrésistible vocation, avait suivi la voie religieuse ; il était entré dans les ordres et appartenait à la Société de Jésus. Lorsqu'il fut amené au Dépôt de la préfecture de police et qu'on l'interrogea afin de pouvoir remplir les formalités de l'écrou, il répondit : « Pierre Olivaint, prêtre et jésuite, » revendiquant ainsi comme un titre de gloire cette qualification si périlleuse alors et si détestée. L'autre, ancien officier de l'armée, avait quitté l'état militaire et avait embrassé, par goût, l'ingrate carrière de l'enseignement ; c'était M. Chevriaux, proviseur du lycée de Vanves. Pourquoi avait-il été arrêté et incarcéré ? Son crime était d'avoir gardé fidèlement son poste, qu'il ne croyait pas pouvoir abandonner sans un ordre de l'autorité légale. Dénoncé à Raoul Rigault comme « agent versaillais », il avait été enlevé le 1er mai et jeté à Mazas. Le hasard des révolutions et l'insanité de la Commune remettaient en présence dans le préau d'une geôle ces camarades de la vingtième année. Ils s'embrassèrent et furent émus. Ils ne conservaient d'illusion ni l'un ni l'autre, et lorsque le prêtre demanda au laïque s'il était préparé à mourir, s'il avait mis ordre aux choses mystérieuses de la conscience, celui-ci put répondre que, grâce à un prêtre des missions étrangères, son voisin de cellule, il était en paix avec lui-même et délié vis-à-vis de Dieu. « C'est bien, répliqua Pierre Olivaint; mais ne te semble-t-il pas, mon cher ami, que tu m'appartenais et que j'ai presque le droit d'être jaloux? » Deux jours après, Olivaint devait tomber à l'abattoir de la rue Haxo, laissant un impérissable souvenir à ceux qui lui ont survécu et dont son héroïque sérénité avait soutenu les cœurs pendant les angoisses des derniers jours.

II. — LA MORT DES OTAGES.

La Commune se réfugie à la mairie du onzième arrondissement. — Les incendiaires de l'Hôtel de Ville. — Le comte de Beaufort. — Le massacre des otages est résolu. — La cour martiale. — Gustave-Ernest Genton. — Le bouclage. — L'archevêque change de cellule. — Quatre femmes incarcérées à la Roquette. — Arrivée du peloton d'exécution. — Mandat irrégulier. — Résistance du greffier. — Modification à la liste primitive. — Edmond Mégy. — Benjamin Sicard. — Le surveillant Henrion. — Henrion se sauve en cachant les clefs. — Le brigadier Ramain et le surveillant Beaucé. — L'appel. — Les adieux du président Bonjean. — Les assassins discutent. — L'absolution. — « Il fredonnait. » — « Tu nous embêtes. » — Le feu de peloton. — Le coup de grâce. — Les remords de Mégy. — Vol dans les cellules. — Émeraude ou diamant? — On dépouille les morts. — Les corps sont transportés au cimetière de l'Est. — L'eau du ciel.

A quatre heures, « la récréation » dut prendre fin; les otages furent reconduits dans leur section; mais la porte de leur cellule ne fut fermée qu'à six heures, au moment du « bouclage » réglementaire de la prison ; ils purent donc encore rester quelque temps ensemble. Pendant leur promenade, ils avaient attentivement prêté l'oreille aux bruits du dehors, et c'est à peine si de lointaines détonations d'artillerie étaient parvenues jusqu'à eux. On était au mardi 23, et la bataille ne se rapprochait pas de la Roquette. Un surveillant leur avait dit : « Le dernier quartier général de l'insurrection sera Belleville ; il faut prendre patience et courage ; la grande lutte sera autour de nous. » Les otages avaient fait l'expérience de leur nouvelle demeure et du système auburnien, qui laisse les détenus en commun pendant le jour et les isole pendant la nuit. Pour eux, c'était une grande amélioration. Le matin, on avait remis à chacun d'eux une écuelle avec laquelle ils avaient été à la distribution des vivres ; ils avaient reçu leur portion de « secs », comme l'on dit dans les prisons, c'est-à-dire de légumes délayés dans de l'eau. Tant bien que mal, après avoir avalé leur pitance, ils s'étaient endormis, l'estomac léger et la conscience en repos.

Le lendemain, 24 mai, dans la journée, un surveillant leur dit : « Il y a du nouveau ; toute la clique de la Commune est à la mairie du XIe arrondissement. » Or cette mairie est située place du Prince-Eugène, au point d'intersection du boulevard Voltaire et de l'avenue Parmentier, à trois cents mètres à peine de la Roquette ; c'était un mauvais voisinage. En effet, la veille, dans la soirée, la Commune et le Comité de salut public avaient tenu leur dernière séance à l'Hôtel de Ville. On avait décidé d'évacuer le vieux palais populaire et de transporter « le gouvernement » au pied même de Belleville, à l'abri de la colline du Père-Lachaise, non loin des portes de Vincennes, d'Aubervilliers et de Romainville, qui permettraient peut-être de tenter une fuite sur la zone occupée par les Allemands. Les trois services importants, la guerre, la sûreté générale, les finances, s'étaient donc installés dans les salles de la mairie du XI⁰ arrondissement; c'est là que Ferré était accouru, après avoir fait fusiller Georges Vaysset et n'avoir pas réussi à faire tuer d'autres détenus du Dépôt.

C'était peu d'évacuer l'Hôtel de Ville, il fallut l'incendier. Quelques bandits se chargèrent de l'exécution de ce crime et s'en acquittèrent en conscience, aidés par les fédérés du 174ᵉ bataillon et par deux compagnies des Vengeurs de Flourens. Toute la place fut bientôt en feu, car non seulement on brûla l'Hôtel de Ville, mais aussi les bâtiments de l'octroi qui lui faisaient face, et les Archives, et l'Assistance publique, où plus d'un des incendiaires avait tendu une main que l'on n'avait pas repoussée. Dans la matinée du 24, des fédérés du 174ᵉ bataillon passaient sur le quai Saint-Bernard et disaient joyeusement : « Nous venons d'allumer le château Haussmann et nous allons à la Butte-aux-Cailles cogner sur les Versaillais. »

La rage du meurtre avait saisi les gens de la Commune; les gardes nationaux n'obéissaient plus qu'à eux-mêmes, soupçonneux, ne comprenant rien à leur défaite, car on leur avait promis la victoire, criant à la trahison dès qu'un projectile tombait au milieu d'eux, farouches et pris du besoin de tuer. Dans la matinée du 24, un officier qui avait été attaché à l'état-major de Cluseret fait effort pour arriver jusqu'à la mairie du XI⁰ arrondissement; aux barricades, on l'arrête pour qu'il aide à porter des pavés; il dit qu'il a des ordres à transmettre et parle de son grade qui doit être respecté; on lui crie : « Aujourd'hui il n'y a plus de galons! » Quelqu'un dit : « C'est un traître, il est vendu à Versailles. » On le saisit, on le traîne dans une boutique, on le juge, il est condamné à être dégradé et à servir comme simple soldat; il répond que ça lui est indifférent, et d'emblée on le proclame capitaine. Cette farce tourna subitement au sinistre. Le malheureux sortit; dès qu'il reparut sur le boulevard Voltaire, on lui cria qu'il était un Versaillais. Des marins l'enlevèrent sur leurs épaules et le promenèrent sur la place, pendant que des femmes essayaient de le frapper à coups de ciseaux. On le poussa enfin dans un terrain vague où s'ouvre aujourd'hui la rue de Rochebrune et on le fusilla. C'était le comte de Beaufort; on est surpris de sa qualité et on se demande ce qu'il faisait dans cette galère. Delescluze le regarda mourir, et cependant il avait tenté de le sauver; vainement il avait demandé un délai de deux heures pour interroger le prétendu coupable, vainement il essaya d'émouvoir quelques sentiments humains dans la tourbe qui l'entourait, Beaufort fut assassiné, car plus d'un des meurtriers avaient intérêt à se débarrasser de lui[1]. En étudiant de près cette histoire, on découvrirait peut-être qu'elle eut une amourette pour début, et qu'une vengeance particulière intervint au dénouement.

Delescluze, délégué à la guerre, Ferré, délégué à la sûreté générale, s'étaient donc établis à la mairie du XIe arrondissement. Des membres du Comité de salut public et de la Commune les assistaient. Ces hommes sentaient que tout était fini; ils n'avaient rien su faire de leur victoire, ils ne voulaient consentir à accepter leur défaite et rêvaient de disparaître dans quelque épouvantable écroulement. Ce fut alors sans doute que le massacre des otages fut résolu. Delescluze se mêla-t-il à cette odieuse délibération? On ne le sait; c'était un sectaire très capable de commettre un crime

---

[1] Pour l'intervention inutile de Delescluze, voir procès Guinder et Denivelle; déb. contr.; 6e conseil de guerre; 19 juin 1872.

politique pour servir sa cause, mais qui devait hésiter à conseiller un crime inutile, dont le résultat ne pouvait que rendre son parti méprisable et compromettre l'avenir.

Là, dans cette mairie encombrée d'officiers qui venaient demander de l'argent, de blessés qu'on apportait, de munitions entassées partout, de tonneaux de vin que l'on roulait à côté des tonneaux de pétrole et des tonneaux de poudre, assourdi par le brouhaha des batailles et les clameurs de cent personnes criant à la fois, on établit une cour martiale. Un vieillard inconnu et qui était, dit-on, sordide, un officier fédéré qui, dit-on, était ivre, composèrent un tribunal sous la présidence de Gustave-Ernest Genton. Ce Genton était un ancien menuisier, ayant un peu sculpté sur bois, dont la Commune avait fait un magistrat, et qu'à la dernière heure elle abaissait au rang de président de sa cour martiale. Qu'une cour martiale soit instituée par une insurrection pour se débarrasser d'adversaires pris les armes à la main, cela peut jusqu'à un certain point s'expliquer; mais juger et faire exécuter des prêtres, des magistrats arrêtés depuis deux mois, qui n'ont même pas eu la possibilité de combattre la révolte, c'est incompréhensible et demeure un des faits les plus extraordinaires de l'histoire.

Genton était un lourd garçon, ordinairement paresseux, de taille petite, épais, gros, à face brutale avec les yeux saillants, la lèvre inférieure proéminente comme celle des ivrognes de profession, portant toute la barbe et une chevelure grisonnante. Il y eut une discussion dont plus tard, devant le 6e conseil de guerre, on essaya de se prévaloir en la déplaçant. On a prétendu que le premier ordre d'exécution transmis à la Roquette concernait soixante-six otages et qu'il avait été modifié sur les instances du directeur François. C'est là une erreur. Une discussion s'éleva en effet dans le greffe de la prison, mais sur un autre objet, que nous ferons connaître. La cour martiale n'était point d'accord sur le chiffre des otages que l'on devait tuer; le nombre soixante-six fut proposé et écarté, « parce que ça ferait trop d'embarras. » On s'arrêta au nombre de six : deux noms seulement furent désignés, celui de M. Bonjean et celui de l'archevêque de Paris.

Pendant que l'on délibérait sur la destinée des otages, ceux-ci avaient, comme la veille, été conduits au chemin de ronde qui leur servait de préau. Rien, extérieurement du moins, n'était changé dans leur situation : ils avaient eu leur distribution de vivres, avaient causé avec les surveillants et avaient été reconduits à quatre heures dans leur section. Ils avaient remarqué cependant, avec une certaine surprise, qu'on les avait engagés à se hâter lorsqu'ils remontaient l'escalier et que leurs cellules, au lieu de rester ouvertes jusqu'à l'heure du bouclage, avaient été fermées au verrou et à la clef. Pendant la promenade, Mgr Darboy s'était plaint d'être dans un cabanon trop étroit où il n'avait que son grabat pour s'asseoir. L'abbé de Marsy lui avait alors proposé de lui céder sa cellule, le n° 23, qui était plus spacieuse, munie d'une chaise, d'une table et même d'un petit porte-manteau. L'archevêque avait accepté. Sur le croisillon de fer qui sépare le judas de la porte, l'abbé de Marsy avait dessiné les instruments de la passion et écrit : *Robur mentis, viri salus;* comme au Dépôt de la préfecture de police, Mgr Darboy avait tracé un crucifix sur le mur de la cellule qui lui avait été attribuée.

La journée eût été normale à la Grande-Roquette si, dans la matinée, on n'y eût amené quatre femmes. Conduites par des fédérés, elles furent poussées au greffe et ordre fut donné de les incarcérer. Elles venaient de la rue Oberkampf, où elles étaient restées afin de veiller sur leur maison de commerce en l'absence de leurs maris partis pour éviter de servir la Commune. Elles avaient refusé de livrer les chevaux et les voitures que l'on réquisitionnait chez elles; le cas était pendable; les quatre prisonnières furent écrouées et enfermées ensemble dans une cellule du quartier des condamnés à mort.

Entre quatre et cinq heures du soir, François était à son poste d'observation habituel, c'est-à-dire chez le marchand de vin, lorsqu'il aperçut un détachement qui, précédé par Genton, gravissait la rue de la Roquette; il dit à l'ami avec lequel il buvait : « Tiens! voilà le peloton d'exécution qui vient chez nous. » Il se leva et arriva à la prison en même temps que les fédérés, parmi lesquels on remarquait quelques hommes à casquette blanche appartenant aux Vengeurs de Flourens et un individu costumé, — déguisé? — en pompier. François, Genton, Vérig, deux officiers, dont l'un portait l'écharpe rouge à crépines d'or, pénétrèrent dans le greffe. François demanda : « Est-ce pour aujourd'hui? » Genton répondit par un signe affirmatif. Celui-ci remit un ordre au directeur, qui le lut et le passa au greffier. Le greffier en prit connaissance et dit : « Le mandat est irrégulier, nous ne pouvons y donner suite. » L'officier à ceinture rouge eut un geste de colère : « Est-ce que tu serais un Versaillais, toi? » Le greffier répliqua avec calme que l'ordre prescrivait d'exécuter six otages, mais que deux noms seuls étaient indiqués; cela ne suffisait pas : les individus condamnés à mort devaient être désignés nominativement, afin d'éviter toute erreur et pour assurer la régularité des écritures. C'est sur ce point et non pas sur le nombre des otages à fusiller que la discussion s'engagea. Les fédérés qui se tenaient dans la cour accouraient dans le greffe, qu'ils encombraient; le greffier ordonna de fermer les portes et de ne plus laisser entrer personne.

Le greffier, se retranchant derrière les nécessités du service et les devoirs de sa charge, ne démordit pas de son opinion, qu'il finit par faire partager à François. Le directeur sembla pris de scrupule et dit : « Les choses doivent se passer régulièrement pour mettre ma responsabilité à couvert. » Genton céda, il demanda le livre d'écrou; les noms des otages n'y avaient point été portés; on cherchait la liste expédiée par le greffe de Mazas, on ne la retrouvait pas. L'homme à l'écharpe rouge s'impatientait fort et disait : « Eh bien! c'est donc ici comme du temps du vieux Badingue et l'on se moque des patriotes; j'en ai tué qui n'en avaient pas tant fait! » Enfin la liste fut découverte sous des registres qui la cachaient. Genton se mit à l'œuvre et écrivit dans l'ordre suivant : Darboy, Bonjean, Jecker, Allard, Clerc, Ducoudray. Il s'arrêta, sembla réfléchir, puis brusquement effaça le nom de Jecker et le remplaça par celui de l'abbé Deguerry. Montrant la liste à François, il lui dit : « Ça te convient-il comme ça ? » François répondit : « Ça m'est égal, si c'est approuvé. » Genton eut un mouvement d'impatience : « Que le diable t'emporte! Je vais au Comité de salut public et je reviens. » Il s'éloigna, seul, rapidement vers la place du Prince-Eugène.

Les fédérés se répandirent dans la cour et l'homme à l'écharpe rouge resta dans le greffe, où il malmena François, qui n'était pas « à la hauteur des circonstances » et qui n'avait pas un esprit « vraiment révolutionnaire ». L'ivrogne s'excusait de son mieux et paraissait peu à l'aise en présence de cet officier rébarbatif. Celui-ci était un assez beau garçon, brun, prenant des poses, et malgré son grade, qui paraissait élevé, portant un fusil sur l'épaule. On a beaucoup discuté pour savoir quel était cet individu, que les employés de la prison considéraient, à cause de son écharpe, comme un membre de la Commune; on l'a pris pour Eudes, pour Ferré, pour Ranvier, surtout pour Ranvier. On s'est trompé; nous pouvons le nommer : c'était Mégy, que la révolution du 4 septembre avait été chercher au bagne de Toulon, où il subissait une peine de quinze ans de travaux forcés, méritée par un assassinat, pour en faire un porte-drapeau dans un bataillon de garde nationale. Il souffleta son capitaine, fut, pour ce fait, condamné à deux ans de prison et délivré le 18 mars. La Commune ne pouvait négliger cet homme qui tuait les inspecteurs de police à coups de revolver; elle en fit une sorte d'émissaire diplomatique et l'envoya prêcher la République universelle à Marseille en compagnie de Landeck et de Gaston Crémieux. Le général Espivent interrompit cette farandole révolutionnaire, et Mégy, qui excelle à se sauver quand l'occasion s'en présente, put revenir à Paris. Il fut nommé commandant du fort d'Issy, qu'il abandonna aussitôt que l'occasion lui parut propice. Le 22 mai, il était sur la rive gauche de la Seine; c'est à lui et c'est à Eudes que l'on doit l'incendie de la Cour des comptes, du palais de la Légion d'honneur, de la rue de Lille, de la rue du Bac et de la Caisse des dépôts et consignations. Tel était le général, — on l'appelait ainsi, — qui venait en amateur donner un coup de main pour assassiner quelques vieillards. L'autre officier, remarquable par les pommettes roses et les yeux brillants ordinaires aux phthisiques, s'appelait Benjamin Sicard; capitaine au 101e bataillon, il était détaché, en qualité de capitaine d'ordonnance, à la Préfecture de police; c'est ce qui justifiait les aiguillettes d'or dont il avait orné son uniforme. Il avait été envoyé par le délégué à la sûreté générale, par Ferré, pour surveiller l'exécution des otages et pour en rendre compte.

Les fédérés du peloton amené par Genton s'étaient mêlés à ceux de Vérig. Un surveillant nommé Henrion s'approcha d'eux et, parlant à un groupe de Vengeurs de Flourens, il leur dit : « Prenez garde, ce sont des assassinats que vous allez commettre, vous les payerez plus tard. » L'un d'eux répondit : « Que voulez-vous ? Ce n'est pas amusant ; mais nous avons fusillé ce matin à la Préfecture de police, maintenant il faut fusiller ici ; c'est l'ordre. » Henrion reprit : « C'est un crime. — Je ne sais pas, répliqua le vengeur ; on nous a dit que c'étaient des représailles, parce que les Versaillais nous tuent nos hommes. » Henrion s'éloigna et rentra dans le vestibule, à côté du greffe, car il était de service. Genton revint au bout de trois quarts d'heure, il n'avait pas l'air content ; il est probable que Ferré l'avait réprimandé pour n'avoir pas procédé malgré la demi-opposition de François. Celui-ci prit l'ordre d'exécution nominatif cette fois et approuvé ; il dit : « C'est en règle, » et « sonna au brigadier ». Ramain arriva ; François lui remit la liste, en lui disant : « Voilà des détenus qu'il faut faire descendre par le quartier de l'infirmerie. »

Ramain appela Henrion, celui-ci se présenta. Ramain lui dit : « Allez ouvrir la grille de la quatrième section. » Henrion répondit : « Je vais chercher mes clefs ! » Ses clefs, il les tenait à la main ; il s'élança dehors, jeta les clefs derrière un tas d'ordures et prit sa course comme un homme affolé. L'idée du massacre que l'on préparait lui faisait horreur. D'une seule haleine, il courut jusqu'à la barrière de Vincennes, put passer grâce à un mensonge appuyé d'une pièce de vingt francs, se jeta à travers champs et arriva à Pantin couvert de sueur et de larmes. Des soldats bavarois le recueillirent ; il ne cessait de sangloter en répétant : « Ils vont les tuer ! ils vont les tuer[1] ! »

[1] Voir *Pièces justificatives*, n° 9.

Pendant que cet honnête homme fuyait la maison où s'amassaient les crimes, Ramain, furieux, appelait Henrion, qui ne répondait guère. Genton demandait si l'on se moquait de lui ; François perdait contenance, et Mégy, glissant une cartouche dans son fusil, disait : « Nous allons voir ! » Ramain dit alors à François : « Faites monter le peloton au premier étage, je cours chercher mes clefs au guichet central, je passerai par l'escalier de secours et j'ouvrirai par le couloir. » Lourdement les quarante hommes, ayant en tête François, Genton, Mégy, Benjamin Sicard et Vérig, gravirent l'escalier. Ramain enjamba la cour intérieure, pénétra dans le guichet central, enleva les clefs accrochées à un clou, et donnant la liste des otages au surveillant Beaucé, il lui dit : « Va faire l'appel ; » puis lestement il monta les degrés de l'escalier, franchit la galerie de la quatrième section et ouvrit la grille. Le peloton se divisa en deux groupes à peu près égaux, de vingt hommes chacun ; l'un resta massé devant la grille ouverte ; l'autre traversa le couloir, longeant les cellules où les otages étaient enfermés, descendit l'escalier de secours et fit halte dans le jardin de l'infirmerie. « Nous entendions les battements de notre cœur, » a dit un des otages survivants. Le bruit des pas cadencés, le froissement des armes ne leur laissaient point de doute ; ils comprirent que l'heure était venue. Qui allait mourir ? Tous se préparèrent.

Ramain attendait le surveillant Beaucé, auquel il avait remis la liste ; ne le voyant pas venir, il descendit le petit escalier pour aller le chercher au guichet central. Beaucé s'était disposé à obéir, croyant accomplir une formalité sans importance ; mais au moment où il allait se rendre à la quatrième section pour y appeler les six détenus désignés, il se croisa avec le détachement du peloton d'exécution, qui attendait dans le quartier de l'infirmerie; il comprit; il s'affaissa sur lui-même, collé contre la muraille, sur la première marche de l'escalier, et se sentit incapable de faire un pas de plus. Ramain accourut : « Allons, Beaucé, arrivez donc! » Beaucé, tremblant, répondit : « Je ne peux pas, non, je ne pourrai jamais! » Ramain s'élança vers lui, lui arracha des mains la liste et la clef qui ouvrait les cellules, et lui dit avec mépris : « Imbécile, tu n'entends rien aux révolutions. » Beaucé se sauva et courut s'enfermer dans le guichet central.

Ramain remonta; tous les otages avaient mis l'œil au petit judas de leur porte et tâchaient de voir ce qui se passait dans la galerie. Ramain appela : « Darboy! » et se dirigea vers la cellule n° 1. A l'autre extrémité du couloir, il entendit une voix très calme qui répondait : « Présent! » On alla ouvrir le cabanon n° 23, et l'archevêque sortit; on le conduisit au milieu de la section, à un endroit plus large qui forme une sorte de palier. On appela : « Bonjean ! » Le président répondit : « Me voilà, je prends mon paletot. » Ramain le saisit par le bras et le fit sortir en lui disant : « Ça n'est pas la peine, vous êtes bien comme cela! » On appela Deguerry. » Nulle voix ne se fit entendre; on répéta le nom, et, après quelques instants, le curé de la Madeleine vint se placer à côté de M. Bonjean. Les pères Clerc, Allard, Ducoudray répondirent immédiatement et furent réunis à leurs compagnons. Ramain dit : « Le compte y est! » François compta les victimes et approuva d'un geste de la tête.

Le peloton qui était resté devant la grille d'entrée s'ébranla et s'avança vers les otages, à la tête desquels le brigadier Ramain s'était placé pour indiquer la route à suivre. Deux surveillants, appuyés contre le mur, baissaient la tête et détournaient les yeux. En passant près d'eux, le président Bonjean dit à très haute voix :

« O ma femme bien-aimée ! ô mes enfants chéris ! »
Était-ce donc un de ces mouvements de faiblesse naturels aux cœurs les plus fermes ? Non, cet homme incomparable fut héroïque jusqu'au bout ; mais il espérait que ses paroles seraient répétées, parviendraient à ceux qu'il aimait et leur prouveraient que sa dernière pensée avait été pour eux.

Sous la conduite de Ramain, le cortège descendit l'escalier de secours, et, parvenu dans la galerie qui côtoie les cellules des condamnés à mort, rejoignit le premier détachement des fédérés. Là on s'arrêta pendant quelques instants. Mégy, montrant le petit jardin, disait : « Nous serons très bien ici. » Vérig insistait afin que l'on allât plus loin, et, comme pour trouver un auxiliaire à son opinion, cherchait François des yeux ; François n'avait pas suivi les otages, il était retourné au greffe. On agita devant ces malheureux la question de savoir si on les fusillerait là ou ailleurs. Ils avaient profité de cette discussion pour s'agenouiller les uns près des autres et pour faire une prière en commun. Cela fit rire quelques fédérés, qui les insultèrent. Un sous-officier intervint : « Laissez ces gens tranquilles, nous ne savons pas ce qui nous arrivera demain. »

Pendant ce temps, Vérig, Genton et Mégy étaient enfin tombés d'accord : là on serait trop en vue. Ramain ouvrit la petite porte donnant sur le premier chemin de ronde ; l'archevêque passa le premier, descendit rapidement les cinq marches et se retourna. Lorsque ses compagnons de martyre furent tous sur les degrés, il leva la main droite, les trois premiers doigts étendus, et il prononça la formule de l'absolution : *Ego vos absolvo ab omnibus censuris et peccatis !* Puis, s'approchant de M. Bonjean, qui marchait avec peine, pour les causes que nous avons dites, il lui offrit son bras. Toujours précédé par Ramain, entouré, derrière et sur les flancs, par les fédérés, le cortège prit à droite, puis encore à droite, et s'engagea dans le long premier chemin de ronde qui aboutit près de la première cour de la prison. En tête, un peu en avant des autres, marchait l'abbé Allard, agitant les mains au-dessus de son front. Un témoin, parlant de lui, a dit : « Il allait vite, gesticulait et *fredonnait* quelque chose. » Ce quelque chose était la prière des agonisants qu'il murmurait à demi-voix. Tous les autres restaient silencieux.

On arriva à cette grille que l'on appelle la grille des morts et qui clôt le premier chemin de ronde; elle était fermée. Ramain, qui était fort troublé, malgré qu'il en eût, cherchait vainement la clef au milieu du trousseau qu'il portait. A ce moment, Mgr Darboy, moins peut-être pour disputer sa vie à ses bourreaux que pour leur épargner un crime, essaya de discuter avec eux. « J'ai toujours aimé le peuple, j'ai toujours aimé la liberté, » disait-il. Un fédéré lui répondit : « Ta liberté n'est pas la nôtre, tu nous embêtes! » L'archevêque se tut et attendit que Ramain eût ouvert la grille. L'abbé Allard se retourna, regarda vers la fenêtre de la quatrième section et put apercevoir quelques détenus qui les contemplaient en pleurant. On tourna à gauche, puis tout de suite encore à gauche, et l'on entra dans le second chemin de ronde, dont la haute muraille noire semblait en deuil. Au fond s'élevait le mur qui sépare la prison des terrains adjacents à la rue de la Folie-Regnault.

C'était l'endroit que François et Vérig étaient venus reconnaître ensemble dans la journée du 22. Il était bien choisi et fermé à tous les regards; c'était une sorte de basse-fosse en plein air, propre aux guets-apens. Ramain s'en était allé. Les victimes et les meurtriers restaient seuls en présence, sans témoin qui plus tard pût parler à la justice. D'après la place où les corps ont été retrouvés, on sait que les otages furent disposés dans l'ordre hiérarchique qui avait présidé à leur classement en cellules. On les rangea contre le mur faisant face au peloton d'exécution, Mgr Darboy le premier, puis le président Bonjean, l'abbé Deguerry, le père Ducoudray, le père Clerc, tous deux de la Compagnie de Jésus, et enfin l'abbé Allard, l'aumônier des ambulances, qui, pendant le siège et lors des premiers combats de la Commune, avait sauvé tant de blessés. Le peloton s'était arrêté à trente pas de ces six hommes debout et résignés. Ce fut Genton qui commanda le feu. On entendit deux feux de peloton successifs et quelques coups de fusil isolés. Il était alors huit heures moins un quart du soir [1].

Dans ce multiple assassinat, Genton, président de la cour martiale, représentait la justice de la Commune; Benjamin Sicard représentait la sûreté générale, c'est-à-dire la police telle que Théophile Ferré la pratiquait; Vérig représentait l'armée de la guerre civile; Mégy, acteur volontaire, représentait la haine sociale dans le but qu'elle poursuit.

On a dit que chacun des hommes qui avaient fait partie du peloton d'exécution reçut une gratification de cinquante francs; le fait est possible et nous ne l'infirmons pas, quoique nous n'en ayons trouvé aucune preuve. Il est dans la tradition terroriste : aux massacres des prisons en septembre 1792, « les travailleurs »,

---

[1] On a lieu de croire que c'est un fédéré du 244ᵉ bataillon, surnommé les Turcos de Bergeret et commandé par Victor Bénot, qui aurait tiré le premier sur l'archevêque. Au moment où Mgr Darboy levait la main pour bénir ses assassins, ce fédéré, tailleur de son état et nommé Joseph Lolive, aurait lâché son coup de fusil, en disant : « Tiens, voilà notre bénédiction. » (Procès Lolive; débats contradictoires, 6ᵉ conseil de guerre; 25 mai 1872.)

comme on les appela, touchèrent chacun un écu de six livres pour dédommagement de la perte de leur journée. Parlant de ces massacres, Robert Lindet a dit : « C'est l'application impartiale des principes du droit naturel. » Peut-être eût-il répété cette parole s'il eût compté les gens de bien étendus sans vie dans le chemin de ronde de la Grande-Roquette.

Lorsque le peloton sortit sur la place qui s'étend devant le dépôt des condamnés, la foule félicita les fédérés : « A la bonne heure, citoyens, c'est là de la bonne besogne ! » Vérig montrait son pistolet d'arçon et disait : « C'est avec cela que j'ai achevé le fameux archevêque, je lui ai cassé la gueule. » Il se vantait ; le procès-verbal d'autopsie démontre que Mgr Darboy ne reçut pas « le coup de grâce ». Il n'en fut pas de même de M. Bonjean : dix-neuf balles l'atteignirent sans le tuer, sans même lui faire de blessures immédiatement mortelles ; un coup de pistolet tiré en avant de l'oreille gauche mit fin à son martyre. Si Vérig, encore tout chaud du meurtre, se félicitait d'y avoir pris part, on pourrait croire que plus tard, loin de l'enivrement de la lutte, il eût regretté d'avoir assassiné des innocents ; on se tromperait. Certains hommes, pétris d'une argile impure, s'enorgueillissent d'un crime, comme d'autres s'empressent vers une bonne action. Deux ans et demi après la soirée du 24 mai 1871, Mégy a parlé, et il est utile de recueillir ses paroles. Un journal américain, mal informé, avait annoncé qu'il s'était fait justice lui-même. Voici dans quels termes Mégy rectifia l'erreur :

« New-York, 8 décembre 1873 ; à monsieur le rédacteur du *Sunday Mercury*. Monsieur, j'ignore où vous puisez les renseignements que vous publiez dans votre journal ; quant à celui qui me concerne, c'est une mystification que je trouve mauvaise ; aussi je vous prie d'insérer ces lignes pour rétablir la vérité sur mon prétendu suicide. Quoique deux fois condamné à mort en France et au suicide par vous, je suis encore vivant. Je ne suis pas plus mort que le jour où j'ai tué l'agent de police de l'Empire qui voulait m'arrêter parce que j'étais républicain; pas plus que lorsque j'étais pour cette cause au bagne de Toulon; pas plus que le jour où j'arrêtais à Marseille le préfet Crosnier; pas plus que lorsque je commandais le fort d'Issy sous la Commune, ou que je *liquidais avec mon chassepot l'affaire en litige à la Roquette*. Enfin je ne suis pas plus mort que le jour où je suis arrivé ici, et n'ai pas envie de mourir, au contraire; c'est que j'espère vivre jusqu'au jour où je pourrai encore faire justice des assassins du peuple. — EDMOND MÉGY, mécanicien, ex-gouverneur du fort d'Issy sous la Commune. »

« L'affaire en litige » n'était qu'en partie « liquidée », et les otages de la quatrième section qui avaient entendu l'appel des victimes, qui avaient ressenti au cœur le retentissement du feu de peloton, s'attendaient, toutes les fois que l'on ouvrait la grille ou que l'on passait dans le couloir, à être menés à la mort. François lui-même était persuadé que tous les détenus de cette section étaient destinés à être fusillés; parlant de l'un d'eux, il dit : « Celui-là sera de la seconde fournée, ce sera pour demain. » Il avait un ami parmi les otages renfermés à la quatrième section, un nommé Greff, venu de Mazas et incarcéré comme ancien agent secret. François voulait le sauver; aussi dans la soirée il le fit changer de section, précaution inutile qui n'empêcha pas la mort de ce malheureux, réservé au massacre de la rue Haxo.

Les otages ne se faisaient donc aucune illusion et ils eurent un tressaillement pénible lorsque au milieu de la nuit ils entendirent plusieurs hommes entrer dans leur section, ouvrir des cellules et parler à voix basse. Heureusement il n'était plus question d'assassinat ; il ne s'agissait que de vol. Vérig, qui ne laissait jamais passer une bonne occasion, un greffier de la Petite-Roquette, un deuxième greffier du dépôt des condamnés et le brigadier Ramain, éclairés par un surveillant, venaient s'assurer si l'héritage des victimes méritait d'être recueilli. Dans la cellule de l'abbé Allard et dans celle du père Ducoudray, on ne fut point content ; on ne trouvait que « des soutanes de jésuites », et cela ne paraissait pas suffisant. Dans la cellule de Mgr Darboy, on fut plus satisfait ; l'anneau pastoral les avait mis en gaîté ; on en discutait la matière et la valeur ; ils faillirent même se prendre aux cheveux, car ils ne parvenaient pas à s'entendre sur la nature de l'améthyste : les ignorants prétendaient que c'était un diamant, les savants soutenaient que c'était une émeraude. On fit un paquet de ces pauvres défroques et on les porta dans l'appartement du directeur, que tant d'émotions, accompagnées de trop de verres de vin, avaient un peu fatigué et qui s'était mis au lit de bonne heure.

Pendant que l'on dévalisait les cellules, les cadavres, étendus au pied du mur de ronde, se raidissaient dans la mare de sang dont ils étaient baignés. Vérig, le brigadier Ramain, un greffier des Jeunes-Détenus nommé Rohé et quatre ou cinq autres nécrophores munis de lanternes, vinrent à deux heures du matin s'accroupir auprès des corps mutilés. On y allait sans ménagement, et l'on déchirait tout vêtement dont les boutonnières ne cédaient pas au premier effort. Un d'eux se passa la croix pastorale autour du cou, ce qui fit rire les camarades ; un autre, voulant arracher les boucles d'argent qui ornaient les souliers de l'archevêque, se blessa la main contre un ardillon ; il se releva, frappa le cadavre d'un coup de pied au ventre et dit : « Canaille, va! il a beau être crevé, il me fait encore du mal. »

Cela dura quelque temps; Ramain disait : « Dépêchons-nous, le jour va venir. » Alors on jeta dans une petite voiture à bras le corps de Mgr Darboy, du président Bonjean, de l'abbé Deguerry ; un fédéré s'attela dans les brancards, d'autres poussèrent derrière et aux roues ; on arriva ainsi au cimetière du Père-Lachaise, où les corps furent versés dans une des tranchées toujours ouvertes aux fosses banales. On fit un second voyage pour emporter les restes de l'abbé Allard, du père Clerc et du père Ducoudray. Aucun des objets volés dans les cellules et dans les vêtements des victimes ne fut retrouvé. Un paquet de hardes qui ne pouvait servir à rien parut compromettant. La maîtresse de François donna deux francs pour acheter de l'huile de pétrole et brûler ces inutiles dépouilles. Le directeur avait donné l'ordre de « nettoyer » l'endroit où les otages étaient tombés et d'enlever toute trace de sang. Une pluie printanière se chargea de ce soin ; l'eau du ciel lava la place.

III. — JEAN-BAPTISTE JECKER.

Le cabanon n° 28. — Genton fait appeler Jecker. — Complice de Morny. — Cinq assassins suffisent. — Pourquoi. — Supposition et probabilité. — La rue de la Chine. — « Ne me faites pas souffrir. » — Le déjeuner. — La muraille. — Les brutalités de François. — Trois surveillants, Pinet, Bourguignon, Göttmann, veulent tenter un coup de main pour sauver les otages. — Projet de révolte. — Le maréchal des logis Geanty. — Bombes Orsini. — Pinet et Geanty. — Geanty refuse les offres de Pinet.

Dans la matinée du 25 mai, vers sept heures, on avait entendu ouvrir le cabanon n° 28, de la 4e section; mais comme ensuite rien n'était pas venu troubler le repos des détenus, on ne s'en était plus inquiété. La cellule qui avait été ouverte était celle de Jecker. On se rappelle que, la veille, Genton, dressant la liste des otages, avait inscrit le nom du banquier, puis l'avait biffé, et remplacé par celui de l'abbé Deguerry. Ceci était un fait réfléchi dont il serait facile d'expliquer le mobile. Pour les politiques de cabaret auxquels appartenaient les gens de la Commune, la guerre du Mexique avait rapporté une prodigieuse quantité de millions à ceux qui l'avaient fomentée et entreprise. Or Jecker en avait été pour ainsi dire le principal promoteur; donc il avait tant de millions qu'il ne savait qu'en faire. Il avait déjà été tâté par François, qui, d'un air dégagé, lui avait dit : « Bah! vous ne seriez pas embarrassé de donner quelques centaines de mille francs pour être libre. » Jecker avait répondu : « Pour cela il faudrait les avoir [1]. »

Genton pensa-t-il à une rançon de prisonnier comme au temps de la chevalerie? Voulait-il simplement tuer Jecker? Nous ne saurions rien dire de positif à cet égard, nous ne pouvons que constater le meurtre. Tout ce que nous affirmons avec certitude, c'est que c'est à Genton lui-même que le malheureux Jecker fut livré; un des registres de la Grande-Roquette en fait foi, car il porte de la main même de François l'annotation suivante : « Jecker, Jean-Baptiste, prévenu; par ordre de la Commune remis au président de la cour martiale. » Or le président de la cour martiale était Genton. Il ne mit pas beaucoup de personnes dans sa confidence, il vint avec deux amis et prit Vérig, en passant, au poste d'entrée. Quatre exécuteurs, c'était peu pour un personnage auquel on accordait tant d'importance, mais c'était assez si l'on ne voulait pas éveiller trop de con-

[1] Jecker ne mentait pas en disant cela. Voir *Pièces justificatives*, n° 10.

voitises. L'ordre de remettre Jecker à Genton était signé de Ferré.

Jecker, extrait de sa cellule par un surveillant, sur l'injonction du directeur François, fut amené au greffe ; il avait son chapeau à la main et sur les épaules un long paletot de couleur grisâtre. Il demanda ce qu'on lui voulait; Genton répondit : « Mais nous voulons vous fusiller. » Jecker pâlit et demanda : « Pourquoi ? — Parce que vous avez été le complice de Morny, » répliqua Genton. Jecker comprit qu'il n'y avait pas à discuter, il mit son chapeau sur la tête et dit : « Je suis prêt. » De lui-même il se plaça au milieu des quatre hommes armés ; François se joignit au groupe et l'on partit.

Il est au moins étrange qu'on ne l'ait pas fusillé dans le chemin de ronde comme les otages de la veille, ou dans une rue voisine de la Roquette comme le comte de Beaufort. Quel motif a engagé les meurtriers à faire une longue course à travers plusieurs barricades où des hommes de bonne volonté s'offraient que l'on n'acceptait pas, à garder jalousement leur prisonnier entre eux et à ne vouloir partager avec nul autre l'honneur de le frapper? Aucun document ne nous permet de répondre; mais peut-être donnerons-nous une idée des propositions qu'il dut entendre en citant un passage de l'*Histoire de la Commune* de M. Lissagaray (p. 415). « Il (Jecker) parut se résigner très vite et causa même chemin faisant : « Vous vous trompez, dit-il, si vous « croyez que j'ai fait une bonne affaire. Ces gens-là m'ont « volé. » Peut-être doit-on inférer de là que ses assassins, eux aussi, se trompaient en croyant faire une bonne affaire et en menant si loin, dans des terrains vagues, perdus au delà du Père-Lachaise, sur les hauteurs de Belleville, un homme hors d'état de payer une rançon exagérée.

Nous avons refait à pied, sans avoir d'obstacles à franchir, la route que Genton et sa bande infligèrent à ce malheureux[1]; il nous a fallu, en partant de la Roquette, plus d'une demi-heure pour arriver rue de la Chine, à l'endroit même où il est tombé. C'était alors une sorte de désert auquel la construction de la nouvelle mairie du XXe arrondissement et de l'hôpital de Ménilmontant donne aujourd'hui un peu d'animation. La place était bien choisie. Il pleuvait; les rues non pavées faisaient le chemin difficile, on glissait sur la terre humide. Un vaste clos appartenant à un sieur Martinel, circonscrit par les rues du Ratrait, des Basses-Gâtines, des Hautes-Gâtines et de la Chine, servait de lieu de campement à une compagnie de fédérés du génie auxiliaire. Genton appela quelques hommes et leur donna pour consigne d'interdire la circulation dans la rue de la Chine. On appliqua Jecker la face contre la muraille, après avoir eu soin de lui faire retirer son paletot; il tourna la tête et dit : « Ne me faites pas souffrir ! » Les assassins tirèrent; il roula sur lui-même; comme il remuait encore, on lui donna le coup de grâce et « la justice du peuple fut satisfaite ».

François fouilla le cadavre, prit le portefeuille et le porte-monnaie; Vérig endossa le paletot. On traîna le corps à une dizaine de mètres, dans un trou préparé pour une bâtisse, on lui enveloppa le visage avec un

[1] Extrait du dépôt des condamnés, Jecker suivit la rue de la Roquette, le boulevard de Ménilmontant, la rue des Amandiers, la rue des Partants; il entra dans la rue de la Chine, franchit la rue transversale des Hautes-Gâtines (actuellement rue Orfila) et fut placé debout devant le mur de droite, à 17m,40 de l'angle de la rue des Basses-Gâtines. Une croix tracée au couteau sur la muraille indique l'endroit précis où il a été fusillé. Une porte s'ouvrait alors sur le terrain où campaient les fédérés du génie auxiliaire. Cette porte a été murée depuis, mais la place qu'elle occupait est encore reconnaissable (1877).

journal financier trouvé dans une des poches et d'un coup de poing on lui enfonça le chapeau sur la tête. Puis François, qui était un homme d'ordre, prit un crayon et écrivit : *Jecker, banquier mexicain*, sur un papier qu'il passa dans une des boutonnières de la redingote. Vérig, François, Genton, un quatrième assassin, déposèrent leurs fusils contre une petite haie qui existe encore (1877) et laissèrent le cinquième meurtrier à la garde des armes et du cadavre ; pour eux, ils se rendirent chez le sieur Lacroix, marchand de vin, rue du Chemin-Neuf à Ménilmontant, n° 4 ; là ils se firent servir une boîte de sardines, du pain, du fromage, deux litres de vin, car cette expédition les avait mis en appétit. Vérig leur montrait des bombes à main, non amorcées, qu'il avait dans sa poche. Genton, tout en causant, disait : « Demain il y aura d'autres exécutions. » Au bout d'une heure, ils allèrent reprendre leurs fusils et descendirent vers Paris, par la rue des Basses-Gâtines. L'inspection de la muraille est instructive : trois balles de fusil chassepot ont manqué Jecker, une balle tirée par un fusil à tabatière l'a traversé de part en part au-dessus des lombes et a dû causer une mort immédiate. Cinq jours après le corps fut emporté au cimetière de Charonne [1].

Jecker était peu connu dans la prison ; mais lorsque l'on apprit qu'il avait été fusillé, que l'assassinat de l'archevêque, du président Bonjean et de quatre prêtres ne paraissait pas avoir calmé la monomanie homicide dont souffrait la Commune, il y eut dans le personnel

---

[1] Cinq assassins ont tué Jecker : nous avons nommé Genton, Vérig et François ; il nous serait possible de citer les deux autres qui ont aidé à « liquider cette question » ; mais, malgré les présomptions les plus sérieuses et un important témoignage, nous devons nous taire, car nulle action judiciaire n'a été intentée aux meurtriers pour ce crime.

des surveillants un sentiment de révolte qui se manifesta par des paroles de menace. Henrion s'était sauvé la veille, Beaucé n'avait pas reparu depuis le matin ; Ramain fut inquiet, il craignit que ses subordonnés ne refusassent de lui obéir ; il prévint François, qui entra en fureur et fit venir la plupart des gardiens. Il fut brutal : « On a fusillé les prêtres, on a bien fait ; on a fusillé le banquier mexicain, c'est qu'il l'avait mérité ; on fusillera les gendarmes, qui sont des voleurs, on fusillera les anciens sergents de ville, qui sont des assassins, et si les surveillants ne font pas régulièrement leur service, on les fusillera aussi, pour leur apprendre. »

Les surveillants ne se le firent pas répéter ; mais trois d'entre eux, Pinet, Bourguignon, Göttmann, se demandèrent si l'heure n'était pas venue de tenter un coup de main à l'aide des otages militaires pour sauver ceux-ci et fuir cette maison maudite. On s'abandonna d'abord à des idées romanesques : percer un trou dans les murs de ronde, forcer les caves et tâcher de trouver une galerie d'égout. Rêveries de roman qui, pour être seulement essayées, exigeaient un temps considérable et dont le dénouement n'eut même pas été incertain. Après de longues discussions dans le guichet central où les trois surveillants s'étaient réunis, ne sachant plus ce que devenait l'armée française qu'ils attendaient vainement depuis trois jours, ignorant si l'état d'angoisse où tout le monde se débattait n'allait pas se prolonger encore, ils s'arrêtèrent à un projet qui, bien mené, avait quelque chance de réussir ; il ne s'agissait que d'avoir beaucoup d'audace.

Depuis le 22 mai, le poste des fédérés occupant la porte d'entrée sous le commandement de Vérig comprenait environ trois cents hommes ; mais la plupart de ceux-ci s'en allaient le soir coucher à leur domicile et ne revenaient que le lendemain dans la matinée. Pendant la nuit, la prison était gardée par soixante hommes, au plus par quatre-vingts. Ce fait n'avait point échappé aux surveillants, qui savaient en outre que les fédérés, presque constamment ivres, n'étaient jamais insensibles à l'offre d'un verre d'eau-de-vie. Ils se cotisèrent et reconnurent que leurs ressources communes s'élevaient à plus de cent cinquante francs ; c'était de quoi griser tout un bataillon. On offrirait aux fédérés « une tournée » dans le poste et on la renouvellerait tant qu'un homme tiendrait debout; on avait calculé qu'une somme de soixante-dix francs consacrée à un achat d'eau-de-vie et d'absinthe suffirait à mettre les soixante ou quatre-vingts fédérés dans un état complet d'abrutissement.

Lorsqu'on les verrait convenablement affaiblis par l'ivresse, un des surveillants se rendrait à la première section, située au premier étage du bâtiment de l'est. Là étaient enfermés les gendarmes. Il y en avait dans cette seule section une cinquantaine, tous vieux soldats de Crimée, d'Italie, du Mexique, rompus au maniement des armes et aptes à une action hardie. On les faisait sortir, on les conduisait jusqu'au poste des fédérés ; là ils se jetaient sur les râteliers où les fusils étaient déposés, s'en emparaient, assommaient les récalcitrants, mettaient des cartouches dans leurs poches et, formés en peloton, guidés par Pinet, qui dans la matinée avait été reconnaître le terrain, ils se lançaient au pas de course vers les quartiers excentriques que nulle barricade n'encombrait encore, enlevaient sans peine le poste de la porte Saint-Mandé, se jetaient dans le bois de Vincennes, et, au besoin, se remettaient entre les mains des troupes allemandes. Tel était le plan imaginé par ces trois braves gens; il était peut-être d'un succès douteux : on pouvait rencontrer des obstacles imprévus, être obligé de livrer bataille et succomber en route ; certes on pouvait s'attendre à des péripéties périlleuses, mais tout ne valait-il pas mieux que de périr rue Haxo comme des moutons égorgés à la boucherie ?

Pinet voulut consulter un homme en qui il avait confiance, fonctionnaire régulier de la Grande-Roquette, demeuré très ferme à son poste malgré les avanies dont il fut souvent abreuvé jusqu'au dégoût. Le fonctionnaire l'écouta et lui dit : « C'est bien dangereux, vous vous ferez tuer ; il vaut mieux attendre ; la Commune, quoi qu'elle fasse, est perdue ; la délivrance est prochaine ; voyez vos détenus, ranimez leur courage et donnez-leur de l'espérance. » Pinet ne fut pas convaincu, et pendant la promenade quotidienne que faisaient les gendarmes dans le chemin de ronde, il s'approcha du maréchal des logis Geanty et lui expliqua son projet. C'était cette nuit même qu'il fallait agir, parce que certainement on commettrait de nouveaux meurtres le lendemain dans la prison, et que cette fois ce serait peut-être le tour des gendarmes. Le maréchal des logis, pris à l'improviste, ne sut que répondre ; il demanda à réfléchir et pria Pinet de venir causer avec lui le soir dans sa cellule à huit heures.

Le maréchal des logis Geanty était un homme doux, bon soldat, préoccupé du sort de sa femme, qu'il avait fait partir pour la province, très soumis à la discipline et au devoir, mais dont l'énergie s'était usée par deux mois de captivité et sous les évènements qui l'avaient accablé. Il s'est peint à son insu dans une lettre qu'il écrivit à un de ses parents vers la première quinzaine de mai : « Il ne s'est pas passé un seul jour depuis mon entrée sans que j'aie pleuré ! Mes cheveux changent de couleur ; on ne rajeunit pas ici ; à quand la fin ? Moi, qui suis arrivé à vingt-deux ans de bons services sans avoir couché à la salle de police, je débute par quarante-neuf jours de prison cellulaire. » Celui qui se sentait humilié, étant le loyal soldat qu'il était, de se voir emprisonné comme otage et par ordre de la Commune, n'était point l'homme qu'il fallait pour l'entreprise que méditaient les surveillants.

Ceux-ci étaient décidés à jouer leur vie pour échapper aux horreurs dont ils étaient les témoins et dont on les rendait complices. Ils savaient qu'ils pouvaient tout redouter des fédérés ; dans le poste d'entrée, on venait de découvrir une caisse contenant une cinquantaine de bombes Orsini, engin de destruction des plus redoutables, que l'on jette à la main, et dont le premier essai fut fait contre Napoléon III dans la soirée du 14 janvier 1858. Les surveillants s'étaient récriés en voyant cet amas de projectiles ; François lui-même, pour leur donner quelque satisfaction, avait fait mettre le capitaine Vérig en cellule pendant une demi-heure : punition arbitraire et dérisoire, qui laissa subsister toute inquiétude et ne rassura personne. Pinet, qui était à la tête du complot d'évasion, prit une de ces bombes et la mit dans sa poche, en se disant : « Ça peut servir ! »

Le soir, vers huit heures, ainsi qu'il avait été convenu, le maréchal des logis Geanty reçut la visite attendue. Pinet lui dit : « Eh bien ! qu'allons-nous faire ? » Geanty hocha la tête, il était perplexe et très ému ; il haussait les épaules avec indécision et ne pouvait se résoudre à répondre. Le surveillant insista ; le canon que l'on entendait gronder au loin, semblait appuyer ses paroles. Geanty écoutait, regardait fixement son interlocuteur comme s'il eût voulu lui arracher une résolution qu'il ne trouvait pas en sa propre énergie. Enfin il dit : « Non, c'est impossible ; ce serait trop périlleux, je ne puis exposer la vie de mes camarades à une telle aventure ; nous sommes de vieux soldats, jamais nous n'avons fait de mal à personne, pourquoi la Commune nous en ferait-elle ? » C'était presque textuellement le mot de l'abbé Deguerry, le mot de tous ces malheureux qui cherchaient un motif à leur arrestation et ne pouvaient admettre la possibilité du crime. « Plaise à Dieu, lui dit Pinet en le quittant, que vous n'ayez jamais à regretter votre décision! » Le maréchal des logis a dû, le lendemain, lorsqu'il gravissait la rue de Belleville au milieu des injures et des coups, se rappeler que le salut eût été possible et comprendre trop tard que, dans certains cas, la hardiesse désespérée est supérieure à la résignation.

IV. — LA MORT DE DELESCLUZE.

Paris en feu. — Les troupes françaises. — Souvenir des injures imméritées. — Ni pitié, ni merci. — L'illusion des chefs de la Commune. — Le programme. — « Paris doit être brûlé ou appartenir aux prolétaires. » Les derniers ordres. — *Les belles figures et drolleries de la Ligue.* — Delescluze. — Il est résolu à mourir. — Sa dernière lettre. — Légende et fable dont l'histoire doit faire justice. — Version absurde. — Où elle a pris naissance. — La porte de Vincennes. — La dernière journée de la Commune. — Tumulte à la mairie du onzième arrondissement. — On se décide à évacuer. — L'ordre d'extraction des otages. — Le projet de Delescluze. — La barricade du boulevard Voltaire. — Delescluze injurié. — Blessé par un fédéré. — Il est tué. — Vermorel et Delescluze. — Le colonel Hippolyte Parent. — Ses états de service. — L'Ile-d'Amour.

« O Paris, qui n'es plus Paris, mais une spélonque de bestes farouches, » dit la harangue de M. Daubray dans la *Satire Ménippée*. Cette exclamation, qui de nous ne l'a répétée pendant les journées du 25 et du 26 mai! Tout brûlait, tout allait brûler! Un océan de flammes roulait au-dessus de la ville; jamais bataille ne fut plus acharnée, jamais pareille destruction ne s'était vue; les greniers d'abondance du quai Bourbon flambaient, et aussi les entrepôts de la Villette, et, au même endroit, le dépôt de la Compagnie des petites voitures, où, en prévision du siège, on avait accumulé des amas de vivres qui s'y trouvaient encore[1]. La caserne d'Orsay, les Tuileries, le Palais-Royal, la Cour des comptes et ses archives, le palais de la Légion d'honneur, la Caisse des dépôts et consignations, le Palais de Justice, la Préfecture de police, les Gobelins, l'Hôtel de Ville, l'administration de l'octroi, l'Assistance publique, le Théâtre-Lyrique, le théâtre de la Porte-Saint-Martin, le théâtre des Délassements-Comiques, la bibliothèque du Louvre, le ministère des finances, des rues entières s'abîmaient dans l'incendie. Plus d'un Parisien contemplant ce spectacle a pleuré et s'est demandé, sans oser se répondre, s'il appartenait à la race et à la patrie des hommes qui commettaient ce crime.

Pendant les deux premiers jours de la lutte, le 22 et le 23 mai, les troupes françaises avaient été très calmes, suivant passivement leurs officiers qui payaient d'exemple, et livrant avec abnégation ce dur combat des rues, antipathique et plus pénible que nul autre. La vue des premiers incendies les remplit de colère; la résistance

[1] Ce fait, qui peut paraître invraisemblable, est de la plus rigoureuse exactitude. M. Ducoux, président du conseil d'administration de la Compagnie générale des voitures de Paris, a dit, le 11 mai 1872, à l'assemblée générale de ses actionnaires : « Les circonstances ne nous ont pas permis de réinstaller nos nouveaux ateliers de la Villette, dont vous avez approuvé la création. Un incendie, allumé dans les derniers jours de la période insurrectionnelle, pour atteindre les grands approvisionnements de vivres que le gouvernement de la Défense nationale avait laissés dans les magasins qu'il nous avait loués ou réquisitionnés, a détruit, avec ces approvisionnements, la totalité des bâtiments existants sur notre immeuble, 732 voitures qui s'y trouvaient remisées et une partie de l'outillage que nous avions acquis. » — (Voy. *Compagnie générale des voitures de Paris : rapport du conseil d'administration sur les comptes de l'exercice* 1871, p. 11. Paris, 1872.)

des insurgés les exaspéra, et il ne fut plus possible de les modérer. Dans le cœur des soldats, les mauvais souvenirs s'étaient aigris. Ces hommes, qui avaient souffert, qui avaient inutilement dépensé tant de vaillance, qui avaient supporté la captivité, la misère, la faim, la maladie, les longues étapes sur les routes inhospitalières, la honte d'une défaite imméritée, et qui, pour prix de leurs sacrifices, n'avaient récolté que des injures, devinrent les champions de leur cause personnelle. Ceux dont ils avaient à réduire la révolte, ceux qui incendiaient nos monuments, renversaient nos trophées militaires, assassinaient les plus honnêtes gens du pays, qu'avaient-ils donc fait durant la guerre? Ils s'étaient gobergés au milieu des tonneaux de vin et d'eau-de-vie, ils avaient péroré dans les cabarets, neutralisé la défense par leurs émeutes, ne s'étaient point portés au devant de l'ennemi et avaient gardé toutes leurs forces pour essayer d'en accabler l'armée et le gouvernement de la France. Ces soldats, que l'on avait accusés de lâcheté, que l'on avait traités de capitulards, comprenaient instinctivement qu'ils se trouvaient en présence des hommes qui, par leur indiscipline, leurs fanfaronnades, leur volonté de ne pas combattre, avaient été les plus sûrs auxiliaires des armées envahissantes; en les frappant, ils crurent non seulement obéir à la loi, mais venger la patrie.

En réalité, ce qu'ils punirent ce fut moins l'armée meurtrière du 18 mars que l'armée qui, pendant le siège, s'était systématiquement tenue hors du devoir et du danger. C'est là surtout ce qui donna aux derniers efforts de la lutte un caractère implacable. La révolte avait été sans pitié, la répression fut sans merci. Comme dans les batailles qui se prolongent au delà des forces humaines, l'enivrement de la tuerie avait saisi tout le monde : vainqueurs et vaincus n'eurent point de pardon les uns pour les autres. Les lois de sang que la Commune avait promulguées et appliquées retombaient sur elle ; à son tour, elle allait mourir égorgée.

L'illusion a-t-elle été sincère chez les chefs de l'insurrection ? ont-ils cru que, répudiés par le pays tout entier, attaqués par l'armée française, menacés par les troupes allemandes qui auraient forcé l'entrée de Paris si le gouvernement légal ne se fût enfin décidé à agir [1], ont-ils cru que leur cause sans drapeau, sans principe et sans nom pourrait triompher et n'était pas condamnée à la mort violente ? On pourrait le supposer en se reportant à certains documents de l'époque. Le 24 mai, le jour même où l'assassinat des otages brisait toute chance de conciliation, on afficha dans Paris une proclamation que les membres du Comité central avaient rédigée la veille. On y lisait, avec stupeur, les conditions proposées de puissance à puissance : « 1° l'Assemblée nationale, dont le rôle est terminé, doit se dissoudre ; 2° la Commune se dissoudra également ; 3° l'armée, dite régulière quittera Paris et devra s'en éloigner d'au moins vingt-cinq kilomètres. » On croit rêver. Si quelques hommes, dont le cerveau était perverti par le rôle qu'ils avaient arraché aux évènements, ont pu s'imaginer que la victoire leur resterait, il n'en était pas de même des spectateurs de cette descente de la Courtille révolutionnaire. Nul, à Paris, ne crut à la durée de ce burlesque pouvoir et parmi ceux qui eurent le courage de l'exercer, personne ne conservait plus d'espérance à la date du 25 mai. Le plus simple raisonnement, à

---

[1] « La Commune... retarde l'évacuation du territoire par les Allemands et vous expose à une nouvelle attaque de leur part, qu'ils se déclarent prêts à exécuter sans merci, si nous ne venons pas nous-mêmes comprimer l'insurrection. » *Proclamation du gouvernement de la république française aux Parisiens*, 8 mai 1871.

défaut de sagesse ou de patriotisme, exigeait que l'on mit bas les armes et que, pour une cause d'autant plus perdue qu'elle n'était pas née viable, on ne sacrifiât pas des milliers d'existences. C'est là ce que commandait l'humanité ; mais ce fut la passion qui l'emporta, et tout fut perdu.

Dès le début de la lutte suprême, les mesures de destruction sont prises et l'on met en action le programme tracé le 27 novembre 1870 dans une séance du Comité de la *Ligue à outrance* : « Paris doit être brûlé ou appartenir aux prolétaires. » L'histoire, qui enregistre les excès de la cruauté humaine, nous prouve que tous les fanatismes se ressemblent. Dans *Les belles figures et drolleries de la Ligue* (1589), l'Estoile nous a conservé un fragment manuscrit qui s'applique avec précision aux évènements que nous essayons de raconter. « Pauvre peuple, s'écrie-t-il, ceux qui sont perdus en eux veulent te voir perdre avec eux. J'en demanderai la résolution prise en leur dernière assemblée chez le bon curé de Saint-Cosme, à l'issue de son sermon, qui fut que, n'ayant d'espoir, ils brusleroient tous les registres du Parlement, du Chastelet, de la Chambre des comptes et de l'Hostel de ville ; puis, s'assemblant par leurs quartiers, mettroient le feu chascun chez soy et s'efforceroient d'esteindre ceux qui s'efforceroient de l'esteindre [1]. » Les malfaiteurs de la Ligue et de la Commune peuvent se donner le baiser fraternel à travers les siècles.

Le 25 mai, la Commune était aux abois ; elle s'agitait encore et ne vivait plus ; mais les derniers spasmes de

---

[1] Bibl. nat., III, réserve des imprimés : pièce manuscrite L. 25, a. 6, fol. XXI. Depuis que ce volume est écrit, le fragment que je cite a été publié (mars 1878) dans : *Mémoires et journaux de Pierre de l'Estoile*. Paris, Librairie des bibliophiles, in-8°, t. IV, p. 160.

son agonie furent terribles. Ce jour-là son pontife, celui que l'on appelait volontiers le vétéran de la démocratie et de la révolution, Delescluze, allait mourir. Il avait alors soixante-deux ans ; il avait beaucoup souffert, avait connu les geôles, l'exil, la déportation. Il était d'une santé délicate, souvent malade, et, malgré son énergie naturelle centuplée par les évènements qu'il tentait de diriger, il était parfois affaissé et paraissait beaucoup plus âgé qu'il ne l'était réellement. C'était un vieillard ; malgré les soins recherchés qu'il prenait de sa personne, il en avait l'aspect et la débilité. Depuis la disparition de Rossel, tout le poids de la lutte retombait sur lui. Membre du Comité de salut public, délégué à la guerre, il faisait son noviciat militaire à un âge qui ne comporte plus l'apprentissage rapide et dans des circonstances dont la gravité dépassait singulièrement ses facultés originelles ; mais il était de ceux qui s'imaginent que les convictions et les passions politiques tiennent lieu de talents naturels ou acquis. Il se croyait homme d'action parce qu'il était jacobin ; il avait accepté, sans contrôle ni critique, toutes les légendes de la révolution : Robespierre était son idéal et son idole ; il n'était pas éloigné de croire à l'influence civilisatrice de la guillotine et se figurait avec une naïve sincérité qu'il portait seul l'héritage des « géants de 93 ».

Comme la plupart des sectaires de son espèce, il avait l'intelligence courte et acérée. Beaucoup plus bourgeois que démocrate, quoi que l'on en ait dit, s'il rêvait le gouvernement du peuple par le peuple, c'était à la condition de représenter celui-ci au pouvoir, ou plutôt à la dictature, car, pour lui, comme pour d'autres, « la force prime le droit ». Quoique les illusions qu'il se faisait sur lui-même et son ambition démesurée l'aient toujours poussé à lutter contre tout état de choses qu'il ne dirigeait pas lui-même, quoiqu'il se fût associé sans réserve aux tentatives du 31 octobre et du 22 janvier, il valait mieux que le milieu où il était tombé. Méprisant les socialistes, qu'il traitait de rêvasseurs, il penchait, dans le Comité de salut public, vers les hébertistes, fut obligé de s'allier à eux afin de rester le maître, les subit et n'osa pas leur rompre en visière pour mettre obstacle aux cruautés qu'ils commettaient. S'il ne fut l'auteur principal des actes mauvais, il se laissa aller à en être le complice, et cela seul empêche de plaider les circonstances atténuantes en sa faveur.

Solidaire de son propre passé, engagé dans une voie où il ne voulait pas reculer, Delescluze sut mourir pour une cause à laquelle, dans le fond de sa conscience, il ne croyait plus. Il est mort découragé; les saturnales auxquelles il assistait depuis deux mois ont dû lui prouver qu'entre les rêves et la réalité révolutionnaires il y a un abîme plein de sang et d'immondices. Il était décidé à ne point survivre à l'écroulement de ses espérances et peut-être aussi à l'anéantissement de ses illusions. Sa résolution semble avoir été arrêtée depuis longtemps. Le 22 janvier, voyant la débâcle des siens sur la place de l'Hôtel-de-Ville, il dit à Arthur Arnould, sur le bras duquel il s'appuyait : « Si la révolution succombe encore une fois, je ne lui survivrai pas. » Cependant une note secrète expédiée le 15 mai de Belgique à Versailles affirmait que Delescluze venait de faire louer un appartement à Bruxelles, afin de s'y réfugier après la défaite prochaine qu'il prévoyait. Cette note indique peut-être les fluctuations de cet esprit à la fois indécis et tenace. Aux dernières heures de la Commune, Delescluze paraît avoir renoncé à tout projet de fuite, car, dans la soirée du 24 mai ou dans la matinée du 25, il écrivit la lettre suivante : « Ma bonne sœur, je ne veux ni ne peux servir de victime et de jouet à la réaction victorieuse. Pardonne-moi de partir avant toi qui m'as sacrifié ta vie ; mais je ne me sens plus le courage de subir une nouvelle défaite après tant d'autres. Je t'embrasse mille fois comme je t'aime ; ton souvenir sera le dernier qui visitera ma pensée avant d'aller au repos. Je te bénis, ma bien-aimée sœur, toi qui as été ma seule famille depuis la mort de notre pauvre mère. Adieu, adieu, je t'embrasse encore. Ton frère qui t'aimera jusqu'au dernier moment : Ch. Delescluze. »

Des bruits contradictoires et mensongers, dont il convient de faire justice, ont couru sur la mort de Delescluze. Deux versions sont en présence qui ne sont pas plus vraies l'une que l'autre. On a dit que dans la journée du 25 mai, alors qu'il était réfugié à la mairie du XIe arrondissement, Delescluze avait été assailli par des colonels, des commandants, des officiers de tout grade, des fonctionnaires de tout rang, qui étaient venus, avec des supplications et des menaces, lui demander de l'argent ; il aurait résisté aux importunités dont il était l'objet et se serait même emporté jusqu'à jeter les clefs de la caisse au visage des solliciteurs. Le fait est douteux, car ce jour-là même on distribua dans la mairie des sommes considérables à des officiers fédérés et à plusieurs membres de la Commune. Quoi qu'il en soit, Delescluze, désespéré, profondément dégoûté des convoitises dont il était le témoin, se serait levé en disant : « Il faut en finir ; quant à moi, j'ai vécu ! » Il serait sorti alors et tranquillement, comme s'il eût été à la promenade, aurait marché devant lui, sur le boulevard Voltaire, jusqu'à la place du Château-d'Eau. Là il serait monté sur une barricade et y serait resté à découvert, semblable à une cible vivante, jusqu'au moment où un coup de feu le renversa.

Ce récit est trop traditionnellement révolutionnaire pour n'être pas suspect. On l'a encore enjolivé : « Le soleil se couchait. Pour la dernière fois, dit M. Lissagaray, cette face austère, encadrée dans sa barbe blanche, nous apparut tournée vers la mort. Il venait de tomber foudroyé sur la place du Château-d'Eau. » — « Le feu des Versaillais redoubla d'intensité. Delescluze put faire quelques pas encore sur la place du Château-d'Eau, écrit Fr. Jourde[1]. Devant nous, le soleil disparut, se voilant dans des nuages d'or et de pourpre. Quelque chose comme un déchirement immense, lugubre, se fit entendre. Delescluze venait de tomber foudroyé. » — Ce sont là des amplifications de rhétorique qui n'ont rien à faire avec la réalité. Delescluze n'est point tombé sur la place du Château-d'Eau, au delà de la barricade qui fermait l'entrée du boulevard Voltaire ; il est tombé en deçà, sur le boulevard même.

L'autre version est simplement absurde. M. Washburne, ministre plénipotentiaire des États-Unis d'Amérique, mû par un sentiment d'humanité, aurait, dans la soirée du 24 mai, fait une démarche auprès des autorités allemandes afin que celles-ci obtinssent du gouvernement légal un armistice en faveur des insurgés. Le 25, il se serait rendu à la mairie du XIe arrondissement, aurait fait accepter ce projet à Delescluze, aurait vainement tenté de sortir de Paris avec lui dans la matinée, serait revenu le soir vers cinq heures et aurait, pour ainsi dire, assisté à sa mort. Un des historiens de la Commune, M. Lissagaray, adopte cette fable en la modifiant légèrement ; ce n'est plus M. Washburne, mais simplement un de ses secrétaires. Ces allégations sont ridicules. Nous sommes formellement autorisé à déclarer que tout le personnel de la légation des États-Unis, — ministre, secrétaires, employés, — s'est strictement tenu à l'écart pendant ces jours douloureux, que

[1] *Souvenirs d'un membre de la Commune*, p. 82.

nulle tentative de conciliation n'a été essayée et que nulle ingérence, même officieuse, n'eût été tolérée par M. Washburne. Cette légende a été fabriquée de toutes pièces et s'est fait jour pour la première fois en 1871, au lendemain de la défaite, dans l'*Adresse du conseil général de l'Association internationale des travailleurs au conseil central de New-York pour les États-Unis*. Ce n'est même pas une erreur, c'est un mensonge destiné à faire croire qu'il pouvait exister quelque solidarité entre la république américaine et la Commune[1]. Ce mensonge intéressé, B. Malon, membre de la Commune, n'a pas craint de le ramasser et de l'imprimer (p. 454) dans son livre intitulé : *La troisième défaite du prolétariat français*[2].

L'intervention d'un membre quelconque du corps diplomatique et des autorités allemandes n'est pas plus vraie que la prétendue fuite tentée par Delescluze. L'avant-propos mal compris d'un roman de M. Ranc, la déposition erronée d'un témoin mal informé[3], ont

---

[1] Quelques publications ont accueilli cette fable avec une déplorable légèreté. Au rédacteur d'un journal franco-américain qui l'avait reproduite, M. Washburne a écrit : « Monsieur, je lis dans votre journal du 19 et du 22 novembre certains détails sur la mort de Delescluze à propos desquels je crois devoir vous dire que votre bonne foi a été trompée. En ce qui me concerne, ces détails sont entièrement apocryphes. Je n'ai jamais eu d'entretien avec Delescluze, ni avec qui que ce soit à son sujet : je ne l'ai même jamais vu. Toute cette histoire n'est pas seulement malveillante, elle est aussi, permettez-moi de le dire, absurde ; car, à l'époque à laquelle elle se rapporte, la condition des choses était telle à Paris, que les faits dont vous me parlez n'auraient pas pu s'y produire. Recevez, etc. E. B. WASHBURNE.
« Paris, 20 décembre 1876. »

[2] In-12, Neuchâtel ; Guillaume fils, 1871.

[3] Le témoin Reculet, marchand tailleur demeurant à Paris-Bercy, rue Soulages, 31, a déposé : « En sortant de chez moi, le jeudi 25 mai, je me dirigeai du côté de la porte de Vincennes, où j'ai vu Delescluze, à trois reprises différentes, tenter des efforts infruc-

servi de base à une fable que le souci de la vérité fait encore un devoir de mettre à néant. On a dit que, sous prétexte d'une communication à faire à l'un des chefs de l'armée allemande, Delescluze avait essayé de franchir la porte de Vincennes, qu'arrêté, maltraité par les fédérés, il s'était vu obligé de revenir sur ses pas et de reprendre place à la mairie du XIe arrondissement. C'est faux. Dans la journée du 25 mai, la porte de Vincennes était gardée par le commissaire de police J..., ancien employé au journal le Réveil et qui était absolument dévoué à Delescluze. Si celui-ci se fût présenté, le pont-levis eût été immédiatement abaissé pour lui. Quatre soldats seulement, quatre Espagnols, appartenant au corps franc des *Amis de la France*, étaient de service et prêtaient main-forte à J.... Personne ne sortit dans cette journée, quoique le nombre de ceux qui voulaient s'échapper fût nombreux; on refusa même le passage à M. Rose, agent d'assurances à Bagnolet, qui justifiait de son identité. Une seule exception fut faite en faveur d'un correspondant du *Times*, qui donna vingt francs « pour les blessés », et qui était porteur d'un laissez-passer signé d'Albert Regnard. Le lendemain matin, 26 mai, quatre officiers fédérés, qui étaient le lieutenant Pitois fils, le colonel Collet, le capitaine Jaulaud et un autre capitaine dont on ignore le nom, portant chacun un sac de mille francs destinés à la solde des fédérés du fort de Vincennes, franchirent la porte en voiture, et ne reparurent plus.

---

tueux pour se sauver. La dernière fois un garde national lui dit : A tort ou à raison, vous nous avez mis dedans, citoyen Delescluze; ce n'est pas la peine que vous essayiez de vous sauver par ici, et si vous persistez, j'ai une balle dans mon fusil et je vous la loge dans la tête. » (*Enquête sur le 18 mars*, t. III, Pièces justificatives, p. 201.) Malgré la précision de cette déposition, nous croyons que le témoin s'est trompé et a confondu Delescluze avec un des nombreux officiers communards qui ce jour-là ont tenté de quitter Paris.

On a probablement attribué à Delescluze une démarche qui fut faite plus tard près des autorités allemandes par Arnold et qui fut reçue avec le mépris qu'elle méritait.

Les apologistes de la Commune ont déifié Delescluze : de sa fin ils ont fait un martyre ; mais ils ont omis de raconter à la suite de quelles violences dirigées contre lui il avait marché vers la mort. Mus par un intérêt de parti, ils n'ont pas dit toute la vérité. Cette vérité, nous allons essayer de la reconstituer, tout en prévenant le lecteur que notre récit ne repose que sur des conjectures, mais sur des conjectures tellement probables, appuyées de témoignages si concordants, qu'elles équivalent, pour ainsi dire, à la certitude.

La journée du 25 mai, — qui est, en fait, la dernière journée de la Commune, — fut extraordinairement tumultueuse à la mairie du XIe arrondissement. On se tenait dans la salle des fêtes, qui était devenue les écuries d'Augias. Le parquet était jonché de débris d'assiettes, de bouteilles cassées, de charcuterie ; des matelas maculés gisaient dans les coins ; des tonneaux de vin à demi défoncés, des sacs dégorgeant de cartouches, des touries de pétrole encombraient toutes les chambres. Au fond de la salle, des femmes du quartier amenées de force par les fédérés étaient assises sur deux rangs et cousaient des sacs à sable destinés aux barricades. Elles étaient surveillées et maintenues au travail par une petite femme brune qui, armée d'un fusil, portant sur le sein gauche une large cocarde rouge, se promenait régulièrement devant elles, comme un soldat en faction. Des estafettes, des officiers sortaient et entraient ; on se gourmait aux portes ; il n'y avait plus ni chefs ni soldats ; il n'y avait plus là que des vaincus exaspérés. Delescluze avait compris que le refuge de la Commune, menacé de toutes parts, ne tiendrait plus longtemps et qu'il était prudent de s'assurer une dernière retraite. Il donna des ordres afin que les différents services réunis autour de lui, la caisse où l'on devait puiser une dernière fois avant de se séparer pour jamais, les blessés principaux que l'on ne voulait pas abandonner aux troupes victorieuses, fussent évacués sur la mairie du XXᵉ arrondissement, où l'on espérait, des hauteurs de Ménilmontant et des Buttes-Chaumont, pouvoir canonner Paris à outrance, pour se faire des funérailles « dignes d'un grand peuple ». D'après ses instructions, Gabriel Ranvier, Gambon, Protot avaient pris les devants et, de barricade en barricade, avaient gagné Belleville pour y préparer l'installation projetée.

C'est là, dans cette journée du 25 mai, que Delescluze signa l'ordre d'extraire tous les otages que renfermaient la Grande et la Petite-Roquette, quinze cents personnes environ, et de les transférer à la mairie et à l'église de Belleville. L'ordre communiqué à Ferré fut contresigné par celui-ci et remis à Benjamin Sicard, qui fut chargé, conjointement avec Émile Gois, d'en assurer l'exécution, aussitôt que la Commune, ou ce qui en subsistait, serait établie dans sa dernière caverne. Delescluze espérait encore pouvoir traiter avec le gouvernement légal. Il voulait, se retranchant derrière quinze cents otages tenus à discrétion, imposer des conditions que l'humanité seule aurait forcé d'accepter : ou le massacre immédiat de quinze cents innocents, ou la vie sauve et le droit de fuite pour les coupables; il eût laissé le choix à « Versailles ».

Ceci fait, il eut une conversation de quelques instants avec le correspondant d'un journal américain; puis, voulant sans doute se rendre compte par lui-même de l'état des choses, il sortit et se dirigea vers l'énorme barricade qui, s'appuyant aux numéros 1 et 2 du boulevard Voltaire, commandait les approches de la place du

Château-d'Eau. Protégé par la caserne du Prince-Eugène et par les vastes constructions des Magasins-Réunis, qui en formaient les défenses avancées, cet obstacle vraiment formidable représentait la clef de Belleville. Il était donc très important que l'on pût tenir là au moins jusqu'à minuit, afin que l'évacuation décidée ne fût point interrompue par l'arrivée de l'armée française. Delescluze examina la situation, causa avec un nègre, ancien turco, qui combattait à la barricade; puis il entra dans la maison portant le numéro 4. Il y resta plus de deux heures, dans le vestibule, la tête penchée, les mains derrière le dos, se promenant de long en large et paraissant perdu dans ses réflexions. Lorsqu'il revint à la mairie, il fut accueilli par une bordée d'injures. Son absence avait été remarquée et commentée. A cette heure où l'esprit de défiance avait envahi tous les insurgés, on le soupçonna d'une lâcheté, d'avoir voulu fuir en abandonnant ceux qu'il avait entraînés à leur perte. C'est là sans doute, à ce moment, que prit naissance la fable que nous avons racontée plus haut. Pour ces gens affolés, le correspondant du journal américain devint un ministre plénipotentiaire qui avait apporté un passeport; le temps de l'absence avait été employé à essayer de franchir une porte que le patriotisme des fédérés avait refusé d'ouvrir. Delescluze fut impassible. Tous ceux qui ne s'étaient pas déjà dérobés, tous ceux qui ne combattaient pas derrière les barricades étaient là. C'était le radeau de la Commune, les naufragés s'y entassaient. On m'a nommé ces révoltés de l'avant dernière heure qui, au lieu de saisir un fusil, croyaient délibérer parce qu'ils discutaient. Vermorel, la face pâle et les yeux sombres, les regardait avec colère; de temps en temps, Ferré, assis à un bureau où il signait des paperasses, rassurait son binocle pour les mieux voir. Joannard, Jourde, Varlin, Vallès, Lefrançais, Regère, le vieux Miot peignant de la main sa longue barbe blanche, Dereure, Avrial, Arnold, Oudet, Billioray, J.-B. Clément, le lourd Cournet, Franckel qu'une blessure forçait de porter le bras en écharpe, Genton qui avait commandé le feu contre les otages, Henri Brissac, secrétaire du Comité de salut public, Lefebvre-Roncier, sous-chef d'état-major de Delescluze, Eudes encore vêtu de son élégant uniforme, Mégy, Babik avec son menton de galoche, ses vastes pieds et son crâne chevelu où la folie se promène à l'aise, Lisbonne prenant des poses, Wrobleski, encore chaud de son combat à la Butte-aux-Cailles, et d'autres, des inférieurs, des subalternes emplissaient la mairie de leur tumulte. Un témoin oculaire m'a dit : « Ils sentaient si bien que tout était fini pour eux, qu'ils n'employaient plus, en parlant, que le conditionnel passé et disaient : on aurait dû... il aurait fallu... on aurait pu... » Quant à prendre une résolution, nul n'y pensait, car nul n'en était capable ; ils se disputaient, se vomissaient leurs vérités à la face, s'accusaient mutuellement et rejetaient les fautes de tous sur chacun d'eux. Peut-être, dans l'emportement de leur fureur, s'adressaient-ils l'apostrophe de Barras à Carnot : « Va ! brigand ! il n'y a pas un pou de ton corps qui ne soit en droit de te cracher au visage ! »

Des soldats, de bas officiers entouraient Delescluze, le menaçaient du poing, lui disaient qu'il était un lâche, qu'il avait voulu fuir, mais que, puisqu'il les avait mis « dans le pétrin, il y crèverait avec eux ». Delescluze prit sa canne et son chapeau ; puis, s'étant dirigé vers la porte, il dit : « Vous n'êtes tous que de la canaille ; pas un de vous n'est capable d'aller se faire tuer. » Vermorel qui était assis dans un coin, se leva brusquement et dit : « Vous vous trompez, Delescluze, j'y vais ! » D'après une autre version, Delescluze salua ironiquement le groupe d'insulteurs : « Adieu, messieurs ! » et sortit. Un fédéré cria : « Il va se sauver ! » et une douzaine d'individus commandés par un officier polonais, — que l'on pourrait nommer, — se précipitèrent derrière lui. Il marcha dans la direction du Château-d'Eau et traversa sans difficulté deux basses barricades qui embarrassaient la chaussée du boulevard Voltaire. Arrivé près de la rue Rampon, il fit mine de s'arrêter, comme s'il avait l'intention de s'y abriter. Un des fédérés qui le suivaient, moins pour aller combattre que pour le surveiller, crut qu'il tentait de se dérober et tira sur lui. La balle lui effleura le front. Delescluze leva les épaules avec un geste de dégoût et reprit sa route. Une balle venue des troupes françaises l'atteignit au flanc gauche, il fut renversé ; il s'appuya sur les mains, fit un effort pour se relever et s'affaissa. Il tomba devant le numéro 5 du boulevard Voltaire. La mort fut-elle instantanée? Nous le croyons, car le trajet de la balle à travers le corps indique que le cœur et les poumons ont été perforés. Cependant une femme, qui au milieu de la nuit se glissa sur le trottoir, raconte qu'elle vit un homme vêtu en bourgeois se traîner vers un fédéré blessé et qu'elle l'entendit crier d'une voix éteinte : « Tue-moi, je suis Delescluze ! »

Le vent soufflait du sud ; le cadavre fut couvert par les flammèches et les débris d'étoffes qui s'échappaient des deux maisons d'angle du boulevard que les insurgés avaient incendiées. Le cou et les poignets portaient trace de brûlures profondes. Lorsque le 27 on retrouva Delescluze, il était à la même place. L'identité n'était pas discutable ; on eût dit qu'il avait pris soin d'en accumuler les preuves dans son portefeuille. On y découvrit aussi quelques pièces qui semblent symboliser la Commune : une dénonciation lui apprenant que Vermorel était décidé à se défaire de lui, « par le fer ou par le poison ; » — une demande de quinze litres d'eau-de-vie pour la ration de trente-cinq hommes ; — l'ordre de détruire les maisons d'où l'on aurait tiré sur les fédérés et d'en fusiller tous les habitants ; — une lettre de la citoyenne Verdure, déléguée à l'orphelinat de la rue Oberkampf, relative à un fait de galanterie vénale. Le soupçon, l'ivrognerie, la cruauté, la débauche, n'est-ce pas là en effet le fond même de l'insurrection qui succombait ? Pendant que Delescluze mourait, Vermorel, en aidant à ramasser un insurgé frappé d'une balle, recevait une blessure dont il ne devait pas guérir. Lui et Delescluze représentaient les deux partis extrêmes de la Commune, les deux adversaires futurs qui se seraient disputé le pouvoir ; l'un était un socialiste ardent, haïssant les jacobins ; l'autre était jacobin, méprisant les socialistes ; la lutte fût devenue vive entre eux, et il est probable que c'est Vermorel — un rêveur — qui eût succombé [1].

Lorsque la mort de Delescluze fut connue à la mairie du XIe arrondissement, on proposa le commandement en chef à Wrobleski, le Polonais, qui avait très solidement combattu contre le deuxième corps d'armée ; il le refusa, par le motif fort sérieux qu'il n'y avait plus assez d'hommes en armes pour résister aux troupes françaises. La délégation à la guerre fut alors abandonnée plutôt que confiée au colonel Hippolyte Parent, du Comité central, qui était bien digne d'aider la Commune à pousser son dernier râle ; car la veille, 24 mai, et le matin même, il avait fait fusiller huit fédérés qu'il accusait d'être en relation avec Versailles. Ses états de service en faisaient du reste un homme précieux pour les cas désespérés. C'était un ouvrier chapelier auquel la justice avait accordé quelques loisirs, dont il avait sans doute profité pour étudier la science sociale et l'art militaire. Le 10 novembre 1859, le tribunal de

[1] Voir *Pièces justificatives*, n° 11.

Montdidier lui applique une peine de trois mois de prison pour escroquerie; le 13 novembre 1862, le tribunal de Péronne l'envoie pendant une année en prison pour un délit analogue; le 14 janvier 1863, la cour d'assises de la Somme lui inflige trois ans d'emprisonnement pour faux en écriture privée; le 30 novembre 1868, à Lyon, il est condamné à un an de prison pour abus de confiance; le 14 juin 1870, dans la même ville, six mois d'emprisonnement punissent un nouveau méfait. Or, au mois de mai 1871, Hippolyte-Achille Parent, dit Narcisse, venait d'atteindre sa trente-deuxième année; on voit que sa jeunesse n'avait point été inoccupée.

Conformément aux dispositions adoptées par Delescluze, tout ce qui restait de la Commune s'installa vers le milieu de la nuit au XXe arrondissement, dans la mairie de Belleville, qui était l'ancien restaurant de l'*Ile-d'Amour* si souvent célébré par les romans de Paul de Kock.

V. — LA JUSTICE DU PEUPLE.

Émile Gois, dit Grille d'égoût. — Ordre collectif. — Otages verbalement désignés. — Les otages de la quatrième section. — Paul Seigneret. — M. Guerrin et M. Chevriaux. — Dévouement. — M. de Bengy. — Les otages de la première section. — Mensonge. — Hésitation du maréchal des logis Geanty. — « Allons! descendons! » — Les surveillants Göttmann et Bourguignon sauvent un garde de Paris. — Le départ. — Sympathie de la foule. — Renfort. — Le couvreur Dalivoust. — Rue de Puebla. — La mairie du vingtième arrondissement. — Gabriel Ranvier. — Le cortège. — La maladie des foules. — La rue Haxo. — La cité de Vincennes. — Varlin fait effort pour sauver les otages. — Le colonel garçon boucher Victor Bénot. — A mort! — Le premier coup est porté par une femme. — Un vieux prêtre et le maréchal des logis Geanty. — On invente un jeu. — « Messieurs! vive l'Empereur! » — Quatre prêtres. — Le laïque évanoui. — On achève les blessés à coups de baïonnette. — La fosse d'aisances. — Au centre de l'Afrique.

Dans la journée du vendredi 26 mai, la Commune se mit en mesure de faire exécuter la résolution prise la veille sur le transfert des otages ; mais auparavant on voulut sans doute les épurer et donner une suite aux exécutions dont Sainte-Pélagie et la Grande-Roquette avaient déjà été ensanglantées. Un ordre vague, ne désignant personne nominativement, fut rédigé ; cet ordre prescrivait au directeur du dépôt des condamnés, à Isidore François, de remettre à qui de droit les gendarmes détenus à la Grande-Roquette et tous les otages que le peloton d'escorte pourrait emmener.

L'homme qui se présenta muni de ce mandat se nommait Émile Gois ; il n'en était point à son coup d'essai révolutionnaire. Déporté à Lambessa en 1852, rentré à Paris en 1865, il avait été condamné par contumace aux travaux forcés à perpétuité lors du procès de Blois, et s'était jeté, au 18 mars, dans le mouvement insurrectionnel. Ami intime de Mégy, très lié avec « le général » Eudes, il ne pouvait manquer d'occuper quelque haute situation pendant la Commune ; successivement juge d'instruction, président de la cour martiale, colonel d'état-major, gouverneur des prisons, il avait, dit-on, malgré ces multiples occupations, trouvé moyen de faire, au commencement de mai, un voyage en Belgique, non point pour proclamer la république universelle dans le Brabant, comme on pourrait le croire, mais pour déposer en lieu sûr, à l'abri de ses propres amis et des curiosités de la justice légale, une assez forte somme qui ne paraît pas avoir été le fruit de ses économies. Il avait été jadis employé aux écritures dans une maison de commerce ; c'était un grand garçon de quarante-trois ans, blafard, les joues pendantes et le regard conquérant ; dans l'intimité on l'appelait Grille d'égout.

L'ordre qu'il remit à François ne fut même pas discuté. Il est probable, du reste, que le directeur savait à quoi s'en tenir et qu'il n'ignorait pas le sort réservé à certains otages, car dès la veille il avait fait dresser deux listes comprenant, l'une les prêtres, l'autre les gendarmes, les gardes de Paris et les sergents de ville. Gois désigna, en outre, verbalement quatre détenus dont il exigea l'extraction : Auguste Dereste, ancien officier de paix; Joseph Largillière, ébéniste; François Greff, ébéniste; Joseph Ruault, tailleur de pierres; ces trois derniers étaient accusés d'avoir été agents secrets sous l'Empire. Greff, nous l'avons dit, était un ami de François, qui depuis le matin le cachait dans son appartement. Le malheureux entendit prononcer son nom et vint naïvement se présenter lui-même à Émile Gois, malgré les signes désespérés que lui faisait François, qui eût voulu le sauver. Le brigadier Ramain fut chargé d'aller chercher les prêtres; le sous-bigadier Picon reçut ordre de faire descendre les gendarmes et les sergents de ville. Les premiers étaient enfermés dans le bâtiment de l'ouest, à la quatrième section, d'où Mgr Darboy était parti pour la mort; les seconds étaient détenus au bâtiment de l'est, dans la première section.

Les otages de la quatrième section étaient inquiets, mais préparés. Deux faits caractéristiques feront comprendre la qualité de l'âme de ceux qui s'attendaient à mourir. Parmi les détenus amenés de Mazas dans la soirée du 22 mai se trouvait un jeune homme de vingt-six ans, frêle, délicat, angélique, disaient ses compagnons de captivité, qui était élève du grand séminaire de Saint-Sulpice et s'appelait Paul Seigneret. C'était un être d'une candeur et d'une foi extraordinaires[1]; il n'avait pas fallu moins que l'autorité de ses maîtres

---

[1] Le 18 mai, huit jours avant sa mort, il écrivait : « Plus notre captivité se prolonge, plus nous sommes émus des témoignages d'amitié sans nombre que nous y avons reçus, en sorte que nous sortirons de là le cœur plein du plus profond amour des hommes. »

ecclésiastiques pour l'empêcher de s'engager pendant la guerre et de faire le métier de soldat, auquel sa santé débile le rendait impropre. Sa faiblesse même augmentait son ardeur et lui donnait une sorte de douce exaltation qui rêvait tous les sacrifices pour satisfaire aux besoins de ses croyances. Il y avait en lui du missionnaire et de l'apôtre; il était de ceux qui meurent volontiers et simplement pour confesser leur Dieu; au delà de cette vie, il avait aperçu des béatitudes auxquelles il aspirait. Entraîné par sa foi militante, il avait dans sa prison recherché la société d'un prêtre des Missions étrangères, qui arrivait des rives du fleuve Jaune pour tomber au milieu des persécutions de la Commune. Paul Seigneret ramenait toujours la conversation sur le même sujet et disait : « Voyons, mon père, parlez-moi un peu de vos jeunes martyrs de Chine. » En souriant le missionnaire lui répondit un jour : « Gourmand! cela vous fait venir l'eau à la bouche, n'est-ce pas? » Le pauvre enfant n'eut point à aller jusque dans l'Empire du Milieu pour s'offrir en holocauste; les mandarins de la Commune lui réservaient le martyre [1].

M. Chevriaux, proviseur du lycée de Vanves, était, à la Grande-Roquette, voisin de cellule de M. Guerrin, prêtre des Missions étrangères, qui avait quitté son costume ecclésiastique et portait des vêtements bourgeois.

---

[1] Un fait prouvera que les gens de la Commune ont tué les otages au hasard, car c'est par erreur que Paul Seigneret avait été transféré de Mazas à la Roquette. La pièce suivante en fait foi : « Maison d'arrêt cellulaire de Paris, *boulevard Mazas.* Direction. Paris le 25 mai 1871. Ordre est donné au directeur du dépôt des condamnés de faire transférer à Mazas les nommés Gard, Marie-Joseph-Paul, et Seigneret, Paul-Joseph-Claude, qui ont été par erreur envoyés le 22 mai courant à la maison du dépôt des condamnés. *Pour le Directeur empêché, le Greffier :* Cantrel. » — Cet ordre, expédié trop tard, ne put être mis à exécution.

M. Chevriaux, en causant avec lui dans le couloir et dans le chemin de ronde, ne lui avait pas caché qu'il était marié, qu'il avait un enfant, et que, dans de telles conditions, la mort lui paraissait bien dure. Pendant la nuit qui suivit l'assassinat de l'archevêque, M. Guerrin appela M. Chevriaux, avec lequel il pouvait communiquer, grâce à la disposition des fenêtres ; il lui dit : « Nul ici ne nous connait ; comme vous, je suis vêtu en laïque ; on ne vérifie pas l'identité ; si l'on vient nous chercher, laissez-moi répondre à votre place ; ma vie est vouée au martyre et ma mort ne sera pas stérile si elle sauve un père de famille. » M. Chevriaux refusa. M. Guerrin, avec insistance, supplia son compagnon de lui permettre d'accomplir ce sacrifice, qu'il trouvait tout simple. M. Chevriaux fut inflexible, et M. Guerrin le blâma doucement de ce qu'il qualifiait d'obstination. Chacun d'eux, sans doute, lorsque Ramain fit l'appel de ceux qui allaient mourir rue Haxo, écouta avec angoisse s'il n'entendrait pas le nom de son voisin de captivité. Ni l'un ni l'autre de ces hommes de bien ne fut désigné. Leur dévouement resta inutile, mais il n'en est pas moins admirable, car c'est du fond du cœur et d'une inébranlable résolution que tous deux avaient fait l'abandon de leur existence.

Il était environ quatre heures lorsque le brigadier Ramain entra dans la quatrième section. Son premier mot ne laissa aucun doute aux otages ; on venait chercher une fournée : « Attention ! Répondez à l'appel de vos noms ; il m'en faut quinze ! j'en ai déjà un (il faisait allusion à Greff). » Chacun répondit sans faiblesse. Ramain avait quelque peine à déchiffrer un nom et disait : « Bénigny, Bénigé... » M. de Bengy, de la Société de Jésus, ancien aumônier de l'armée de Crimée, s'approcha, dit : « C'est moi, » et se réunit à MM. Caubert et Olivaint. Paul Seigneret fut appelé, il embrassa un de ses compagnons, serra la main d'un de ses camarades de Saint-Sulpice, arrêté en même temps que lui, et se rangea près des autres victimes. Le brigadier les compta deux fois; un prêtre voulut prendre son chapeau, un autre quitter ses pantoufles; Ramain répéta le mot déjà dit au président Bonjean : « C'est inutile, vous êtes bien comme cela. » Les onze ecclésiastiques, les trois laïques marchèrent alors derrière Ramain; on ne les fit point passer par l'escalier de secours que l'archevêque avait descendu; on les dirigea vers le grand escalier. Ce changement d'itinéraire fut presque un motif d'espoir pour ceux qui les avaient vus partir. On écoutait; on chercha à distinguer au milieu du bruit vague de la fusillade celui d'un feu de peloton indiquant une exécution militaire; on n'entendit rien. Néanmoins les otages qui restaient encore à la quatrième section écrivirent leurs dernières volontés et se tinrent prêts. Ceux que l'on venait d'emmener furent conduits dans la salle du greffe[1].

Pendant que le brigadier Ramain les avait appelés et comptés, le sous-brigadier Picon s'était rendu à la première section, que, depuis deux mois, l'on nommait le quartier des gendarmes. C'est là, en effet, que ces malheureux venant du Dépôt avaient été écroués, le 6 et le 9 avril, en compagnie d'une quinzaine d'anciens sergents de ville faits prisonniers comme eux à la journée du 18 mars. On ne fit point l'appel; Picon se contenta de dire: « En rang et descendez. » Il y avait là plus de cinquante hommes qui vaguaient dans le couloir,

---

[1] Prêtres : Olivaint, Caubert, de Bengy, de la Société de Jésus; Radigue, Tuffier, Rouchouze, Tardieu, de la congrégation des Sacrés-Cœurs de Picpus; Planchat, aumônier de l'œuvre du Patronage; Sabatier, second vicaire de Notre-Dame de Lorette; Benoist, abbé, Seigneret, séminariste. Laïques : Dereste, officier de paix; Greff et Largillière, ébénistes; Ruault, tailleur de pierres.

car la porte de leur cellule restait ouverte toute la journée. L'un d'eux demanda : « Pourquoi nous fait-on descendre? où allons-nous? » Picon, qui avait reçu le mot du directeur François, répondit : « Il n'y a plus de pain dans la maison; on va vous conduire à la mairie de Belleville pour vous faire une distribution de vivres et vous mettre en liberté. » Les soldats coururent à leur cellule, se bouclèrent le sac au dos, se coiffèrent du képi et s'alignèrent dans le corridor. Cependant le maréchal des logis Geanty semblait hésiter; il regarda Göttmann, un des trois surveillants qui dans la soirée de la veille avaient voulu tenter un coup de force pour le sauver, lui et ses compagnons. Le surveillant fit de la tête un geste énergique qui signifiait : Ne descendez pas! Geanty a dû le comprendre; mais la discipline, l'habitude de toujours obéir fut la plus forte; et puis peut-être s'imaginait-il que l'on « n'en voulait » qu'aux prêtres; il se retourna vers ses hommes et leur dit: « Allons, descendons! » Ils partirent, deux par deux, marquant le pas comme s'ils se rendaient à une inspection.

On les réunit dans le grand parloir; à travers les fenêtres, ils purent voir que l'on avait dépavé la cour, dans laquelle se tenait un peloton qui n'était pas composé de plus de trente-cinq hommes. Émile Gois, accompagné de François, vint regarder les otages; rapidement, il en supputa le nombre : trente-sept gendarmes ou gardes de Paris, quinze sergents de ville. D'un coup d'œil il indiqua son peloton d'escorte à François et lui dit : « C'est trop. » On fit sortir tous les sergents de ville, et on les reconduisit à leurs cellules. Au moment où le surveillant Göttmann venait de refermer la grille de la section, il aperçut un garde de Paris qui, plus avisé que les autres, s'était caché et n'avait point suivi ses camarades; il appela le surveillant Bourguignon;

tous deux entraînèrent le soldat, le poussèrent vers la salle des bains de l'infirmerie, en lui recommandant de rester immobile et de ne pas se montrer ; celui-là du moins fut sauvé.

Le peloton d'escorte ouvrit ses rangs pour recevoir d'abord les gendarmes, ensuite les laïques, puis les prêtres. Émile Gois monta à cheval, et l'on partit. Pour des hommes résolus, l'escorte eût été dérisoire ; mais, nous le répétons, tout ressort était brisé chez ces pauvres soldats, brisé par les mauvais traitements dont ils avaient été accablés à Montmartre, brisé par la longue captivité qui avait suivi leur défaite ; il ne leur restait plus que l'habitude de la bonne tenue et le courage de bien mourir. Quant aux prêtres, ils appartenaient à une religion dont le Dieu a dit à son premier apôtre : « Remets le glaive au fourreau ; » ils ne songeaient point à lutter et priaient à voix basse.

Les femmes, les vieillards, les très rares hommes que la Commune n'avait point poussés à la bataille, tous les gens du quartier, en un mot, étaient sortis devant les portes, regardaient défiler ce cortège et ne cachaient point la commisération qu'ils éprouvaient. Dans le haut de la rue de la Roquette, lorsque l'on allait franchir la place où s'élevait jadis la barrière d'Aulnay, une femme cria : « Sauvez-vous donc ! » Il est certain que toute maison se serait ouverte pour les recevoir. Mais aucun des otages ne parut avoir l'idée de se dérober. Geanty marchait en tête, les épaules bien effacées, comme à la parade. On tourna à gauche et on s'engagea sur le boulevard de Ménilmontant dont on suivit le côté droit en longeant le mur qui borde le Père-Lachaise ; tout le monde était sympathique à ceux qui passaient. A l'espèce de demi-lune que le boulevard forme devant la rue Oberkampf, on fit halte. Là se dressait une haute barricade, occupée par des fédérés du

74e bataillon, que commandait un certain Devarennes. Émile Gois, qui ne se sentait pas en force pour maintenir les otages si ceux-ci avaient tenté de résister, demanda à Devarennes de lui donner quelques hommes pour grossir son peloton. Une compagnie entière, sous les ordres d'un nommé Dalivoust, qui en temps normal était couvreur, mais qui en temps d'insurrection faisait le métier de capitaine d'infanterie, se massa autour des gendarmes, et commença à gravir, avec eux, la longue chaussée de Ménilmontant. Cette partie du trajet fut encore relativement douce; nulle injure ne fut adressée aux otages. Pendant quelques instants, ils purent se rassurer; à voir la tranquillité bienveillante des personnes qui les regardaient, ils durent croire qu'on ne les avait pas trompés et qu'en effet on les transférait à la mairie de Belleville. Un seul prêtre fut malmené, le père Tuffier de Picpus sans doute, qui, vieux et n'avançant que lentement, fut insulté par les fédérés de l'escorte. On a dit que Paul Seigneret avait offert son bras à un ecclésiastique âgé qui paraissait souffrant; il est probable qu'il soutenait et qu'il a soutenu jusqu'au bout de cette voie douloureuse la marche hésitante du père Tuffier.

Dès que l'on eut pénétré dans la rue de Puebla, on se trouva au milieu d'une population hostile. Quelques pierres furent jetées au milieu des otages et l'on cria : « A mort les calotins ! » Tout le ramassis des vagabonds en armes, toute l'écume de la bataille, tous les enfants perdus, les lascars, les vengeurs, les déserteurs s'étaient réfugiés sur les hauteurs de Belleville et de Ménilmontant. Sur la place qui s'étend devant le marché, une masse énorme de curieux regardaient le panorama de Paris embrasé. Le retentissement du canon bruissait comme une tempête et montait dans les airs sur un nuage de fumée. Le spectacle avait sa grandeur, l'escorte s'arrêta à le contempler. A ce moment, on fut rejoint par des fédérés qui arrivaient des Buttes-Chaumont, où ils avaient été battus. Ils crièrent : « Livrez-nous les prisonniers, nous allons les fusiller. » Le mot de prisonniers fut accepté immédiatement par la foule qui suivait les otages et l'on raconta que c'étaient des gendarmes, des gardes de Paris et des prêtres que l'on avait pris sur la barricade de la rue Sedaine au moment où ils tiraient sur « le peuple ».

La mairie, — aujourd'hui détruite, — du XXe arrondissement, faisait vis-à-vis à l'église Saint-Jean-Baptiste, prenait façade sur la rue de Paris et avait une large entrée dans la rue des Rigoles, rue étroite et resserrée qui fait suite à la rue de Puebla. A côté d'un lavoir qui existe encore (1877), un groupe d'officiers fédérés réunis autour de la Commune, réfugiée à l'ancienne *Ile-d'Amour*, se tenait devant la porte latérale de la mairie. Gabriel Ranvier était là, chamarré de son écharpe rouge et regardait venir le cortège. S'adressant à Émile Gois, il lui dit : «Fais entrer tous ces gens-là ici. » Au moment où les otages passèrent devant lui, il leur cria : « Vous avez un quart d'heure pour faire votre testament, si cela vous convient ! » Le bruit se répandit, avec une extraordinaire rapidité, que l'on venait d'amener des prisonniers faits sur les barricades et qu'on les allait fusiller. Ce fut une grande joie dans tout le quartier; les cabarets vomirent leurs buveurs, les postes lâchèrent leurs soldats, et bientôt il y eut devant la mairie une masse d'individus armés : au moins quinze cents, ont dit quelques témoins; plus de deux mille, ont dit les autres. Au bout de vingt minutes environ, les otages sortirent : le maréchal des logis Geanty le premier ; puis vingt-sept gardes de Paris, dix gendarmes, les quatre « civils », les prêtres et le pauvre petit Seigneret, bien pâle, mais soutenant toujours le père Tuffier.

Gabriel Ranvier les regarda défiler, et, s'adressant à Émile Gois, il lui cria : « Va me fusiller tout cela aux remparts ! » La population était en fête ; elle avait organisé le cortège à sa guise et en avait fait une sorte de marche triomphale. Une vivandière vêtue de rouge, le sabre à la main, juchée à califourchon sur un cheval, s'avançait la première ; après elle une batterie de tambours, soutenue par une fanfare de clairons, sonnait la charge et versait l'ivresse du bruit rhythmé dans ces têtes affolées déjà par l'ivresse de l'alcool et du sang ; derrière les musiciens, un jeune homme de vingt ans à peine, merveilleusement agile et adroit, dansait en jonglant avec son fusil. La foule pressait les otages ; des femmes leur « allongeaient » des coups de griffe à travers les fédérés qui les gardaient. On criait : « Ici, ici, il faut les tuer ici ! » Émile Gois apaisait le peuple d'un geste de la main et disait : « Non ; vous avez entendu le citoyen Ranvier, il a ordonné d'aller aux remparts. »

Dans cette rue de Paris[1], insupportablement longue, le martyre que ces malheureux eurent à supporter n'est pas concevable. Pas un de ceux dont ils étaient entourés qui ne voulût frapper son coup, japper son injure, lancer sa pierre. Ils ruisselaient de sueur ; les soldats avaient une admirable contenance et, sous les projectiles qui les accablaient, marchaient comme au feu dans les bons jours de victoire du temps de leur jeunesse ; derrière eux, à haute voix, les prêtres les exhortaient à bien mourir ; il n'en était pas besoin. Mais, à distance historique des évènements, il n'en reste pas moins incompréhensible que pas un de ces hommes, qui tous étaient braves, n'ait tenté un effort désespéré. Un mot nous a été dit qui explique peut-être ce phénomène :

---

[1] C'est actuellement la rue de Belleville.

ils avaient peur d'être massacrés et espéraient encore qu'ils ne seraient que fusillés. Cette épouvante de la douleur prolongée semble avoir hanté l'esprit de ceux qui ont été assassinés par la Commune. La dernière parole de Jecker fut : « Ne me faites pas souffrir ! »

Autour d'eux on chantait, on dansait, on criait ; la foule était parvenue à cet état de paroxysme qui enlève la conscience de soi-même et des actes que l'on va commettre. Il n'y avait plus là en présence que des jouets humains que l'on allait torturer pour « s'amuser » et des furieux devenus incapables de distinguer le bien du mal. Cette sorte de folie, c'est la maladie des foules qui sont des agglomérations nerveuses où la sensation subite, la brusque impression tiennent lieu de sentiment et de raisonnement. A la croix formée par l'intersection de la rue de Paris et de la rue Haxo, la tête du cortège s'arrêta, la queue continua à marcher, et il y eut une confusion qui permit à des enfants de se rapprocher des otages et de les frapper. On fit halte et tout le monde se mit à parler à la fois. Il s'agissait de savoir où l'on conduirait les victimes pour les mettre à mort. Les uns voulaient, tournant à gauche, prendre le bas de la rue Haxo et aller les tuer à la porte du Pré-Saint-Gervais ; les autres, demandant à continuer la rue de Paris, proposaient la place des Trois-Communes devant la porte de Romainville. On se disputait, lorsqu'une voix cria : « Allons au secteur ! » Ce nouvel avis fut adopté et la tourbe, obliquant à droite, entraîna les malheureux avec elle.

Pendant le siège, l'état-major du deuxième secteur avait été installé dans quelques petites maisons construites près d'un terrain mi-jardin, mi-potager, et qui formaient ce que l'on appelait *la cité de Vincennes*. Cette cité existe encore et porte aujourd'hui le n° 83 de la rue Haxo. Les officiers avaient conservé l'habitude de s'y réunir; il y avait un dépôt d'armes et de munitions. A l'heure où les otages en approchaient, le secteur était rempli de fédérés harassés de la lutte et demandant que l'on y mît fin. Parmi eux se trouvait un jeune homme de vingt ans qui assista au massacre et en conçut une telle horreur qu'il brisa son fusil et se sauva pour ne plus servir une cause capable de tels forfaits. Le soir même il écrivit le récit de ce qu'il avait vu; c'est ce récit, empreint d'une sincérité éclatante, que nous suivrons pas à pas.

Hippolyte Parent, dernier commandant en chef de l'insurrection, avait établi son quartier général au secteur; Varlin, Latappy, Humbert, étaient près de lui; Oudet, blessé à la jambe, avait été déposé dans une chambre; on disait qu'Eudes et Bergeret venaient de quitter leur travestissement et avaient pris la fuite; Jourde, épuisé de fatigue, avait remis à Guillemois, son chef de comptabilité, de quoi faire la paye aux sous-officiers qui combattaient encore. Les gens qui étaient là se montraient irrités, inquiets, hésitants; ils accusaient les membres de la Commune de les avoir trahis et se demandaient s'il ne convenait pas de les fusiller. On entendit tout à coup une immense clameur : c'était la foule qui arrivait, poussant les otages au milieu d'elle. Elle se précipita dans la longue allée bordée de maisons qui formait la cité proprement dite. Quand les otages furent entrés, on ferma une barrière en bois qui fut immédiatement brisée par les gens « qui voulaient voir ». Des cris de mort retentissaient. Un homme fut très énergique et essaya de défendre ces malheureux. On a dit que cet homme était Hippolyte Parent; c'est une erreur : cet homme fut Varlin. Membre de la Commune, blessé d'avoir vu le Comité central ressaisir le pouvoir — quel pouvoir? — après la mort de Delescluze, désespéré de reconnaître que la cause pour laquelle il s'était perdu allait s'effondrer à jamais dans l'abîme qu'elle se creusait volontairement, il s'était jeté devant les otages, comme pour les protéger et, s'adressant à Hippolyte Parent, il lui criait : « Allons! les hommes du Comité central, puisque vous êtes les maîtres, prouvez que vous n'êtes pas des assassins, ne laissez pas déshonorer la Commune, sauvez ce peuple de lui-même, ou tout est fini et nous ne sommes plus que des forçats. » Vaines paroles; nul ne les écoutait. Des fédérés lui répondirent : « Va donc, avocat! Ces gens-là appartiennent à la justice du peuple! » Hippolyte Parent se taisait. Varlin eut un geste de fureur et essaya encore de parler; quelques-uns de ses amis l'emmenèrent de force.

Les otages, enveloppés par la foule, étaient acculés dans un espace carré, assez large, qu'une barrière en bois séparait d'un jardin où l'on avait commencé une construction interrompue par la guerre. Contre une muraille élevée d'une douzaine de pieds, une cave inachevée formait une sorte de fosse; un mur très bas, de cinquante centimètres environ, était le soubassement d'une maison future et servait de ligne de démarcation entre le grand jardin et l'étroit terrain où se trouvait le caveau, percé d'une simple ouverture.

Malgré les cris de mort et les menaces qui avaient escorté les otages depuis la rue de Puebla jusqu'à la cité de Vincennes, il y eut un moment, très court, d'hésitation. On avait appliqué le maréchal des logis Geanty contre la muraille d'une des maisons; il se tenait, les bras croisés, immobile sous les pierres et la boue que lui jetaient les femmes[1]. On entendit armer quelques fusils; on cria : « Ne tirez pas! Ne tirez pas!

---

[1] « Il présentait à cet instant, dit le récit qui me sert de guide, l'image d'un homme aussi brave que juste. »

la maison est pleine de munitions! » Il y eut un recul instinctif de la foule; on eût dit qu'elle était reprise d'indécision et que nul n'osait donner le signal. Un homme grimpa sur une charrette chargée de tonneaux — poudre ou vin — qui se trouvait à l'entrée du secteur. Il lut un papier qu'il tenait en main et parla. On applaudit. C'est alors que le bouvier Victor Bénot, colonel des gardes de Bergeret, incendiaire des Tuileries, se précipita hors d'une maison, en criant : A mort! Une poussée formidable se fit, la barrière tomba et les otages, d'un seul mouvement, furent entraînés dans le terrain qui précédait le petit mur inachevé. La cantinière qui les avait guidés était descendue de cheval; les femmes excellent aux actes de cruauté, qu'elles prennent pour des actes de courage. Elle porta le premier coup et tous les hommes qui étaient là devinrent des assassins.

Geanty était toujours en tête, — à son rang. — Il entr'ouvrit sa tunique et présenta sa poitrine; un prêtre âgé se plaça devant lui et reçut le coup qui lui était destiné. Le prêtre tomba, et l'on vit Geanty encore debout, et découvrant sa poitrine; on l'abattit. A coups de fusil, à coups de revolver, on tirait sur ces malheureux; des fédérés accourus au bruit s'étaient perchés sur une muraille voisine et chantaient à tue-tête en faisant un feu plongeant. Debout sur un petit balcon en bois, Hippolyte Parent, fumant un cigare et les mains dans ses poches, regardait et regarda jusqu'à la fin.

Le massacre ne suffisait pas; on inventa un jeu : on força les malheureux à sauter par-dessus le petit mur; les gendarmes sautèrent; on les tirait « au vol » et ça faisait rire. Le dernier soldat qui restait debout était un garde de Paris, beau garçon d'une trentaine d'années, qui sans doute de service à la Comédie-Française avait vu jouer *le Lion amoureux* de Ponsard; du moins on peut le croire à la façon dont il mourut. Il s'avança paisiblement vers la basse muraille qu'il fallait franchir, se retourna, salua les assassins et dit : « Messieurs, vive l'empereur ! » Puis, lançant son képi en l'air, il fit un bond et retomba sur le monceau de blessés qui s'agitaient en gémissant. L'œuvre n'était point terminée ; quatre otages, trois prêtres et « un civil », vivaient encore. On ordonna aux prêtres de sauter ; ils refusèrent. L'un d'eux dit : « Nous sommes prêts à confesser notre foi ; mais il ne nous convient pas de mourir en faisant des cabrioles. » Un fédéré jeta son fusil par terre, saisit chacun des prêtres à bras-le-corps, et, pendant que la foule applaudissait, les enleva et les poussa au delà du mur indiqué. Le dernier prêtre résista, il tomba entraînant le fédéré avec lui ; les assassins étaient impatients : ils firent feu et tuèrent leur camarade. Un seul restait, le « civil », évanoui. Son système nerveux n'avait pas été de force à supporter ce long supplice ; le pauvre homme avait perdu connaissance. On le prit par les jambes et par les bras, on le balança un instant et on le lança sur les autres victimes. On lui fit l'honneur d'une décharge générale [1].

Nul membre de la Commune n'assista à cette boucherie, qui avait duré une heure. Était-elle enfin terminée ? Non ; il fallut achever ces blessés qui se plaignaient lamentablement. On se mit à piétiner sur eux ; on leur tira des coups de fusil et de pistolet sans pouvoir faire taire leurs gémissements, car ceux qui

---

[1] Il est difficile de savoir quel est l'otage, — le seul parmi cinquante-deux, — qui fut faible au dernier instant ; plusieurs prêtres portaient des vêtements laïques ; sur les quatre « civils », deux avaient des costumes reconnaissables : Largillière habillé en sous-officier fédéré, Ruault couvert d'une blouse. Le doute subsiste, et je n'ai pu l'éclaircir.

étaient dessus garantissaient ceux qui étaient dessous. Un fédéré cria : « Allons, les braves, à la baïonnette! » On lui obéit et cela parut drôle. On larda ces pauvres gens jusqu'à ce qu'ils fussent entrés dans l'éternel silence. Quand on fit la levée des corps, le lundi 29 mai, on constata qu'un des cadavres avait reçu soixante-neuf coups de feu et que le Père de Bengy avait été percé de soixante-douze coups de baïonnette.

Lorsque l'on fut certain que tous étaient bien morts, on se félicita d'avoir « démoli » tant de Versaillais; les femmes furent embrassées; on porta la cantinière en triomphe. On alla dans les cabarets se rafraîchir un peu; une jeune femme disait: « J'ai essayé d'arracher la langue d'un des curés, mais je n'ai pas pu; » un artilleur colossal, sorte d'hercule forain, qui, sans armes, avait frappé les otages à coups de poing, disait en montrant sa main enflée : « J'ai tant tapé dessus que j'en ai la patte toute bleue. » Le lendemain, quelques fédérés prévoyants vinrent en famille dépouiller les morts; puis ils jetèrent les cinquante-deux otages et le fédéré dans le trou du caveau, qui était une fosse d'aisances[1]. Un chaudronnier, nommé Joseph Rigaud, qui ne s'était point ménagé parmi les assassins, dit, en contemplant les cadavres: « Voilà, du moins, un tas de fumier qui ne se relèvera pas[2]. »

Stanley, alors à Ouganda, aux confins de l'Afrique orientale, avait enfin réussi à retrouver Livingstone, lorsque, le 14 février 1872, il reçut les journaux d'Europe qui lui apprirent à la fois l'existence, la chute, les crimes et le châtiment de la Commune. Il a noté son impression : « O France! ô Français! pareille chose est inconnue même au centre de l'Afrique! »

[1] Voir *Pièces justificatives*, n° 12.
[2] Procès Joseph Rigaud; débats contradictoires; 6° conseil de guerre; 21 mars 1872.

VI. — LA RÉVOLTE DES OTAGES.

La révolte est cernée. — Les derniers communards. — Ils se fusillent entre eux. — Les soldats allemands regardent brûler Paris. — Essais infructueux pour traverser les lignes allemandes. — Théophile Ferré. — Les prisonniers de la Roquette. — Émotion des otages de la seconde section. — Les condamnés. — Les surveillants. — Ferré arrive à la Grande-Roquette. — Le surveillant Bourguignon prévient le surveillant Pinet. — Pinet arme les condamnés. — Bourguignon à la deuxième section. — Pinet à la troisième. — Les otages s'insurgent. — On se barricade. — On fait arme de tout. — La bénédiction et l'absolution. — Le brigadier Ramain. — Sa surprise. — Il cherche en vain quatre clefs. — Il essaye de parlementer. — Ferré et Clovis Briant. — Les soldats de la Grande et de la Petite-Roquette. — « Vive la ligne! » — Ce cri sauve 1422 hommes.

Pendant que l'armée insurrectionnelle se transformait naturellement en bande d'assassins, les troupes françaises, marchant à découvert contre des hommes embusqués derrière les barricades, continuaient lentement, mais invinciblement, leur mouvement stratégique. Dans la soirée du 26 mai, elles étaient maitresses de la place de la Bastille, de la rue de Reuilly, du faubourg Saint-Antoine et de la place de la barrière du Trône. L'aile droite, après avoir été obligée de vaincre une résistance acharnée, avait enfin réussi à s'emparer de ces positions qui, lui ouvrant le boulevard Davoust et le boulevard Mortier, lui permettaient d'attaquer à revers les hauteurs de Belleville. L'aile gauche forçant le passage du boulevard du Temple, occupant la rotonde de la Villette, s'établissait boulevard Lenoir et sur les rives du canal Saint-Martin jusqu'à la porte de l'Ourcq; elle menaçait ainsi directement les Buttes-Chaumont. Si lente qu'elle ait été, la bataille avait été bien conduite; les deux extrémités de l'arc allaient se rejoindre et former autour des débris de la révolte un cercle infranchissable.

La Commune râlait; le samedi 27 mai, elle eut une dernière réunion rue Haxo, n° 145, dans une petite maison où logeait Vésinier et qui avait servi d'état-major au génie auxiliaire des fédérés[1]. Ils n'étaient pas nombreux les triomphateurs du 18 mars, — une douzaine au plus. Ils délibérèrent selon leur invariable habitude, se distribuèrent quelques fonds de réserve gardés avec soin et décidèrent que chacun d'eux, selon son inspiration personnelle, ferait acte de combattant là où l'on combattait encore. Cela ne leur parut pas suffisamment révolutionnaire. L'ennemi qui les entourait était nombreux, et si leur cause leur eût tenu au cœur, ils auraient pu jusqu'au bout lutter et tomber pour elle; mais non, la manie de l'imitation terroriste les emporta, et ils se mirent à rechercher ceux d'entre eux qui déjà les avaient abandonnés. Où étaient Pindy, et Billioray, et Félix Pyat, et Cluseret, et Arthur Arnould et tant d'autres? On voulut les retrouver. Pour les conduire à la bataille? Nullement; pour les fusiller.

On ne découvrit que deux pauvres diables d'agents inférieurs, qui furent « collés au mur », sans autre forme de procès. Les révoltés ont reproché au gouvernement de Versailles d'avoir été cruel pour les « égarés »; le gouvernement légal a été moins sévère pour les communards que la Commune elle-même. En fait, le 27 mai, celle-ci n'existait plus; le Comité de salut public lui-même, ce groupe « d'hommes de bronze et d'acier », s'était évanoui. La veille, le Comité central s'était saisi de la dictature qu'on lui avait livrée sans discussion. Le promoteur du 18 mars, le metteur en

[1] C'est là, je crois, dans la matinée du 27, que 20 000 francs furent remis au délégué P. (XIX° arrondissement), qui s'engageait à opérer un mouvement tournant dans le but de prendre à revers et de vaincre l'armée française. Je ne sais si cette manœuvre stratégique a été ébauchée, mais j'en doute.

œuvre de tous les crimes où Paris succombait, revendiquait l'honneur de présider au dénouement du drame dont il avait joué la première scène.

La folie de destruction qui les agitait atteignit son dernier période. Au matin de cette journée et sur la zone des fortifications qui va de la porte de Bagnolet à la porte de Pantin, les pièces de rempart retournées vers la ville furent pointées sous leur inclinaison maxima; elles lançaient au hasard les projectiles dont on les chargeait à outrance, quitte à les faire éclater. Les soldats allemands, l'arme au pied, rangés dans les villages suburbains, regardaient avec stupeur cette prodigieuse dévastation et se félicitaient en reconnaissant que la haine sociale détermine plus d'énergie que le patriotisme.

Pendant cette journée, où la lutte, ramassée sur des points singulièrement faciles à défendre, fut d'un acharnement sans pareil, deux tentatives furent faites pour obtenir passage à travers les lignes prussiennes. On eût dit que les gens de la Commune, semblables à des créanciers exigeants, réclamaient le payement de la dette de reconnaissance contractée pendant le siège par les Allemands envers le parti révolutionnaire qui les avait si puissamment aidés par ses diversions. Hippolyte Parent fit sonner en parlementaire et alla demander à un chef de bataillon bavarois l'autorisation pour les fédérés de se retirer derrière les lignes d'investissement. On lui répondit que l'on n'avait point d'ordre et qu'on en référerait au général Fabrice. Un peu plus tard, Arnold, le membre de la Commune, sortit à son tour; il essaya d'entrer en pourparlers avec les Allemands, fut promené d'officier en officier, et enfin renvoyé avec sa courte honte.

Pendant que les uns se cherchaient pour se fusiller, que les autres s'efforçaient de se mettre à l'abri au delà des armées de l'Allemagne, Jules Allix, l'ancien délégué à la mairie du VIIIe arrondissement, arrivait, tout rayonnant, sur les hauteurs de Belleville. Avec le bonheur qui accompagne les fous, il avait, nous ne savons comment, traversé Paris, et il apportait cette bonne nouvelle que, le centre de la ville étant dégarni de troupes, rien n'était plus facile que de s'en emparer; il suffisait pour cela de faire une « légère poussée »; la Commune alors serait victorieuse à jamais et l'on rentrerait dans l'ère de la félicité universelle. Au lendemain de la victoire, le gouvernement légal eut pitié de ce pauvre homme et s'empressa de le réintégrer à Charenton, d'où il n'aurait jamais dû sortir.

Th. Ferré ne se battait pas, car cela ne paraît pas avoir été dans ses habitudes; plus délégué que jamais à la sûreté générale, il se sentait chargé d'âmes et pensa aux otages qui étaient fort nombreux encore, car la Petite-Roquette seule contenait mille trois cent trente-trois soldats, amenés de différentes casernes, ainsi que nous l'avons déjà dit. La Grande-Roquette était moins peuplée : elle renfermait cent soixante-sept détenus criminels et trois cent quinze otages. Ceux-ci n'étaient point réunis dans la même division. Les survivants de la quatrième section étaient enfermés dans le bâtiment de l'ouest; un groupe de quatre-vingt-quinze militaires était placé dans les dortoirs en commun du même bâtiment. Dans le bâtiment de l'est, séparé de l'autre par la cour principale, la première section, occupée la veille encore par les gendarmes massacrés au secteur de la rue Haxo, était déshabitée; au-dessus, au deuxième étage, des sergents de ville étaient incarcérés; au troisième étage, troisième section, quelques prêtres, des artilleurs, des soldats de différentes armes étaient en cellule. Celles où les ecclésiastiques étaient emprisonnés seraient restées fermées, si l'on s'était conformé aux ordres du directeur François; les autres étaient ouvertes et permettaient ainsi aux détenus de se promener dans les couloirs. Une forte grille fermait les sections à chaque extrémité et interdisait toute communication entre elles. En dehors des cellules, la deuxième et la troisième section comprennent une vaste chambre appelée le *lit de camp*, qui peut au besoin servir de dortoir à une trentaine de condamnés. On pénètre dans ces divisions cellulaires par un large escalier ayant son point de départ non loin des bureaux du greffe, ou par l'escalier de secours, escalier en colimaçon qui prend naissance dans le premier chemin de ronde. Le rez-de-chaussée des bâtiments de l'est et de l'ouest est attribué aux détenus criminels, qui y font métier de cordonniers, de menuisiers, de serruriers et de forgerons. Lorsque ces détenus sont en récréation dans la cour, la porte des ateliers est close et les outils sont déposés sur les établis.

On connaissait à la Grande-Roquette le sort des gendarmes et des autres otages qui avaient été extraits la veille sous prétexte d'être conduits à Belleville. La promesse de leur distribuer des vivres et de les mettre en liberté les avait menés à la fosse de la rue Haxo. Les sergents de ville, tassés dans la seconde section, étaient farouches. Ces vieux soldats, ces victorieux de Crimée et d'Italie, s'indignaient à l'idée d'être tués sans pouvoir se défendre. Leur irritation, doublée par l'angoisse, exaspérée par la faim, car le pain manquait depuis la veille, surexcitée par l'horreur que le forfait commis leur inspirait, leur irritation était au comble. Un sentiment de révolte les réveillait enfin; ils comprenaient que nulle soumission ne les protègerait, qu'ils n'étaient plus qu'un bétail humain réservé à l'égorgement, et que si une seule, une faible chance de salut leur restait encore, ils ne la trouveraient que dans un acte de désespoir. Ils se méfiaient des soldats détenus avec eux ; comme les gens menacés d'un grand péril, ils voyaient des ennemis partout ; à voix basse et entre eux ils s'étaient concertés : « Il faut nous barricader, il faut refuser de nous rendre au greffe si l'on nous appelle ; il vaut mieux se faire tuer ici que d'être poussé à coups de crosse à travers les rues par la populace. » Une seule inquiétude les poignait : qu'allaient faire les surveillants ? Obéiraient-ils aux ordres de la Commune ? Se souviendraient-ils qu'eux aussi ils avaient porté l'épaulette et combattu pour la France que l'insurrection s'efforçait de déshonorer ?

Les détenus criminels, les condamnés, ceux que l'insurrection même n'avait pas permis de diriger vers les maisons centrales et les bagnes, réunis dans la cour principale, étaient dans l'anxiété : ils avaient peur. Des obus mal dirigés par la batterie du Père-Lachaise, qui cherchait à atteindre la gare d'Orléans, avaient éclaté sur le toit de la maison. La distribution des vivres n'avait point été faite le matin ; ils se racontaient entre eux que la prison était minée, que l'on devait y mettre le feu, que les artilleurs du Père-Lachaise avaient reçu ordre de la détruire ; un surveillant leur avait dit : « Tout le monde y passera, vous comme les autres. » Le meurtre des gendarmes leur avait paru légitime, en vertu sans doute du jugement par les impairs que préconisait Raoul Rigault ; celui des prêtres et surtout celui de l'archevêque les avaient indignés. Ils croyaient qu'ils seraient fusillés ; ils se comptaient de l'œil, se trouvaient nombreux, se disaient, eux aussi : — Il faut nous défendre, — et calculaient qu'en dépavant les trottoirs de la cour, ils assommeraient quelques fédérés avant d'être tués par eux.

A la quatrième section, les otages, qui avaient, en deux jours, regardé partir et n'avaient pas vu revenir vingt et un de leurs compagnons, étaient silencieux et troublés. Un instant, ils avaient eu quelque espoir. Dans la matinée, la fusillade avait semblé se rapprocher de la Grande-Roquette, comme si l'armée en eût attaqué les rues voisines ; mais le bruit s'était éloigné et ne leur parvenait plus que sous forme de rumeur confuse; les prêtres priaient, les laïques pensaient aux êtres chers qui les attendaient au logis. Le brigadier Ramain, le sous-brigadier Picon, s'agitaient et tâchaient de remonter le moral des surveillants, qui paraissait singulièrement affaissé. Quelques-uns disaient : « Sauvons-nous de cet enfer; » les autres répondaient : « Non, restons pour protéger les otages. » François, dans son costume des grands jours, l'écharpe rouge en sautoir, le revolver à la ceinture, le sabre traînant, le képi galonné sur l'oreille, promenait partout son importance et semblait attendre quelque grand évènement. Souvent il sortait, regardait vers le haut de la rue de la Roquette; plusieurs fois, Clovis Briant, le directeur de la maison d'éducation correctionnelle, était venu causer confidentiellement avec lui.

Il était une heure environ lorsque Ferré, à cheval, arriva à la Grande-Roquette; deux cavaliers l'escortaient; l'un d'eux, dit-on, était Gabriel Ranvier; nous ne rapportons ce bruit qu'avec réserve, car nous n'avons pu en contrôler l'exactitude. Un bataillon de fédérés les suivait ; un peloton pénétra dans la première cour, le reste des hommes fut rangé sur la place. Ferré se rendit au greffe, où il fut reçu par François : « Nous venons chercher les curés et les sergents de ville. » A ce moment, le surveillant Bourguignon se trouvait au grand guichet. Il reconnut Ferré, il entendit les paroles adressées à François. Ferré lui prescrivit de prendre tout de suite une voiture et d'aller chercher des vivres pour les soldats du poste, qui s'étaient plaints de n'avoir pas mangé depuis la veille. Bourguignon se contenta de transmettre l'ordre aux gardes nationaux, puis, prenant sa course par le chemin de ronde, il contourna la moitié de la prison et entra à l'infirmerie, où son camarade Pinet était de service. Il lui cria : « Ils sont là, ils viennent chercher les prêtres et les gardiens de la paix pour les tuer. » Pinet répondit : « Il ne faut livrer personne. » Pinet était un ancien soldat, employé aux prisons depuis quelques années ; réengagé pendant la guerre, mis plusieurs fois à l'ordre du jour, porté pour la croix, il avait repris son poste à la Roquette après l'armistice. Nous avons dit comment il avait vainement essayé de sauver les gardes de Paris. C'est un homme d'une rare bravoure et très capable de risquer sa vie dans une aventure qui tenterait son courage. Son plan fut immédiatement arrêté : faire révolter les détenus criminels, pousser les otages à la résistance et s'associer à eux. Bourguignon et lui se jetèrent au guichet central, prirent les clefs des grilles de la deuxième, de la troisième section et celles des ateliers[1].

Les détenus condamnés se promenaient dans la cour. Pinet les fit rentrer aux ateliers et leur dit : « On vient vous chercher pour vous fusiller, armez-vous de vos outils et défendez-vous ; nous serons avec vous et nous vous aiderons. » On se précipita sur les valets de menuiserie, les limes, les marteaux de forge, les alênes,

---

[1] A la Grande-Roquette, prison déjà ancienne, inaugurée le 22 décembre 1836, construite avant l'amélioration des maisons pénitentiaires, il n'existe pas de *passe-partout* ; chaque section a ses clefs particulières. On y possède cependant des doubles clefs, dites clefs de secours. Celles-ci, ordinairement déposées dans une petite armoire, près de l'avant-greffe, avaient été, pendant la Commune, transportées au guichet central. Pinet et Bourguignon, s'étant emparés de celles de la deuxième et de la troisième section, nul, sans leur concours, ne pouvait plus ouvrir les grilles du second et du troisième étage dans le bâtiment de l'est.

les poinçons de cordonnier, et l'on se groupa dans les salles, prêts à la bataille. « Nous pouvons compter sur vous? » demanda Pinet. Les condamnés répondirent : « Oui. » Pinet leur recommanda de rester dans les ateliers, où ils étaient plus en sécurité que dans la cour, et, accompagné de Bourguignon, il monta vers les sections; Bourguignon pénétra dans la seconde et lui dans la troisième. En deux mots, Bourguignon expliqua à l'un des sous-officiers prisonniers qu'il fallait, si on appelait les otages, refuser de descendre; que s'ils ne se défendaient à outrance, ils étaient perdus; qu'il était temps de faire arme de tout bois et de ne laisser pénétrer personne dans la section. Il ajouta : « Pinet est là-haut, à la troisième; je vais redescendre au greffe surveiller les menées de cette séquelle et je reviendrai vous avertir; je monterai par l'escalier de secours; placez-y deux sentinelles et assommez tout individu qui ne vous dira pas le mot de ralliement; ce mot sera : Marseille! » Les otages voulurent le retenir parmi eux. Il leur fit comprendre qu'il leur serait plus utile en leur apportant des renseignements précis; on le laissa partir et l'on se mit à l'œuvre.

Pendant ce temps, Pinet, étant entré dans la troisième section par la porte de secours, criait : « Barricadez-vous! barricadez-vous! » Les otages ont-ils commencé à se barricader sur l'injonction de Pinet? avaient-ils commencé à se barricader avant l'arrivée de celui-ci? C'est là une question à laquelle il nous est impossible de répondre. Les deux versions ont été énergiquement soutenues; il y a autant de probabilités en faveur de l'une qu'en faveur de l'autre, et le fait en lui-même est trop peu important pour que nous ayons essayé de le dégager des obscurités dont on l'a systématiquement enveloppé; mais on peut affirmer, en toute sécurité, que sans l'intervention de Pinet, escorté de Bourguignon, le sort des otages était singulièrement compromis. La présence d'un surveillant au milieu d'eux, la vigilance d'un autre, leur apportaient une force morale qu'ils n'auraient peut-être pas trouvée entre eux, et que leurs infortunés compagnons fusillés le 24, massacrés le 26, n'avaient point rencontrée. Bourguignon et Pinet représentaient en quelque sorte la prison, qui elle-même s'insurgeait pour défendre et sauver ses propres détenus. Quelque énergie qu'aient déployée les otages, quelque effort qu'ils aient fait pour assurer leur salut, auraient-ils échappé sains et saufs à leur captivité, si ces deux braves gens ne s'étaient pas sacrifiés avec eux et pour eux?

Très rapidement la résistance fut organisée. Derrière la grille fermée à l'extrémité de chacun des couloirs formant chaque section, on entassa tous les matelas et toutes les paillasses que l'on put trouver dans les cellules et dans le *lit de camp*. Depuis le plancher jusqu'au plafond, depuis le mur de gauche jusqu'au mur de droite, l'ouverture fut absolument bouchée, sauf un jour ménagé dans la partie supérieure, afin de pouvoir surveiller les approches de la grille; on pouvait bien glisser un canon de fusil entre les matelas, mais le projectile se serait perdu dans les matelas eux-mêmes. On décarrela la chambrée, on rassembla les carreaux en tas à portée des barricades, afin de pouvoir lapider les assaillants si par hasard ils parvenaient, malgré la grille, à démolir l'amas de literie; on prit les planches qui servent à soutenir les paillasses, on les fendit à l'aide de couteaux, on les aiguisa de manière à en façonner des lances qui eussent été meurtrières; on démonta les grosses pièces des lits en fer, afin de pouvoir s'en servir en guise d'assommoirs, on plaça des sentinelles auprès des grilles, on installa des vigies dans les cellules qui, prenant jour sur la cour principale, découvraient le bâtiment de l'ouest et celui de l'administration. Il y avait là dix prêtres qui priaient Dieu, excitaient les travailleurs et les bénissaient.

On était plein d'ardeur, et Pinet, se retrouvant dans les aventures où s'était complu sa jeunesse, payait d'exemple, encourageait tout le monde, jurait de ne point abandonner les otages et de mourir avec eux ou de les sauver avec lui. La troisième section voulut se mettre en relation avec la seconde; on enleva le carrelage, on défonça les plâtres, on arracha les lattes et bientôt un trou de trois ou quatre pieds de diamètre permit aux otages enfin révoltés de communiquer entre eux. Au second étage comme au troisième on était résolu et armé. Il y eut une minute solennelle et très touchante : les otages de la deuxième section se réunirent au-dessous du trou creusé par ceux de la troisième, le front découvert et la tête inclinée; les dix prêtres s'approchèrent de l'ouverture, étendirent la main, les bénirent et récitèrent la formule de l'absolution, car chacun s'attendait et se préparait à mourir.

Lorsque Ferré et François eurent causé ensemble et pris quelques mesures pour « l'extraction » des otages, Ramain reçut ordre de faire descendre ceux-ci; on décida même que les sergents de ville seraient appelés les premiers, et qu'ensuite on ferait descendre « les curés ». Le brigadier envoya un surveillant chercher au guichet central les clefs des grilles de la deuxième et de la troisième section; le surveillant obéit et revint déclarer que les clefs n'y étaient pas. Bourguignon assistait à la scène et s'efforçait de rester impassible. Il savait bien où étaient les clefs; celles de la deuxième section étaient entre les mains des otages, celles de la troisième étaient en la possession de Pinet. Ramain pensa qu'un surveillant les avait emportées pour faire une ronde dans le bâtiment de l'est : il commanda au sous-brigadier Picon d'aller s'en assurer et de faire venir les sergents de ville au greffe. Picon ne fut pas long à revenir ; il avait l'air penaud : les détenus se sont barricadés, les grilles sont closes, impossible d'entrer dans les sections. François, Ramain, Picon, suivis de quelques surveillants qui simulaient le zèle, s'élancèrent dans l'escalier. Au second et au troisième étage on se heurta contre une barrière de matelas. On courut au guichet central; on y chercha vainement les clefs des grilles; on demanda la clef de la porte de secours, on ne la trouva pas davantage : elle était bien cachée, et seul Bourguignon aurait pu la découvrir. On fit l'appel des surveillants : Pinet seul manquait. « Je le ferai fusiller, » dit François[1].

Ramain essaya de parlementer ; il se campa dans la cour principale et, levant le nez vers les fenêtres du bâtiment de l'est, il criait : « Voyons, descendez donc ; c'est des bêtises tout ça, on ne veut pas vous faire de mal. » Il en était pour ses frais de rhétorique; nul ne lui répondit. Il reprenait : « Vive la France ! nous sommes tous frères ! Voyons, mes pauvres amis, descendez, c'est pour recevoir des vivres! » Un soldat mit la tête à sa lucarne, appela le brigadier et lui fit un pied de nez. « Je les brûlerai vifs, » dit Ramain en s'éloignant. Les otages placés en face dans le bâtiment de l'ouest, à la quatrième section, avaient suivi cette scène des yeux et n'y avaient rien compris. Ramain rentra au greffe et dit : « Il n'y a pas moyen de les avoir ! » Il rencontra le regard de Ferré et ne fut point tranquille.

Le délégué à la sûreté générale était fort irrité; il

[1] La version que nous avons adoptée, qui est appuyée sur des documents authentiques offrant toute garantie, a été vivement combattue par M. l'abbé Amodru, curé d'Aubervilliers et l'un des otages de la troisième section. Voir *Pièces justificatives*, n° 10.

ne le cacha point et l'atticisme de ses expressions parut s'en ressentir. Il fit appeler Clovis Briant, le directeur de la Petite-Roquette, et lui dit : « Avez-vous préparé l'évacuation? Vous savez qu'elle doit s'opérer en trois détachements; faites sortir vos hommes. » Clovis Briant retourna promptement à la prison et Ferré dit à François : « Envoie-moi tous les soldats; à défaut des curés, je les emmène. » Quatre-vingt-quinze soldats, extraits des chambrées du bâtiment de l'ouest, arrivèrent bientôt; ils se massèrent dans la cour d'entrée. Lorsqu'ils sortirent, ils aperçurent un bataillon de fédérés rangé sur la place, ouvert en deux détachements prêts à se replier sur eux. Au moment où ils franchissaient le seuil de la prison, trois cents militaires, le sac au dos, sortaient de la Petite-Roquette. On mettait à exécution le projet de Delescluze; on allait réunir à Belleville tous les soldats internés depuis le 18 mars, incarcérés depuis le 22 mai, et essayer de traiter en les offrant en échange de quelques conditions acceptables. Avant de quitter le greffe de la Grande-Roquette, Ferré dit : « Je vais escorter ces prisonniers, j'aurai encore deux détachements à conduire ; arrangez-vous de façon à m'avoir les sergents de ville et les curés, car je reviendrai les chercher moi-même, et malheur à vous si je ne les ai pas! » Ceci dit, il remonta à cheval et s'élança sur la place, où il arriva juste à temps pour entendre un cri formidable de « Vive la ligne! »

Ceci est un fait fort remarquable, encore mal expliqué, et qui fera comprendre comment aucun des mille quatre cent vingt-huit soldats extraits des deux Roquettes et dirigés sur Belleville ne fut même insulté. Tous les gens du quartier, voyant une troupe armée réunie sur l'emplacement qui s'étend entre les deux prisons, s'étaient groupés par curiosité. Ces petits marchands d'objets funèbres, dont le commerce, alimenté par le voisinage du Père-Lachaise, était absolument paralysé depuis plusieurs mois, étaient de médiocres partisans de la Commune; de plus ils étaient révoltés du massacre des gendarmes que la veille ils auraient voulu sauver. En apercevant les soldats, ils crurent que l'on allait aussi les conduire à la mort, et, autant pour protester que pour les protéger, ils crièrent : « Vive la ligne ! » Les soldats agitèrent leurs képis et répondirent : « Vive le peuple ! » Les fédérés se mirent de la partie, et le cortège s'ébranla au bruit d'acclamations que Ferré n'avait pas prévues.

Cette rumeur parvint aux oreilles des otages et leur fit croire que Ferré, employant un subterfuge, essayait de les abuser en ordonnant à ses hommes de pousser des cris rassurants; ils se sont trompés : ce cri sortit instinctivement de la foule et prouve qu'elle a parfois de généreuses et spirituelles inspirations. Ce fut comme une traînée de poudre qui s'enflamme et court en avant. On ne prit pas la longue route qu'avaient suivie les martyrs de la rue Haxo; on tourna au plus court par la rue des Amandiers et la rue de la Mare. Là on disait : « Ce sont de braves Versaillais qui ont tourné au peuple, » et de plus belle on criait : « Vive la ligne ! » Trois fois ce fait se renouvela, car trois détachements sortis de la Petite-Roquette furent conduits à Belleville. On enferma tous les soldats dans l'église Saint-Jean-Baptiste, où ils reçurent une distribution de vivres dont ils avaient grand besoin. Ils y dormirent un peu à l'étroit, et quand ils se réveillèrent, à l'aube du dimanche 28 mai, ils étaient entre les mains de l'armée française, qui était arrivée pendant la nuit.

VII. — LA DÉLIVRANCE.

On essaye d'incendier les barricades faites par les otages. — Souvenir de Gulliver. — Révolte des condamnés. — Le brigadier Ramain a perdu la tête. — Retour de Ferré. — Son plan. — « Vive la Commune ! vivent les condamnés ! » — « Voilà les Versaillais ! » — Fuite et panique. — La prison est libre. — Les otages de la deuxième et de la troisième section restent volontairement enfermés. — Les otages de la quatrième section sortent de la prison. — L'abbé Bécourt. — Meurtre de MM. Surat, Houillon, Bécourt et Chaulieu. — Des otages rentrent à la Roquette. Fuite de M. Rabut. — Il obtient la vie sauve en se faisant passer pour galérien. — Les menaces de François. — La prétendue bataille du Père-Lachaise. — Le sergent Antzenberger. — Les fusiliers marins. — Les otages se décident à descendre. — Vérig trop précipitamment fusillé. — Arrestation de François. — La dernière barricade. — Fin de la révolte. — Les responsabilités.

Le départ de Th. Ferré avait laissé quelques loisirs au brigadier Ramain, qui les utilisa en recommençant à parlementer avec les détenus de la deuxième et de la troisième section. Voyant que la persuasion lui réussissait mal, il voulut avoir recours à la force et ne s'en trouva pas mieux. Au poste d'entrée, singulièrement dégarni depuis le matin, il prit quelques hommes de bonne volonté et, marchant à leur tête, il gravit le grand escalier. Devant la barricade, d'autant plus résistante qu'elle était molle, il s'arrêta. On essaya de passer des canons de fusils à travers les matelas, et l'on reconnut que l'on parviendrait seulement à trouer quelques vieilles paillasses. On eut alors la pensée d'enfumer les otages, en mettant le feu à la barricade ; mais ceux qui l'avaient construite étaient des gens avisés ; ils s'étaient méfiés de l'imagination des fédérés, et contre la grille ils n'avaient entassé que des matelas : les paillasses avaient été placées à l'arrière-plan, comme soutien ; elles restaient hors de la portée de Ramain et de ses acolytes. Les matelas étaient vieux, réduits par un long usage à l'état de « galettes »; ils étaient si violemment comprimés les uns contre les autres, qu'ils formaient une masse compacte où l'air ne circulait pas. En outre, la laine est très difficile à enflammer, elle ne flambe guère; elle brûle « noir », comme disent les pompiers. Néanmoins les fédérés versèrent sur les premiers matelas l'huile d'un quinquet décroché de la muraille et y mirent le feu; puis ils se retirèrent et vinrent dans la cour regarder l'effet que produirait leur invention. Les matelas fumaient et ne brûlaient point. Les otages, enfermés, privés de nourriture depuis la veille, conservaient précieusement un bidon d'eau qui pouvait du moins servir à étancher leur soif; on n'en voulut distraire une seule goutte pour éteindre ce commencement d'incendie. Quelque lettré se souvint de l'histoire de Gulliver et « le baquet » de la troisième section fut utilisé. On suffoquait un peu dans le couloir; mais les portes et les fenêtres ouvertes de toutes les cellules établirent un courant d'air qui permit de respirer sans trop de gêne.

Les détenus criminels croyaient à un incendie allumé par un obus et, ne se souciant d'être grillés tout vifs, ils s'étaient précipités dans la cour principale en vociférant. Armés de leurs outils, ils réclamaient la liberté et demandaient qu'on leur ouvrît la porte; ils ébranlaient celle-ci, essayaient d'en desceller les gonds, d'en briser la serrure; mais la vieille ferraille était solide et résista. Le brigadier Ramain avait perdu la tête. Son personnel de surveillants ne comprenait plus ses ordres et les exécutait à rebours; les otages barricadés ne cédaient à rien, ni aux prières, ni aux menaces, ni à la fumée des vieilles laines brûlées; les condamnés de droit commun étaient en insurrection et, dans leur langage des bagnes, se disposaient à « chambarder la cambuse ». C'était plus qu'il n'en fallait pour désespérer un homme intelligent et obéi; or Ramain n'était qu'un mauvais drôle assez obtus, dont l'autorité, toujours discutée, était actuellement de nulle valeur. Il était plus de quatre heures et demie; Ferré allait revenir, car le dernier détachement de soldats avait quitté la Petite-Roquette; Ramain était donc pressé d'en finir et très perplexe.

Tout à coup il entendit le bruit des chevaux entrant dans la cour; c'étaient Ferré, François et une troupe de fédérés. « Et mes otages? » dit le délégué à la sûreté générale. Ramain raconta humblement la vérité. Ferré fut plus calme qu'on n'eût osé le croire. Il comprit tout de suite le parti qu'il pouvait tirer de la situation : faire cause commune avec les criminels, jeter ceux-ci, appuyés par les fédérés, dans les escaliers, attaquer les grilles, les renverser, démolir les barricades et, coûte que coûte, se rendre maître des otages récalcitrants. Il donna ses ordres à Ramain; celui-ci rassembla un peloton de fédérés, le précéda et, se présentant dans la cour principale, il apparut, suivi de la force armée, devant les détenus criminels, qui reculèrent vers le bâtiment du fond formé par la chapelle et gardèrent une attitude menaçante. Ramain leur dit : « Criez vive la Commune! et vous aurez la liberté. » Les détenus crièrent : « Vive la Commune! » Les fédérés répondirent : « Vivent les condamnés! » car une politesse en vaut une autre. On se mêla, on fraternisa. Quelques otages ont dit qu'à ce moment les criminels avaient été armés de fusils par ordre de Ferré; ils se sont trompés. Seul un condamné à mort, nommé Pasquier, prit, en se jouant, le fusil d'un sous-officier et cria : « Où est Pinet? je vais tuer Pinet? » Il fut immédiatement désarmé par le brigadier Ramain lui-même.

La place de la Roquette, la première cour, le greffe, étaient remplis de fédérés et de curieux; les détenus réunis aux gardes nationaux allaient, sous la conduite de Ramain, tenter l'escalade des sections, lorsque ce mauvais monde disparut subitement comme une volée de corbeaux effarouchés. Jamais, sur aucun théâtre, pareil changement à vue ne fut plus rapide. A l'entrée même de la Grande-Roquette, sous la voûte où s'ouvrent le poste et le premier guichet, quelqu'un dont il a été impossible de constater l'identité, — un loustic, — un homme de génie, — un effaré, s'écria : « Voilà les Versaillais ! » Ce fut une débandade; Ferré, François, se lancèrent à cheval, les fédérés filèrent par les rues voisines, les détenus firent irruption sur la place après avoir pris des fusils dans le poste, et en moins de deux minutes la prison fut débarrassée des hôtes sinistres qui l'encombraient. La panique fut telle, qu'ils ne revinrent plus.

La prison était libre, et ce fait, qui devait paraître d'autant plus heureux qu'il était plus inattendu, allait causer de nouveaux malheurs. Les otages de la deuxième et de la troisième section avaient, des fenêtres du bâtiment de l'est, vu la révolte des condamnés, l'intervention des fédérés, le sauve-qui-peut général, mais n'avaient pu que se rendre très vaguement compte de ce qui se passait. Pour eux la situation n'était pas modifiée; suivant en cela le conseil de Pinet, ils étaient persuadés que, pour eux, le péril était moins pressant derrière leur barricade que hors de la prison, dans les rues encore occupées par les hommes de l'insurrection. Ils s'étaient promis de n'ouvrir les grilles qu'en présence de l'armée française, qu'ils espéraient toujours voir arriver d'un instant à l'autre.

Pour les otages de la quatrième section, du bâtiment de l'ouest, il n'en était pas ainsi. Ils étaient au nombre de vingt-trois, dont seize ecclésiastiques. La journée leur avait été insupportable. Quelques minutes après la fuite des détenus criminels et des fédérés, les auxiliaires de leur section[1] se précipitèrent dans les couloirs en criant : « Vite ! vite ! sauvez-vous ! » Sans trop réfléchir et croyant que la liberté serait la délivrance, ils se hâtèrent. M. Rabut, commissaire de police, pressait M. Bécourt, curé de Bonne-Nouvelle, qui s'attardait dans sa cellule; ne sachant trop s'il n'allait pas à la mort, préoccupé d'un dépôt de trente mille francs qu'il avait reçu et caché avant son incarcération, cet honnête homme écrivait une note destinée à faire retrouver la somme qui ne lui appartenait pas. Lorsque ces malheureux, qui étaient descendus par l'escalier de secours, passèrent dans la cour principale, ils aperçurent les otages de la deuxième et de la troisième section, le visage collé aux barreaux. Ils leur crièrent : « Venez donc, nous sommes libres. » On leur répondit : « Non, ne partez pas, rentrez, vous serez tués dehors. » Ils n'entendirent pas ou ne voulurent pas entendre, et quittèrent la Grande-Roquette.

Mgr Surat, archidiacre de Paris, fut rejoint sur la place par M. Bécourt, par M. Houillon, missionnaire, par un employé du service administratif des prisons nommé Chaulieu. Imprudemment, au lieu de se disperser, ils firent route ensemble. La vue de la place de la Roquette tout à fait déserte les avait rassurés; ils s'engagèrent dans la rue de Saint-Maur pour gagner le boulevard du Prince-Eugène; près de la rue de Charonne, ils furent arrêtés; Mgr Surat, avec une imprudente simplicité, dit: « Je suis prêtre et je sors de la Roquette. » Ils furent ramenés jusqu'au mur de la maison d'éducation correctionnelle; une femme brisa la tête de Mgr Surat d'un coup de pistolet[2]; MM. Bé-

[1] On appelle *auxiliaires* les détenus qui font métier de domestiques dans les prisons.
[2] « Deux coups de feu ont tué Mgr Surat; le premier a été tiré à

court et Houillon furent fusillés. Chaulieu s'était esquivé; il fuyait par la rue Servan; on se lança derrière lui; se sentant sur le point d'être saisi, il fit volte-face contre les hommes qui le poursuivaient, enleva le sabre de l'un d'eux et en balafra trois ou quatre; un coup de crosse l'abattit, deux coups de feu l'achevèrent.

Quelques-uns des fugitifs, M. Moléon, curé de Saint-Séverin, M. de Marsy, M. Évrard, furent recueillis sur leur route et purent échapper à tout péril [1]; M. Petit, deux prêtres de Picpus, M. Gard, séminariste, et d'autres otages, après avoir tourbillonné au hasard, à travers les rues où tombaient les balles et les paquets de mitraille, sentant la mort partout autour d'eux, revinrent isolément à la Grande-Roquette, comprenant que c'était là encore l'asile le moins dangereux. Un retour des fédérés, une invasion de la maison étaient à craindre; mais ce n'était qu'un péril possible en présence d'un péril certain. Le pharmacien de la prison, M. Trencart, reçut ces hommes qui ne savaient que devenir; il les conduisit à l'infirmerie, les installa comme malades, avec

bout portant en pleine poitrine; la balle a dû traverser la base du cœur et ainsi causer une mort immédiate; elle est sortie par le dos en brisant la colonne vertébrale au niveau des vertèbres dorsales. Le second coup de feu est parti d'un revolver qui a dû être appliqué sur la tempe droite; le projectile a déchiré la joue, fait sauter de son orbite l'œil droit que je n'ai point retrouvé, broyé les os propres du nez et la partie antérieure de la base du crâne, puis est sorti par l'orbite gauche; l'œil de ce côté était pendant sur la joue. » — Extrait d'une lettre du docteur Henri Colombel, qui, le dimanche 28 mai 1871, a vérifié, à la Petite-Roquette, l'identité de Mgr Surat et examiné scientifiquement le cadavre.

[1] M. Moléon fut déguisé et sauvé par le surveillant Jeannard; M. de Marsy fut recueilli par le surveillant Seveyrac, qui le cacha, rue de Charonne, dans son domicile; on ne saurait trop répéter que la conduite des gardiens de la Grande-Roquette, sauf de très rares exceptions, a été au-dessus de tout éloge.

la connivence des infirmiers, et leur dit d'avoir confiance, car il répondait d'eux.

Parmi les otages sortis de la Roquette dans les circonstances que nous venons de raconter, il en est deux qui échappèrent miraculeusement à la mort, MM. Chevriaux et Rabut. Celui-ci, que sa barbe longue et ses vêtements détériorés rendaient méconnaissable, avait quitté ses compagnons rue de la Vacquerie. Rue Saint-Maur il est arrêté près d'une barricade par des fédérés qui encombraient la boutique d'un marchand de vin. « Où vas-tu! — Je suis un pauvre galérien; je me sauve de la Roquette; laissez-moi passer. » Les hommes hésitaient et déjà l'un d'eux s'approchait vivement de lui, lorsqu'une femme cria : « Je le reconnais, c'est un bon, ne lui faites rien! — Allons! file! » M. Rabut reprit sa course. Plus loin, deux fédérés gardaient une barricade; pendant qu'ils avaient le dos tourné, M. Rabut escalade les pavés et allonge le pas; deux balles sifflant à ses oreilles lui apprennent qu'il doit se hâter. Il venait de passer devant le grand café de Bataklan, lorsqu'il s'entendit héler : « Eh! l'homme, où courez-vous donc? » Il s'arrêta se disant : « Cette fois, c'en est fait de moi; » il se retourna et, en bon commissaire de police qu'il était, au lieu de regarder son interlocuteur au visage, il le regarda aux jambes et vit un pantalon rouge. Il avait été interpellé par un sous-lieutenant de la ligne, qui le fit conduire sous escorte à l'Assistance publique, où son identité fut immédiatement constatée. En se faisant passer pour un galérien évadé, il avait eu la vie sauve, comme l'archidiacre de Paris, Mgr Surat, avait été assassiné parce qu'il avait confessé qu'il était prêtre. Ces deux faits rapprochés l'un de l'autre sont toute l'histoire de la Commune.

Le soir, vers huit heures, François revint à la prison; il monta dans son appartement, fit un paquet de ses nippes, qui furent emportées par quelques camarades ; il déménageait et ne devait plus revenir. Avant de partir il dit à un surveillant : « Et les otages? — Toujours barricadés, répondit le gardien. — Bien! riposta François, je vais au Père-Lachaise faire démolir la Roquette à coups de canon. » Menace illusoire; dans la journée le cimetière avait été pris sans coup férir par les troupes françaises. La légende se forme si promptement dans notre pays, même sur les lieux témoins de la réalité, qu'il est acquis aujourd'hui pour bien du monde, surtout pour certains apologistes de la Commune, que le cimetière de l'Est a été le théâtre d'un combat désespéré. Les communards disent : la bataille du Père-Lachaise, comme nos soldats diraient : la bataille de Solférino. Il faut raconter simplement la vérité.

Une batterie de dix pièces de sept et une mitrailleuse furent réunies dans le cimetière et eurent trois objectifs différents : le palais des Tuileries, l'église Saint-Eustache, la gare d'Orléans [1]. Le service des munitions était mal fait et plusieurs fois on expédia des gargousses qui n'étaient point de calibre. Les pièces étaient du reste hors de service et restèrent silencieuses, le 27 mai à partir de midi. C'est à ce moment même que commença le mouvement militaire qui devait rendre l'armée française maîtresse du Père-Lachaise et des hauteurs qui l'avoisinent. Cette tâche, réservée au corps

---

[1] « Mon tir est dirigé sur Saint-Eustache et sur la gare d'Orléans, boulevard Hôpital, de façon à faire le plus de dégât à l'interception (*sic*) des boulevards Hôpital, Saint-Marcel et Arago. — Le chef commandant l'artillerie du X⁰ au Père-Lachaise : Vieulina. » — La signature est peu lisible, et par conséquent douteuse. Cette dépêche est du 25 mai 1871. Elle répondait à la dépêche que voici : « Informez le Père-Lachaise que les obus qu'ils reçoivent ne peuvent venir que de Montmartre; tirez principalement sur les églises, excepté le X⁰ arrondissement et Belleville et le XI⁰ arrondissement. Le membre du Comité de salut public : Général Eudes. »

du général Vinoy, fut confiée par celui-ci à la division Bruat. — A midi le premier régiment d'infanterie de marine faisait la soupe dans l'avenue de Saint-Mandé, lorsque l'ordre vint de se porter en avant ; on donna un coup de pied dans les marmites et l'on se mit en marche sans incidents remarquables ; on arriva sur la grande voie que l'on appelle aujourd'hui la rue des Pyrénées, ouverte entre deux talus qui ressemblent à des collines ; le régiment se trouvait ainsi placé entre Charonne et le Père-Lachaise ; on lança plusieurs compagnies, à droite vers Charonne, à gauche vers le cimetière ; nous suivrons celles-là pas à pas.

La ligne des tirailleurs jetée en avant des pelotons trouva de la résistance ; dans ces terrains onduleux, coupés de jardinets fermés de clôtures, parsemés de basses maisons, plantés d'arbres, la lutte était difficile ; de toutes les haies, de toutes les fenêtres partaient des coups de fusil ; le champ du combat était en pente, découvrait nos soldats qui avançaient néanmoins, laissant plus d'un mort, plus d'un blessé derrière eux, mais repoussant les insurgés dont quelques-uns, déjà découragés, filaient rapidement vers Belleville, encore au pouvoir de la révolte ; c'était la première compagnie du premier bataillon, commandée par le capitaine Vincenti, qui menait cet assaut avec un entrain et une fermeté remarquables.

Un sergent nommé Antzenberger, Alsacien, engagé volontaire qui s'était admirablement conduit à Bazeilles et qui, au retour de la captivité, était venu rejoindre son ancien régiment, guidait sept ou huit hommes à travers les jardins maraîchers, dont il délogeait les fédérés. Ainsi marchant en faisant le coup de feu, il arriva entre des masures et le mur d'enceinte du cimetière, dans une longue ruelle resserrée, qui est la rue des Rondeaux. C'est triste, étroit ; ça ressemble au chemin de ronde d'une prison. L'œil aux aguets, le doigt sur la détente du fusil, Antzenberger continua sa route en tête de la petite escouade qu'il dirigeait. Il parvint vers trois heures jusqu'à l'angle du cimetière, et dans la muraille il remarqua, non pas une brèche, mais une simple ouverture, un trou circulaire ; les pierres éboulées jusque dans la rue des Rondeaux formaient une pente propice à l'escalade. Le sergent n'hésita pas ; il gravit le déblai, ses huit hommes le suivirent ; ils étaient dans le Père-Lachaise. Des drapeaux rouges flottaient au vent, fixés à des tombes ou attachés aux branches des cyprès. Dans l'avenue circulaire, à la hauteur de la 83e division, une pièce de sept était en batterie, que l'on renversa rapidement ; plus loin le cadavre d'un cheval ; à côté du mur d'enceinte une tente dressée ; nul homme, nul fédéré ; partout la solitude et le silence contrastant avec les rumeurs de la bataille qui bruissaient autour du cimetière. Antzenberger envoya quatre de ses soldats en vedette le long des murs, contre lesquels des échafaudages avaient été élevés pour permettre aux insurgés de faire le coup de fusil sans péril. Le sergent se préparait à fouiller les taillis du cimetière, lorsque dans la rue des Rondeaux apparut le lieutenant Guillard précédant un peloton d'une trentaine d'hommes ; le lieutenant averti pénétra dans l'enceinte du Père-Lachaise, prit position près de la brèche de façon à se porter en arrière ou en avant, selon les circonstances, et donna ordre à Antzenberger d'aller reconnaître, aussi loin que possible, les terrains que les tombes et les arbres dissimulaient à la vue.

Antzenberger s'éloigna avec quatre hommes et s'engagea dans l'avenue des Thuyas ; on allait avec prudence, de chaque côté de la route, se défilant, comme disent les soldats, derrière les stèles funéraires et derrière les arbres ; on regardait bien avant de pousser plus loin; on franchit ainsi deux avenues, dans l'une desquelles se trouvait abandonné un camion peint en rouge; dans la large avenue transversale on aperçut deux caissons d'artillerie et au delà des arbres, non loin de l'obélisque Duras Dias Santos, quelques képis; on s'arrêta et l'on reconnut une quinzaine de fédérés qui, se présentant de dos, semblaient absorbés dans la contemplation de Paris en feu. D'un signe Antzenberger commanda à ses hommes de faire feu; ils tirèrent en même temps. Les fédérés disparurent et l'on entendit un bruit de souliers qui fuyait à travers les tombes. Tout en glissant une cartouche dans leur fusil, le sergent et les quatre soldats se lancèrent au pas de course et ne trouvèrent plus personne. On fit le tour de l'énorme monument qui sert de sépulture à Félix Beaujour; sur un terre-plain six pièces étaient en batterie; à dix mètres plus loin en contrebas, derrière un pli de terrain, trois pièces et une mitrailleuse se dressaient contre Paris dont on découvrait le panaroma sous un dôme de fumée immobilisé au-dessus de la ville, comme une nuée d'orage; Antzenberger put crier : Ville prise! il était et resta maître du cimetière.

Il posta deux sentinelles près du tombeau de Casimir Delavigne, de façon à surveiller un carrefour formé par la jonction de plusieurs routes; il laissa deux autres soldats pour garder les canons et, refoulant sa voie, il se dirigea vers la rue des Rondeaux, afin de demander du renfort. A l'entrée de l'avenue des Thuyas, il rencontra le lieutenant Bahier, de l'infanterie de marine, qui venait, seul, reconnaître la position. Antzenberger le conduisit à la batterie abandonnée et reçut ordre d'aller chercher du renfort, car un retour des fédérés était possible, et ce n'est pas avec quatre hommes que l'on aurait pu le repousser. A ce moment, la situation s'aggrava singulièrement. Un obus éclatant dans l'avenue transversale prouva que Montmartre, occupé par les artilleurs français, tirait sur le Père-Lachaise : en outre une grêle de balles frappant les tombes, enlevant les branchettes des cyprès, apprit à nos soldats qu'ils étaient reconnus. Des insurgés, postés sur le toit des maisons de la rue des Poiriers, de la rue Robineau, les attaquaient sur leur droite, tandis que d'autres fédérés remplissant la maison du boulevard Ménilmontant portant le numéro 63 les fusillaient de face. On s'abrita derrière les grands monuments, et Antzenberger, se glissant le long du mur du cimetière, alla demander quelques hommes de soutien, qui lui furent refusés. Dans le trajet, il fut frappé d'une balle au bras gauche. Le lieutenant Bahier, mécontent d'être laissé en l'air avec une force dérisoire, sur une position stratégique de première importance, renvoya Antzenberger vers la rue des Rondeaux. Antzenberger obéit, reçut une balle dans la jambe droite et réussit enfin à ramener avec lui neuf fantassins de marine, dont un clairon.

Quinze hommes pour garder le cimetière du Père-Lachaise, c'était peu ; ce fut assez, car nul ne tenta de les déloger. Ils n'eurent qu'à s'abriter contre le feu des insurgés et contre les projectiles que les batteries de Montmartre continuaient à leur envoyer. On visita l'intérieur des monuments voisins : celui du duc de Morny était plein de victuailles; celui de Félix Beaujour était jonché de couronnes d'immortelles, tassées les unes sur les autres et qui avaient servi de lit de camp aux fédérés.

Le temps était sombre, quelques ondées tombaient par intervalles, le crépuscule commençait à envahir le ciel, il était près de huit heures du soir[1], lorsque, sur la gauche, le lieutenant Bahier entendit une assez vive

---

[1] Le 27 mai, le soleil se couche à 7 h. 48 m.

fusillade; on regarda vers l'avenue transversale et, derrière les massifs d'arbres, on aperçut l'éclat lumineux des coups de fusil. Qui venait là? Des fédérés ou des soldats de l'armée française? On se tint prêt à riposter. Au bout de l'avenue on distingua une ligne de tirailleurs qui s'avançaient, suivis par un corps de troupes assez nombreux : à l'ensemble du mouvement, on reconnut des soldats réguliers. Le lieutenant Bahier donna ordre à son clairon de sonner la marche du régiment. Il y eut comme un temps d'arrêt dans la fusillade, qui reprit presque immédiatement. Le lieutenant fit alors sonner : Cessez le feu! Le feu cessa. La troupe parut s'arrêter et l'on vit un sous-officier qui se détachait du premier groupe et s'avançait, le fusil en main, prêt à tirer. Antzenberger se dirigea vers lui : Qui vive? — 42ᵉ de ligne! — On se serra la main.

C'étaient trois compagnies du deuxième bataillon du 42ᵉ de ligne qui, ayant franchi la clôture du cimetière, fouillaient les parties boisées et se dirigeaient vers la batterie fédérée dont on connaissait l'emplacement. Le lieutenant Bahier alla rejoindre le régiment d'infanterie de marine, du côté de la rue Sorbier, et les soldats du 42ᵉ de ligne gardèrent le Père-Lachaise jusqu'à dix heures du soir ; à ce moment, le 74ᵉ de marche de la brigade Bernard de Seigneurans, de la division Bruat, vint les relever et établit son bivouac au milieu des tombes. — Telle fut la bataille du Père-Lachaise. On s'est battu autour du cimetière, mais dans le cimetière même on ne s'est pas battu. De cette action si simple, Vésinier a fait le récit que voici : « Pendant plus d'une demi-heure, il y eut dans cet asile des morts un combat terrible. Les assiégés, envahis de toute part, s'abritaient derrière les monuments funèbres en tirailleurs, pendant que les troupes régulières s'avançaient par les avenues, gagnant le plus rapidement possible les hauteurs du cimetière, où se trouvaient établies les batteries les plus dangereuses, au pied du monument de la famille Demidoff. Ce ne fut qu'après le combat le plus acharné, après avoir massacré les canonniers sur leurs pièces et après avoir fusillé presque tous les gardes nationaux, que le cimetière fut pris. Près de 6000 cadavres jonchaient les avenues et les tombes. Beaucoup des fédérés furent égorgés dans les caveaux, sur les cercueils des morts, où ils s'étaient réfugiés et qu'ils arrosèrent de leur sang. Le massacre fut épouvantable [1]. » C'est cette lugubre bouffonnerie qui a servi et sert encore de « document authentique » aux apologistes de la Commune.

A la Roquette, la nuit fut lourde; les otages couchés à l'infirmerie ne dormirent guère. Les dix prêtres, les quatre-vingt-deux soldats de la troisième section, les quarante-deux sergents de ville, les dix artilleurs de la deuxième, avaient placé des sentinelles et veillaient à tour de rôle; on souffrait de la faim; depuis vingt-quatre heures on n'avait pas mangé. Au dehors, il n'y avait que du silence; la fusillade avait pris fin. Surmenés par six jours de lutte, les combattants se reposaient. « Où sont les troupes de Versailles? » se disait-on avec angoisse. Au petit jour, le dimanche 28 mai, le surveillant Latour, qui gardait la porte d'entrée, entendit heurter avec violence; il mit l'œil à son judas et reconnut une compagnie de fusiliers marins; il ne fut pas long à ouvrir; il eut un cri qui peint bien l'état des âmes en ce moment : « Enfin! voici la France! » Cinq minutes après, le pharmacien, M. Trencart, qui dormait chez lui épuisé de fatigue, fut réveillé par sa porte qui volait en éclats sous la projection d'un

---

[1] *Histoire de la Commune de Paris*, par P. Vésinier. Londres, 1871. p. 405.

énorme pavé : c'est ainsi qu'il apprit que l'armée française avait enfin et trop tard repris possession de la Grande-Roquette.

Le surveillant Pourche prévint le colonel de Plas, qui commandait les marins, de la situation particulière des otages barricadés ; sans eau, sans pain, ignorant ce qui se passait, ils devaient être dans un état de souffrance qu'il fallait se hâter de secourir. On s'empressa de se rendre dans la cour principale ; on cria aux otages de descendre, ils répondirent qu'ils ne descendraient pas. Il y eut là une scène puérile et presque ridicule. Le costume des fusiliers, — pantalon, vareuse et béret bleus, — était inconnu ; pour les otages encore effarés, tout soldat qui ne portait pas un pantalon rouge était un insurgé. Les marins avaient beau crier : « Vive la France ! » montrer leur drapeau tricolore, les prisonniers restaient prisonniers et se disaient comme au jour des insurrections : « Gardons nos barricades. » Le colonel de Plas comprit cette défiance et fut d'une patience à toute épreuve. On lui demanda son carnet, son revolver, vingt fusils, vingt paquets de cartouches ; il ne refusa rien. A l'aide de cordes à fourrage prêtées par des artilleurs, on hissait tous ces objets par les fenêtres. Cela ne suffit pas encore, et cette comédie se serait peut-être indéfiniment prolongée, si un détachement du 74e de ligne n'avait pénétré dans la cour. La vue du pantalon rouge leva les hésitations. On bouleversa les matelas, on ne fit qu'un bond à travers les escaliers et l'on se donna une bonne accolade.

« Et l'archevêque ? et M. Bonjean ? — Fusillés ! » Ce fut un cri d'horreur. Les auteurs du crime n'étaient plus là. Où les prendre ? On parla de Vérig, qui s'était bénévolement fait l'exécuteur des basses œuvres de la Commune ; on savait qu'il demeurait dans la cité de l'Industrie, vaste ruche ouvrière située au point d'intersection de l'avenue Parmentier et de la rue de la Roquette. On alla chez lui ; il y était. On trouva ce terrassier tout pimpant, vêtu d'une cotte et d'une blouse blanches, rasé de frais, souriant et faisant bon accueil aux visiteurs. On le ramena à la prison ; son interrogatoire fut sommaire et son procès promptement expédié. On lui mit une camisole de force ; d'un coup de crosse dans les reins, on le poussa sur la route que les gens de bien tués par lui avaient parcourue, et, avec une précipitation déplorable, on fusilla cet homme qui savait tant de secrets ; on privait ainsi la justice et l'histoire d'un témoin qu'elles n'ont pas remplacé.

François fut plus difficile à découvrir ; on le croyait parti et hors frontière. Il n'avait point quitté Paris. Semblable à un souverain détrôné qui vient la nuit rôder autour de son palais, l'ancien directeur du dépôt des condamnés hantait, pendant l'obscurité, les environs de la Grande-Roquette. *Eheu ! quantum mutatus !* plus de ceinture rouge, plus de képi galonné, moins d'eau-de-vie et l'oreille basse. Il fut reconnu par une femme dans une de ces promenades philosophiques où il pesait sans doute le néant des grandeurs humaines ; désigné à un sergent de ville, il fut suivi et arrêté au moment où il entrait dans un chantier de la rue des Boulets qui lui servait de refuge. Il fut deux fois condamné comme complice de l'assassinat des otages et du massacre de la rue Haxo. On peut apprécier son repentir par le passage suivant d'une lettre qu'il écrivit à l'un de ses codétenus : « Nous n'avons pas de juges, nous n'avons que des assassins ; le jour du châtiment vient à grands pas ; il sera égal à leurs crimes et à leurs forfaits. Je vous assure que si le bonheur veut que je sois présent, je me régalerai, car je serai sans merci. » Le bonheur ne voulut pas qu'il fût présent. Il était impossible de faire grâce à un pareil homme; on l'exécuta le 25 juillet 1872.

Le jour même où les otages de la Roquette furent délivrés par les fusiliers marins, le dimanche 28 mai 1871, la Commune expira, mais non sans avoir fait à la France une blessure plus dangereuse cent fois que celle dont l'Allemagne nous a frappés; l'arme a pénétré les œuvres vives. La flèche était barbelée, elle est restée dans la plaie, qui tôt ou tard se rouvrira. La Commune tomba là même où elle avait pris naissance; semblable à un sanglier qui vient mourir au lancé, elle succomba aux portes mêmes de son berceau, au coin de la rue Fontaine-au-Roi et de la rue Saint-Maur, non loin de cette rue Basfroi où, dans la journée du 18 mars, le Comité central, réuni en conseil de guerre, s'était assuré la victoire en profitant des fautes commises. La dernière barricade, appuyée d'une soixantaine de fédérés, était commandée, non par un membre de la Commune, mais par un clerc d'huissier, membre du Comité central, nommé Louis-Fortuné Piat; il s'était bien battu et avait prouvé ainsi qu'il ne doit pas être confondu avec son quasi homonyme Félix Pyat. Comprenant que la résistance était inutile, sachant l'armée française maîtresse de Paris et victorieuse de l'insurrection, Louis Piat arbora un mouchoir blanc au bout d'un fusil et se rendit aux troupes de ligne; il était alors un peu plus d'une heure après midi.

La guerre avait pris fin, mais la victoire ne déplaçait aucune responsabilité; le gouvernement de M. Thiers, qui venait de triompher après une lutte de deux mois terminée par une bataille de sept jours, ressemblait à un pompier forcé d'éteindre l'incendie que son incurie a laissé allumer. Le groupe politique qui depuis le mois de septembre avait dirigé les destinées de la France pouvait faire son examen de conscience et voir où mènent les compromis avec un peuple en armes livré à ses propres instincts. Les chefs du gouvernement et les chefs de la révolution systématique semblaient s'être concertés pour entraîner le pays à sa perte. Les uns et les autres furent coupables : les uns de n'avoir pas su employer quand même les forces que l'Allemagne aurait dû rencontrer devant elle ; les autres de n'avoir vu dans nos infortunes qu'une occasion de réaliser leur rêve désordonné. En présence de l'ennemi tous les cœurs devaient battre de la même pulsation, tous les bras viser au même but ; il était criminel de de ne pas dédaigner ce qui n'était pas œuvre de délivrance ; mais l'abnégation et l'esprit de sacrifice, qui seuls font les actions louables, sont peu connus des ambitieux révolutionnaires. Les hommes qui, en montant au pouvoir après la catastrophe de Sedan, avaient accepté charge d'âmes, n'ont point pris peine de guider la population de Paris ; sans bénéfice pour eux, au préjudice de la France, ils l'ont laissée flottante entre l'oisiveté, l'ivrognerie et l'énervement de la défaite ; les maîtres de la revendication sociale n'ont pas eu beaucoup d'efforts à faire pour s'en emparer et l'un des plus grands crimes de notre histoire a été commis.

FIN DU TOME PREMIER.

PIÈCES JUSTIFICATIVES

NUMÉRO 1.

Arrêté du ministre de l'intérieur relatif à la solde de la garde nationale.

Le 20 février 1871.   Ordre N° 1032.

Le ministre de l'intérieur :
Vu le décret du 16 février 1871 concernant l'allocation de 1 fr. 50 aux gardes nationaux ;
Vu l'avis conforme du ministre des finances,

Arrête ce qui suit :

ARTICLE PREMIER. — Les officiers-trésoriers de bataillon de la garde nationale de la Seine sont remplacés par des officiers civils de trésorerie ayant rang de lieutenant, nommés par le ministre de l'intérieur sur la proposition du payeur général. L'allocation aux gardes nationaux et à leurs femmes sera payée par des agents comptables ayant rang d'adjudant sous-officier, nommés par le payeur général sur la proposition des payeurs divisionnaires.

ART. 2. — Les demandes des gardes nationaux qui sont dans la situation de réclamer à titre provisoire la continuation de l'allocation de 1 fr. 50 seront établies par compagnie, sur un état contenant les indications prescrites par le décret ci-dessus visé. Elles seront reçues par l'adjudant sous-officier aux heures de payement inscrites sur des états spéciaux préparés à l'avance et signés séance tenante par les parties intéressées.

Art. 3. — Les demandes de chaque compagnie seront communiquées chaque jour par l'adjudant sous-officier à l'officier de trésorerie et au payeur divisionnaire. Ils examineront tous les trois si les demandes sont fondées, et dresseront un état de celles qu'ils admettront.

Les demandes qu'ils auront repoussées seront renvoyées à l'examen du conseil de contrôle, qui prononcera en dernier ressort.

Art. 4. — Les demandes des gardes réclamant pour leur femme le subside de 75 cent. seront inscrites sur les mêmes états. Les femmes se présenteront accompagnées de leur mari, et signeront, en leur présence, une déclaration indiquant leurs nom, prénoms et profession, ainsi que la date et le lieu de leur mariage.

Art. 5. — Les officiers et les adjudants sous-officiers de trésorerie pourront sur leur demande recevoir une indemnité spéciale, fixée sur la proposition du payeur général.

Art. 6. — Les états de payement seront dressés d'après les demandes présentées avant le 2 mars qui auront été reconnues fondées; il n'y sera porté de modifications que par retranchements, suivant les changements survenus dans la situation des bénéficiaires.

Art. 7. — Les sommes non distribuées pour un motif quelconque seront reversées au Trésor, conformément aux instructions du payeur général.

Approuvé, le ministre des finances.

Le secrétaire général,   Le ministre de l'intérieur,
Signé : DUFRAYER.   Signé : HÉROLD.

Paris, le 20 février 1871.

Sous la Commune, les fédérés furent encore moins scrupuleux que les gardes nationaux du siège; l'ordre du jour suivant, lancé par Jourde, délégué aux finances, en fait foi.

Ministère des Finances, 18 mai 1871.

La solde de la garde nationale a donné lieu à de scandaleux abus. Le délégué aux finances a constitué un service spécial de contrôle pour arrêter les détournements qui se commettent tous les jours.

Quant aux misérables qui ont osé profiter de la situation actuelle pour tromper indignement la Commune, le service de contrôle est appelé à faire une enquête secrète sur ces délits qui, à l'heure présente, sont des crimes. Leur culpabilité établie, ils seront déférés à la cour martiale et jugés avec toute la rigueur des lois militaires.

La direction du contrôle, siégeant à la délégation des finances, recevra avec reconnaissance tous les documents de nature à l'éclairer.

PIÈCES JUSTIFICATIVES.

NUMÉRO 2.

Ordre de Charles Riel.

Nous, délégué civil agissant en vertu des pouvoirs qui nous sont conférés,

Attendu que la loi défend de sortir de Paris, tout individu de 19 à 40 ans,

Attendu que dans certains postes, des résistances même à main armée ont été opposées à un sous-délégué agissant pour l'exécution de la loi,

Ordonnons :

Tous les chefs de postes devront mettre à la disposition de nos sous-délégués toutes les forces disponibles des postes, sur un simple avis des sous-délégués.

Les gardes devront défendre à main armée les sous-délégués.

Tout individu qui voudra résister sera au besoin passé par les armes, séance tenante.

Les chefs de postes ou gardes récalcitrants seront envoyés au dépôt en vertu du mandat décerné de nos sous-délégués.

Le délégué civil,
Ch. Riel.

Bureau des passeports.　　　　État-major de la Place.
Préfect. de police.　　　　　　République française.
(Timbre.)　　　　　　　　　　XII° arrondissement.

Paris, le 17 avril 1871.

Cet ordre fut appuyé par l'instruction suivante :

Paris, le 17 avril 1871.

Le citoyen porteur du présent est chargé d'assurer l'exécution du décret de la Commune qui interdit à tout citoyen âgé de plus de dix-neuf ans et de moins de quarante ans de sortir de Paris. Il est également chargé de veiller à ce que le bénéfice de cette disposition ne s'étende pas aux gens qui auraient des relations avec l'ennemi. Tout chef de poste est requis de prêter main-forte à l'exécution du présent ordre.

Le délégué civil,
Raoul Rigault.

Signature du porteur :
Dupont.

La signature est lourde, d'une écriture incorrecte et ne doit pas être confondue avec celle d'A. Dupont, qui fut un des chefs de la police municipale pendant la Commune. La minute de cette pièce est tout entière de la main de Raoul Rigault ; j'en trouve deux expéditions signées de lui. Celle qui porte la signature de Dupont est pliée, salie, fatiguée aux angles ; il est évident que l'on en a souvent fait usage. Il est probable que sept copies de l'ordre original ont été faites et remises à sept individus différents, qui furent délégués à chacune des sept gares de Paris pour faire appliquer rigoureusement les prescriptions de la Commune. Ceci n'est qu'une supposition, mais tout semble la justifier. M. D.

NUMÉRO 3.

Ordre du Comité de salut public.

(Voir le fac-simile ci-contre.)

NUMÉRO 4.

Lettre de Théophile Ferré.

A MONSIEUR LE DIRECTEUR DU DÉPOT.

Dépôt de la Préfecture de police, n° 12. Mardi, 11 juillet 1871.

Monsieur,

Je viens vous rappeler que vous m'avez promis de me faire donner les quarante francs que j'ai laissés au greffe et dont j'ai besoin pour des achats indispensables.

Je vous prierai également de vouloir bien faire cesser la petite taquinerie dont je suis l'objet depuis mon arrivée dans votre maison ; à chaque instant on ouvre mon guichet, on me regarde comme si j'étais une bête féroce du Jardin des Plantes et derrière ma porte j'entends constamment ces aimables exclamations prononcées d'une voix assez haute : Canaille! scélérat! On devrait bien le fusiller, etc., etc.

Enfin, je vous prie d'autoriser votre cantinier à me donner un crayon ; je prends l'engagement de respecter vos murs pourtant si peu vierges.

Recevez, Monsieur, toutes mes civilités.

TH. FERRÉ.

NUMÉRO 5.

Ordre de Greffier.

(Voir le fac-simile ci-contre.)

Pour comprendre toute l'importance de l'ordre d'exécution dont je donne ici le fac-simile, il faut le lire comme il a été libellé, par trois mains différentes. Un vengeur de Flourens rédige l'ordre « de fusiller immédiatement *l'individu* pris les armes à la main » ; on ignore son nom, qu'on ne lui demande même pas ; le commandant Greffier applique sa griffe — il sait à peine signer — sur cette paperasse homicide. Celle-ci est portée à Ferré, délégué à la sûreté générale, qui non seulement ne s'oppose pas à l'exécution, mais au contraire l'approuve, sans même savoir quel est le malheureux qui va en être la victime. L'ordre d'exécution est transmis au greffe du Dépôt ; le greffier, après explication, devine que l'individu que l'on veut fusiller est un détenu amené quelques instants auparavant ; alors, entre les lignes, il inscrit le nom qu'il relève sur le registre d'écrou : Jean Vaillot, puis à côté, la date : 22 (mai). Ceci fait, l'homme est extrait de la cellule et remis au peloton meurtrier. Pendant que l'on accomplissait ces étranges « formalités », J. Vaillot

Vengeurs de Flourens

Ordre est donné d'arrêter le n.d d'arrêter
22 Vallier Jean
qui se pose à la nomm Jean

En 22 Mars 1871

Les Vengeurs sous
[signature]

COMMUNE DE PARIS

COMITÉ DE SALUT PUBLIC

REPUBLIQUE FRANÇAISE

Paris, le _____ 187

Ordre du comité de Salut public de conduire à Mazas le sieur nommé Ducamp

Ant Gambon
B. Ranvier

Ordre au D' du dépôt de recevoir le citoyen Ducamp arrêté par ordre du comité de Salut public.
F. Régère

PIÈCES JUSTIFICATIVES. 357

avait eu le temps d'écrire une lettre que j'ai entre les mains et que je cite en entier, parce qu'elle me semble démontrer l'innocence de celui qui allait ouvrir la série des massacres systématiques :

Paris, le 22 mai 1871.

Je m'appelle Jean Isidore Valliot. Je suis à Paris depuis le 20 mars. J'ai d'abord été employé à la Commune comme palefrenier dans les caves de l'hôtel de ville. Étant tombé malade j'ai entré à l'embulance de la caserne de l'Ourcine. J'en suis sorti ces jours-ci pour m'engager dans les troupes de la Commune. On m'a donné un ordre pour me rendre à la porte Maillot (il est encore dans mon calepin qu'on m'a prie). Ma blessure n'étant pas guérie, j'ai pensé que l'artillerie qui était mon arme me fatiguerait beaucoup. Je me suis enrolé aux éclaireurs fédérés, rue des prêtres saint Germain l'auxerrois, je figure le 2me sur la liste d'enrolement ; j'ai passé ma journée hier à chercher des jeunes gens pour former notre première compagnie.

Déjà hier soir nous étions une centaine; nous fûmes casernés à la caserne Babylone. Moi j'ai pour camarade un jeune homme qui est ordonnance du colonel *Ponce* gouverneur de la caserne de la Citée, j'ai couché avec lui la nuit dernière. A huit heures seulement ce matin j'ai trouvé un chassepot à la caserne et je suis parti du côté des Tuileries. Comme le feu sur le quai de la rive droite était accablé d'obus, j'ai pris le pont des saints Pères et je suis entré dans la rue de Varennes, je crois. Nous avons tiraillés quatre que nous étions toute la matinée contre des espèces de sergents de Ville habillés en gardes nationaux avec un galon blanc à leur képi. Nous avons gagné de maison en maison jusqu'à la rue de Sèvres. Là les Versaillais étaient en face de nous. Nous avions un couvent sur notre passage, j'ai voulu en fermer la porte pour pouvoir gagner la terrasse, c'est alors qu'un vengeur de Flourens en casquette blanche me fait signe tombe sur moi et me désarme malgré mes protestations. On me prend un beau révolver de cavalerie que j'ai depuis le 10 décembre, on me prend mon fusil chassepot et cinq francs d'argent et tous mes papiers parmis lesquels une carte d'identité du bataillon. Maintenant on m'accuse d'insulte à la Commune, je ne connais pas tous les membres de la Commune, mais je peux dire dut-il m'en couter la vie, que j'ai indignement été traité dans mon arrestation. Ajoutons à cela que je me trouve complètement sourd et comme fou par les coups de feu ce matin.

On m'accuse d'ivresse, je n'ai ni bu ni mangé depuis ce matin, si je suis soul c'est par la poudre.

Un dernier mot j'invoque comme preuve de mon identité le colonel Ponce qui m'a foutu à la salle de Police il y a deux jours, il m'a toujours vu à la caserne de la Citée dont il est le gouverneur. J'invoque le témoignage du citoyen Forein ordonnance du colonel de la Citée, qui est mon camarade, nous étions à Paris auparavant la guerre de Prusse, nous sommes déserté ensemble le 18° d'artillerie pour venir nous mêler au mouvement de Paris. Cytoyen ceux qui m'ont arrêté se sont mépris, seulement je demande à ce qu'on me rende ce que j'avais, un chassepot, un révolver, cinq francs d'argent et tous mes papiers compris dans un fort calepin. Je suis victime d'une erreur déplorable, que je sois interrogé en règle. J'ai encore sur moi les effets de la commune avec le cachet seulement, mon ancien pantalon de cavalerie.

NUMÉRO 6.

Le Mont-Valérien après le 18 mars.

Marais, 23 avril 1880.

Vous me demandez, monsieur, de faire appel à mes souvenirs pour retracer le rôle qu'a rempli le lieutenant-colonel de Lochner, mon père, au Mont-Valérien, pendant la Commune, en 1871. Je vais tâcher de vous satisfaire en vous envoyant sur ce sujet quelques détails absolument certains, qui me sont fournis par ses lettres et par le registre Journal militaire qu'il tint dans ces jours néfastes.

En sa qualité de commandant de place, il avait dû, selon les conditions de l'armistice, remettre la forteresse aux mains des Prussiens. Il y rentra le 7 mars, avec un bataillon du 113e de ligne, et y reçut le lendemain les deux bataillons de chasseurs, 21e et 23e, cités par vous à propos de l'assassinat du malheureux Vincenzini. L'esprit de ces bataillons était tel, qu'il manquait le premier jour à l'appel 286 hommes au 21e bataillon, et 315 au 23e.

Il fallait réorganiser les services avec cette garnison, et, pour premier soin, approprier le fort. Voici ce qu'écrivait le colonel de Lochner à ce sujet :

« Les chasseurs sont sans armes, et partant très désœuvrés, tous faubouriens de Paris, et très disposés à achever l'œuvre de destruction si bien réussie par les Prussiens. Vous ne vous figurez pas l'état de saleté et de dégradation dans lequel ils ont laissé mon pauvre fort.... Les ouvriers manquent pour les réparations, et l'on ne consentira pas à faire des dépenses en ce moment malheureux. Tout cela me cause une tristesse inexprimable. Cette dévastation, ces ruines, sont l'image de notre pays tout entier, et je n'ai plus, pour faire diversion aux cruelles pensées que ce dissolvant tableau suggère, la vie si active que je menais pendant la guerre. » (Lettre du 8 mars 1871).

Ce n'était cependant pas l'occupation qui devait lui manquer. Il vit bien vite ce qu'il pressentait, le mauvais vouloir des chasseurs :

« J'ai 3000 chasseurs à pied recrutés dans Paris, actuellement sans armes, qui font le diable, et qui pilleraient comme de véritables insurgés si l'on ne faisait bonne garde. » (Lettre du 10 mars 1871).

« On cherche par tous les moyens possibles à employer les loisirs des chasseurs, dont la remuante activité devient inquiétante : gymnase, manœuvre du canon, corvées, tout est mis en usage et ne produit que de médiocres résultats. » (11 mars, Journal militaire.)

« Envoi des corvées sans armes au plateau de la Bergerie et à Buzenval pour l'enterrement des cadavres demeurés sans sépulture dans les lignes prussiennes. » (15 mars, Journal militaire.)

« Continuation des précédentes corvées et de deux autres. Les corvées d'ensevelissement ne peuvent être abandonnées, bien que ce soit un dimanche. » (18 mars, Journal militaire.)

« C'est au milieu de ces difficultés, et dans cette situation déjà si tendue que le colonel Pottier, commandant le 113e de ligne, reçut, le 18 mars, vers minuit, l'ordre de se replier sur Versailles, ne laissant au Mont-Valérien *que les chasseurs.* »

Si, comme il est dit dans l'enquête parlementaire, plusieurs députés, dont le général Martin des Pallières, l'amiral Jauréguiberry, s'émurent de l'abandon de cette forteresse, et firent sans résultat des démarches auprès du chef du pouvoir exécutif, que ne ressentit pas le commandant du fort qui voyait s'amonceler l'orage et qui le sentait près d'éclater ! Il savait par quelques avis sûrs que les bataillons de chasseurs communiquaient secrètement avec les insurgés. D'autre part, quand, dans la journée du dimanche (19 mars), ces chasseurs s'aperçurent qu'ils avaient été laissés seuls au fort, leur agitation grandit d'une manière inquiétante ; aussi vers neuf heures du soir, le lieutenant-colonel de Lochner rassembla un rapide conseil dans lequel il décida, sous sa responsabilité et avec l'adhésion unanime des chefs de corps et des officiers, le renvoi des deux bataillons.

« Le commandant du fort prescrit, *sous sa responsabilité,* aux chefs de bataillon Pallach et Bayard, commandant les 21e et 23e bataillons, de faire partir avec des feuilles de route tous les hommes de leurs bataillons en mesure d'être libérés. Puis il ordonne à ces chefs de corps de se disposer à partir, le premier pour Évreux, l'autre pour Chartres, points auxquels ils trouveront de nouveaux ordres de route. » (19 mars, Journal militaire.)

A l'issue de ce conseil, M. Pelletier, officier de chasseurs, et deux autres émissaires furent envoyés à Versailles au général Vinoy pour l'informer des mesures prises et réclamer du secours. Au reçu de ces messages, le général Vinoy se rendit, vers une heure du matin, auprès de M. Thiers, parvint à pénétrer jusqu'à lui et obtint enfin l'envoi au Mont-Valérien de troupes sûres. Il prescrivit alors le départ immédiat, pour la forteresse, du 119e de ligne. Avis fut donné de cet ordre au colonel de Lochner.

« La nuit est difficile à passer, dit le Journal militaire. — Un poste de vingt-huit chasseurs choisis veille à l'entrée du fort. Les poternes sont gardées chacune par un factionnaire. Une ronde incessante surveille ces derniers. Pas une poterne n'est fermée à clé ; toutes les serrures ont été brisées la veille. »

Le lieutenant-colonel commandant le fort passe la nuit au poste de la porte d'entrée, placé littéralement entre deux feux : les chasseurs rebelles qui grondent sourdement n'attendant qu'une occasion pour se révolter, et la menace de ce qui peut venir du côté de Paris.

« Le 23ᵉ part à 6 heures ; le 21ᵉ à 9 heures. Le fort n'est plus gardé que par le poste d'entrée. A ce moment se présente un sergent-major de la garde nationale, annonçant que le Comité de défense a ordonné l'envoi au Mont-Valérien de deux bataillons des Ternes et des Batignolles, et qu'ils devaient arriver dans la journée. » (Journal militaire.)

Le colonel accueille froidement ce message. — A 9 heures 1/2 une troupe lui est signalée. Il la voit venir avec une inexprimable anxiété. Est-ce la perte? Est-ce le salut? — Il cherche avec sa lorgnette à reconnaître à travers le brouillard quelque signe distinctif, lorsqu'une voix s'écrie joyeusement à ses côtés. « Pantalons rouges, mon colonel!.... »

C'était un premier bataillon du 119ᵉ ; son attitude était résolue, la situation était sauvée. Le reste du régiment arriva peu après, puis de l'artillerie, du génie, quelques chasseurs à cheval et pour quatre jours de vivres. — Vers 8 heures du soir, on annonça, au poste de l'avancée, une députation d'officiers de la garde nationale, parmi lesquels, paraît-il, était le citoyen Lullier. — Le commandant du fort et le colonel Chollcton, commandant le 119ᵉ, les reçurent au poste d'entrée, afin d'empêcher toute inspection ou tout contact avec la garnison, qui était alors de 1800 hommes.

« Ces messieurs, dit le Journal militaire, déclarent qu'ils appartiennent à deux bataillons, l'un de la garde nationale des Ternes, l'autre de celle des Batignolles, qu'ils précèdent leurs bataillons, arrêtés à environ 1000 mètres du fort et qu'ils viennent communiquer au commandant l'ordre qu'ils ont reçu du comité de défense de venir occuper le fort. Le lieutenant-colonel, commandant la place, leur répond qu'il n'a reçu aucun ordre à leur sujet, qu'il ne reconnaît pas le comité de défense dont lui parlent les délégués ; qu'il ne recevra d'ordres que de ses chefs directs ; et, quant à la garde du fort, au sujet de laquelle les gardes nationaux paraissent être soucieux, ils peuvent se tranquilliser : le Mont-Valérien est à l'abri de toute attaque, de quelque côté qu'elle vienne. — Les envoyés se sont retirés en donnant à entendre que la manière dont ils avaient été accueillis mécontenterait beaucoup. — En effet, en prêtant attentivement l'oreille, il a été possible d'entendre après leur départ, à travers l'obscurité, quelques rumeurs venant de la direction qu'ils avaient suivie. »

Cette tentative infructueuse fut la seule que firent les communards pour occuper le Mont-Valérien. Malgré leur échec, et l'on ne sait pourquoi, ils croyaient encore à la complicité de la forteresse, et le premier coup de canon qui leur barra le chemin au rond-point des Bergères, dissipa leurs illusions d'une manière terrifiante.

On sait quel fut le rôle du Mont-Valérien pendant la Commune, par son action et par ses observations. M. Thiers y rendit hommage dans sa déposition devant la Commission d'enquête, en disant :

« Les officiers placés au Mont-Valérien et munis d'instruments qui leur permettaient de bien voir les mouvements des insurgés, nous rendirent d'immenses services. »

Je termine sur ce témoignage flatteur un récit que le culte que je porte à la mémoire de mon père me porterait encore à allonger. Veuillez, monsieur, en excuser l'étendue et croire à, etc., etc. [1].

M. B.,
Née De Lochner.

---

[1] Cf. Rapport du marquis de La Rochetulon et pièces y annexées. (*Enquête parlementaire sur le* 18 *mars*, t. I, p. 409 et suiv.) — Il résulte de ces documents que le fort du Mont-Valérien, qui était la clef de Paris et la clef de Versailles, a été abandonné sans défense depuis le 18 mars, minuit, jusqu'au 20 mars, neuf heures et demie du matin, et qu'il n'a dû son salut qu'à l'énergie du lieutenant-colonel Lochner.

NUMÉRO 7.

Protestation des pasteurs protestants.

Paris, le 20 mai 1871.

Citoyens membres de la Commune,

A cette heure d'une gravité terrible pour notre ville, pour la France et pour vous-mêmes, consentez à écouter la libre voix d'hommes, vos concitoyens, demeurés à leur poste à Paris, au milieu de tant de souffrances, pour y exercer un ministère de paix, en consolant les affligés, en soignant les blessés et assistant les mourants. Ce qui les fait parler, ce n'est ni motif politique ni esprit de parti : c'est l'humanité, c'est l'honneur de la France, c'est la loi du Dieu de l'Évangile, auquel ils croient et qu'ils prennent à témoin de leur sincérité. Ils osent le dire aussi, c'est leur devoir envers vous ; ils vous doivent de vous dire la vérité telle qu'elle est dans leurs cœurs.

Citoyens, nous avons frémi à la nouvelle que la Commune semble résolue d'entrer dans la voie des représailles sanglantes et des exécutions politiques. S'il en est ainsi, ce que nous hésitons à croire, nous nous unissons à ceux qui ont déjà protesté contre un tel dessein, et nous vous supplions de ne pas ajouter à tant de sang versé sur les champs de bataille le sang versé en dehors des combats. Punir de mort un otage parce qu'un autre est accusé d'avoir commis un meurtre ; frapper pour le crime d'autrui, si ce crime est prouvé, un homme qui n'a commis aucun délit que les lois ordinaires condamnent, serait-ce justice ? Nous le demandons à la conscience de tous les membres de la Commune ; ne serait-ce pas plutôt le retour à la barbarie ?

Nous vous en supplions, ne permettez pas que le souvenir de tels actes accomplis à Paris en plein dix-neuvième siècle vienne se joindre au souvenir d'actes semblables qui ont ensanglanté et assombri l'histoire de la France ; ne permettez pas qu'il passe à la postérité attaché à vos noms.

Après tant de douleurs et de deuils, accordez-nous plutôt la consolation d'obtenir de vous un acte de justice et de miséricorde, dont le souvenir adoucira un jour celui des luttes sanglantes qui déchirent en ce moment la patrie.

Plusieurs de nos coreligionnaires étrangers qui sont restés à Paris pendant le siège, et qui ont donné à notre nation la preuve éclatante de leur sympathie envers nos blessés et nos populations affamées, ont voulu signer avec nous cette adresse. En vous la présentant, nous obéissons à la voix de notre conscience, qui ne nous permettait pas de nous taire.

Grandpierre, pasteur; Vallette, pasteur; Guillaume Monod, pasteur; Victor Geguel, pasteur; G. Fische, pasteur; Ernest Dhombres, pasteur; Félix Kuhn, pasteur; E. Robrin, pasteur; Louis Vernes, pasteur; Rouville, pasteur; Vessen, pasteur; Edmond de Pressensé, pasteur; A. Decouppet, pasteur; Mure-Robineau, pasteur; De Lepoide, pasteur; A. Dez, pasteur; Matter, pasteur; A. L. Montandon, pasteur; Émile Cook, pasteur; John-Rose Cormack, D. M. de Paris et d'Édimbourg; H. Paumier, pasteur; P. G. Gaubert, pasteur; Eugène Bersier, pasteur; Édouard Forbes, pasteur anglican.

NUMÉRO 8.

Intervention de M. Washburne, ministre plénipotentiaire des États-Unis d'Amérique, en faveur de Mgr Darboy, archevêque de Paris.

M. Elihu Washburne a bien voulu nous autoriser à traduire et à publier la brochure écrite par lui sous le titre de : *Account of the Sufferings and Death of the Most Rev. George Darboy, late Archbishop of Paris, communicated by His Excellency E. B. Washburne, Minister of the United States at the Court of France, in answer to a Letter of the Catholic Union of New York thanking His Excellency for his attention to that Prelate. — Published by the Catholic Union of New-York.* 1873 [1].

A MONSIEUR H. J. ANDERSON,

PRÉSIDENT DU COMITÉ DE L'UNION CATHOLIQUE DE NEW-YORK.

Paris, 31 janvier 1873.

Cher Monsieur,

Avant de quitter New-York, j'ai eu l'honneur de vous accuser réception, dans un court billet, de la lettre que vous et les autres membres du bureau de l'*Union catholique* de New-York m'aviez adressée, en témoignage de l'approbation qui a été donnée à mon attitude comme représentant des États-Unis en France pendant le siège et pendant la Commune de Paris, et particulièrement en ce qui concerne l'illustre prélat Mgr Darboy, archevêque de Paris. De retour à mon poste, je tiens aujourd'hui à vous remercier sincèrement de votre courtoisie, et à vous dire combien j'attache de prix à l'approbation des membres de l'*Union*.

---

[1] Nous avons retraduit en français les documents français translatés en anglais ; nous ne garantissons donc que le sens et non pas la lettre du texte.

Je n'avais pas eu de relations personnelles avec l'archevêque de Paris avant qu'éclatât l'insurrection communale du 18 mars 1871, mais je connaissais bien son caractère de réputation. C'était un homme éminent par sa piété et ses vertus, et aimé de toute la population parisienne pour sa bienveillance, sa générosité, sa bonté. Quand la ville tomba dans les mains d'une populace armée, qui avait pouvoir absolu sur la vie et les biens de chacun de ses habitants, et alors que tant de personnes des hautes classes fuyaient loin du péril qui les menaçait, l'archevêque refusa résolument d'abandonner la capitale, donnant pour raison que c'était son devoir d'affronter les dangers et de tâcher de modérer les horreurs de la situation par son exemple et son courage. C'est dans les premiers jours d'avril que j'appris qu'il avait été arrêté et arraché de sa résidence par ordre du sanguinaire Raoul Rigault, le « procureur de la Commune », et qu'il était écroué à la prison de Mazas, où on le gardait *au secret*. Il n'était accusé d'aucun crime, mais on confessait ouvertement qu'il avait été pris pour être retenu comme otage. D'autres hommes éminents et distingués furent arrêtés à la même époque et incarcérés pour le même objet. Parmi eux étaient M. Bonjean, l'un des présidents de la Cour de cassation, l'abbé Deguerry, curé de la Madeleine, et plusieurs prêtres.

Le 18 avril 1871, Mgr Chigi, nonce du pape à Paris, fit une démarche auprès de moi, en son nom et au nom de quatre chanoines ecclésiastiques de l'église métropolitaine de Paris, afin d'invoquer ma protection en faveur de l'archevêque. Je dois donner ici une explication : c'est que quand l'insurrection éclata le 18 mars, et que le gouvernement fut obligé de quitter Paris pour aller à Versailles, le corps diplomatique tout entier dut l'y suivre. J'y transférai donc ma légation ; mais tel était l'état des choses à Paris, et il y avait tant d'intérêts américains en jeu, et aussi tant d'intérêts allemands (desquels je me trouvais chargé), que je considérai comme de mon devoir de rester dans la ville, tandis que mon secrétaire, le colonel Hoffmann, prendrait possession de la légation à Versailles ; et c'est probablement parce que j'étais le seul membre du corps diplomatique qui fût demeuré dans Paris pendant le règne de la Commune, que l'on s'adressa à moi en faveur de l'archevêque. J'eus une entrevue avec Mgr Chigi, à Versailles, *le 22 avril*, et il m'exposa la situation périlleuse de ce prélat. La Commune était à cette heure à l'apogée de sa puissance. Avec plus de cent mille combattants, tous complètement armés, équipés et approvisionnés, avec toute la richesse de Paris à ses pieds, cette grande cité de deux millions de population était gouvernée par la violence et la terreur. Le nonce reconnut avec moi combien c'était chose délicate de tenter une intervention auprès des autorités de la Commune en faveur de l'archevêque ; mais, convaincu que je ne me trompais pas sur les sentiments de mon gouvernement et de la nation américaine et plein de profonde sympathie pour les épreuves du prélat, j'exprimai au nonce non seulement ma bonne disposition, mais mon ardent désir de faire tout ce qui serait possible, tout ce que me permettrait ma position, pour obtenir son élargissement. Étant retourné à Paris ce jour-là assez tard, je pris le soir même des mesures pour me procurer une entrevue le lendemain matin avec le général Cluseret, alors ministre de la guerre de la Commune, afin d'examiner ce qui pourrait être fait. J'avais connu antérieurement Cluseret, qui a été général au service de notre pays pendant la rébellion, et qui a été naturalisé citoyen des États-Unis. Accompagné de mon secrétaire particulier, M. Mac Kean, j'allai le trouver au ministère de la guerre, à l'heure indiquée. Tout en exprimant beaucoup de sympathie pour l'archevêque et en déclarant qu'il regrettait son arrestation, il me dit franchement que l'exaspération des esprits était telle, que nul ne pourrait sans péril proposer de le relaxer. Je m'élevai contre ce qu'il y avait d'inhumain et de barbare à se saisir d'un homme comme l'archevêque sans qu'il fût accusé d'aucun crime, à le jeter en prison, à ne permettre aucun ami auprès de lui, et à le détenir comme otage. Je dis que, s'il n'était point possible de le relaxer, je devrais au moins être autorisé à le visiter dans la prison, à m'assurer de ses désirs et à pourvoir à ses besoins. Cluseret reconnut que ma demande était fondée en raison, et offrit d'aller avec moi en personne à la Préfecture de police pour voir Raoul Rigault et obtenir l'autorisation nécessaire de visiter l'archevêque à Mazas. *Il était environ onze heures du matin* quand nous arrivâmes à la Préfecture de police, et, escorté d'un dignitaire comme Cluseret, nous nous engageâmes dans le labyrinthe de cette vieille et affreuse geôle, dont toutes les issues et les salles étaient remplies de troupes de la garde nationale insurgée. Ayant demandé à voir Raoul Rigault, nous fûmes informés qu'il était encore au lit, et Cluseret alla le trouver, pendant que M. Mac Kean et moi nous attendîmes dans le salon doré du palais préfectoral. Il revient bientôt, rapportant une passe qui est par elle-même une curiosité, et dont voici la copie :

PRÉFECTURE DE POLICE.   RÉPUBLIQUE FRANÇAISE.
Cabinet du secrétariat général.   Paris, 23 avril 1871.

Nous, membre de la Commune, délégué civil à la Préfecture de police, autorisons le citoyen *Washburne*, ministre des États-Unis, et son secrétaire, à communiquer avec le citoyen *Darboy*, archevêque de Paris.

                                               Raoul Rigault.
(Timbre officiel.)

Pour profiter sans délai de ce permis, nous nous fîmes conduire immédiatement de la Préfecture à la prison de Mazas. Quoiqu'elle fût entre les mains de la Commune, j'y fus reçu courtoisement et j'obtins sans difficulté l'accès de l'archevêque. J'ai fait le récit complet de mon entrevue avec lui dans une dépêche officielle écrite le jour même à mon gouvernement. Je prendrai la liberté de vous envoyer avec la présente une copie de ma correspondance sur ce sujet, qui a été publiée par le département d'État à Washington. *L'ayant trouvé très faible et souffrant beaucoup de la dyspepsie*, j'obtins l'autorisation de lui procurer *du vieux vin d'Espagne* et aussi de lui envoyer *quelques journaux*. Je lui offris de lui envoyer toutes autres choses qu'il pourrait souhaiter et de lui remettre l'argent dont il pourrait avoir l'emploi, mais il n'avait actuellement aucun besoin de cette sorte.

Après ma première entrevue avec l'archevêque, je me sentis pour lui un si profond intérêt, et il parut si content de me voir, que je lui rendis visite aussi fréquemment que me le permettaient mes pressants devoirs. On me laissa pendant un certain temps entrer librement, et j'étais reçu par les gardiens avec un certain degré de politesse. L'avant-dernière fois que j'allai à la prison, je vis affiché un ordre portant que toutes les permissions de visite aux prisonniers étaient révoquées; mais l'archevêque était tellement débile, que je résolus de faire tout ce qui serait possible pour obtenir un nouveau permis. J'envoyai donc M. Mac Kean à Raoul Rigault, qui était alors, comme toujours, l'âme de la Commune, pour lui demander une passe permanente.

M. Mac Kean, qui avait été obligé de voir souvent cet homme pour affaires concernant ma légation, et qui s'était maintenu en bons termes avec lui, tira de lui, non sans discussion, le papier que voici :

COMMUNE DE PARIS.

CABINET DU PROCUREUR
DE LA COMMUNE.

Paris, 18 mai 1871.

Le directeur de Mazas laissera les citoyens *Washburne* et *Mac Kean* communiquer avec le prisonnier *Darboy*.

Permanent.

RAOUL RIGAULT,

(Timbre officiel.)   Procureur de la Commune.
Vu, 21 mai 1871.

Vous remarquerez les termes qui montrent bien le caractère de l'homme à ce moment. Je ne suis plus désigné comme « le citoyen

Washburne, ministre des États-Unis », mais seulement « le citoyen Washburne », et l'archevêque, au lieu d'être désigné comme « citoyen *Darboy*, archevêque de Paris », est seulement appelé « le prisonnier Darboy ».

J'avais jusqu'à cette heure visité l'archevêque six différentes fois, et c'est pour moi une grande satisfaction de penser que mes visites lui ont fait un bien réel Je lui apportais toujours des journaux et lui communiquais les nouvelles du jour. Notre conversation eut beaucoup pour objectif les efforts que l'on faisait pour qu'on l'échangeât contre Blanqui, le grand communiste et révolutionnaire, alors prisonnier du gouvernement régulier. Vous serez frappé de son exposé clair et concis de cette question, qui se trouve parmi les documents que je vous envoie, et que je possède de sa propre écriture. Il m'a toujours fait des remercîments de ce que je le venais voir, et il eut la bonté de dire plus d'une fois qu'une des raisons pour lesquelles il aimerait à être rendu à la liberté, était qu'il désirait pouvoir dire au monde ce que j'avais été pour lui dans sa prison.

L'avant-dernière fois que je le vis, je fus très affligé de le trouver dans un état de santé plus faible encore que précédemment. La réclusion aggravait sa dyspepsie et abattait ses forces. Éprouvant à son égard une certaine inquiétude, je retournai le voir dans l'après-midi du dimanche 21 mai, porteur du permis spécial de Raoul Rigault, transcrit ci-dessus, grâce auquel je pénétrai facilement dans la prison; mais, une fois entré, je trouvai que ce n'était plus la même chose qu'auparavant. La plupart des hommes de service étaient nouveaux et la plus grande confusion régnait. Presque tous étaient plus ou moins pris de boisson, et ma présence sembla les gêner tous. Au lieu de la politesse ordinaire avec laquelle j'avais été uniformément reçu, j'étais traité avec rudesse. On s'opposa à ce que j'entrasse dans la cellule de l'archevêque comme j'avais fait antérieurement; on l'amena dans le couloir, où je ne pouvais l'entretenir qu'en présence des gardiens. Malheureusement j'avais à lui dire que je n'apportais pas de bonnes nouvelles, qu'il n'y avait pas d'amélioration dans la situation. Je lui dis que je l'avais trouvé si souffrant la dernière fois que je l'avais vu, que j'étais revenu pour savoir comment il allait et si je pouvais encore lui rendre quelque service. Il me renouvela ses remercîments et dit qu'il ne voyait rien qu'il pût avoir à me demander quant à présent. Après avoir encore causé avec lui quelques instants, je lui dis un adieu qui devait être, hélas! le dernier, mais en l'informant que j'avais reçu un permis permanent et en promettant de revenir sous peu.

Jusque-là, bien que souffrant dans sa santé et accablé d'anxiétés, non seulement pour ce qui concernait sa situation personnelle, mais pour ce qui intéressait l'état de sa patrie, chaque fois que je l'avais vu, j'avais trouvé en lui non seulement de la bonne humeur, mais parfois même de la gaieté. Jamais je n'oublierai la bonhomie avec laquelle il m'introduisit dans sa sinistre petite cellule, me disant qu'elle lui servait à la fois de cabinet, de salon, de chambre à coucher et de salle à manger. Quoiqu'il comprît le danger de sa situation, il parlait comme préparé au sort quel qu'il fût qui l'attendait, et, comme je l'ai dit dans ma dépêche à M. le gouverneur Fisch, il ne lui échappait jamais un seul mot de reproche contre ses persécuteurs ; au contraire, il parlait d'eux avec bonté. Je n'avais jamais vu auparavant, chez aucun homme, une telle résignation et un tel esprit chrétien, et jamais personne qui parût plus élevé au-dessus des choses de la terre. Lors de ma dernière visite, il semblait bien changé. Il avait perdu sa bonne humeur, et paraissait triste et abattu. Le changement des gardiens de la prison et la démoralisation générale, qui prenait là le dessus, étaient de mauvais présage. Et en effet, au moment même où je me trouvais avec lui cette dernière fois, les troupes du gouvernement étaient entrées dans Paris par la porte de Versailles, au côté opposé de la ville, fait qui ne fut connu que plusieurs heures après.

Vous pouvez vous figurer la sensation que fit chez les insurgés la nouvelle que l'armée de Versailles était dans les murs de Paris. Le sentiment qui était celui des meneurs à l'endroit de l'archevêque, avant cette entrée, se trouve exprimé par la *Montagne*, un des organes les plus sauvages et les plus brutaux de la presse communiste de la capitale ; il était traduit par cette honteuse menace :

« Les chiens ne vont plus se contenter de regarder les évêques (*allusion au proverbe : Un chien regarde bien un évêque*). Nos balles ne s'aplatiront plus contre les scapulaires, pas une voix ne s'élèvera pour nous maudire le jour où l'on fusillera l'archevêque *Darboy*. Il faut que M. Thiers le sache, il faut que Jules Favre, le marguillier, ne l'ignore pas ; nous avons pris Darboy pour otage, et si l'on ne nous rend pas Blanqui, il mourra. La Commune l'a promis, et si elle hésitait, le peuple tiendrait son serment pour elle. — Et ne l'accusez pas ! « Que la justice des tribunaux commence, a dit Danton le « lendemain des massacres de septembre, et celle du peuple prendra « fin. » Ah ! j'ai bien peur pour monseigneur l'archevêque de Paris [1] ! »

Aussitôt que le commandant en chef des troupes du gouvernement se trouva dans Paris, je lui rendis visite à son quartier général pour l'aviser de la situation de l'archevêque, afin qu'il pût prendre les mesures qui seraient jugées propres à tenter de préserver ses jours. Mais il fut impossible de rien faire, car les troupes insurrectionnelles étaient en possession de toute cette partie de la ville qui se trouve entre la place de la Concorde et les prisons de Mazas et de la Roquette, et elles combattaient derrière les barricades avec la fureur

---

[1] Cette citation est la conclusion d'un article, signé Gustave Maroteau, qui fut publié dans *la Montagne* le 20 avril 1871. M. D.

et l'acharnement du désespoir. On a su plus tard que, le lundi 22 mai, une demi-douzaine des plus féroces meneurs de la Commune, y compris Raoul Rigault, s'étaient réunis en conseil et avaient décidé la mort de l'archevêque et de cinq autres otages.

Je ne puis entrer ici dans tous les détails horribles de ce qui suivit. Ils furent bientôt transférés de Mazas à la Roquette, dans un vulgaire chariot de déménagement, suivi pendant tout le trajet par une tourbe forcenée d'hommes, de femmes et d'enfants, qui accablèrent ces malheureux de cris outrageants et de quolibets obscènes. Enfermés à la Roquette, ils y restèrent jusqu'au mercredi soir 24 mai. A environ six heures, un détachement d'une quarantaine d'hommes appartenant à une compagnie de la garde nationale insurrectionnelle nommée les *Vengeurs de la République*, avec un capitaine, un premier et un second lieutenant, un commissaire de police et deux membres délégués par la Commune, arrivèrent à la prison. Après un long pourparler avec le directeur en fonctions, qui d'abord refusa de livrer les victimes, ils furent enfin abandonnés à cette bande d'assassins et à une mort certaine et expéditive.

Comme j'étais anxieux de recueillir tout ce que je pourrais apprendre sur les dernières heures de l'archevêque, je visitai la prison de la Roquette peu de jours après le massacre. Grâce à la courtoise obligeance du commandant militaire et d'un des vieux gardiens, je pus pénétrer dans la cellule où il avait été détenu et d'où il avait été tiré pour être fusillé. Tout était dans cette cellule exactement comme il l'avait laissé. L'abbé Deguerry (curé de la Madeleine), le président Bonjean et trois autres otages de distinction furent appelés en même temps, et tous ensemble, au nombre de six, furent emmenés dans la cour et placés contre la muraille qui clôt le sombre édifice de la prison. On m'a montré tout cela. L'archevêque, le plus éminent d'entre eux, fut placé en tête de la ligne. Les démons qui l'ont assassiné avaient, comme par dérision, gravé une croix sur une pierre de la muraille à laquelle il était adossé, et à l'endroit même que sa tête doit avoir touché au moment où le fatal feu de peloton fut exécuté. Quoique blessé, il ne tomba pas au premier coup, mais resta debout, calme et immobile, comme absorbé dans la prière. D'autres décharges suivirent immédiatement, et la vénérable victime tomba à terre sans vie.

Vers trois heures du matin, les corps des six otages fusillés ensemble furent entassés dans une charette prise au cimetière du Père-Lachaise, et jetés pêle-mêle, sans linceul ni bière, dans la fosse commune, d'où ils ont été heureusement tirés avant que la décomposition fût entière. Le corps de l'archevêque avait été dépouillé de tout, même de ses souliers. Les détails écœurants de ce drame terrible et sanglant ont été exposés tout au long dans le procès des assassins devant le conseil de guerre à Versailles. Plusieurs des coupables ont reçu le juste châtiment de leur crime.

Le corps de l'archevêque, ayant été embaumé, fut exposé sur un lit de parade dans une chapelle ardente, à l'archevêché, du 1ᵉʳ au 7 juin. Je me joignis à l'immense multitude de peuple qui traversa le palais épiscopal pour jeter un dernier regard sur les traits bien connus de celui que sa charité chrétienne, ses actes de bienfaisance, sa cordialité de cœur, sa bonté pour les pauvres et les humbles, avaient rendu cher à tous.

Tel est le récit que j'ai cru devoir vous tracer succinctement de la mort de Mgr Darboy. Que n'ai-je été assez heureux pour sauver sa précieuse existence! C'était un homme éminent, et l'on ne pouvait avoir commerce avec lui sans être captivé par son caractère sympathique et sa parole lumineuse. Instruit, éloquent, libéral et juste, il mettait en pratique toutes les vertus chrétiennes. Il a subi son destin avec la fermeté d'un martyr et mérite que tous les cœurs généreux payent un tribut de respect à sa mémoire.

J'ai l'honneur d'être, etc.

E. B. WASHBURNE.

M. WASHURNE A M. FISH.

N° 423.

LÉGATION DES ÉTATS-UNIS.

Paris, 25 avril 1871. (Reçu 10 mai.)

Monsieur,

.... Vous êtes informé que Mgr *Darboy*, archevêque de Paris, a été appréhendé, il y a quelque temps, par ordre de la Commune, et jeté en prison pour y être retenu comme otage. Un pareil traitement envers cet homme dévoué et excellent ne pouvait manquer de faire grande sensation, surtout dans le monde catholique. *Dans la nuit de jeudi dernier*, je reçus une lettre de Mgr Chigi, archevêque de Myre et nonce apostolique du Saint-Siège, et aussi une communication de MM. Louvrier, chanoine du diocèse de Paris, Lagarde, vicaire général de Paris, Bonnet et Allain, chanoines et membres du chapitre métropolitain de l'Église de Paris : tous m'adressant un appel énergique, au nom du droit des gens, de l'humanité et de la sympathie, pour que j'interpose mes bons offices en faveur de l'archevêque prisonnier. J'ai pensé que je ne ferais que me conformer à ce qui me paraît être la politique de notre gouvernement et aux désirs qui devaient être les vôtres dans cette circonstance, en me rendant au vœu de cette requête. En conséquence, je me suis mis, ce matin de bonne heure, en communication avec le général Cluseret, qui paraît être ici, pour le présent, l'homme dirigeant. Je lui dis que je m'adressais à lui, non en ma qualité de diplomate, mais simplement dans l'intérêt des bons sentiments et de l'humanité, afin de voir s'il n'était pas possible de faire cesser l'arrestation et l'emprisonnement de l'archevêque. Il me répondit que cette affaire n'était pas de sa juridiction, et que, quel que fût son vif désir de voir relaxer l'archevêque, il croyait que, dans l'état actuel des choses, il serait impossible de l'obtenir. Il a dit qu'il n'était point arrêté pour crime, mais simplement pour être gardé comme otage, avec beaucoup d'autres. Dans les circonstances actuelles, il pense qu'il serait inutile de faire aucune démarche en ce sens. C'est aussi mon sentiment que la Commune, dans l'état d'excitation où se trouve présentement l'esprit public, n'oserait pas relâcher l'archevêque. Je dis au général Cluseret qu'il fallait cependant que je le visse pour m'assurer de sa situation réelle, de l'état de sa santé et des besoins qu'il pouvait éprouver. Il répondit qu'à cela il n'y aurait point d'objection, et il m'accompagna immédiatement en personne à la Préfecture de police, où, sur sa demande, je reçus du préfet une permission pour visiter librement et quand je voudrais l'archevêque. En compagnie de mon secrétaire particulier, M. Mac Kean, je me rendis alors à la prison Mazas, où je fus admis sans difficulté, et après qu'on m'eut fait pénétrer dans une des cellules vides, on m'introduisit bientôt auprès de l'archevêque. Je dois dire que je fus profondément touché à l'aspect de cet homme vénérable. Sa personne chétive, sa taille un peu courbée, sa barbe longue (car il semblait n'avoir pas été rasé depuis son incarcération), son visage rendu hagard par la mauvaise santé, tout cela eût certainement ému le plus indifférent. Je lui dis qu'à la demande de ses amis, j'étais intervenu en sa faveur avec un grand plaisir, et que, si je ne pouvais me promettre la satisfaction de le voir élargi, j'étais bien heureux de le visiter pour m'assurer de ses besoins et de la cruelle position où il se trouvait. Il me remercia avec beaucoup de cordialité et d'expansion des dispositions que je lui manifestais. Je fus charmé par sa bonne humeur et l'intérêt de sa conversation. Il paraissait avoir conscience de sa situation critique et être préparé au pire. Il n'avait aucune parole d'amertume ou de reproche pour ses persécuteurs; mais, d'autre part, *il fit* la remarque *que le monde les jugeait pires qu'ils n'étaient réellement.* Il attendait patiemment « la logique des évènements », et priait pour que la Providence pût trouver à ces terribles troubles une solution qui épargnât le sang humain. Il est détenu dans une cellule de six pieds sur dix, peut-être un peu plus grande, qui a le mobilier ordinaire de la prison : une chaise et une petite table en bois, et un lit de prison. Elle est éclairée par une petite fenêtre. Comme prisonnier politique, il a la faculté de se faire apporter sa nourriture du dehors, et, en réponse à l'offre que j'étais heureux de lui faire, de lui envoyer tout ce qu'il pourrait souhaiter, ou de lui remettre tout l'argent dont il pouvait avoir besoin, il me dit qu'il n'avait, quant à présent, besoin de rien. *J'étais la seule personne qu'il eût vue depuis* son emprisonnement, et on ne lui avait pas laissé voir de journaux, ni avoir aucune nouvelle des évènements de chaque jour. Je ferai une démarche auprès du préfet de police pour être autorisé à lui envoyer des journaux et des livres, et je profiterai du permis qui m'a été donné pour le visiter et lui rendre tous les services qui dépendront de moi. Je ne puis me dissimuler néanmoins le grand danger où il se trouve, et désire sincèrement de pouvoir aider à le préserver du sort qui semble le menacer.

Je suis, etc.

E. B. WASHBURNE.

N° 425.

Paris, 25 avril 1871. (Reçu 10 mai.)

Monsieur,

Bien que j'aie relaté dans ma dépêche du 23 (n° 423) la démarche par suite de laquelle je suis intervenu en faveur de l'archevêque de Paris, je crois utile de vous envoyer une copie de la lettre de S. Ex. Mgr Chigi, le nonce du pape, et aussi une copie de la lettre du vicaire général de Paris et de ses collègues, toutes deux à moi adressées et contenant les motifs de leur requête. Je viens d'apprendre que l'on avait fait une démarche auprès de l'ambassadeur d'Angleterre avant d'en faire auprès de moi, et qu'il avait décliné toute intervention. Mais cet acte de la légation anglaise, si je l'avais connu, n'aurait point modifié mes résolutions, car je me serais considéré comme parfaitement en droit d'étendre mes bons offices, officieusement, en faveur d'un homme aussi éminent par sa piété et aussi distingué par ses sentiments libéraux et ses vues philanthropiques que l'archevêque de Paris, aujourd'hui si cruellement persécuté.

Je suis, etc.

E. B. WASHBURNE.

N° 427.

..... Du ministère des affaires étrangères, je me suis rendu en personne à la Préfecture de police, pour obtenir l'élargissement de plusieurs Allemands, parmi lesquels se trouvaient un prêtre, incarcéré à Mazas. J'ai trouvé là un jeune employé qui m'a très promptement donné satisfaction et m'a remis des ordres écrits pour leur mise en liberté. Hier, une dame américaine est venue à la légation pour me demander de m'intéresser en faveur de deux sœurs de charité (françaises), afin de les faire sortir de prison. Cette dame était elle-même sœur de charité et fille du dernier gouverneur de la Louisiane, Roman. Les deux religieuses en prison étaient ses amies, et avaient été arrachées à leur couvent par quelques gardes nationaux, il y a trois ou quatre semaines. Elle était dans la plus grande inquiétude à leur sujet. Je lui dis que, bien que je ne puisse aucunement intervenir d'une manière officielle, je consentais, par amitié pour elle comme Américaine, à appeler l'attention des autorités sur le cas de ses amies. J'ai, en effet, signalé cet incident à mon employé de la Préfecture et il m'a sans hésiter donné aussi un ordre de liberté pour elles. Je l'ai porté moi-même au *dépôt* des prisonniers, et après avoir attendu environ une heure pour l'accomplissement de certaines formalités, j'ai eu le plaisir de voir les deux sœurs hors des murs de la prison. Du dépôt je suis allé à Mazas et je n'y ai rencontré aucune difficulté à faire opérer l'élargissement de trois prisonniers allemands, y compris le prêtre. J'ai profité de l'occasion pour visiter l'archevêque de Paris et lui apporter quelques journaux et une bouteille de vieux vin de Madère. Je l'ai trouvé à peu près dans le même état que dimanche et avec la même bonne humeur. J'ai été peiné de ne pouvoir lui annoncer aucun changement dans la situation.

E. B. Washburne.

M. WASHBURNE A M. FISH (Extrait).

N° 431.

Paris, 2 mai 1871.

Je regrette d'avoir à dire que la vie de l'archevêque de Paris est à mes yeux dans le plus imminent danger. Le bruit s'étant malheureusement répandu que le prince de Bismarck avait résolu d'intervenir pour sauver la vie de l'archevêque, a causé une grande agitation. Dimanche dernier une bande de gardes nationaux s'est dirigée sur la prison Mazas, avec le projet avoué de le fusiller. Par bonheur, un membre de la Commune fit son apparition à ce moment et eut le pouvoir d'empêcher ces gens d'exécuter leur dessein. Les gardiens ordinaires de la prison ont eu les plus vives alarmes ; ils ont fait changer l'archevêque de cellule et l'ont mis dans une autre partie de la prison. Ce qui a été empêché dimanche par la présence d'un membre de la Commune peut arriver chaque jour. Ayant des raisons de croire que le général Fabrice est chargé par son gouvernement de faire son possible pour sauver la vie de l'archevêque, et est chargé comme je le suis moi-même de la protection des intérêts allemands aussi bien que des intérêts de l'humanité, j'ai cru de mon devoir de lui adresser un message verbal confidentiel, par un membre de ma légation, pour l'informer de la critique situation de l'archevêque, afin que, s'il a des instructions pour intervenir, il puisse procéder ainsi qu'il le jugera convenable.

E. B. WASHBURNE.

M WASHBURNE A M. FISH (Extrait).

N° 444.

Paris, 19 mai 1871.

. . . .

Depuis que j'ai commencé à écrire cette dépêche, j'ai fait une nouvelle visite à l'archevêque, pour lui faire connaître qu'il était impossible d'effectuer son échange contre Blanqui. Je regrette d'avoir à dire que je l'ai trouvé très faible. Il avait été cloué sur son grabat toute la semaine dernière par une espèce de pleurésie ; il est sans appétit et ses forces sont considérablement diminuées. Il est cependant de bonne humeur, et, en apparence, résigné au sort, quel qu'il soit, qui peut l'attendre.

E. B. WASHBURNE.

N° 473.

Paris, 29 juin 1871. (Reçu 13 juillet.)

En rapport avec l'histoire de l'insurrection et avec la mort tragique de l'archevêque de Paris, j'ai l'honneur de vous envoyer ci-joint, pour être déposée aux archives du département, une copie de toute la correspondance et des papiers relatifs à l'emprisonnement du prélat et aux démarches faites pour obtenir son élargissement.

E. B. WASHBURNE.

L'ARCHEVÊQUE CHIGI A M. WASHBURNE.

Versailles-Montreuil, 18 avril 1871.
2, rue de la Vieille-Église.

Monsieur et cher collègue,

Permettez-moi de vous prier confidentiellement de faire bon accueil aux quatre chanoines ecclésiastiques de l'église métropolitaine de Paris, qui viennent vous demander votre protection en faveur de leur archevêque, jeté en prison par les insurgés de Paris. Permettez-moi de joindre ma prière à celle de ces bons prêtres et de vous assurer de ma grande reconnaissance pour tout ce que vous croirez pouvoir tenter dans l'intérêt des jours de Mgr Darboy.

Recevez, etc.

FLAVIUS CHIGI,
Archev. de Myre, nonce apostolique.

RÉPUBLIQUE FRANÇAISE.

PRÉFECTURE DE POLICE.

CABINET
DU SECRÉTAIRE GÉNÉRAL.

Paris, 25 avril 1871.

Nous, membre de la Commune, délégué civil à l'ex-préfecture de police, autorisons le citoyen Washburne, ministre des États-Unis, et son secrétaire, à communiquer librement avec le citoyen *Darboy*, archevêque de Paris.

RAOUL RIGAULT.
(Cachet.)

Vu, 6 mai 1871.
Le chef de division,
EDMOND LEVRAUD.
(Cachet.)

M. WASHBURNE A L'ARCHEVÊQUE CHIGI.

Paris, 24 avril 1871.

Mon cher collègue,

Je suis venu à Paris samedi soir, et le soir même j'ai pris mes dispositions pour voir un des chefs de la Commune le lendemain matin à 9 heures. Je ne saurais mieux faire que de vous envoyer un récit écrit par moi pour mon gouvernement à ce sujet. Je vous adresse donc *confidentiellement* une copie de la dépêche que j'ai expédiée hier à Washington. Après l'avoir lue, vous m'obligerez de me la retourner sous enveloppe, rue Mademoiselle, n° 7, à Versailles. Je joins ici une lettre de l'archevêque à l'abbé Lagarde. J'espère vous voir.

MGR DARBOY A M. WASHBURNE.

Je prie M. le ministre des États-Unis de recevoir mes remerciments pour la bonne visite qu'il a eu la bonté de me faire dans ma prison, et de vouloir bien faire parvenir la lettre ci-incluse à sa destination, par son secrétaire qui se rend à Versailles.

L'adresse de la personne à qui elle est adressée sera donnée par S. Exc. le nonce apostolique ou par l'évêque de Versailles. Si cette personne est déjà repartie pour Paris, le secrétaire du ministre des États-Unis pourra détruire la lettre ou la rapporter à son retour à Paris.

G. Darboy,
Archev. de Paris.

Prison de Mazas, 23 avril 1871.

L'ARCHEVÊQUE CHIGI A M. WASHBURNE.

(*Confidentiel.*)

Versailles-Montreuil, 23 avril 1871.

Monsieur et cher collègue,

Je ne sais véritablement comment vous remercier pour tout ce que vous avez eu la bonté de faire afin de venir en aide au digne archevêque de Paris. Vous avez fait plus que je n'eusse pu espérer, malgré la confiance que j'avais en vous, sachant les sentiments d'humanité et de compassion de votre cœur et connaissant la généreuse nation que vous représentez si dignement en France; et je suis sûr que les démarches faites par vous auprès des hommes de qui dépend le sort de Mgr Darboy ne manqueront pas de produire le résultat le plus favorable qu'on puisse espérer dans les circonstances présentes.

J'ai lu avec un grand intérêt et avec un sentiment de profonde gratitude envers vous, monsieur, les dépêches que vous avez eu la bonté de me communiquer confidentiellement et sous toutes réserves, et je m'empresse de vous les renvoyer, avec tous mes remerciments, à la légation des États-Unis, à Versailles, suivant l'indication que contenait votre honorée lettre d'hier.

PIÈCES JUSTIFICATIVES. 579

Le colonel Hoffman m'a informé que vous viendriez bientôt à Versailles, et je l'ai prié de me faire connaître votre arrivée, afin de pouvoir, sans délai, aller vous exprimer toute ma gratitude et mon respect.

En attendant, veuillez agréer, etc.

FLAVIUS CHIGI,
Archev. de Myre, nonce apostolique.

MGR DARBOY A M. WASHBURNE.

28 avril 1871.

Je prie S. Exc. le ministre des États-Unis de recevoir l'hommage de mon respect et d'avoir la bonté de faire parvenir la lettre ci-incluse à Versailles.

L'adresse de M. Lagarde, dans le cas où le représentant de Son Excellence ne la connaîtrait pas, pourra être obtenue soit à la résidence du nonce, soit à l'évêché de Versailles.

G. DARBOY,
Archev. de Paris.

MGR DARBOY A M. WASHBURNE.

28 avril 1871.

Je prie S. Exc. le ministre des États-Unis de recevoir l'hommage de mon respect et de me permettre d'avoir recours à son obligeance pour envoyer à Versailles la lettre ci-incluse. Je lui en serai très reconnaissant.

G. DARBOY,
Archev. de Paris.

L'adresse de M. Lagarde est, sans doute, connue du représentant de M. Washburne à Versailles. En tout cas, on peut se la procurer chez le nonce ou chez l'évêque de Versailles.

MÉMORANDUM DE L'ARCHEVÊQUE DE PARIS.

ÉCRIT PAR LUI DANS LA PRISON DE MAZAS, LE 10 MAI 1871.

On ne sait pas précisément quelle réponse a faite M. Thiers à la proposition qui lui a été adressée d'élargir Blanqui afin d'obtenir, en échange, l'élargissement de l'archevêque de Paris et de quatre ou cinq personnes détenues avec lui. Le vicaire général Lagarde, qui est allé à Versailles pour s'occuper de cette affaire, n'a envoyé ici que des rapports vagues et incomplets sur le résultat de sa démarche ; mais, comme il ne revient point, on croit que tout espoir de succès n'est pas perdu.

A défaut d'information précise, on conjecture que le gouvernement craint de paraître traiter avec la Commune, en acceptant l'échange proposé ; il est possible, en outre, qu'il regarde la libération de M. Blanqui comme dangereuse, au milieu de la présente agitation. Maintenant, les personnes qui s'intéressent soit à Blanqui, soit à l'archevêque, désirent vivement que l'on soumette les considérations suivantes à M. Thiers, qui les appréciera avec sagesse et humanité, et l'on croit qu'elles auraient un grand poids si elles étaient présentées à M. Thiers par Son Exc. le ministre des États-Unis.

La question n'est pas entre la Commune et le gouvernement, mais entre le gouvernement et les personnes sus-mentionnées. Ces dernières ont décidé que l'archevêque et quatre ou cinq autres prisonniers, à désigner par M. Thiers, seraient envoyés à Versailles, si l'on peut avoir l'assurance que M. Blanqui sera mis en liberté. Cette assurance devrait être garantie par la parole du ministre des États-Unis, autorisé à cet effet par celle de M. Thiers. Quant à la libération de M. Blanqui, au lieu de l'ordonner officiellement, ne serait-il pas possible de la réaliser, en lui laissant la faculté de s'évader, en sous-entendant qu'il ne serait pas repris, à moins que ce ne fût pour quelque nouveau délit commis par lui? De cette façon le gouvernement n'aurait rien absolument à faire avec la Commune ; quelqu'un en dehors de la Commune recevrait l'assurance donnée par M. Washburne, et tout serait arrangé.

Il ne pourrait y avoir aucun danger sérieux à élargir M. Blanqui, même dans l'état actuel des choses.

La résistance de Paris est une résistance entièrement *militaire*, et la présence de M. Blanqui n'y pourrait rien ajouter.

Les idées politiques et sociales que représente la Commune ne sont pas, en elles-mêmes, ni dans leur application, celles de M. Blanqui ; s'il venait à s'associer lui-même à la Commune, il ne serait pas un lien d'union entre les membres qui la composent, mais plutôt un nouvel élément de discorde.

A tout évènement, il ne semble pas qu'au milieu des théories politiques et sociales de la Commune il puisse être mis fin au présent conflit autrement que par la force des armes. On n'aurait donc aucun nouvel embarras à surmonter si M. Blanqui était mis en liberté, et même s'il revenait à Paris. Le ferait-il, d'ailleurs, ou ne le ferait-il pas? On l'ignore.

Si l'on savait exactement pour quelles raisons M. Thiers hésite à prendre une résolution favorable sur la proposition d'échange qui lui a été soumise, il serait possible de les affaiblir et de l'amener peut-être à une meilleure conclusion. En outre, il ne devrait pas ignorer que la vie de l'archevêque est sérieusement menacée. En le sauvant, M. Thiers donnerait, croyons-nous, une grande satisfaction au clergé français et particulièrement à l'épiscopat.

E. B. W.

M. WASHBURNE A MGR CHIGI.

Paris, 11 mai 1871.

Mon cher collègue,

M. Mac Kean, mon secrétaire particulier, ira vous trouver au sujet de l'archevêque. Il vous remettra une copie du mémorandum écrit par lui concernant un échange avec Blanqui. Je n'ai pas besoin de vous assurer que je serai très heureux de faire tout ce qui pourra être fait en cette circonstance — officieusement s'entend — pour faciliter tout arrangement qui pourrait être concerté. M. Mac Kean a visité l'archevêque avec moi hier, et pourra vous donner tous les éclaircissements en ce qui le touche.

J'ai l'honneur d'être, etc.

E. B. WASHBURNE.

M. WASHBURNE A M. W. B. NORCOTT.

Paris, 11 mai 1871.

Cher monsieur,

J'ai envoyé aujourd'hui à Mgr Chigi une copie du mémorandum de l'archevêque de Paris, au sujet de l'échange à faire entre lui et Blanqui et je lui ai dit que je ferais avec empressement tout ce qui serait possible, *officieusement*, bien entendu. Je crois que l'archevêque a très bien posé la question, et j'espère que l'attention de M. Thiers sera appelée sur son mémorandum. Je comprends bien les raisons que le gouvernement de Versailles pourrait opposer à la proposition d'échange ; mais il me semble qu'on pourrait s'élever au-dessus de ces raisons, dans un cas pareil, alors que la vie d'un homme tel que l'archevêque est en danger. Le gouvernement français ne perdrait rien à mettre Blanqui en liberté, et en le faisant il sauverait probablement les jours de l'archevêque. Je considère que sa vie est dans le plus imminent danger, et, pour ce motif, dans le désir d'alléger ses souffrances en prison, je me suis décidé à prêter tous mes bons offices en cette affaire. Dans votre visite à Versailles, j'espère que vous pourrez amener M. Thiers à consentir à l'échange. Je crois que la Commune est prête à élargir plusieurs prisonniers, y compris M. Bonjean, en plus de l'archevêque, dans le cas où Blanqui serait mis en liberté. C'est une considération de plus à faire valoir auprès de M. Thiers.

Je suis, etc.

E. B. WASHBURNE.

MGR CHIGI A M. WASHBURNE.

Versailles-Montreuil, 12 mai 1871.

Monsieur et cher collègue,

M. Mac Kean m'a remis ce matin la lettre que vous m'avez fait l'honneur de m'adresser hier, ainsi que la copie du mémorandum écrit par l'archevêque de Paris, et j'ai reçu également, il y a quelques jours, par la poste et fort en retard, l'autre lettre que vous avez eu la bonté de m'écrire le 29 avril, avec les deux lettres qui y étaient jointes de Mgr Darboy pour l'abbé Lagarde, à qui je les ai remises immédiatement. Ce matin j'ai envoyé confidentiellement à M. Thiers le mémoire de l'archevêque, et je l'ai prié de me répondre confidentiellement afin de pouvoir vous envoyer cette réponse, pour être communiquée par vos soins à Mgr Darboy. Si je la reçois, comme cela a été promis, vers 3 heures, je m'empresserai de vous la transmettre, en vous priant de la faire connaître à Mgr l'archevêque. En attendant, il est bon que vous sachiez où en sont les affaires.

M. Thiers ayant reçu, il y a quelques jours, la lettre apportée par l'abbé Lagarde, l'a soumise d'abord au conseil des ministres, puis à la commission des quinze députés qu'il s'est adjoints ; il a également soumis au conseil et à la commission la question d'échange, de Blanqui d'une part, et de l'archevêque avec quatre ou cinq ecclésiastiques d'autre part, et tous ont refusé unanimement leur consentement à un semblable arrangement[1]. Après cela, M. Thiers a déclaré que, malgré le désir qu'il éprouvait de voir l'archevêque en liberté, ainsi que l'abbé Deguerry, qui était son ami personnel, il ne pou-

---

[1] L'unanimité ne fut point aussi complète que le pense Mgr Chigi ; je crois être en mesure d'affirmer qu'un des membres de la commission, prévoyant les dangers trop réels que courait la vie de l'archevêque de Paris, insista vivement pour que l'échange fût opéré ; il ne parvint pas à faire partager son opinion à ses collègues, ni à ébranler la détermination de M. Thiers. M. D.

vait prendre sur lui d'exécuter l'échange. Il a ajouté que M. Blanqui allait être jugé à nouveau, et que s'il était condamné à mort, il aurait lui, comme Président, le pouvoir de lui accorder la vie ; mais que, quant à le mettre en liberté, surtout avant qu'il fût jugé, cela lui était impossible ; que cela dépasserait son droit comme chef du pouvoir exécutif. Cette réponse, adressée à Mgr Darboy, il y a plus de deux semaines, a été couchée par écrit, et M. Lagarde a été prié de la porter à l'archevêque, sous enveloppe cachetée, comme elle était. Mais M. Lagarde a refusé, et persiste à refuser de le faire, donnant pour motif de son refus qu'il ne peut porter une lettre cachetée en réponse à une lettre qu'il avait apportée ouverte. Il en résulte que la lettre de M. Thiers est encore au ministère « des cultes », et on ne veut l'envoyer que par M. Lagarde, qui, de son côté, n'a pas envie de s'en charger.

M. Thiers veut aussi que je sois assuré qu'il est convaincu que ni les jours de l'archevêque de Paris, ni ceux des autres ecclésiastiques, actuellement prisonniers, ne sont en danger.

Quant à moi, je ne partage pas, je l'avoue, la confiance du président sur ce point.

4 heures. — J'arrive de l'hôtel de la préfecture. M. Thiers a lu avec attention la copie du mémoire dont j'ai parlé plus haut, et il a répété, après mûre réflexion, les mêmes observations faites par lui dans sa réponse à Mgr Darboy. Il a résolu de ne point mettre Blanqui en liberté, mais d'épargner sa vie s'il était condamné à mort. C'est là tout ce que ses pouvoirs l'autorisent à faire. En outre, il ne lui serait jamais permis de sanctionner une iniquité, consistant à saisir des otages parmi les hommes éminents afin de faire élargir des garnements et des criminels, en l'amenant à se prêter à de pareils projets d'échange plus ou moins déguisés. Il a renouvelé l'assurance que la vie de l'archevêque ne courait aucune espèce de danger, et il a dit en terminant que dans deux jours environ les troupes seraient dans Paris et que tout péril aurait disparu.

Telle est, mon cher collègue, la réponse que je puis vous faire, et je regrette avec vous qu'elle ne soit pas plus en rapport avec le désir de l'archevêque, et avec votre généreux et charitable dessein. Permettez-moi, en finissant, de vous communiquer, conformément aux ordres que le cardinal Antonelli m'a transmis, les sentiments de gratitude de Sa Sainteté le Pape et du cardinal pour tout ce que vous avez fait et tout ce que vous pourrez faire en faveur de l'archevêque si injustement martyrisé.

Agréez, monsieur, avec mes sincères et affectionnés sentiments, la nouvelle assurance, etc.

FLAVIUS CHIGI,
Archev. de Myre, nonce apostolique.

COMMUNE DE PARIS.

**CABINET DU PROCUREUR
DE LA COMMUNE.**

Paris, 18 mai 1871.

Le directeur de Mazas laissera les citoyens *Washburne* et *Mac Kean* communiquer avec le détenu Darboy.

RAOUL RIGAULT,
Procureur de la Commune.

(Permanent.)

Vu, 21 mai 1871.

M. PLOU A M. WASHBURNE.

A Son Excellence le Ministre des États-Unis, à Paris.

Paris, 11 mai 1871.

Monsieur,

Je sais quel intérêt Votre Excellence a témoigné en faveur de Mgr Darboy, archevêque de Paris, et quelle gratitude en auront les amis de l'Église catholique. Permettez-moi d'invoquer cet intérêt pour demander à Votre Excellence de faire une démarche qui sera, sans doute, utile à Mgr Darboy. Les célébrités du barreau de Paris ont quitté la capitale, et Monseigneur a eu la bonté de me prendre pour conseil. J'ai, en conséquence, demandé au citoyen Raoul Rigault, procureur de la Commune, le permis nécessaire pour le visiter à la prison de Mazas. J'ai eu deux entrevues avec Monseigneur. Ces entrevues m'ont mis à même de faire certaines démarches ayant un caractère d'intérêt public, et j'avais espéré qu'elles pouvaient être renouvelées de temps en temps, quand la Commune a supprimé tous les permis qui avaient été accordés pour visiter les prêtres détenus, et a autorisé le citoyen Ferré, un de ses membres, à délivrer à l'avenir ces sortes de permis comme il le jugerait convenable. Malgré mon instante requête et ma qualité de conseil, qui aurait dû s'opposer à un refus, — car un détenu ne peut être, sans barbarie, privé des avis de son conseil, — je n'ai rien pu obtenir de M. Ferré, qui déploie une sévérité intraitable. J'ai donc l'honneur de me prévaloir auprès de vous de mon sincère dévouement envers Mgr l'archevêque de Paris (et sans aucune suggestion de qui que ce soit), de supplier Votre Excellence de consentir à user de sa grande influence pour obtenir du citoyen Ferré la permission qu'il me refuse, sans donner aucune raison. Je demande pardon à Votre Excellence de l'importuner de la sorte, et j'espère qu'elle excusera mon indiscrétion en faveur du motif qui me porte à le faire.

Je suis, avec un profond respect, monsieur, votre obéissant serviteur.

PLOU,
Jurisconsulte, rue Ventadour, 6.

NUMÉRO 9.

Lettre du surveillant Henrion.

Pantin, le 25 mai 1871.

Monsieur Brandreith,

Le 24 à six heures et demie du soir, il est arrivé un piquet de 40 hommes commandé par un officier ; je crois être le 106e bataillon ; ils venaient pour fusiller l'archevêque, les gendarmes et sergents de ville. Me voyant seul avec un de mes collègues pour aller chercher tous ces malheureux et les livrer à leurs bourreaux, j'ai profité de l'encombrement de la cour et du poste qui regardait par la grille, pour partir. A sept heures j'étais dehors l'enceinte ; j'ai pu remarquer que c'étaient tous des hommes de 20 à 25 ans avec le pantalon gris de fer à bande rouge ; il y en avait un en bourgeois ; le capitaine qui est arrivé un instant après, dit à ses hommes que c'était abominable que ce bataillon soit commandé deux fois pour cette corvée dans la même journée et que tout cela retomberait sur les officiers. Les gendarmes et sergents de ville étaient à la promenade. Ils sont arrivés ; je ne puis vous dire si l'exécution a eu lieu. Je n'aurais jamais pu remplir cette tâche que je me voyais tracée : conduire quatre ou cinq de mes camarades de régiment dans les mains des exécuteurs, sans les embrasser. D'après la réputation que j'avais devant le directeur et les greffiers, je me voyais perdu. Sitôt que M. le directeur Brandreith aura repris son poste, s'il veut avoir l'obligeance de m'écrire, je me rendrai à mon poste ; je resterai à Pantin en attendant.

Recevez, Monsieur le Directeur, mes sentiments les plus respectueux.

Signé : Henrion.

Mon adresse : Route des Petits-Ponts, n° 17, à Pantin.

(Lettre timbrée *Pantin*, 25 mai 1871 ; arrivée à Versailles, timbrée 26 mai 1871. M. Brandreith était le directeur régulier du dépôt des condamnés.)

NUMÉRO 10.

Jean-Baptiste Jecker.

Je connaissais J. B. Jecker depuis 1856, époque à laquelle je fus envoyé au Mexique pour y prendre la direction de la chancellerie de la légation de France, ainsi que la gérance des consulats généraux d'Espagne et de Suisse.

M. Jecker habitait alors le Mexique depuis une vingtaine d'années il était chef et fondateur de la plus importante maison de banque de la République, en même temps que l'un des plus grands industriels du pays. Tant que je suis demeuré au Mexique, c'est-à-dire jusqu'à la guerre de notre *Intervention*, je n'ai jamais entendu dire que du bien de lui.

Jecker appartenait à l'une des premières familles du canton de Berne. Il était né à Porrentruy vers 1810, alors que cette petite ville était réunie à l'Empire français. Dans l'année qui suivit sa majorité, il avait négligé de faire la déclaration exigée par notre Code civil. Il avait un frère d'une douzaine d'années plus âgé que lui, qui s'est trouvé Français par le seul fait de sa naissance en temps *utile*. Ce Jecker aîné, ou docteur Jecker, avait fait à Paris d'excellentes études et était devenu un médecin de grand mérite. Après avoir exercé quelques années à Paris, il alla se fixer à Mexico, où il acquit une fortune considérable. On en peut juger par le legs de 300 000 francs qu'il fit à notre Académie de médecine. En 1835 ou 1836, le docteur Jecker fit venir son jeune frère à Mexico, et le commandita.

J. B. avait fait aussi ses études à Paris, et a toujours été fort laborieux. En sortant du collège, il était entré dans la maison Hottinguer pour y étudier la banque. Il n'a quitté cette maison qu'à l'âge de vingt-quatre ou vingt-cinq ans, pour aller rejoindre son frère le docteur.

J'attribue la chute commerciale de Jecker à la jalousie de plusieurs maisons qui s'étaient liguées contre lui. Profitant d'un moment où Jecker venait de débourser une somme considérable pour une escadre anglaise du Pacifique, elles obtinrent de Juarez (après quelque résistance de sa part) l'annulation des *Bons Jecker*, intitulés alors *Bons 20 pour 100*, prétendant qu'il avait eu pour but principal de soutenir Miramon, son antagoniste. Jecker fut donc obligé de suspendre ses payements, alors qu'il avait manifestement beaucoup plus d'actif que de passif. Sa fortune *nette* était évaluée au moins à 20 millions de francs.

A partir de ce moment, le pauvre Jecker fut contrecarré en tout, et le plus souvent on disposa *de lui sans lui*. Son existence ne fut plus qu'une série de tribulations. Il est triste de penser qu'il ne se trouva pas une autorité française pour prendre courageusement la défense de cet homme de bien, converti en bouc émissaire par les perfidies de maisons intéressées à sa perte.

Jecker avait souvent réclamé la qualité de Français. Il paraîtrait qu'il obtint des lettres de naturalisation en 1863. Si dans le moment ses créanciers s'en sont réjouis, ce devait être plus tard pour lui un grand malheur.

On sait avec quel odieux acharnement plusieurs journaux l'ont attaqué sous la fin de l'Empire. Il a dû beaucoup en souffrir, car, bien que d'apparence calme et froide, il avait les perceptions délicates. C'était le type du vrai négociant : parlant peu, réfléchissant beaucoup et agissant résolument. Nul ne traitait mieux que lui ses auxiliaires, qui recevaient toujours plus qu'il ne leur avait été promis. Il possédait les principales langues d'Europe, et était au moins aussi fort en *minerie* qu'en finances.

Pendant son dernier séjour en Europe, Jecker avait étudié avec soin un nouveau procédé d'invention allemande qui consistait à traiter le *minerai* d'argent sans l'emploi du mercure. Après avoir répété en Angleterre les essais qu'il venait de faire en Allemagne, il résolut d'aller exploiter avec ce même procédé une excellente mine qui lui restait dans l'État de Zacatecas. Aussitôt sa détermination connue, il trouva, à Londres même, parmi ses créanciers, des amis qui se cotisèrent pour mettre à sa disposition 500 000 francs, afin qu'il pût de nouveau tenter la fortune au Mexique.

Jecker devait encore à cette époque 10 millions de francs à trois cent vingt créanciers. Quel est l'industriel qui, en pareille occurrence, trouverait parmi ses créanciers les moyens d'aller tenter de nouveau la fortune à trois mille lieues ?

Aussitôt de retour à Paris, Jecker avait hâte d'en partir ; ses amis étaient également heureux de le savoir approvisionné et en voie de pouvoir travailler utilement. Pas un ne mettait en doute sa réussite. Mais il eut la funeste idée d'aller demander un passeport à la Préfecture de police, où il fut arrêté. Le jour de son arrestation, je l'avais attendu chez moi quelques heures, parce qu'il m'avait promis la veille de ne point partir sans prendre mes commissions pour Mexico, et que je le savais pressé de nous quitter.

Il avait pris son pied-à-terre rue Blanche, n° 5, chez sa sœur, Mme Ersesser, alors absente. Je m'y rendis le lendemain matin, et on me dit qu'il n'était pas rentré depuis la veille. Je courus à la légation de Suisse. Le secrétaire de la légation mit le plus grand empressement à aller trouver Raoul Rigault ; mais celui-ci lui objecta que Jecker était devenu sujet français. Le jeune diplomate eut peut-être le tort de ne point assez insister, car personne n'avait la preuve de ce changement de nationalité et l'on pouvait sauver ce martyr.

En apprenant cette inquiétante fin de non-recevoir, j'allai trouver un mien ami, M. Charles Read, que je savais en anciennes relations avec Arnould, l'un des membres de la Commune. Mais le pauvre Arnould commençait à devenir suspect à ses furibonds collègues ; de sorte qu'il nous assura que sa recommandation ne ferait qu'aggraver la situation du prisonnier. Il nous confessa qu'en ce moment il la croyait des plus dangereuses.

De là je me rendis à la Préfecture de police, dans l'espoir d'obtenir tout au moins des nouvelles du pauvre détenu. Étant entré, comme dans une halle (sans gardien ni sentinelle) dans la grande pièce du rez-de-chaussée, je vis au fond de la salle un jeune citoyen qui semblait trôner au milieu d'un groupe et qui devait être Raoul Rigault[1]. Ce personnage m'accueillit avec une politesse à laquelle je ne m'attendais point, me disant qu'il allait donner des ordres pour que je pusse voir le citoyen Jecker, et il sortit aussitôt par une porte d'intérieur. Entre temps le groupe principal s'était fractionné en petites coteries, dans lesquelles on causait avec plus ou moins d'animation. L'un des assistants, à figure placide, profita de ce mouvement qui s'était fait dans la salle pour s'approcher de moi et me dire à l'oreille : « Monsieur, n'attendez pas le retour du citoyen que vous avez vu sortir par cette porte : il y va de votre sûreté. » Je ne me fis point répéter l'avertissement ; je remerciai mon bienveillant informateur par un signe de tête, et m'en allai à reculons.

Le nom de Jecker doit être éteint, car le docteur et J.-B. n'ont jamais été mariés. L'aînée de leurs sœurs avait épousé un négociant de Bordeaux, M. Bornèque, dont elle eut trois fils. J.-B. en avait appelé deux au Mexique : l'un travaillait dans son cabinet (Jules), et l'autre était sur sa grande usine de fer ; le troisième est encore attaché à une grande maison de banque à Londres.

Après la chute de notre hideuse Commune, Bornèque de Londres vint à Paris rechercher le corps de Jecker et l'a fait inhumer.

A mon témoignage sur l'honorabilité de J.-B. Jecker je puis joindre celui fort compétent de M. Hottinguer père. En octobre 1860, le comte de Saligny, qui allait partir pour le Mexique, se trouvant appelé par une affaire chez M. Hottinguer, demanda à celui-ci qu'elle était son opinion sur Jecker, dont on parlait si

---

[1] D'après la description de M. de Morineau, c'est évidemment dans la salle dite des Passeports qu'il est entré. Le jeune homme qu'il prend pour Raoul Rigault devait être le chef du quatrième bureau (1re division). Raoul Rigault se tenait toujours dans le cabinet du préfet de police. M. D.

diversement. Il lui répondit : « Je suis un des principaux créanciers de M. J.-B.; on n'est jamais bien disposé quand on se trouve en danger de perdre une somme considérable; néanmoins je dois dire que c'est le plus honnête homme que j'aie rencontré en affaires. »

A. DE MORINEAU,
Consul de France en retraite,
ancien gérant des consulats généraux de Suisse et d'Espagne au Mexique.

Paris, août 1877.

NUMÉRO 11.

La mort de Delescluze.

« Le corps de Delescluze se trouvait à l'église Sainte-Élisabeth, le dimanche 28 mai 1871 ; une première fois je l'ai examiné et une seconde fois quelques heures plus tard, en présence d'un général, qu'on m'a dit être le général Clinchant. Delescluze n'avait reçu qu'une seule balle, laquelle avait traversé la poitrine de part en part ; cette balle, comme vous le dites, l'avait atteint de côté ; elle a dû perforer dans leur épaisseur les deux poumons et le cœur ; la blessure a été certainement mortelle. Mais ce qui a pu faire croire à quelque chose du côté du cou, c'est qu'il y portait une brûlure formant un cercle complet, large comme deux travers de doigt ; à chaque poignet existait une brûlure semblable, de même largeur et moins profonde d'un côté que de l'autre. Il est assez difficile de donner une explication à ce fait, car les vêtements n'étaient pas brûlés, ni la chemise, ni le gilet, ni la redingote. Le col et les manches de la chemise étaient déboutonnés. » — (Paris, 14 octobre 1877. Docteur H. Colombel.)

Dans la semaine qui suivit la défaite de la Commune (j'ai négligé de prendre la date exacte), le journal *la Liberté* a publié le récit suivant, que l'on considéra à cette époque comme ne s'éloignant pas trop de la vérité :

MORT DE DELESCLUZE.

On nous a raconté, d'après des témoins que nous ne pouvons malheureusement pas invoquer, parce qu'ils sont dispersés, impossibles peut-être à retrouver, des détails sur la mort du chef de l'insurrection parisienne. Nous allons les donner, en n'en prenant pas la responsabilité.

Delescluze s'était renfermé, après la prise de l'Hôtel de Ville, dans la mairie du onzième arrondissement, et c'est de là qu'il dirigeait les mouvements de ses farouches séides. La vieille hyène, comme avaient fini par l'appeler eux-mêmes ses collègues de la Commune, avait depuis quelques jours, une activité fébrile que rien ne pouvait calmer : il ne dormait plus et ne rêvait que sang et meurtre.

— On parlera de moi, s'écriait-il sans cesse dans son ivresse implacable. Il faut que Paris disparaisse. Lâche ville qui ne veut pas qu'on la délivre de ses oppresseurs.

Et il multipliait ses ordres infâmes, et il veillait à ce que les complices des incendies fussent approvisionnés de bombes et de pétrole.

Parfois le nom de Chaudey passait sur ses lèvres blafardes, et il semblait que le remords pénétrait l'âme de ce monstre. En effet, on ne l'ignore pas, c'est pour échapper au témoignage d'un ancien ami qu'il avait ordonné à Raoul Rigault de faire fusiller l'infortuné rédacteur du *Siècle*.

Delescluze, ne l'oublions pas, avait commis dans sa jeunesse un vol chez M. Denormandie[1], avoué, chez lequel il était clerc. Proudhon, qui connaissait son Delescluze, et le savait capable de toutes les infamies, voulait se garder contre ses manœuvres. Il possédait la preuve du vol : il l'avait confiée à Chaudey[2].

Lorsque le général Vinoy s'empara du quartier dans lequel est compris le onzième arrondissement, on trouva le corps de Delescluze sur le boulevard du Prince-Eugène.

Voici ce qui s'était passé.

Tant que la résistance de l'insurrection fut une véritable bataille, Delescluze commandait comme un général, il consultait le plan de Paris et donnait des ordres ; mais quand il se vit resserré dans le petit cercle qu'il occupait, il perdit la tête, il redoubla de rage incendiaire ; mais en même temps il ne pensait plus qu'à avoir la vie sauve.

Il n'espérait pas en la clémence des généraux ou du gouvernement régulier. Il voulait fuir. Les plus dévoués de ses amis, les plus fanatiques de son état-major, en eurent le soupçon et le surveillèrent. Il s'en aperçut et voulut marcher le front haut ; mais la peur, l'horrible peur se lisait dans ses yeux jaunes.

Au plus fort de la bataille, alors que l'épouvantable fracas de l'artillerie était le plus intense, Delescluze quitta son cabinet de la mairie par une petite porte et sortit.

Parvenu à la barricade du boulevard du Prince-Eugène, il fut reconnu.

On accusa Delescluze de fuir, il voulut protester de ses intentions, et il affirma que son devoir l'appelait sur un autre point.

Déjà une foule nombreuse s'était rassemblée : on s'informe, on

---

[1] Ce n'est pas chez Mᵉ Denormandie que Delescluze fut clerc d'avoué ; c'est chez Mᵉ Berthier, rue Gaillon, n° 11. M. D.

[2] C'est à Spa, en septembre 1860, que Chaudey, qui était venu voir son compatriote Proudhon, eut, par lui, connaissance des faits imputés à Delescluze. M. D.

PIÈCES JUSTIFICATIVES.   593

s'inquiète, on se dit, on se redit les soupçons pesant déjà sur le farouche dictateur qui, pendant ce temps, essayait de convaincre son entourage.

Mais les réactions sont promptes dans le peuple. Ceux, les femmes surtout, qui avaient tant souffert de ce siège horrible, crièrent à la trahison et en vinrent tout naturellement à accuser Delescluze des malheurs de la patrie. Ce fut alors un cri unanime de malédiction contre l'auteur de tous les maux de la capitale, et une femme lui mit le poing sur la figure.

Delescluze repoussa la main ; on crut qu'il frappait cette femme. La fureur populaire fut portée alors à son comble. Tous les poings se levèrent, des armes furent déchargées dans la foule, et une panique effroyable se mit parmi tout ce monde.

C'était à qui fuirait de tous côtés, car dans la demi-obscurité de la soirée, on ne savait d'où partaient ces coups de feu.

Ceux qui fuyaient ne cessaient de proférer des imprécations contre Delescluze ; mais ils y ajoutaient leurs appréhensions que cet homme eût pu s'échapper.

Il n'en était rien. Delescluze avait été frappé et ce furent les troupes du général Clinchant, ainsi que nous l'apprend le *Journal officiel*, qui trouvèrent son cadavre.

Son corps a été transporté dans l'église Sainte-Élisabeth, puis exposé un peu après dans le square du Temple.

Ainsi a fini cet homme que l'insurrection a essayé de grandir et qui, après avoir été un vulgaire voleur, laissera dans l'histoire le nom de l'un des plus exécrables assassins. C'est l'Érostrate moderne.

NUMÉRO 12.

Gendarmes et gardes de Paris tués rue Haxo.

L'état nominatif des sous-officiers, brigadiers, gardes et gendarmes qui ont été fusillés, comme otages, le 26 mai 1871, et inhumés en tranchée gratuite, dans le cimetière de Belleville (14ᵉ division), le 30 du même mois, portait les noms suivants :

Garaudet, Jacques.
Geanty, Jean-Baptiste-Onésime.
Millotte, Louis-Ferdinand.
Pons, Jean-Pierre-Edmond.
Cousin, Pierre-Baptiste.
Poirot, Jean-Étienne.
Bermond, Louis.
Bianchardini, Jean-Valère.
Bodin, Jean-Philippe.
Bouzon, Jean-François-Auguste (assassiné à Sainte-Pélagie).
Breton, Nicolas.
Capdeville, Pierre-Léon (assassiné à Sainte-Pélagie).
Carlotti, Xavier.
Chapuis, Georges.
Colombani, Fabien.
Condeville, Charles-Louis-Benoît.
Doublet, Léon-Firmin.
Ducros, Jean-Louis.
Dupré, Augustin.
Sischer, Joseph.
Sourès, Jean-Benjamin.
Keller, Philippe.
Mannoni, Jean-Thomas.
Marchetti, Charles-François.
Marguerite, Jean.
Marty, Jean-Antoine-Casimir.
Mongenot, François-Eugène.
Mouissie, Joseph.
Pacotte, Dominique (assassiné à Sainte-Pélagie).

PIÈCES JUSTIFICATIVES.

Paul, Laurent-Marie.
Pauly, Jacques.
Pourteau, Pierre.
Riolland, Claude-Alphonse.
Valder, Louis-Alexandre.
Villemin, Sébastien.
Bellamy.
Lacoze.
Blanchou.
Valet.

Un monument funèbre élevé dans le cimetière de Belleville a reçu es restes de tous ces malheureux, le 12 et le 13 février 1877.

NUMÉRO 15.

Le surveillant Pinet et les otages de la troisième section.

M. l'abbé Amodru a publié le récit des évènements dont il a été le témoin et failli être la victime [1]. Dans la dix-septième édition, qui vient de paraître, il a repoussé avec chaleur la version que j'ai adoptée. Il a même ajouté à son volume une longue note que je crois devoir mettre sous les yeux du lecteur.

RECTIFICATION OU RÉPONSE A DES RÉCITS ERRONÉS PUBLIÉS DE BONNE FOI SUR NOTRE DÉFENSE ET NOTRE DÉLIVRANCE.

« Dans la *Revue des Deux-Mondes*, on a publié, au commencement d'octobre 1877, un récit détaillé sur notre défense et notre délivrance de la Roquette.

« Nous rendons justice aux bonnes intentions de l'auteur et nous le remercions de consacrer son talent à la défense de la bonne cause, mais nous le prions de vouloir bien accepter une rectification très importante, que d'ailleurs il provoque lui-même (pages 546 et 547).

« Il s'agit de la troisième section de la prison, celle où furent faites les barricades et où l'on se défendit vaillamment contre les assassins, en implorant publiquement le secours de Dieu.

« On attribue principalement la gloire et le succès de cette défense à un gardien de prison, M. Pinet.

« Voici les faits tels qu'ils se sont passés sous mes yeux, et j'ai en main des lettres de plusieurs otages qui confirment ce que je vais dire.

« L'honneur de cette défense appartient, après Dieu, à nos 82 jeunes soldats et à quelques sergents de ville, tous otages avec nous [2].

---

[1] *La Roquette, Journées des 24, 25, 26, 27 et 28 mai* 1871, par M. l'abbé Amodru, ancien sous-directeur général de l'Archiconfrérie de Notre-Dame des Victoires, curé de Notre-Dame des Vertus, à Aubervilliers, près Paris, otage de la Commune, incarcéré à la Roquette et condamné à mort. Paris, Castermann, 1877.

[2] Les sergents de ville étaient enfermés dans la deuxième section et non pas dans la troisième. M. D.

« Quand les barricades étaient faites et la bataille à peu près gagnée par eux, M. Pinet arriva le dernier, trouvant des amis parmi nous. Sa présence et ses renseignements contribuèrent sans doute à raffermir quelques otages dans la résolution de se défendre et nous lui en sommes reconnaissants ; mais il serait injuste de lui attribuer la part principale et l'initiative de la défense.

« J'entre dans quelques détails pour que désormais on ne renouvelle plus ces récits erronés qui enlèvent aux jeunes militaires et aux sergents de ville l'honneur qui leur est dû et ne laissent qu'une faible part à l'action extraordinaire de la Providence.

« Lorsque les barricades étaient faites et que tous les otages de la troisième section se trouvaient dans le corridor en état de défense, nous entendîmes crier à la porte du petit escalier. C'était quelqu'un qui demandait à entrer ; je me rendis là avec plusieurs militaires otages qui se refusaient énergiquement à ouvrir la porte et se montraient indignés contre tous les employés de la prison.

« M. Pinet protestait de ses bonnes intentions et courait les plus grands dangers, à cause de la fureur de Ferré et de François, qui ne s'expliquaient pas notre résistance [1].

« J'engageai les jeunes militaires qui se trouvaient à mes côtés à entre-bâiller seulement la porte, pour donner ensuite passage à ce gardien, si vraiment il avait de bonnes intentions, ce qui jusque-là nous était inconnu dans notre section.

« Ils y consentirent avec hésitation. Alors les obstacles jetés là pour la barricade furent précipitamment retirés, la porte fut assez entr'ouverte pour livrer passage à un seul homme et M. Pinet, se glissant à mes côtés, entra, le dernier, quand toutes les barricades étaient faites et la défense organisée.

« Il déploya ensuite de l'énergie et du courage comme nous l'avons raconté, mais, en vérité, nous étions sauvés quand il arriva, et sauvés sans le concours d'aucun employé de la prison.

« Il serait d'une injustice révoltante de lui attribuer la gloire due à ces 82 jeunes gens que la Commune avait faits prisonniers et qui restèrent fidèles à leur devoir.

« On a prêté quelquefois aux jeunes détenus un rôle de protection qu'ils n'ont pas exercé à notre égard ; quelques-uns mirent le feu à notre barricade, nous menacèrent de coups de fusil et voulurent nous forcer à descendre sur les ordres de Ferré et de François ; les autres s'échappèrent de la prison et se dispersèrent de tous côtés. Si des gardiens de la prison les ont argumentés en notre faveur, nous n'avons pas eu lieu de nous en apercevoir [2].

---

[1] Pinet, de service à l'infirmerie où nul fédéré ne mit les pieds, ne courait aucun danger ; il n'avait qu'à y rester pour éviter tout péril. M. D.

[2] L'expression de « jeunes détenus » ordinairement attribuée aux enfants enfermés à la maison d'éducation correctionnelle, c'est-à-dire à la

« Le tumulte des jeunes détenus, la panique générale d'un grand nombre de fédérés armés et convoqués pour le massacre, le cri *les Versaillais!* le départ des chefs de la Commune, la sortie d'un grand nombre d'otages qui étaient dans les bâtiments en face du nôtre dans la même prison, tout cela s'est accompli à la suite de la construction de nos barricades énergiquement défendues.

« Sans ces barricades, suivies d'une résistance qui n'entraîna aucune effusion de sang, les massacres auraient été inévitablement exécutés.

« Tous les témoignages s'accordent sur ce point. Il est donc important de savoir quand et comment ces barricades commencèrent.

« Dans l'intérêt de la vérité, nous avons au moins le droit de ne par tolérer qu'on en attribue leur commencement à un homme qui n'y était pas lorsque déjà elles étaient finies.

« Le lendemain matin, 28 mai, jour de la Pentecôte, tous les otages de la deuxième et de la troisième section sortaient de la Roquette sous la protection de l'armée française.

« Ceux qui sont venus là le 29 mai pour recueillir des renseignements après notre départ n'ont pu y trouver que des récits sujets à contrôle.

« Les choses étant telles que nous les avons publiées, comment donc se fait-il que certains otages fort dignes de respect aient accrédité une version différente relativement à M. Pinet ?

« La réponse et très facile.

« Le corridor est long ; il y avait deux barricades, l'une du côté du grand escalier, c'était la principale, et l'autre du côté du petit escalier, c'était celle qui exigeait le moins de monde.

« Évidemment ceux qui se trouvaient loin du petit escalier et au milieu du bruit vertigineux de la grande barricade qu'on achevait précipitamment, n'ont pu voir et entendre ce qui se faisait à l'autre extrémité.

« Pour moi, j'affirme ce que j'ai vu et d'autres otages l'affirment avec moi.

« J'invite ceux qui auraient encore quelques doutes à interroger les témoins qui ont bien vu tout ce qui s'est passé. Parmi ces

---

Petite-Roquette, s'applique évidemment dans la phrase de M. Amodru aux condamnés de droit commun que contenait la Grande-Roquette. Personne, à ma connaissance, n'a jamais prétendu que l'on avait excité ceux-ci à la révolte afin de venir en aide aux otages de la troisième section ; on les a fait insurger dans un but de résistance générale et pour gagner du temps. Sauf le condamné à mort Pasquier qui s'empara d'un fusil qu'on lui arracha immédiatement, nul détenu en vertu des arrêts de la justice n'eut, dans l'intérieur de la prison, d'armes à feu entre les mains. Ces faits ont été surabondamment démontrés devant le 3e conseil de guerre qui, du 7 août au 2 septembre 1871, eut à juger les membres de la Commune. M. D.

témoins dont les témoignages s'accordent avec le nôtre, je cite un prêtre assurément très grave, très consciencieux et bien connu du clergé de Paris. C'est M. l'abbé Bacuez, directeur au séminaire Saint-Sulpice.

« Avant son introduction dans notre section, M. Pinet ne nous avait rien dit qui pût nous faire soupçonner ses bons sentiments et il est trop honnête pour vouloir accepter seul la gloire due à 82 autres pour la journée du 27 mai 1871.

« Qu'on l'interroge lui-même. Son honnêteté ne lui permettra certainement pas d'affirmer que nos barricades ont été commencées sur son invitation, car il était absent quand on les faisait, et il les trouva faites en rentrant dans notre section.

« On nous a quelquefois objecté que nous avions tort d'insister tant sur ce fait; nous répondrons que ce fait intéresse l'histoire de France et celle de l'Église.

« En conséquence, nous ne pouvons supporter qu'on écrive cette histoire contrairement à la vérité, et nous ne craignons pas un contrôle, puisque nous avons cité les noms et les adresses de cinquante-deux témoins.

« Quant à l'importance du fait, voici les considérations que nul ne peut dédaigner.

« N'est-ce pas dans la Roquette qu'ont été massacrés quatre prêtres avec l'archevêque de Paris et le premier Président de la Cour de Cassation [1] ?

« N'est-ce pas de là que sont sorties, le 26 mai, les 47 victimes massacrées à la rue Haxo [2] ?

« N'est-ce pas à côté de nous, dans la Petite-Roquette, qu'il y avait environ onze cents soldats otages qu'on voulait mettre à mort et qui furent sauvés ?

« N'est-ce pas sur la place de la Roquette que le premier archidiacre de Paris fut massacré et qu'un grand nombre d'autres victimes furent immolées ?

« N'est-ce pas dans la Roquette que furent emprisonnés deux vicaires généraux de Paris, le secrétaire général de l'archevêché, plusieurs curés et vicaires et des prêtres de diverses congrégations religieuses ?

« Enfin, n'est-ce pas à la Roquette que les chefs de la Commune s'étaient retirés à la dernière heure, pour y établir le centre de leur gouvernement [3] ?

---

[1] M. Bonjean n'était pas le premier président de la Cour de cassation. M. D.

[2] Les victimes massacrées dans la rue Haxo étaient au nombre de cinquante-deux. M. D.

[3] Jamais les chefs de la Commune ne se sont retirés à la Grande-Roquette; le centre de ce gouvernement a été établi le 26 mai à la mairie de Belleville, et, le 27, rue Haxo, dans une maison portant le n° 145, ayant servi d'état-major au service auxiliaire, et habitée par Vésinier. M. D

« Comment des hommes religieux pourraient-ils oublier que dans cette prison Dieu fut invoqué publiquement et solennellement en face des massacreurs dont la rage resta impuissante?

« Et si cette impuissance se produisit d'une manière inattendue et extraordinaire, pourquoi ne le dirions-nous pas ? Et si quelqu'un veut s'attribuer à lui seul l'honneur principal de cette délivrance qui en a produit tant d'autres, pourquoi ne lui ferions-nous pas remarquer qu'il est dans l'erreur et qu'il offense la vérité historique ?

« Nous avons sagement évité de caractériser le fait de notre délivrance; mais dussions-nous en souffrir encore, nous ne tolèrerons jamais qu'on le réduise aux simples proportions d'un fait vulgaire qu'un homme prépare d'avance, comme un capitaine prépare une compagnie sous ses ordres.

« Le capitaine en ce temps-là était invisible, il l'est encore aujourd'hui. »

A l'appui de cette rectification, M. l'abbé Amodru cite en pièces justificatives des lettres de MM. Walbert, Arnoux, Rougé, Cuénot, qui furent otages, les deux premiers à la troisième section, les deux autres à la seconde; en outre, M. Amodru parle d'une lettre de M. l'abbé Bacuez conforme à ses propres souvenirs, mais il ne la produit pas.

Le caractère sacré dont est revêtu M. l'abbé Amodru ne me permet point de douter de ses assertions; aussi mon embarras est extrême, car un otage de la troisième section, revêtu d'un caractère non moins sacré, présente sous un tout autre aspect l'intervention du surveillant Pinet.

M. l'abbé Lamazou, ancien vicaire de la Madeleine, actuellement curé à Auteuil, animé, comme M. l'abbé Amodru, de l'amour de la vérité et bien décidé à ne point la trahir, a raconté, lui aussi, ses aventures à la Grande-Roquette. Son livre, qui a paru deux mois environ après celui de M. Amodru (voyez *la Roquette*, préface de l'éditeur), renferme quelques pages qu'il est bon de citer, afin que le lecteur puisse juger par lui-même des difficultés qui assaillent un historien soucieux de l'exactitude, pris entre deux récits contradictoires émanés tous deux de témoins oculaires, de bonne foi et incapables de mentir. M. l'abbé Lamazou dit :

« A trois heures quelques minutes, les lourds verrous de nos cellules s'agitèrent avec une rapidité inaccoutumée ; j'étais à genoux, récitant d'une voix éteinte l'office de la veille de la Pentecôte. Mon voisin ouvre vivement la porte de ma cellule : « Courage, me dit-il, c'est maintenant notre tour ; on nous fait tous descendre pour nous fusiller ! — Courage, lui répondis-je de mon côté, et que la volonté de Dieu soit faite ! » Je m'étais déjà revêtu de mes habits ecclésiastiques ; je m'avance au milieu du corridor où étaient mêlés et confondus prêtres, soldats, gardes nationaux. Les prêtres et les gardes nationaux avaient une attitude calme et résignée ; les soldats ne pouvaient croire au sort qui les attendait : « Qu'est-ce que nous leur avons fait à ces malheureux ? Nous nous sommes battus contre les Prussiens, nous avons rempli notre devoir; pourquoi veulent-ils nous fusiller ? Non, cela n'est pas possible ! » Les uns poussaient des cris de colère, les autres restaient silencieux et immobiles, comme ils avaient été le jouet d'un rêve. Les prêtres se mettaient à genoux pour se fortifier par une dernière absolution ; l'un d'eux engage les soldats à nous imiter et leur adresse quelques paroles d'encouragement.

« Une voix vibrante comme l'airain [1] domine tout à coup ce bruit confus : « Mes amis, écoutez un homme de cœur : ces ignobles scélérats ont déjà tué trop de monde ; ne vous laissez pas assassiner, venez à moi, résistons, combattons : plutôt que de vous livrer, je veux mourir avec vous !... » C'était la voix du gardien Pinet. Ce généreux enfant de la Creuse, ahuri par tant de forfaits, ne pouvait plus étouffer son indignation ; chargé par le sous-brigadier Picou d'ouvrir lentement nos cellules et de nous livrer deux par deux aux insurgés qui nous attendaient au guichet du greffe, il avait fermé sur lui la porte du troisième étage, ouvert rapidement nos cellules pour nous conseiller et organiser promptement la résistance, prêt à sacrifier sa vie, qui ne courait aucun danger, pour nous aider à sauver la nôtre. M. l'abbé Amodru avait pris à son tour la parole et joignait ses protestations à celles de Pinet : « Ne nous laissons pas fusiller, mes amis, défendons-nous ; ayez confiance en Dieu, il est pour nous et avec nous, il nous sauvera !... »

« Les esprits étaient hésitants et partagés : « Se défendre, objecta l'un, est une folie ; nous n'y gagnerons qu'une mort plus cruelle : au lieu d'être simplement fusillés, nous allons être égorgés par la populace ou consumés par les flammes ! — Faisons monter les gardes nationaux, s'écriait un naïf, nous leur prouverons que nous sommes d'honnêtes gens, et non des voleurs et des assassins. — Ce n'est pas notre vie qu'on menace, s'écriait un soldat dont l'impartiale vérité me fait un devoir de reproduire les paroles et qui avait aussi peu de discernement que de sens moral ; c'est aux curés seuls qu'on en veut ; n'allons pas exposer notre vie en cherchant à défendre la leur. »

« Je n'avais pas encore dit une parole ; je suivais avec une anxiété facile à comprendre les phases de cet étrange situation ; quelques confrères me demandaient ce qu'il y avait à craindre ou à espérer. « Les sergents de ville qui sont au-dessous de vous, s'écria le gardien Pinet que les hésitations rendaient plus énergique et plus élo-

---

[1] Ce détail est caractéristique ; la voix de Pinet est, en effet, d'une sonorité exceptionnelle. M. D.

quent, sont disposés à se défendre ; ils travaillent déjà à la barricade ; à défaut d'armes, nous avons du cœur ; ne vous laissez pas fusiller par ce tas de bandits. »

« J'étais convaincu que la résistance, dont je jugeais le succès humainement impossible, était néanmoins le parti le plus digne. Depuis le 18 mars, je ne cessais de protester contre le silence et l'abdication des honnêtes gens en face des malfaiteurs ; pour me montrer jusqu'au bout fidèle à mon programme, je sortis de mon inaction apparente. M. Walbert, ancien officier de paix, et M. l'abbé Carré, vicaire de Belleville, émettent l'idée qu'il faut percer le plancher pour nous mettre en communication avec les sergents de ville enfermés au second étage, et aussitôt ils s'arment de planches et de tringles de fer que nous arrachons de nos lits pour défoncer le sol. Je me joins à eux. Moi qui, le matin, n'avais plus la force de me tenir debout et qui n'avais pas reçu une bouchée de pain, je brisais les planches et tordais les tringles avec une irrésistible facilité. En cinq minutes, une large ouverture est pratiquée entre le troisième et le deuxième étage. Les sergents de ville sont prêts à vendre chèrement leur vie. Le sous-officier Teyssier se hisse à travers cette ouverture pour prendre avec Pinet le commandement de l'insurrection [1]. »

Le récit de M. l'abbé Lamazou porte en lui-même un accent de sincérité dont il est difficile de n'être pas saisi ; mais je n'en ai tenu compte, car il était en contradiction formelle avec celui de M. Amodru. Je me suis donc adressé à d'autres autorités, à celles dont mes longues études sur Paris m'ont enseigné à apprécier la rectitude et l'impartialité. Je ne m'en suis pas rapporté aux éléments que j'avais personnellement recueillis à la Grande-Roquette le 29 mai et le 11 juin 1871, et qui tous sont conformes à la version que j'ai donnée ; j'ai eu recours à la grande administration qui dirige le service des prisons de la Seine, et je lui ai demandé de vouloir bien m'aider à saisir la vérité. Avec une complaisance dont je reste très touché, tous les documents ont été mis à ma disposition et ont dissipé mes doutes.

Le service des prisons de la Seine, réinstallé à Paris dès le 27 mai, s'occupa, sans désemparer, de faire des recherches approfondies sur la conduite de son personnel pénitentiaire pendant la Commune. L'intérêt était des plus graves : il s'agissait de livrer les employés coupables à la justice militaire et de récompenser ceux qui étaient restés fidèles à leur devoir. Il y eut enquête, contre-enquête, contrôle

[1] *La place Vendôme et la Roquette*, par M. l'abbé Lamazou, 4ᵉ édition. Paris, Douniol, 1871 ; p. 212 à 217. — D'après le témoignage du surveillant Bourguignon, c'est au sous-officier Teyssier que le mot de ralliement *Marseille* a été confié. M. D.

de l'inspection générale ; tous les surveillants, plusieurs détenus, plusieurs otages furent interrogés ; les témoignages furent reçus et examinés contradictoirement ; des rapports furent demandés aux otages qui appartenaient à l'administration, et aux greffiers demeurés à leur poste ; tous ces documents forment des pièces historiques de la plus haute valeur, au point de vue des faits généraux et au point de vue des faits individuels, car la conduite de chacun des employés — greffiers, brigadiers, sous-brigadiers, surveillants — y est minutieusement examinée. Toutes les notes relatives à Pinet sont concordantes et peuvent se résumer par cette phrase que je cite textuellement : « Il leur demanda (aux otages) s'ils étaient bien décidés à vendre chèrement leur vie ; oui, lui fut-il répondu unanimement ; en ce cas, à l'œuvre ! je suis des vôtres ; si vous succombez, je succomberai avec vous. Sur ces mots, Pinet commença à improviser dans la troisième section les moyens les plus efficaces pour résister aux insurgés. Une barricade fut construite à l'entrée de la galerie, etc., etc. » Tous les rapports, toutes les lettres, toutes les dépositions constatent le même fait. Il y a plus : dans la matinée du 27, Pinet avait prévenu un otage de la deuxième section de son dessein bien arrêté de s'opposer aux tentatives des fédérés. — Parmi les détenus de cette section se trouvait M. Antoine Rougé, sous-brigadier de sergents de ville. Sorti le 28 mai dans la matinée, il se rendit immédiatement au ministère des affaires étrangères, où les services de la police municipale étaient établis, et, sur l'ordre de l'un de ses chefs, M. l'inspecteur divisionnaire Vassal, il rédigea le récit de ce qui lui était arrivé depuis son arrestation (19 mars). On n'a pas résumé la déposition de M. Rougé ; le rapport est entièrement écrit de sa main et signé de lui ; voici ce que j'y lis : « Le surveillant Pinet (François) s'efforça tous les jours de rendre notre captivité moins dure. Il nous l'a prouvé jusqu'à l'heure de notre délivrance, attendu que le samedi 27, à midi, il est venu, en compagnie du surveillant Bourguignon, me prévenir qu'il venait de découvrir cinquante bombes Orsini dans un coin du poste des fédérés qui nous gardaient ; il en avait saisi une qu'il m'a fait voir ; elle était hérissée de capsules. C'est là qu'il m'a dit, dans ma cellule, qu'il était prêt à sacrifier sa vie pour nous, si nous voulions nous défendre contre ces ignobles bandits. Nous avons fait part de cette proposition à nos infortunés voisins, et chacun se mit à la construction des barricades. Bourguignon a disparu pour nous être utile en bas ; il n'a pas cessé de nous servir. » Lorsque M. Antoine Rougé écrivait ce rapport, sous l'impression toute vive encore des évènements auxquels il venait d'échapper, il ne se doutait pas qu'il donnait à l'histoire un document d'irrécusable sincérité. Ses souvenirs se sont modifiés depuis le 28 mai 1871, je le sais ; M. l'abbé Amodru nous en fournit la preuve en publiant (p. 391) un témoignage dans lequel M. Rougé dit : « Aucun employé des prisons ne s'est sacrifié pour nous. Nous devons notre salut au courage de tous les otages qui s'est produit instantanément. »

Dès que les troupes régulières se furent emparées de la Grande-Roquette, une dépêche fut adressée au maréchal Mac-Mahon, commandant en chef de l'armée française. Cette dépêche, qui donnait le premier avis officiel de la mort des otages, fut immédiatement transmise à M. Thiers; voici ce que j'y lis :

« Dans la journée de samedi, les prisonniers restants allaient être fusillés, lorsque, à l'instigation du gardien Pinet, de l'ancien personnel conservé par la Commune, ils se sont révoltés et retirés dans une portion de la prison où ils se sont barricadés, et où les insurgés ont cherché à les brûler vifs. Les matelas qui étaient en laine et leur servaient de défense n'ont pas bien brûlé ; et cent soldats qui étaient restés entre les mains de la Commune quand la caserne du Prince-Eugène a été envahie, ont formé parmi eux le noyau de résistance le plus solide. A cinq heures du soir, samedi, la Commune, prise définitivement de panique, s'est enfuie, en emportant la caisse et se dirigeant sur la mairie du XX° arrondissement. Elle se trouverait encore à Belleville. En résumé, il reste encore en ce moment à la prison : 1° cent militaires sortant des hôpitaux, etc., qui ont refusé de participer aux prises d'armes décrétées par la Commune ; 2° quinze ecclésiastiques ; 3° cinquante-quatre sergents de ville. Le directeur de la prison nommé par la Commune était un sieur François, demeurant rue de Charonne, 20. Il s'est enfui hier avec la Commune. (Il avait été l'instigateur du complot contre les pompiers de la Villette. — Affaire Eudes.) — P. C. C. *Le général de division, chef d'état-major général*, Borel. »

Les détails contenus dans cette dépêche, et recueillis à la Grande-Roquette même, prouvent qu'elle a été expédiée entre le moment où les troupes sont entrées dans la prison et celui où les otages l'ont définitivement quittée, c'est-à-dire entre cinq et sept heures du matin, et qu'elle a été rédigée d'après les renseignements fournis par les témoins des faits qu'elle relate.

Je suis, pour ma part, fort désintéressé dans la question ; je n'ai été ni surveillant, ni otage à la Grande-Roquette. Je n'ai recherché que la vérité, j'avais cru l'avoir mise en lumière ; M. Amodru fait effort pour me prouver que je suis dans l'erreur, et se refuse à « tolérer » ma version, malgré les témoignages auxquels je l'ai empruntée. Je n'insisterai pas et j'accorderai, si l'on veut, que Pinet n'a pénétré dans la troisième section que lorsque déjà les détenus de celle-ci avaient construit leur barricade ; car le fait en lui-même, je le répète, me parait insignifiant. M. l'abbé Amodru dit que c'est là le fait capital, et après lui MM. Cuénot, Rougé, Arnoux et deux *et cætera* l'affirment spontanément. Mon très humble avis est que M. l'abbé Amodru attribue à l'initiative de la résistance une importance qu'elle n'a pas. Il se produisit un fait capital qui, plus que

PIÈCES JUSTIFICATIVES.

tout autre, a protégé les otages et les a sauvés : c'est qu'il fut impossible à François, à Ramain, à Picon, aux acolytes de Ferré, aux fédérés, de pouvoir ouvrir les grilles des sections, par la raison très simple que les clefs de service et les clefs de secours étaient entre les mains de Pinet, comme la clef et la double clef de la première porte de secours donnant, par l'escalier en colimaçon, accès aux autres portes de secours, étaient au pouvoir de Bourguignon.

La porte de secours ne pouvait être ouverte malgré les otages, je le sais ; elle bat dans la section ; il suffisait donc d'une cale bien placée, ou d'une planche arc-boutée contre la muraille, pour l'empêcher de jouer sur ses gonds. Mais quant à la grille qui ferme la section sur la galerie où aboutit le grand escalier, il n'en est point ainsi. Cette grille est fortement scellée dans la muraille ; elle encadre une baie dont la porte, à un seul battant, n'est autre qu'une grille qui s'ouvre en dehors (hauteur $1^m,96$, largeur $0^m,96$) ; toute barricade destinée à maintenir close cette grille d'entrée doit être établie dans la galerie et non pas dans la section. En un mot, lorsque l'on veut pénétrer dans la section, il faut tirer la grille et non pas la pousser. C'est à cette disposition, élémentaire dans une prison, et qui, le 11 décembre 1877, était encore ignorée par M. l'abbé Amodru lui-même, c'est à cette disposition que les révoltés de la Grande-Roquette ont dû leur salut. La barricade, il est vrai, les protégeait ; mais la grille fermée défendait la barricade et ôtait aux assaillants toute possibilité de la démolir et même de l'atteindre. Sans cela, il n'était ni très difficile, ni très périlleux d'enlever les matelas [1]. Tout soldat sait que lorsque l'assiégeant travaille *à pic* du mur de l'assiégé, il est à l'abri des projectiles de celui-ci. Pendant que les fédérés auraient essayé de détruire la barricade, un simple peloton, armé de fusils, placé dans la galerie, eût eu raison des otages qui se seraient aventurés au sommet de l'obstacle improvisé par eux. Les otages étaient énergiquement décidés à se défendre, j'en suis persuadé ; ils étaient armés de briques, de lances en bois, de pieds de lit en fer, je ne l'ignore pas ; ils auraient contusionné et éborgné quelques fédérés, j'en suis convaincu ; mais ils eussent été dans l'impossibilité de résister à des hommes porteurs d'armes à feu et à répétition, si ceux-ci étaient parvenus à déplacer les matelas de la barricade élevée derrière la grille. Or les fédérés et les employés obéissant à François n'ont pu attaquer cette barricade, parce qu'ils n'ont pu ouvrir la grille, et ils n'ont pu ouvrir la grille, parce que les clefs de service et les clefs de secours étaient au pouvoir de Pinet, enfermé dans la troisième section. — C'est là le fait capital d'où résulte le salut des prisonniers, qui, sans cela, aurait pu être singulièrement compromis. Quant aux autres inci-

---

[1] Les matelas de la troisième section du dépôt des condamnés n'ont que 75 centimètres de large.

dents de la révolte des otages de la Roquette, incidents qui ont été signalés devant les conseils de guerre par des témoins déposant sous la foi du serment, ils n'ont qu'une importance relative. J'admets que la version de M. l'abbé Amodru soit indiscutable, j'admets que Pinet ne soit entré dans la troisième section qu'après la construction des barricades, j'admets tout ce que l'on voudra, mais je n'en persiste pas moins à croire fermement que dans l'insurrection et le salut des otages une part considérable appartient au surveillant François Pinet, actuellement sous-brigadier à Mazas. — Je prie le lecteur de m'excuser, si je l'ai fatigué par cette longue et fastidieuse discussion ; elle est, du reste, à l'honneur des otages de la troisième section ; car elle prouve simplement que tout le monde, à l'heure du péril, a eu la ferme résolution d'être héroïque, et qu'aujourd'hui chacun se souvient de l'avoir été.

Je donne ici l'état des services militaires de Pinet ; le lecteur jugera si l'homme qui sort de l'armée avec un tel certificat était capable de courage et d'initiative.

PIÈCES JUSTIFICATIVES.

109ᵉ RÉGIMENT DE LIGNE.

ÉTAT signalétique et des services du nommé **Pinet**, François, sergent de 2ᵉ classe.

SIGNALEMENT.	SERVICES SUCCESSIFS CAMPAGNES, BLESSURES, DÉCORATIONS.
Fils de Michel *Et de* Léonarde Martial, *Né le* 1ᵉʳ Juillet 1831, *A* Bessat, *Canton de* la Courtine, *Départ. de* la Creuse.	**Incorporé** au 10ᵉ léger, comme engagé volontaire pour 2 ans, le 30 novembre. 1849 Caporal le 26 février. 1851 Libéré définitivement le 30 novembre. 1851 A reçu un certificat de bonne conduite. **Incorporé** au 18ᵉ de ligne, comme engagé volontaire pour 7 ans, le 5 mars. 1852 Voltigeur le 25 juillet. 1852 Caporal le 13 septembre. 1852 Caporal de voltigeurs le 17 août. 1854 Sergent le 26 janvier. 1855 Sergent de voltigeurs 21 janvier. 1859 Rengagé pour 5 ans, le 5 mars. 1859 Libéré définitivement le 5 mars. 1864 A reçu un certificat de bonne conduite. **Incorporé** au 29ᵉ régiment d'infanterie à compter du 7 décembre 1870, comme engagé volontaire en vertu de la loi du 17 juillet 1870, pour la durée de la guerre (mairie du XIᵉ arrondissement). **Passé** au 109ᵉ de ligne le 14 décembre. 1870 Soldat de 1ʳᵉ classe le 16 décembre. 1870 Sergent le 23 janvier. 1871 Renvoyé dans ses foyers, comme sergent de 2ᵉ classe le 9 mars. 1871 S'est bien comporté pendant la durée de la guerre. **CAMPAGNES.** 1854 ⎱ En Orient. ⎰ du 21 décembre 1854 1855 ⎰ ⎱ au 25 août 1855. 1859 ⎱ En Italie. ⎰ du 25 mai 1859 au 1860 ⎰ ⎱ 14 juin 1860. Campagne contre l'Allemagne 1870-1871. **BLESSURES.** Blessé grièvement par une balle à la cuisse droite, devant Sébastopol (Crimée), le 23 mai 1855. — Blessé par une balle ayant occasionné une forte contusion à la poitrine (côté droit), au combat de Buzenval, le 19 janvier 1871. **DÉCORATIONS.** Décoré de la médaille militaire le 1ᵉʳ juin 1855. — A reçu la médaille de S. M. la reine d'Angleterre. — A reçu la médaille d'Italie. Chevalier de la Légion d'honneur le 28 octobre 1871 [1].

[1] C'est pour le courage déployé par lui au combat de Buzenval que Pinet a été décoré et non point, comme on l'a cru et dit trop légèrement, pour sa conduite à la Grande-Roquette. Son dévouement dans la journée du 27 mai 1871 a été récompensé par une médaille de sauvetage et par le grade de sous-brigadier. M. D.

FIN DES PIÈCES JUSTIFICATIVES.

TABLE DES MATIÈRES

CHAPITRE PREMIER

LES FORCES DE L'INSURRECTION

I. — LA GARDE NATIONALE.

Avant-propos. — Une citation de Proudhon. — Sources historiques. — Autorités multiples, absence d'autorité. — La citadelle de la révolution. — Deux armées. — Les patriotes terribles. — Le 31 octobre. — Diversions révolutionnaires au profit de l'Allemagne. — Le plébiscite du gouvernement de la Défense nationale. — Défaillance gouvernementale. — On n'utilise aucune des forces parisiennes contre l'ennemi.— Défiance entre les généraux et la garde nationale. — Hostilité systématique de la population. — Ivrognerie et fainéantise. — Vive la paix ! — Mortalité. — Le combat de Buzenval livré pour faire accepter la capitulation. — Le 22 janvier. — L'armistice. — 28 000 officiers de garde nationale. — Émigration. — M. de Bismarck offre de faire désarmer la garde nationale. — Refus de M. Jules Favre. — Le général Trochu propose de réorganiser la garde nationale, le gouvernement repousse la proposition. — Irritation générale. — La Vendée laïque et radicale. — Ce qui a le moins souffert pendant le siège, c'est le prolétariat. — Héroïsme de la petite bourgeoisie. — Les fous et les singes. — Une citation de M. Alphonse Daudet. 1

II. — LE COMITÉ CENTRAL.

La France et Paris ne se reconnaissent plus. — Les ruraux. — Les prétentions de Paris. — Conflit entre Paris et l'Assemblée nationale. — Antipatriotisme des révolutionnaires. — Les comités de vigilance. — ndécision. — Les soldats vaguant dans les rues. — L'internationale intervient. — Fédération des bataillons. — Apparition du Comité central. — Le prétexte de la fédération de la garde nationale est la volonté de s'opposer à l'entrée de l'armée allemande dans Paris. — Tentatives des chefs de la Commune pour établir des relations avec les généraux allemands. — Manifestations sur la place de la Bastille. — Le meurtre

410 TABLE DES MATIÈRES.

de Vincenzini. — Les Peaux-Rouges. — 25 000 repris de justice. — Entrée des Allemands dans Paris. — Les bataillons fédérés ne bougent pas. — L'Assemblée décide qu'elle siègera à Versailles. — La loi des échéances. — Les maladresses de l'Assemblée nationale fortifient l'action du Comité central. — Suppression de la solde des gardes nationaux. — Souvenir de février 1848. — Il fallait racheter les armes. — Révolte ouverte. — Les forteresses populaires. — Les canons. — MM. Thiers et Saint-Marc Girardin. — On se résout à agir. — Le 18 mars. — Assassinats. — M. Thiers ordonne la retraite sur Versailles et l'évacuation des forts. — Paris est abandonné à l'émeute. — L'action et la stratégie du Comité central. — La fusillade de la place Vendôme. — La guerre fraternelle. — L'ivresse furieuse. — Compétitions de pouvoir. — Les comités. — Violences et mensonges. — La prose de Félix Pyat. — Dénombrement. — L'armée de la Commune. 19

III. — LES HEBERTISTES.

« Quand je serai roi ! » — Arbitraire. — Les sectaires. — Un arrêté de Charles Riel. — Mise en liberté des criminels. — Divers ordres d'écrou — Privé de nourriture. — Erreur. — Raoul Rigault. — Le jugement par les impairs. — Raoul Rigault policier. — « Bonsoir, Rigault ! » — « Je ne vous ferai pas grâce. » — La rue Hya-Michel. — « Artilleur en chambre. » — Raoul Rigault à la Préfecture de police. — Procureur général de la Commune. — Intempérance. — Note de restaurateur. — Comptabilité. — Décoration projetée. — Théophile Ferré. — « Inconvénient d'une petite taille et des ridicules. » — Les origines de Ferré. — Exécuteur des hautes œuvres de la Commune. — Sa fuite, son arrestation, sa mort. — Hurler avec les loups. — Raoul Rigault et Théophile Ferré mènent le branle des cruautés de la Commune. 42

CHAPITRE II

LE DÉPOT PRÈS LA PRÉFECTURE DE POLICE

I. — LE PRÉSIDENT BONJEAN.

Les différentes prisons de Paris. — L'ancienne Préfecture de police. — Le général en chef Lullier. — Allocution. — Le général Duval. — M. Coré, le directeur régulier, est incarcéré. — Le serrurier Garreau. — Le premier otage. — Mme Coré et Mme Braquond. — Admirable conduite des employés de l'administration normale. — Recommandation de M. Bonjean. — Sa lettre au procureur général. — Mesures immédiatement prescrites par M. Lecour. — Influence de ces mesures sur le sort des otages. — Efforts pour sauver M. Bonjean. — Raoul Rigault et Ferré près de la cellule de M. Bonjean. — Une lettre de Ferré. . . . 59

II. — LES ARRESTATIONS.

Les prêtres. — Pillage chez l'abbé Deguerry. — La voiture de l'archevêque. — Malpropretés communardes. — La loi des suspects. — Le décret sur les otages. — Le délégué à la justice. — Un juge d'instruc-

TABLE DES MATIÈRES.   411

tion peu scrupuleux. — Liberté sous caution. — Charles Lullier. — Son évasion. — Assi. — Directeur du comité des subsistances. — Rossel immédiatement remis en liberté. — Ses origines. — Son ambition. — Son dégoût du rôle qu'il a recherché. — Délégué à la guerre. — Ignorance des officiers fédérés. — Opinion de Rossel sur l'armée de la Commune. — Il demande à être arrêté et se sauve. — Sa condamnation et sa mort.   71

III. — LES PREMIÈRES EXÉCUTIONS.

Le parfumeur Fouet remplace le serrurier Garreau. — Le harem de Rigault et consorts. — Georges Veysset. — Intermédiaire entre Versailles et Paris. — Quatre domiciles. — Les batteries de Montmartre. — Le général Dombrowski. — Traité secret. — Hutzinger. — Dernière entrevue. — Arrestation de Veysset. — Les fortifications dégarnies. — Dombrowski est tué. — L'entrée des troupes françaises dans Paris. — Lenteurs des mouvements et résultat déplorable. — Dispositions prises pour incendier et faire sauter la Préfecture de police. — Jean Vaillot. — Son ordre d'exécution. — Il est fusillé. — Les progrès des troupes françaises. — Paris brûle! — L'ensemble des opérations militaires. — Théophile Ferré et le peloton d'exécution. — Assassinat de Georges Veysset.   85

IV. — LE SOUS-BRIGADIER BRAQUOND.

Ferré revient au Dépôt. — Joseph Ruault. — Braquond intervient. — Le registre d'écrou. — Michel. — Lequel ? — M. Tollevatz. — Préparatifs pour mettre le feu à la Préfecture de police. — Terreur des détenus. — Le quartier des femmes menacé par l'incendie. — « Faites taire ces braillardes! » — Révolte de Braquond. — Il lâche les détenus. — Fuite précipitée. — La Préfecture est en feu. — Le sauvetage des poudres. — Mme Saint-Chely. — Le coiffeur Lebois. — L'arrivée des premiers pompiers. — Les détenus au Dépôt. — Le Dépôt entouré par l'incendie. — Braquond dirige la résistance au feu. — Inondation. — Le Dépôt est sauvé. — Parole de M. Bonjean à Pierre Braquond.   99

CHAPITRE III

LA MAISON DE JUSTICE

La Conciergerie souvent confondue avec le Dépôt. — Instruction du directeur. — M. Durlin, second greffier, se rend à Versailles. — Le directeur Deville. — Prisonniers militaires mis en liberté. — Décret de confiscation. — Malfaiteurs libérés. — Les prétendus dépôts d'armes. — Les Pères de Picpus. — Mme d'Aubignosc. — Interdiction de laisser dire la messe. — Les cercueils. — La conspiration des rats. — Les gendarmes transférés à la Conciergerie. — Précautions prises par M. Durlin. — Visite de Raoul Rigault. — On vient chercher les gendarmes. — M. Durlin ne les livre pas. — Faux ordre de transfèrement. — L'incendie du Palais de Justice. — L'incendiaire en chef. — Explosion d'un compteur.

— On sauve la Conciergerie. — Les otages sont sauvés, les détenus criminels sont livrés à la justice. — Bonne conduite du directeur Deville. 115

CHAPITRE IV

SAINT-LAZARE

Le directeur nommé par la Commune. — Les sœurs de Marie-Joseph. — La Brunière de Médicis. — Méphisto. — Terrifie Saint-Lazare. — Joue double jeu. — Ses promenades hors de Paris. — La Brunière instructeur militaire. — Arrestations arbitraires. — Le souterrain. — La recherche des souterrains est la maladie de la Commune. — Les fouilles à Saint-Lazare. — Les sœurs de Marie-Joseph se décident à partir. — Sœur Marie-Éléonore. — La fuite. — Le cordonnier Mouton. — Indiscipline et débauche. — Correspondance administrative. — L'église Saint-Laurent. — L'arrêt du 21 mai 1765. — Les cadavres. — Mise en scène et mensonges. — Les Dames-Blanches de Picpus. — Intervention de M. Washburne. — Alerte à la direction. — Un des derniers ordres de Raoul Rigault. — Mouton fait établir une ambulance. — Les condamnations. . . . 129

CHAPITRE V

SAINTE-PÉLAGIE

Augustin Ranvier, directeur. — Gabriel Ranvier, membre de la Commune. — Ses origines et ses opinions. — Incendiaire et assassin. — Ignorance d'Augustin Ranvier. — Préau de Védel. — Devient le factotum d'Augustin Ranvier. — Perquisitions et vols dans le quartier. — L'abbé Beugnot. — Le surveillant Villemin. — Gustave Chaudey écroué au Pavillon des Princes. — L'ami de Proudhon. — Chaudey le 22 janvier. — Dénoncé dans le *Père Duchêne*. — Dernière visite. — Prêtres de Saint-Médard — Raoul Rigault arrive à Sainte-Pélagie. — Rigault et Chaudey en présence. — Procès-verbal de condamnation. — Rigault commande le feu — L'assassinat de Chaudey. — L'assassinat de trois gendarmes. — Sainte-Pélagie délivrée. — La mort de Raoul Rigault. — L'exécution de Préau de Védel. — Le suicide d'Augustin Ranvier. 149

CHAPITRE VI

LA SANTÉ

— LE GÉNÉRAL CHANZY.

La foule homicide. — Les officiers. — La prison est envahie. — M. Lefébure, directeur régulier. — Il fait enfermer les otages. — Allocution de Sérizier. — Le général Chanzy sur la Loire. — Efforts de Léo Meillet pour sauver les prisonniers. — Prudence de M. Lefébure. — Les fédérés refusent de laisser mettre le général Chanzy en liberté. — Charles Beslay. — Défiance. — Le cadavre. — Départ de M. Lefébure. — Caullet,

TABLE DES MATIÈRES. 413

directeur nommé par la Commune. — Délivrance du général Chanzy. — Le parfumeur Babik. — Le général Chanzy comparaît devant le Comité central. — Le Comité en séance. 171

II. — LES DÉTENUS.

M. Claude, chef du service de la sûreté. — Son arrestation. — Il repousse les propositions de Duval. — Il est écroué à la Santé. — Ce qu'était M. Claude. — Les surveillants de la prison. — Les greffiers MM. Laloë, Peretti et Tixier. — Les délégués du neuvième secteur. — Deux hommes dans Caullet. — Sa déconvenue. — Bonté de Caullet. — Complot pour faire évader M. Claude. — Une visite nocturne. — Le colonel Chardon. — Les gendarmes de la caserne des Minimes. — Les fédérés s'emparent de la prison. — On parvient à les expulser. — Un arrêté du blanchisseur Crélier. 186

III. — L'ORDRE D'EXÉCUTION.

Proclamation de Delescluze. — Le convoi de munitions. — Hésitation de Caullet. — Il subit l'influence de M. Tixier. — Il refuse de recevoir les poudres. — Ordre d'exécuter les otages. — Les greffiers interviennent. — Bonnes dispositions de Caullet. — On vient s'assurer si l'ordre sera exécuté. — Inquiétude des détenus. — Marche en avant de l'armée française. — Sérizier et Millière. — Jean-Baptiste Millière. — Altercation. — Sérizier donne ordre au chef du poste de fusiller les otages. — Une réminiscence du quatrième acte des *Huguenots*. — Tout le monde s'embrasse. — Les obus de Sérizier. — Exaltation momentanée de Caullet. On l'enferme. — La délivrance. — La condamnation de Caullet. — Un mot de M. Claude. 196

IV. — LES DOMINICAINS D'ARCUEIL.

Pourquoi la Santé n'a pas été détruite. — La geôle du neuvième secteur. — Sérizier. — Le 101ᵉ bataillon. — L'école d'Albert le Grand. — Ambulance. — Louis Boin dit Bobêche. — Prétendu signal aux Versaillais. — On s'empare de l'école. — Arrestation des dominicains. — Transférés au fort de Bicêtre. — Vol avec effraction. — Ivrognerie. — Évacuation du fort de Bicêtre. — Les dominicains transférés à la geôle du neuvième secteur. — Requis pour aller construire des barricades. — Refus. — La situation militaire devient périlleuse. — Sérizier décide le massacre des dominicains. — Les femmes pendant l'insurrection. — La chasse aux prêtres. — Massacre. — Cour martiale. — Sérizier s'esquive. — Une veuve. — Arrestation de Sérizier. — Sérizier et Bobêche sont exécutés 207

CHAPITRE VII

MAZAS

Le 19 mars. — Les gardes de Paris. — Ils sont sauvés par l'intervention des surveillants. — Le cordonnier Mouton. — Ordre qu'il se délivre lui-même. — Le Mont-Valérien évacué par ordre de M. Thiers. — Réoccupé en temps opportun. — Cinq cent trente-deux prisonniers d'État. — L'arrestation de Jecker. — Le père de M. Haussmann. — L'abbé Crozes. — L'abbé Jouvent. — L'archevêque et M. Bonjean. — Négociation d'échange. — Blanqui. — M. Washburne. — M. Paul Fabre. — Le serrurier Garreau. — M. Edmond Rousse, bâtonnier de l'ordre des avocats. — Son entrevue avec les otages. — La guerre sauvage. — Transfèrement des otages à la Grande-Roquette. — Le pain manque à Mazas. — On ouvre la prison. — La mort d'un des assassins de Vincenzini. — Garreau est fusillé. . .   205

CHAPITRE VIII

LA GRANDE-ROQUETTE

I. — L'ARRIVÉE DES OTAGES.

La maison d'éducation correctionnelle transformée en prison militaire. — Clovis Briant. — Le vin blanc. — Arrêt de mort. — Isidore François, directeur du dépôt des condamnés. — Le brigadier Ramain. — Le personnel des employés. — Un honnête criminel. — Le capitaine Vérig. — La guillotine est brûlée. — Visite de la prison. — Vérig a compris. — A mort les calotins ! — Reçu quarante curés et magistrats. — La mise en cellule des otages. — L'archevêque et le président Bonjean. — Les Pères jésuites. — L'abbé Deguerry. — Deux anciens camarades de collège. 215

II. — LA MORT DES OTAGES.

La Commune se réfugie à la mairie du onzième arrondissement. — Les incendiaires de l'Hôtel de Ville. — Le comte de Beaufort. — Le massacre des otages est résolu. — La cour martiale. — Gustave-Ernest Genton. — Le bouclage. — L'archevêque change de cellule. — Quatre femmes incarcérées à la Roquette. — Arrivée du peloton d'exécution. — Mandat irrégulier. — Résistance du greffier. — Modification à la liste primitive. — Edmond Mégy. — Benjamin Sicard. — Le surveillant Henrion. — Henrion se sauve en cachant les clefs. — Le brigadier Ramain et le surveillant Beaucé. — L'appel. — Les adieux du président Bonjean. — Les assassins discutent. — L'absolution. — « Il fredonnait » — « Tu nous embêtes. » — Le feu de peloton. — Le coup de grâce. — Les remords de Mégy. — Vol dans les cellules. — Émeraude ou diamant ? — On dépouille les morts. — Les corps sont transportés au cimetière de l'Est. — L'eau du ciel. 236

III. — JEAN-BAPTISTE JECKER.

Le cabanon n° 28. — Genton fait appeler Jecker. — Complice de Morny. — Cinq assassins suffisent. — Pourquoi. — Supposition et probabilité. — La rue de la Chine. — « Ne me faites pas souffrir. » — Le déjeuner. — La muraille. — Les brutalités de François. — Trois surveillants, Pinet, Bourguignon, Göttmann, veulent tenter un coup de main pour sauver les otages. — Projet de révolte. — Le maréchal des logis

TABLE DES MATIÈRES.

Geanty. — Bombes Orsini. — Pinet et Geanty. — Geanty refuse les offres de Pinet. 274

IV. — LA MORT DE DELESCLUZE.

Paris en feu. — Les troupes françaises. — Souvenir des injures imméritées. — Ni pitié, ni merci. — L'illusion des chefs de la Commune. — Le programme. — « Paris doit être brûlé ou appartenir aux prolétaires. » Les derniers ordres. — *Les belles figures et drôleries de la Ligue.* — Delescluze. — Il est résolu à mourir. — Sa dernière lettre. — Légende et fable dont l'histoire doit faire justice. — Version absurde. — Où elle a pris naissance. — La porte de Vincennes. — La dernière journée de la Commune. — Tumulte à la mairie du onzième arrondissement. — On se décide à évacuer. — L'ordre d'extraction des otages. — Le projet de Delescluze. — La barricade du boulevard Voltaire. — Delescluze injurié. — Blessé par un fédéré. — Il est tué. — Vermorel et Delescluze. — Le colonel Hippolyte Parent. — Ses états de service. — L'Iled'Amour. 285

V. — LA JUSTICE DU PEUPLE.

Émile Gois, dit Grille d'égout. — Ordre collectif. — Otages verbalement désignés. — Les otages de la quatrième section. — Paul Seigneret. — M. Guerrin et M. Chevriaux. — Dévouement. — M. de Bengy. — Les otages de la première section. — Mensonge. — Hésitation du maréchal des logis Geanty. — « Allons! descendons! » — Les surveillants Göttmann et Bourguignon sauvent un garde de Paris. — Le départ. — Sympathie de la foule. — Renfort. — Le couvreur Dalivoust. — Rue de Puebla. — La mairie du vingtième arrondissement. — Gabriel Ranvier. — Le cortège. — La maladie des foules. — La rue Haxo. — La cité de Vincennes. — Varlin fait effort pour sauver les otages. — Le colonel garçon boucher Victor Bénot. — A mort! — Le premier coup est porté par une femme. — Un vieux prêtre et le maréchal des logis Geanty. — On invente un jeu. — « Messieurs! vive l'Empereur! » — Quatre prêtres. — Le laïque évanoui. — On achève les blessés à coups de baïonnette. — La fosse d'aisances. — Au centre de l'Afrique. 300

VI. — LA RÉVOLTE DES OTAGES.

La révolte est cernée. — Les derniers communards. — Ils se fusillent entre eux. — Les soldats allemands regardent brûler Paris. — Essais infructueux pour traverser les lignes allemandes. — Théophile Ferré. — Les prisonniers de la Roquette. — Émotion des otages de la seconde section. — Les condamnés. — Les surveillants. — Ferré arrive à la Grande-Roquette. — Le surveillant Bourguignon prévient le surveillant Pinet. — Pinet arme les condamnés. — Bourguignon à la deuxième section. — Pinet à la troisième. — Les otages s'insurgent. — On se barricade. — On fait arme de tout. — La bénédiction et l'absolution. — Le brigadier Ramain. — Sa surprise. — Il cherche en vain quatre clefs. — Il essaye de parlementer. — Ferré et Clovis Briant. — Les soldats de la Grande et de la Petite-Roquette. — « Vive la ligne! » — Ce cri sauve 1422 hommes 317

VII. — LA DÉLIVRANCE.

On essaye d'incendier les barricades faites par les otages. — Souvenir de Gulliver. — Révolte des condamnés. — Le brigadier Ramain a perdu la tête. — Retour de Ferré. — Son plan. — « Vive la Commune! vivent les condamnés! » — « Voilà les Versaillais! » — Fuite et panique. — La prison est libre. — Les otages de la deuxième et de la troisième section restent volontairement enfermés. — Les otages de la quatrième section sortent de la prison. — L'abbé Bécourt. — Meurtre de MM. Surat, Houillon, Bécourt et Chaulieu. — Des otages rentrent à la Roquette. — Fuite de Rabut. — Il obtient la vie sauve en se faisant passer pour galérien. — Les menaces de François. — La prétendue bataille du Père-Lachaise. — Le sergent Antzenberger. — Les fusiliers marins. — Les otages se décident à descendre. — Vérig trop précipitamment fusillé. — Arrestation de François. — La dernière barricade. — Fin de la révolte. — Les responsabilités. 331

PIÈCES JUSTIFICATIVES

N° 1. — Arrêté du ministre de l'intérieur relatif à la solde de la garde nationale. 349
N° 2. — Ordre de Charles Riel. 352
N° 3. — Ordre du Comité de salut public. 354
N° 4. — Lettre de Théophile Ferré. 355
N° 5. — Ordre de Greffier. 356
N° 6. — Le Mont-Valérien après le 18 mars. 359
N° 7. — Protestation des pasteurs protestants. 363
N° 8. — Intervention de M. Washburne, ministre plénipotentiaire des États-Unis d'Amérique, en faveur de Mgr Darboy, archevêque de Paris. 365
N° 9. — Lettre du surveillant Henrion. 386
N° 10. — Jean-Baptiste Jecker. 387
N° 11. — La mort de Delescluze. 391
N° 12. — Gendarmes et gardes de Paris tués rue Haxo. 394
N° 13. — Le surveillant Pinet et les otages de la troisième section. . 396

FIN DE LA TABLE DU TOME PREMIER.

407 — Imprimerie A. Lahure, rue de Fleurus, 9, à Paris.

www.ingramcontent.com/pod-product-compliance
Lightning Source LLC
Chambersburg PA
CBHW071109230426
43666CB00009B/1881